Christoph Heizler

Der Einbezug in die Güte bei Meister Eckhart

Studien zur Theologie und Praxis der Seelsorge

114

Herausgegeben von
Erich Garhammer, Ute Leimgruber
Johann Pock und Bernhard Spielberg

Christoph Heizler

Der Einbezug in die Güte bei Meister Eckhart

Ein Beitrag zur theologischen Begründung
und praktischen Entfaltung
klinischer Seelsorgepraxis

echter

Bibliografische Information der Deutschen Nationalbibliothek

Die Deutsche Nationalbibliothek verzeichnet diese Publikation
in der Deutschen Nationalbibliografie; detaillierte bibliografische Daten sind
im Internet über ‹http://dnb.d-nb.de› abrufbar.

1. Auflage 2022
© 2022 Echter Verlag GmbH, Würzburg
www.echter.de

Gestaltung: Crossmediabureau
Druck und Bindung: Friedrich Pustet, Regensburg

ISBN
978-3-429-05749-7
978-3-429-05214-0 (PDF)

Inhalt

1 **Einleitender Teil** 9

   1.1 Hinführung zum Thema 9

   1.2 Aktuelle Bedeutung und Relevanz des Vorhabens 12

   1.3 Situierung der Studie im Kontext aktueller pastoraltheologischer Diskurse über Selbstverständnis und
Methodik des Faches 19

      1.3.1 Einblicke in die aktuelle Diskussion über
Selbstverständnis, Materialobjekt und Methodik der
Pastoraltheologie 19

      1.3.2 Strukturmomente einer Pastoraltheologie der
rezeptiv-kreativen Mitwirkung an Gutem 34

   1.4 Fragestellung, Aufbau und Methodik der Untersuchung 47

   1.5 Historischer Abriss der jüngeren theologischen
Begründungen von Seelsorge im Krankenhaus 49

      1.5.1 Altkirchliche Krankenfürsorge und mittelalterliches
Spitalwesen 49

      1.5.2 Drei typische Paradigmen klinischer Seelsorgepräsenz:
beratende Begleitung, Mystagogie und diakonisch-
prophetische Seelsorge 54

      1.5.3 Aktuelle Konzepte klinischer Seelsorge 58

   1.6 Dimensionen hauptamtlicher klinischer Seelsorgepräsenz ... 67

      1.6.1 Glieder der Kirche und Angestellte der Kirche 68

      1.6.2 In (Team-)Kooperation mit Ehrenamtlichen und
in ökumenischer Offenheit 70

      1.6.3 Krankenhausseelsorgende im System Klinik 74

      1.6.4 Vorrangig den Kranken und Angehörigen
solidarisch Zugewandte 76

      1.6.5 Zeitgenossen radikalisierter Moderne 79

   1.7 Zugänge zum Geschehen professioneller Seelsorgepräsenz
in Kliniken 83

      1.7.1 Der „Zwischenraum" (M. Klessmann) als Ort
seelsorglicher Präsenz und Wirksamkeit 83

1.7.2 „Resonanzen" (H. Rosa) als Prozesse responsiver
Wechselwirkungen 90
1.7.3 Der eigene Ausgangspunkt:
Fokus auf den Haltungen und Einstellungen der
seelsorglich präsenten Personen 97

**2 Systematische Erschließung: Die Präsenz
professioneller klinischer Seelsorge als Einbezug in die
Güte bei Meister Eckhart** 103

2.1 Der Gute und die Güte bei Meister Eckhart 103
2.1.1 Lebendige Einheit von philosophisch denkender
Theologie und mystagogischer Kerygmatik 103
2.1.2 Eckharts innovative Transzendentalien-Lehre und
Intellekttheorie 108
2.1.3 Ontologisierung der Ethik 125
2.1.4 Der Einbezug des Guten in die Güte im
„Buch der göttlichen Tröstungen" 131
2.1.5 Weitere Aspekte im Gesamtwerk 143
2.1.6 „Abegescheidenheit" als zentraler Modus des
Einbezugs kreatürlichen Seins in das Wirken Gottes ... 150
2.1.7 Zusammenfassung und kritische Würdigung der
Eckhartschen Position 157
2.2 Tugendethische Integration der Sicht Meister Eckharts in
ein klinisches Seelsorgekonzept 164
2.2.1 Integration beim Seelsorgenden: Einladung,
dem Anruf der Güte in Freiheit zu entsprechen 167
2.2.2 Integration beim erkrankten Menschen und dessen
Bezugspersonen: Angebot zu Sinndeutung aus
dem Glauben 170

**3 Praktische Entfaltung: Eine praktische Kriteriologie und
Kairologie güteaffiner Seelsorgepraxis** 175

3.1 Eine praktische Kriteriologie von Klinikseelsorge als
Einbezug in die Güte 183
3.1.1 Umkehr in den Raum der Güte 185
3.1.2 Aufnehmende Kooperation als Modus der klinischen
Seelsorgepräsenz 189
3.1.3 Handlungsorientierungen in situativen Kontexten 191

- 3.2 Eine praktische Kairologie von Klinikseelsorge als Zukunft der Güte 203
  - 3.2.1 Der Weg des Menschen bei Meister Eckhart: Aus der Zeit in die Ewigkeit 205
  - 3.2.2 Zukunft als Einbrechen: Die Ankunft der Güte erhoffen 213
  - 3.2.3 Zukunft als Durchbrechen: Für die Ankunft der Güte eintreten 221
  - 3.2.4 Kairologische Fingerzeige in Handlungszusammenhängen 227
- 3.3 Onkologische PatientInnen seelsorglich begleiten im Raum der Güte 234
  - 3.3.1 Multiprofessionelle Begleitung onkologischer PatientInnen 235
  - 3.3.2 Die seelsorgliche Erstbegegnung als Ort der Präsenz von Güte 240
  - 3.3.3 Trauerprozesse in der klinischen Praxis güteaffin (mit-)begleiten 251
  - 3.3.4 Die seelsorgliche Verabschiedung als Ort der Hoffnung? 269
- 3.4 Ausblick: Erweiterte Möglichkeiten einer güteaffinen Seelsorgepraxis in kirchlichen Krankenhäusern 276

4 Zusammenfassung 287

- 4.1 Rückschau auf den Gedankengang der Untersuchung, Zusammenfassung und Ertrag der Studie 287
- 4.2 Prioritätensetzungen der Studie und Ausblick auf weiterführende Forschung 292

5 Literaturverzeichnis 295

Danksagung 319

1 Einleitender Teil

1.1 Hinführung zum Thema

Umfassende Bildung und verinnerlichte Frömmigkeit kommen ins Wort, wenn Meister Eckhart zu predigen beginnt. Theologie, Philosophie und sprachliche Finesse bilden dabei eine lebendige Einheit. Der Ordensgeistliche zitiert Seneca, wenn er ausführt: „Man soll von großen und hohen Dingen mit großen und hohen Sinnen sprechen und mit erhabener Seele."[1] Allerdings: Verstehen die Angesprochenen auch, was diese hohen Dinge sind? Ist dem Auditorium eingängig, welchen hohen Sinn der Dominikaner eigentlich meint? Die Fragen verdienen ein nachdenkliches Verweilen. Sie sind berechtigt. Und zwar heute so berechtigt wie damals, als Meister Eckhart um die Wende vom 13. zum 14. Jahrhundert in Fragen des geistlichen Lebens das Wort ergriff. Heutige Bedenken, ob sein Duktus und Tonfall, seine geistliche Sicht auf das Leben und seine Gedankenführung ‚an der Zeit' sind, verdienen Beachtung. Zumal wenn es um die theologische Begründung und praktische Entfaltung aktueller klinischer Seelsorgepraxis geht. Ob es aussichtsreich ist, den Ordensmann im Gang der Studie quasi einzuladen, um über den Einbezug des Guten in die Güte zu sprechen, diese Frage gilt es zu bedenken. Denn das monastische Leben als Dominikaner im späten Mittelalter und Seelsorge in einer Klinik im 21. Jahrhundert sind tatsächlich zweierlei ‚Welten'. Eine brauchbare ‚Schnittstelle' zwischen beidem scheint auf den ersten Blick nicht in Sicht. Also die Idee einer ‚Hörprobe' monastischer Theologie lieber wieder ad acta legen?

Die vorliegende Studie lädt dem entgegen dazu ein, den scholastischen Referenten in Ruhe ausreden zu lassen. Denn es gibt immerhin die Chance, dass aus der immensen temporären und sonstigen Distanz zwischen damals und heute die Möglichkeit einer speziellen theologischen Berührung erwächst, sie jedenfalls erwachsen könnte. Zwar wird der Blick auf Meister Eckharts geistliche Gestalt dem spätmodernen Auge unweigerlich einige Perspektivenwechsel bei der Sicht auf religiöses Leben zumuten. Auch können seine sprachlichen Wendungen in gewissem Sinne ‚übelklingend'

---
[1] Meister Eckhart. Die deutschen und lateinischen Werke. Herausgegeben im Auftrag der Deutschen Forschungsgemeinschaft. Die Deutschen Werke. Herausgegeben von Josef Quint. Fünfter Band. Traktate, Stuttgart 1983, S. 497, nachfolgend zitiert als DW 5.

im Ohr ankommen. Diese Irritationen könnten sich aber als Etappen der Freilegung dessen herausstellen, was Eckharts denkender Glaube an Wertvollem in sich trägt. Solche Verunsicherungen könnten unversehens doch noch zum link werden, gleichsam zum intermediären Raum, durch den hindurch unerwartet Neues ins bestehende System klinischer Seelsorgepräsenz einfließen könnte.

Wenn die vorliegende Studie nach solchen Momenten für hauptamtliche Präsenz klinischer Seelsorge sucht, dann geschieht dies nicht interesselos. Meister Eckhart kommt in den Blick im Anliegen der Begleitung jener, deren Leben von schwerer Krankheit schmerzlich gekennzeichnet ist. Es sind jene, für die auf manchmal erdrückende Weise zur Erfahrung wird, was unser Autor philosophisch-theologisch ins Wort bringt: „[...] an allem Geschaffenen spürt man den Schatten des Nichts."[2] Die Kälte, die dieser Schatten mit sich bringt, er wird konkret und leibhaftig erlebt. Nicht selten werden PatientInnen[3] krankheitsbedingt gleichsam aus den Angeln ihres Selbst- und Weltverständnisses gerissen. Eine schwere Diagnose mit dem eigenen Namen zu hören, es kommt einem Absturz ins Bodenlose gleich.[4] Betroffene erleben spätestens von diesem Moment an eine somatische Fühlung mit ihrer kreatürlichen Endlichkeit und Hinfälligkeit – wo sie diese schmerz- und angsterfüllten Eindrücke nicht immer neu zum seelischen Schutz vor Überlastung zeitweise oder dauerhaft aus dem Bewusstsein verdrängen oder in anderer psychischer Form bearbeiten. Eine theologische Besinnung auf einen hauptamtlich pastoralen Umgang mit derart hoch beanspruchten Menschen ist daher sehr dazu gerufen, der massiven Erfahrung kreatürlicher Exponiertheit zu entsprechen. Pastorale Präsenz hat Vulnerabilität beim Gegenüber ernst zu nehmen. Und zwar ohne diese Angreifbarkeit dabei noch zu vermehren, sie pathetisch zu überhöhen oder wegdeuten zu wollen. Aber nicht allein das. Der

---

2 „Res enim omnis creata sapit umbram nihili." Expositio sancti evangelii secundum Johannem, n. 20, in: LW III, S. 17.

3 Um die Lektüre zu erleichtern wird nachfolgend nur noch diese Variante der geschlechtergerechten Schreibweise verwendet.

4 Ein Gedicht bringt ins Wort, was Betroffene erleben, wenn ihnen eine Diagnose mitgeteilt wird: „Rein Diagnostisch betrachtet/ein unspezifischer / raum fordernder prozess/sagt der onkologe / rein diagnostisch betrachtet. // im freien fall / der patient / absturz ins bodenlose / alle haltegriffe/stürzen ihrerseits / mit in die tiefe // eine unspezifische angst / greift um sich / ein raum fordernder prozess / rein diagnostisch betrachtet" Pockrandt, B.: Zwischen Befunden und Befinden. Krankenhauswelten im Fragment, Frankfurt 2008, S. 51.

seelsorgliche Kontakt hat ebenso und mit gleichem Gewicht dem auf die Spur zu kommen, was im unbeschönigten Durchleben der obigen Gestimmtheiten zutage tritt, was darin als innere Manifestation Raum und Ausdruck sucht. Etwa dem, was an tiefer Sehnsucht nach Rückkehr zur Normalität, nach gelingendem, leichtem Leben, nach dem ‚guten Ausgang von allem' virulent ist oder werden will. Mit anderen Worten, hauptamtliche Klinikseelsorge ist achtsam für das, was die Begegnung von sich selbst her unverfügbar entbirgt, was sich in ihr unabsehbar formieren und gleichsam mit Macht ‚zur Welt kommen' will. Sie ist Vitalität auf der Spur, gerade angesichts des Abbruchs und der Bedrohung von Lebendigkeit. Dabei weiß sie darum, dass die Perspektive der Begleitung nicht mit jener der Betroffenen identisch ist, und auch nicht mit jener der außenstehenden theologischen Gedankenbildung. Ein selbst an Krebs erkrankter Seelsorger bringt es auf den Punkt: „Mir wurde bewusst, dass eigenes Leiden oder das Mitleiden mit anderen etwas ganz anderes ist, als theologisch über den Sinn des Leidens oder den Sinn einer Krankheit nachzudenken oder zu schreiben."[5]

Die ersten Zeilen des vorliegenden Beitrags zum Praxisfeld „Klinikseelsorge" räumen somit schwer kranken Menschen vorrangig Raum und Aufmerksamkeit ein. Es geht in allen anstehenden Ausführungen um die Frage, wie hauptamtliche Präsenz seelsorgend, und das heißt würdigend, Subjektwerdung fördernd, aber auch bergend und auf andere Weisen proexistent auf deren Anliegen Bezug nehmen kann. Ein personzentriertes und diakonisch orientiertes Entwerfen von Seelsorge kommt somit in den Blick. Darin wird ein optionales Interesse meiner Studie sichtbar, das direkt ins Zentrum der angestrebten Besinnung einweist. Wenn mit Johann Baptist Metz gefragt werden kann: „Wer treibt wo – also: mit wem? – und in wessen Interesse – also: für wen? – Theologie?"[6], ist es dem Verfasser dieser Studie daher möglich zu antworten. Art und Aufbau der Studie artikulieren diese Antwort als praxisbezogene Konzeption einer haltungsbasierten, hoffnungsdispositiven hauptamtlichen Klinikseelsorge, in der eine Option für leidende Menschen zum Tragen kommt.

---

5 Bühlmann, W.: Bestehen – nicht verstehen. Persönliche Erfahrungen eines Krebskranken, in: Faber, E.-M. (Hg.): Warum? Der Glaube vor dem Leiden (Schriftenreihe der Theologischen Hochschule Chur, Bd. 2), Zürich 2003, S. 67–82, hier S. 69.
6 Metz, J. B.: Glaube in Geschichte und Gesellschaft. Studien zu einer praktischen Fundamentaltheologie, 5. Auflage, Mainz 1992, S. 71.

1.2 Aktuelle Bedeutung und Relevanz des Vorhabens

Die angestrebte Selbstbesinnung auf den theologischen Grund und eine daraus resultierende praktische Entfaltung klinischer Seelsorgepraxis ist veranlasst durch enorme Herausforderungen, vor denen klinische Seelsorge aktuell steht. Dieses Bündel an Herausforderungen, die aus Transformationen in *Kirche, Gesundheitswesen und Gesellschaft insgesamt* herrühren, führt zu einem verstärkten Legitimationsdruck klinischer Seelsorgepräsenz. Es stellt sich die grundlegende Frage: Ist eine christliche, konfessionell getragene und von den beiden großen Kirchen in Deutschland organisierte Krankenhausseelsorge künftig *überhaupt noch* zeitgemäß? Auch falls diese Frage positiv beantwortet wird, ergibt sich die aktuell offene Folgefrage, *welches Proprium* Klinikseelsorge dann künftig haben sollte, *welche theologisch-geistliche Begründung* dafür gegeben wird, und *welche Konsequenzen daraus für die Berufspraxis* von Seelsorgenden in Kliniken abgeleitet werden können. Die folgenden Überlegungen skizzieren die aktuell virulenten Transformationen, denen sich die aktuell christlich-konfessionell verfasste Krankenhausseelsorge gegenüber sieht. Vorblickend sei angedeutet, dass dies nicht im Sinne einer Sichtung von Bedrohungen geschehen soll, sondern eher im Sinne einer interessierten Erkundung der gegenwärtigen Lebenswelt, in die Klinikseelsorge gestellt ist. Dieser auf Verständnis und Unterscheidung abzielende erkundende Blick mag als erster Schritt hin dazu verstanden werden, die Zeichen der Zeit zu deuten, darin Gottes Fügung und Fingerzeig zu suchen und diesem zu folgen. Der nachfolgenden Sichtung wohnt daher ein hoffnungsvoller Impetus inne.

Eine erste Quelle von Änderungen, die klinische Seelsorge momentan verstärkt nach dem Grund ihrer Existenz fragen lässt, kann *in den beiden großen Kirchen unseres Landes* lokalisiert werden. Sowohl die evangelische als auch die katholische Kirche in Deutschland sieht sich bereits in naher Zukunft mit gravierenden Einschnitten bei den finanziellen und personellen[7] Ressourcen konfrontiert, die eine zumindest teilweise Reduktion von klinischen Seelsorgestellen und/oder eine Kürzung des Anstellungsumfangs bei neuen oder weiter bestehenden Stellen impliziert.[8] Zudem sind

---
7 Vgl. zur personellen Situation einzelner pastoraler Berufe Ebertz, M.: Erosion der (katholischen) Kirche: Altes flicken oder Neues wagen?, in: Becker, P./Diewald, U. (Hg.): Die Zukunft von Religion und Kirche in Deutschland. Perspektiven und Prognosen, Freiburg 2014, S. 29–47, hier S. 37f.
8 Vgl. dazu Nauer, D.: Krankenhausseelsorge vor neuartigen Herausforderungen, in: Diakonia 46 (2015) S. 218–224, hier S. 222: „Unter dem Stichwort ‚Zurück zum

bereits jetzt schon in manchen Regionen, wie etwa im Bistum Osnabrück, nur schwer bis gar nicht geeignete BewerberInnen mehr für dieses pastorale Feld mit hohen persönlichen und berufspraktischen Anforderungen zu finden.[9] Parallel dazu gibt es einen seit Jahren anhaltenden übergeordneten Trend zur Einrichtung größerer pastoraler Räume und Seelsorgegebiete, auch wenn die lokalen Unterschiede und konzeptionellen Differenzen bei der Ausgestaltung erheblich sind.[10] In der katholischen Kirche in Deutschland erinnert die Pastoralkommission der Deutschen Bischofskonferenz im Zuge dieser Neustrukturierungen 2018 an den verstärkten Einbezug der Klinikseelsorge in die gemeindliche Krankenpastoral.[11] Dabei werden die Vorteile einer engeren Kooperation benannt[12], wobei der Eigenwert und die Professionalisierung klinischer Seelsorger eigens Erwähnung und Würdigung finden.[13] Es kann jedoch nicht übersehen werden, dass im Zuge dieser angestrebten engeren Zusammenarbeit strukturell die Gefährdung entsteht, dass Klinikseelsorgende mit ihrem Dienstort aus dem System Klinik herausorganisiert, deren zeitliche Ressourcen verknappt und somit ein Schritthalten mit den rasanten Fortschritten im Klinikbetrieb weiter erschwert werden.[14]

Kerngeschäft' zeichnet sich gegenwärtig eine äußerst besorgniserregende Entwicklung ab: Unter Verweis auf finanzielle und personelle Engpässe werden in beiden großen Kirchen immer häufiger professionelle SeelsorgerInnen entweder aus ‚externen' Einsatzbereichen wie Krankenhäusern und Altenheimen in die klassische Pfarrei sowie in die neu entstandenen Seelsorgeräume abgezogen. Frei werdende Stellen werden zudem oftmals nicht nachbesetzt. Diese stillschweigend ablaufende ‚Seelsorgerückrufaktion', der sich gegenwärtig einzelne Bistümer und Landeskirchen zwar noch verweigern, wird m. E. analog zur Situation in den Niederlanden, wo ich jahrelang Erfahrungen sammeln durfte, eklatante Auswirkungen haben [...]."

9 Vgl. dazu Paul, Theo: Die heilende Kraft des Glaubens. Situation und Entwicklung der Krankenhausseelsorge, in: Fischer, M. (Hg.).: Relevanz in neuer Vielfalt. Perspektiven für eine Krankenhausseelsorge der Zukunft, Rheinbach 2018, S. 15–26.
10 Spielberg, B.: Kann Kirche noch Gemeinde sein? Praxis, Probleme und Perspektiven der Kirche vor Ort, Würzburg 200.8
11 Sekretariat der Deutschen Bischofskonferenz (Hg.): „Ich war krank und ihr habt mich besucht". Ein Impulspapier zur Sorge der Kirche um die Kranken (Die Deutschen Bischöfe, Pastoralkommission, Nr. 46), Bonn 2018, S. 13ff., besonders S. 28–35.
12 Ebd. S. 14ff.
13 Ebd. S. 28ff.
14 Vgl. dazu für die evangelische Krankenhausseelsorge Hofäcker, S./Brems, M.: Evangelische Krankenhausseelsorge. Gegenwart und Perspektiven, in: Diakonia 46 (2015) S. 277–279 sowie Klessmann, M.: Zukunftsfähige Seelsorge im Krankenhaus?, in: Diakonia 46 (2015) S. 257–263.

Eine weitere, innerkirchliche Quelle von Anfragen an den Status und das Proprium klinischer Seelsorge kann darin gesehen werden, dass die *konzeptionelle Gesamtausrichtung der Pastoral* innerkirchlich aktuell stark umstritten ist. Dabei wird in binnenkirchlichen Diskursen die Frage diskutiert, mit welchem Ziel kirchlicherseits religiös weniger bis gar nicht mehr sozialisierten Menschen überhaupt zu begegnen sei.[15] Je nach Antwort ergibt sich eine andere Relevanzzuschreibung an klinische Seelsorge bis hin zur Aufgabe der Präsenz dieses kategorialen Dienstes. In jedem Fall werden Klinikseelsorgende künftig in verstärktem Ausmaß Menschen begegnen, die keinerlei konfessionelle Anbindung oder auch nur Traditionskenntnisse mehr aufweisen. Das wird spätestens überall dann flächendeckend der Fall sein, wenn binnen zweier Dekaden die Generation der aktuell über 65 Jahre alten Bundesbürger als letzte weitgehend christlich sozialisierte Generation verstorben sein wird. In diesem Sinne besteht die Relevanz einer Selbstbesinnung auf den theologischen Grund klinischer Seelsorge darin, dass diese Frage Teil hat an einer Selbstbesinnung der Pastoral in der Kirche insgesamt. Im kleinen Feld des Ortes Klinik begegnet somit in nuce und forciert, was auch übergeordnet virulent und für kirchliches Leben und Selbstverständnis bedeutsam ist. Die Frage lautet hier: Soll Klinikseelsorge auch noch künftig für Menschen präsent sein, die bei der ersten Begegnung keine religiöse Praxis aufweisen und nicht kirchlich gebunden sind? Auf diesen Aspekt der sich basal wandelnden Einstellungen von Menschen und gesamtgesellschaftlicher Trends wird noch detaillierter zurückzukommen sein. Hier geht es darum, den binnenkirchlichen Ursprung dieser Herausforderung für eine weitere Aufrechterhaltung der Klinikseelsorge den Blick zu heben, bzw. deren kircheninterne basale Infragestellung.

Als zweiter zentraler Ursprung von Fragen nach dem theologischen Selbstverständnis von Klinikseelsorge können *anhaltende Entwicklungen im Gesundheitswesen* namhaft gemacht werden. Diese betreffen den Berufsalltag aller in der Klinik wirkenden Professionen grundlegend. Sie üben über die innerklinischen Subsysteme massiven Einfluss auf die Akteure aus. Dabei sind die übergeordneten Trends aktueller klinischer Realität zahlreich und klar erkennbar: eine weitere Ökonomisierung[16] klinischer

---

15 Vgl. dazu Ebertz, Erosion, S. 29–47 sowie Halík, T.: Zur Situation des Christentums in Europa heute. Zwischen Skylla und Charybdis, in: HerKorr 73 (8/2019) S. 22–26.
16 Vgl. dazu Haart, D.: Die Rolle der Seelsorge im Wirtschaftsunternehmen Krankenhaus, in: Roser, T. (Hg.): Handbuch der Klinikseelsorge, 5., überarbeitete und erweiterte Auflage, Göttingen 2019, S. 92–103.

Routinen und Funktionsabläufe, Schaffung von Großkliniken durch Zusammenlegung kleinerer Kliniken, eine ausdifferenzierende Spezialisierung der Leistungserbringungen, die Tendenz zu kürzeren Verweildauern, die Ausweitung ambulanter Behandlungen in Verbindung mit dem Ausbau ambulanter Weiterbetreuung (z. B. SAPV). Hinzu kommt künftig aus demographischen Gründen[17] ein weiter wachsender Bedarf an stationärer Pflege, Geriatrie sowie Palliativmedizin. Die zunehmende Akzeptanz des Einbezugs einer *spirituellen Dimension* von Krankheit, Heilung und menschlicher Existenz in die klinischen Funktionsabläufe ist ebenfalls eine Entwicklung, die das Selbstverständnis von Klinikseelsorge tangiert.

Insbesondere letztgenannte Innovation, die ausgehend von der angelsächsischen Hospizbewegung schließlich in der Aufnahme der Dimension von Spiritualität in ein umfassendes Gesundheitskonzept seitens der WHO im Jahre 1984 eine bedeutsame Verstärkung erfuhr, führt zu gravierenden Anfragen an das Selbstverständnis einer christlich-konfessionell konzipierten Klinikseelsorge. Die Möglichkeiten, sich konzeptionell gegenüber der bereits in einigen Ländern seit Jahren etablierten, bzw. sich rasch etablierenden Spiritual Care[18] Bewegung zu positionieren, sind dabei sehr unter-

---

17 So lebten in Deutschland schon im Jahre 2012 bereits ca. 1 Million pflegebedürftige Menschen in stationären Einrichtungen. Insgesamt betraf in obigem Jahr Pflegebedürftigkeit „täglich über zwei Mio. Menschen, im demographischen Wandel mit deutlich steigender Tendenz. Über zwei Drittel dieser Pflege über alle Pflegestufen hinweg findet zuhause statt, davon ein Drittel mit Unterstützung von Pflegediensten, rum eine Mio. wird allein durch nahe Angehörige gepflegt – ein täglicher, meist stiller, jedoch lastentragender und damit auch belastender Dienst am Nächsten in rund 1,4 Mio. Privatwohnungen." Baumann, K.: Kirche und ihre Krankenpastoral vor neuen (?) Aufgaben. Krankenpastoral als Teil der Rückkehr der Kirche in die Diakonie, in: Erzbischöfliches Seelsorgeamt Freiburg (Hg.): „Ohne die Kranken ist die Kirche nicht heil". Krankenpastoral (Impulse für die Pastoral 2012, Sonderausgabe), Freiburg 2012, S. 20–26. Angesichts der zunehmenden Tendenz zu Single-Haushalten und verwitweten oder aus anderen Gründen alleinstehender älterer Menschen wird der Bedarf an stationärer Unterbringung Pflegebedürftiger in Zukunft deutlich steigen.
18 Zusammenfassende Überblicksdarstellungen zur Entstehung und zur theologischen Bewertung von Spiritual Care finden sich bei Laumer, A.: Spiritual Care. Chance oder evolutionärer Ersatz für die christliche Krankenhausseelsorge?, in: WzM 70 (2018) S. 153–164; Heller, B./Heller, A.: Spiritualität und Spiritual Care. Orientierungen und Impulse, 2., ergänzte Auflage, 2018, besonders S. 17ff. und S. 85ff. Zur Bedeutung von Spiritual Care für diverse klinische Professionen vgl. den Sammelband von Frick, E./Roser, T. (Hrsg.): Spiritualität und Medizin. Gemeinsame Sorge für den kranken Menschen, 2., aktualisierte Auflage, Stuttgart 2011.

schiedlich. Ein breites Spektrum von fachwissenschaftlichen Meinungen fächert sich auf.[19] Auf der einen Seite ist eine betonte Abgrenzung von christlicher Seelsorge gegenüber dieser teamorientierten, das Motiv der Sinnfindung einzelner priorisierenden Sorgestruktur verschiedener gleichberechtigter klinischer Professionen[20] zu verzeichnen.[21] Auf der anderen Seite gibt es auch Modelle, die einen modifizierten Einbezug christlicher Seelsorge in die aktuellen Konzepte von Spiritual Care in Kliniken favorisieren. Letzteres etwa im Sinne standardisierter Kooperationsformen, ohne jedoch eine inhaltliche Eigenständigkeit und Systemdistanz zur Institution Klinik völlig aufzugeben.[22] Extreme Positionen plädieren darüber hinausgehend für einen radikalen Wandel christlicher Krankenhausseelsorge im Sinne einer vollständigen strukturellen Integration ins System Krankenhaus und einer umfassenden Beteiligung an Spiritual Care Praktiken.[23]

In jedem Fall ist es heuristisch hilfreich, die Bezeichnung Spiritual Care bewusst als „sortalen Begriff"[24] zu verwenden. Denn Spiritual Care erfährt in der konkreten Praxis hoch divergierende Ausformungen und je verschiedene Umsetzungen. Je nach Gestaltung herrscht dann, idealtypisch vereinfacht dargestellt, entweder mehr die *klinisch-therapeutische Einbindung* in Behandlungsschemata, die *Betonung von Gemeinschaftlichkeit,* oder ein ganzheitliches, an *Motiven der Heilung* entlang konzipiertes Verständnis

---

19 Vgl. dazu Reiser, F.: Menschen mehr gerecht werden. Zur Religiosität bzw. Spiritualität von Patientinnen und Patienten in Psychiatrie und Psychotherapie (Studien zur Theologie und Praxis der Caritas und Sozialen Pastoral, Bd. 33), Würzburg 2018, S. 286-299.

20 Vgl. dazu Gratz, M./Reber, J.: Seelsorge und Spiritual Care als Angebot und Beitrag zur Unternehmenskultur, in: Roser, T. (Hg.): Handbuch der Klinikseelsorge, 5., überarbeitete und erweiterte Auflage, Göttingen 2019, S. 313-334.

21 Vgl. dazu Nauer, D.: Spiritual Care statt Seelsorge? Stuttgart 2015, besonders S. 94-136 und S. 166ff., sowie dies.: Krankenhausseelsorge vor neuen Herausforderungen, in: Diakonia 46 (2015) S. 218-224.

22 Roser, T.: Spiritual Care und Krankenhausseelsorge. Spiritual Care ist eine Frage der Organisationskultur, in: Diakonia 46 (2015) S. 232-240.

23 Vgl. zu dieser Position Leget, C.: Spiritual Care als Zukunft der Seelsorge! Ein Plädoyer aus niederländischer Perspektive, in: Diakonia 46 (2015) S. 225-231.

24 Simon Peng-Keller weist darauf hin, dass die Bezeichnung in der Praxis hochdivergente Ausformungen umfasst und daher keine eindeutige inhaltliche Füllung impliziert: „Im Verlauf der eben resümierten Entwicklung ist ‚Spiritual Care' zu einem sortalen Begriff für ein plurales Forschungs- und Praxisfeld geworden und kann deshalb nicht mehr mit bestimmten Ansätzen identifiziert werden". Peng-Keller, S.: Professionelle Klinikseelsorge im Horziont interprofessioneller Spiritual Care, in: Pastoraltheologie 108 (2017) S. 412-421, hier S. 417.

vor. Insgesamt dürfte für unsere Fragestellung nach der theologischen Begründung von Klinikseelsorge die Einschätzung von Simon Peng-Keller zutreffend sein. Er weist darauf hin, dass christliche Seelsorge sich gegenüber dem Trend zu Spiritual Care Angeboten im Gesundheitswesen wird positionieren müssen. Der Inhabers der Züricher Stiftungsprofessur für Spiritual Care bemerkt: „Kirchliche Seelsorge und die sie begleitende theologische Reflexion stehen heute nicht vor der Frage, ob sie sich in diesen Rahmen stellen sollen oder nicht, sondern wie sie das tun, bzw. wie sie diesen Rahmen, zu dessen Herausbildung christlich inspirierte Bewegungen maßgeblich beigetragen haben, auch in Zukunft kreativ mitgestalten können."[25] Einen gravierenden Einfluss auf das künftige Verständnis schreiben auch Birgit und Andreas Heller dem Themenfeld Spiritual Care zu.[26] Den Autoren zufolge stehe eine Wiederaufnahme sämtlicher bisher virulenter Fragen der Klinikseelsorge an: „Es ist wahrscheinlich, dass das Nachdenken über Rolle, Funktion und Aufgabe von Spiritual Care auch die Krankenhausseelsorge verändert. Zu erwarten ist, dass sich alle Diskussionen wiederholen, die die moderne christliche Krankenhausseelsorge in den vergangenen 40 Jahren geführt hat. Es wird gehen um: die strukturelle Verankerung, Bezahlung und Rechenschaftspflicht und darin um die Loyalitätspflichten (PatientIn vs. Klinik); Kompetenzen, Themen, Haltungen, Spezialisierungen, Integration und Desintegration ins Team, Verschwiegenheit und Freiheit, Anwaltschaftlichkeit für die Kranken, die Angehörigen und immer mehr für die MitarbeiterInnen sowie um Widerstand gegen deren Instrumentalisierung."[27]

Eine dritte Quelle von Anfragen an das tradierte Konzept einer konfessionell organisierten Krankenhausseelsorge gründet in *anhaltenden übergeordnet sich vollziehenden gesellschaftlichen Transformationen*. Aus diesem breiten Strom von Megatrends sind für unsere Fragestellung besonders die tiefgehenden Änderungen in der religiösen Einstellung[28] von Menschen bedeutsam, und deren Art, mit tradierten und institutionalisierten Formen religiösen Verstehens und Handelns umzugehen.[29] Wenn auch insgesamt

---

25 Peng-Keller, Professionelle Klinikseelsorge, S. 421.
26 Heller, B. /Heller, A.: Spiritualität und Spiritual Care. Orientierungen und Impulse, 2., ergänzte und erweiterte Auflage, Bern 2018, S. 89.
27 Ebd.
28 Nassehi, A.: Spiritualität. Ein soziologischer Versuch, in: Frick, E./Roser, T. (Hrsg.): Spiritualität und Medizin. Gemeinsame Sorge für den kranken Menschen, 2. Aktualisierte Auflage, Stuttgart 2011, S. 35–44.
29 Vgl. dazu Gabriel, K.: Alte Probleme und neue Herausforderungen, in: Becker, P./

weltweit nicht von einem Abnehmen religiöser Orientierungen ausgegangen werden kann,[30] und sich auch in Mitteleuropa verstärkte Säkularisierungstendenzen nicht in allen Ländern ausmachen lassen, so sind doch gerade die in Ostdeutschland zu erhebenden empirischen Daten beachtenswert. Sie zeigen, dass dort inzwischen breitere Gesellschaftsschichten weder an Gott glauben, noch an eine höhere Macht, noch eine religiöse Praxis für sich angeben, insbesondere auch keine sozial institutionalisierte, gemeinschaftliche Form derselben.[31] Die Gruppe konfessionsloser BürgerInnen, die in ostdeutschen Bundesländern zwischen 70–80% ausmacht, ist die in Westdeutschland am stärksten wachsende Gruppe von Personen. Dort beträgt der Umfang an der Gesamtbevölkerung 20%.[32]

Allerdings ist die Gruppe Konfessionsloser keineswegs homogen.[33] Vielmehr finden sich dort mindestens vier größere Subgruppen. Diese sind erstens die „Individuell-gläubig Konfessionslosen", die aus einer Kirche ausgetreten sind, aber über religiöses Wissen, Praxis und Erfahrung verfügen. Von dieser Gruppe glauben 21% an einen persönlichen Gott, etwa 2/3 an ein höheres Wesen. Eine zweite Gruppe Konfessionsloser bilden die „Spirituell Aufgeschlossenen", die am stärksten eine religiöse Individualisierung aufweisen. In dieser Subgruppe glaubt jedoch nur noch 1% der Menschen an einen persönlichen Gott, 12% an ein höheres Wesen und beachtliche 71% verneinen beides. Eine dritte Gruppe bilden die „Areligiösen", die kein Verständnis und Verstehen religiöser Inhalte haben oder wünschen. Vertreter aus der Gruppe der „Areligiösen" kommen weit überproportional häufig aus Elternhäusern, in denen ebenfalls religiöse Indifferenz zu verzeichnen ist,

---

Diewald, U.: Die Zukunft von Religion und Kirche in Deutschland, Freiburg 2014, S. 13–28.

30 Vgl. dazu Joas, H.: Prophetie und Prognose – Wie reden wir über die Zukunft der Religion?, in: Krieger, W./Findl-Ludescher, A. (Hg.): Freiheit * Glück * Leben*. Säkularität und pastorales Handeln, Linz 2019, S. 9–22, hier S. 10: „Man muss zum Beispiel bereit sein, den Blick über Deutschland hinaus auszuweiten. Dann wird schnell deutlich, dass – im Weltmaßstab gesehen – die Schwächung der Religion die Ausnahme ist. Sie betrifft einige, keineswegs alle ex-kommunistischen Länder Europas, am ausgeprägtesten die Tschechische Republik, Ostdeutschland und Estland. Sie ist in einer ganzen Reihe westeuropäischer Länder zu finden (England, Schweden, Frankreich, den Niederlanden), wobei es sich aber lohnt, das Verhältnis der Bevölkerungsmehrheit zur Minderheit ernsthaft ‚praktizierender' Christen ins Auge zu fassen."
31 Vgl. dazu Pickel, G.: Konfessionslose – Das Residual des Christentums oder Stütze des neuen Atheismus?, in: Zeitschrift für Religionspädagogik 12 (2013) S. 12–31.
32 Vgl. Pickel, Konfessionslose, S. 12ff.
33 Vgl. Ebd. S. 13ff.

und verfügen über keine religiösen Kenntnisse oder entsprechende Praxis. Welche Herausforderung ergibt sich dadurch für klinische Seelsorge? Die Herausforderung besteht darin, dass Seelsorgende herkommend aus einem tradierten Kontext von inhaltlich konturierten biblisch-trinitarischen Glaubensüberzeugungen Menschen in krankheitsverursachten Lebenskrisen nahekommen, die ganz anders geartete religiöse Orientierungen und Präferenzen aufweisen als sie selbst. Die Herausforderung, die schon aktuell keineswegs nur in ostdeutschen Ländern anzutreffen ist, besteht dann näher besehen darin, die Begegnung von oftmals hochdivergenten Welten, die sich hinsichtlich Lebensstil und Glaubenspraxis, bzw. religiöser Einstellungen in kurzen Intervallen klinischer Verweildauern ergeben, aus entschieden christlichem Impetus heraus zu leben und den eigenen Anteil daran bewusst zu gestalten. Eine ‚Geistliche Theologie', die eigene Glaubenstraditionen in diesem Anliegen reflektiert und erschließt, scheint manchen interessierten Beobachtern an der Zeit zu sein.[34]

1.3 Situierung der Studie im Kontext aktueller pastoraltheologischer Diskurse über Selbstverständnis und Methodik des Faches

1.3.1 Einblicke in die aktuelle Diskussion über Selbstverständnis, Materialobjekt und Methodik der Pastoraltheologie

Der vorliegende Versuch einer pastoraltheologischen Reflexion hauptamtlicher klinischer Seelsorgepraxis findet statt vor dem Hintergrund einer anhaltenden Debatte zwischen FachvertreterInnen. Kontrovers diskutiert

---

34 „Theologie ist Wissenschaft aus Glauben und somit Erfahrungswissenschaft, nicht nur Wissenschaft über den Glauben, wie die Religionswissenschaft. Im Blick auf die üblichen Curricula darf die Frage gestellt werden: Wo ist der Platz einer ‚Geistlichen Theologie', welche den reichen Schatz des Christentums an eigener Spiritualität und Mystik hebt, kritisch nach wissenschaftlichen Standards reflektiert (und somit charismatischen Überschwang ernüchtert) und dann mit ihrem Ganzen so vermittelt, dass Theologinnen und Theologen im Gespräch auch mit einer atheistischen Spiritualität bestehen? Besonders, wenn diese sich – zuweilen expressis verbis – anschickt, das Christentum zu beerben?" Tiefensee, E.: Überlegungen zum Gehalt und der Erforschung atheistischer Spiritualität. „Und plötzlich ... Was? Nichts. Alles!", in: HerKorr 73 (9/2019) S. 35–38, hier S. 38.

werden das Materialobjekt, die angewandte Methodik und das Wissenschaftsverständnis der katholischen Praktischen Theologie bzw. Pastoraltheologie insgesamt.[35] Die vom Verfasser dieser Studie angestrebte Erkundung eines speziellen Praxisfeldes ist daher zunächst in genannten größeren Kontext der fachinternen Selbstvergewisserungsvorschläge zu situieren. Im Anschluss daran wird eine zweite Verortung meiner Überlegungen im spezielleren, ebenfalls kontroversen Diskurs über eine künftige Konzeption und Ausrichtung klinischer Seelsorge vorgenommen. Da jedoch im Kleineren der pastoraltheologischen Sichtung des speziellen Praxisfeldes ‚Klinikseelsorge' grundlegende Einstellungen wirksam sind, die aus übergeordneten Perspektiven und optierenden Grundentscheidungen resultieren, sollen fachspezifische Grundanliegen und Prämissen des Autors bereits in diesem Teil der Studie in knapper Form skizziert werden. Zuvor jedoch gilt das Interesse einem Einblick in das weite Feld aktueller pastoraltheologischer Ansätze.[36]

Zunächst ist festzustellen: Die seit längerem geführte fachinterne Besinnung, die einen Ausschnitt aus der übergeordneten Selbstbesinnung auf die Frage nach dem Proprium akademischer (katholischer) Theologie insgesamt bildet,[37] lässt eine große inhaltliche und konzeptionelle Breite sichtbar werden,[38] wenn auch Konvergenzen und Gemeinsamkeiten[39] auszuma-

---

35 Vgl. zu Akzenten und Bedeutung der Diskussion die Beiträge jüngeren Datums in PThI 35 (2015) sowie dem Themenheft ‚Next generation' LebZeug 62 (2011), Heft 2. Bereits eine Dekade zuvor greifen Vorträge auf dem Symposion „Pluralität im eigenen Haus. Selbstverständnisse praktischer Theologie", das Thema auf, vgl. PThI 20 (2000), Heft 2; vgl. auch den Sammelband von Nauer, D./Bucher, R./Weber, F. (Hg.): Praktische Theologie. Bestandaufnahme und Zukunftsperspektiven. Otmar Fuchs zum 60. Geburtstag (Praktische Theologie heute, Bd. 74), Stuttgart 2005.
36 Zur geschichtlichen Entwicklung der Disziplin vgl. Laumer, A.: Pastoraltheologie. Eine Einführung in ihre Grundlagen, Regensburg 2015, S. 16–92.
37 Vgl. dazu exemplarisch die Beiträge von Hoff, G. M.: Die prekäre Identität des Christlichen. Die Herausforderung postmodernen Differenzdenkens für eine theologische Hermeneutik, Paderborn 2001, sowie Schwind, G.: Das Ende der alten Gewissheiten. Theologische Auseinandersetzungen mit der Postmoderne, Mainz 1993.
38 Vgl. dazu Grethlein, C.: Katholische Pastoraltheologie – überwältigend vielfältig und merkwürdig konfessionell, in: PThI 35 (2015) Heft 2, S. 129–135. Der Autor skizziert aus seiner Perspektive als Fachvertreter evangelischer Praktischer Theologie die Ansätze prominenter Vertreter der katholischen Pastoraltheologie (ebd. S. 129ff.).
39 Grethlein meint, dass Gemeinsamkeiten aller zeitgenössischen Zugänge zur Pastoraltheologie mit Blick auf das Materialobjekt durchaus auszumachen seien. Dies gilt für eine allgemein anvisierte Weitung des Gegenstandsbereichs und mit Blick auf einen Konsens bezüglich eines umfassenden Verständnisses des Faches. Konsens

chen sind. Diese auffällige Breite zeigt sich zum einen deutlich hinsichtlich der jeweiligen *Ortsbestimmung*, die verschiedene AutorInnen für ihren jeweiligen Ansatz vornehmen. Exemplarisch und auf pointierte Wortmeldungen verdichtet seien nachstehend einige Ansätze benannt. Dabei wird nicht der Anspruch erhoben, die benannten Zugänge vollständig und umfassend ins Wort zu bringen. Vielmehr geht es viel bescheidener darum, pars pro toto und an prominenten Entwürfen entlang schlaglichtartig zu erhellen, was Pastoraltheologie heute an Vielfalt ausmacht. Von Interesse ist, wie sich die Entwürfe hinsichtlich ihrer je anders geschärften Optik, ihrer gewählten Zugänge zum Thema und ihrer impliziten Optionen präsentieren. Oder anders formuliert: Der interessierte Blick richtet sich auf das, wofür das pastoraltheologische „Herz" bei verschiedenen FachvertreterInnen jeweils schlägt und welcher Esprit dabei zutage tritt.[40] Damit ist bereits ein zentraler Aspekt dieser versuchten knappen Würdigung pastoraltheologischer Ansätze angedeutet: Es geht dem Verfasser dieser Studie um eine Suche nach dem eigenen Ort, den er für sein Anliegen unter wertvollen Ortsbestimmungen der Disziplin ausfindig machen will.

Ungeachtet der differenzierten Fachprofile, die je nach Vertreter/in entworfen werden, lassen sich im Anliegen einer Gruppierung von Entwürfen mit ähnlicher Ausrichtung und thematischer Schwerpunktsetzung

---

sei auch eine häufig angesprochene Option für Arme und Entrechtete. (vgl. dazu Grethlein, Katholische Pastoraltheologie, S. 132). Mit Blick auf durchgängig virulent werdende „theologische Fundierung" pastoraltheologischer Konzepte bemerkt Saskia Wendel: „Trotz der mehrfach vermerkten Heterogenität der theologischen Fundierungen ist jedoch eine gemeinsame Basis auszumachen. Alle Konzepte basieren auf der ‚anthropologischen Wende' der Theologie des 20. Jahrhunderts, die sie in unterschiedlichen Perspektiven kritisch weiterführen", sowie in der Inanspruchnahme „der Anthropologie als theologische Basisdisziplin". Des Weiteren wird obiger Autorin zufolge „ein gemeinsames politisches Interesse" von vielen FachvertreterInnen geteilt, mit dem „Verständnis Praktischer Theologie als quasi ‚parteiliches' Unternehmen für Schwache, das Eintreten für die Verletzten, die Opfer, und die Orientierung an der ‚Praxis des Evangeliums' bzw. der Nachfolgepraxis Jesu auch in politischer Hinsicht". Wendel, S.: „Die Einheit der Praktischen Theologie in der Vielheit ihrer Stimmen", in: PThI 35 (2015) S. 117–127, hier S. 125.

40 Dabei mag für unsere Fragestellung wirksam werden, was Markus Lohausen mit Blick auf eine historisch interessierte Sichtung pastoraltheologischer Entwürfe in Aussicht stellt, und zwar dass „die Geschichte der Pastoraltheologie umso lebendiger wird und Bedeutungsvolleres zu erzählen hat, je mehr man am Konkreten interessiert ist." Lohausen, M: Ist die Pastoraltheologie eine unhistorische Wissenschaft?, in: ZPTh 38 (2018) S. 123–133, hier S. 127.

immerhin drei größere Gruppen benennen.[41] Äußeres Kriterium der Einteilung ist der Radius der in die pastoraltheologische Reflexion einbezogenen Personen und Themen, was jedoch über die Topographie hinaus weitreichende konzeptionelle Konsequenzen impliziert. Eine erste, vom Ursprung her historisch älteste Gruppe „reflektiert amtliche bzw. berufliche Praxis", wobei alle pastoralen Berufe und (territorialen oder kategorialen) Tätigkeitsfelder zum Thema werden können. Ein zweiter Typ von Pastoraltheologie thematisiert „die Praxis der Kirche, also aller Getauften", ein dritter Typ schließlich dehnt die Betrachtung aus auf „die Praxis der Menschen".[42] Der letztgenannte Typ von Entwürfen tendiert wegen „seines prinzipiell kaum mehr einzugrenzenden Gegenstandsbereichs" dazu, das Spektrum aufgeworfener Themen und Fragen auszuweiten: „Weiterhin kennt der dritte Typ kaum noch einen Kanon von zu behandelnden Gegenständen. Letztlich verlangt er, Netzwerke von Theologinnen und Theologen auszubilden und innerhalb des offenen Feldes möglicher Fragestellungen nach Schlüsselfragen Ausschau zu halten."[43] Nachstehend sollen Vertreter aller drei Typen in komprimierter Form vorgestellt werden.

Andreas Wollbold kann als Fachvertreter gelten, der erklärtermaßen einen bewusst eng gesetzten Focus für sein Fachgebiet vertritt. „Pastoral ist jenes intentionale Handeln, das die Verwirklichung des Sendungsauftrags der Kirche zum primären Ziel hat. Diese Definition ist bewusst enger gewählt als in manchen pastoraltheologischen Veröffentlichungen. Denn in Zeiten des pastoralen Umbruchs besteht ein nicht unwichtiger Dienst der Wissenschaft an der Pastoral darin, ihr zu präzisem, ihrer selbst gewissem Handeln zu helfen. Wer dagegen ein ungeordnetes Vielerlei Pastoral nennt, weiß am Ende gar nicht mehr, was er zu tun hat."[44] Daher darf der Münchener Lehrstuhlinhaber für Pastoraltheologie dem erstgenannten Typ zugerechnet werden. Er plädiert entschieden für eine „Kontemplative Pastoral"[45], die ihren Ausgang bei einem „genauen Hinschauen"[46]

---

41 Feiter, R.: Einführung in die Pastoraltheologie, in: Sajak, C. (Hg.): Praktische Theologie (Theologie studieren im modularisierten Studiengang, Modul 4), Opole 2008, S. 15–63, hier S. 54.
42 Feiter, Einführung, S. 54.
43 Ebd. S. 54. Die betont weit gefasste Ausrichtung von Pastoraltheologie auf „Praxis der Menschen" formuliert Haslinger, H.: Vorwort, in: Ders. (Hg.): Handbuch Praktische Theologie, Bd. 1, Mainz 2000, S. 15–17, hier S. 15.
44 Wollbold, A.: Kontemplative Pastoral, in: MThZ (2005) S. 134–147, hier S. 136.
45 Ebd. S. 134.
46 Ebd.

nimmt, das handlungsprägend wirksam wird. In allem wird die Anschauung der Gestalt Jesu Christi zum pastoral zentralen, für die Akteure aber auch zuinnerst lebensprägenden Thema. Der Münchner Lehrstuhlinhaber führt aus: „Pastoral ist wesentlich kontemplativ. Kontemplativ sei hier jenes spezifisch christliche Tun genannt, Gottes Handeln so wahrzunehmen, dass dadurch das eigene Erkennen und Wollen umgestaltet wird und dass Christus im Heiligen Geist zum Subjekt des Handelns wird."[47] Eine betont christologische Perspektive prägt auch sein Konzept von Gemeindepastoral, das anhand des dreifachen Amtes Jesu Christi entworfen wird.[48] Das Wirken Jesu Christi „kontemplativ wahrzunehmen und es als leitend in das eigene Wirken aufzunehmen, ist somit das Herzstück aller Pastoral."[49] Diejenigen, die so disponiert sind, „nehmen das göttliche Wirken derart in sich auf, dass es eigenes Wirken freisetzt."[50] Daher gilt dem Autor: „D. h. die Inhalte, ebenso wie die Handlungsformen einer Kontemplativen Pastoral, also ihr Material- und Formalobjekt, ihr Was und Wie, sind in dem Maße kontemplativ, wie sie sich dem Wirken Gottes verdanken."[51] Von daher kommt Pastoraltheologie eine aufweisende Funktion zu, sowie jene einer Seh- und Deutungshilfe zur Entdeckung und zum adäquaten Verständnis der gottgewirkten Handlungspotentiale der kirchlichen Akteure: „Pastoraltheologische Aufgabe ist zu zeigen, wie diese Ermächtigung des kirchlichen Handelns aus dem Handeln Christi jeweils geschieht."[52]. Von der Gestalt Christi her gesichtet kommen die Heilige Schrift und das gegenwärtige Leben in den Blick. Letzteres wird im Lichte des Evangeliums gedeutet: „Das ist Pastoral – Jesus, sein Bild in der Heiligen Schrift zu erkennen und ihn dann wiederzuerkennen in den Geschehnissen der Gegenwart. Hier nimmt sie wahr, wo er steht und wirkt, und lässt sich von seinem Wirken in Dienst nehmen."[53] Wollbold sieht praktologisch gesehen eine radikale „Dialektik

---

47 Ebd.
48 Wollbold, A.: Handbuch der Gemeindepastoral, Regensburg 2004. Gemeindepastoral kommt beim Autor in den Blick unter der dreifachen Perspektive „Christus leiten lassen: Der Aufbau der Gemeinde zum Heilsdienst" (ebd. S. 94–176), „Christus sprechen lassen: Die Verkündigung" (ebd. S. 177–425), sowie „Christus heiligen lassen: Liturgie und Sakramentenpastoral" (ebd. S. 426–463).
49 Wollbold, Kontemplative Pastoral, S. 136.
50 Ebd. S. 135.
51 Ebd. S. 134.
52 Ebd. S. 136.
53 Ebd. S. 137.

der Ermächtigung und Entmächtigung im pastoralen Handeln"[54], das mit der menschlichen Grundgegebenheit korreliert, Handeln im Modus von wirkender *actio* und erleidender *passio* zu erfahren. Unter Aufnahme thomasischer Ausführungen zur Tugend der Klugheit und zur göttlichen Vorsehung entfaltet der Autor diesen Grundgedanken und wendet ihn auf das Leben der seelsorglichen Akteure an.[55] Dabei wird auch deren Lebensstil zum Thema. „Kontemplative Pastoral erfordert das Hineinwachsen in die ‚Regel Gottes‘, also das immer größere Vertrautwerden mit Gottes Stil, mit dem Wort Gottes, mit den Wegen Jesu, mit dem Geist der Seligpreisungen. Dadurch wird der Lebensstil von Seelsorgern zur Kernfrage der Pastoral selbst."[56] Weitere Veröffentlichungen des Autors entfalten den hier in gedrängter Form knapp skizzierten Entwurf weiter und wenden ihn auf pastorale Handlungsfelder[57] und fachspezifische Themen[58] an. Im Ganzen gesehen lässt Wollbold dabei ein klar konturiertes Interesse an der mystagogischen Erschließung christlichen Glaubens mit betont christologischem Fokus erkennen. Diese Erschließung unternimmt der Autor nach eigenen Worten „mit einer Ausweitung der mystagogischen Methode auf die Gesellschaftsanalyse im Anschluß an Karl Rahners Postulat einer ‚theologischen Gegenwartsanalyse' [...]."[59]

Als Vertreter der dritten idealtypischen Ausprägung von Pastoraltheologie mit einem betont weit gefasstem Gegenstandsbereich konturiert *Christian Bauer* „Umrisse einer Pastoraltheologie der kreativen Differenz".[60] Dem Innsbrucker Lehrstuhlinhaber für Interkulturelle Pastoraltheologie zufolge leistet die Disziplin „Hilfestellung zur theologischen Sehhilfe" in Form von „Metaphern, Geschichten, Etymologien und begrifflichen Unterscheidungen".[61] Ein Anliegen, das den Autor auch in anderen Veröffentlichungen leiten wird auf dem Wege hin zu seinem Konzept einer Pastoraltheologie

---

54 Ebd. S. 142.
55 Ebd. S. 139–142.
56 Ebd. S. 145.
57 Wollbold, A.: Handbuch der Gemeindepastoral, Regensburg 2004.
58 Wollbold, A.: „Nuestro modo de procedere". Wege zu einem pastoralen Stil, in: TThZ 113 (2004) S. 276–292; ders.: Von der Linie zum Fleck. Pastoraltheologie als Hilfe zur Entscheidungsfindung, in: ZKTh 121 (1999) S. 177–191, sowie ders.: Kirche als Wahlheimat. Beitrag zu einer Antwort auf die Zeichen der Zeit (SThPS, Bd. 32), Würzburg 1998.
59 Wollbold, Kontemplative Pastoral, S. 146.
60 Bauer, C. Indianer Jones in der Spätmoderne? Umrisse einer Pastoraltheologie der kreativen Differenz, in: Lebendige Seelsorge 62 (1/2011) S. 30–35.
61 Bauer, Indianer Jones, S. 30.

als „Erfahrungstheologie" in spätmoderner Zeitgenossenschaft.[62] Bauer plädiert für einen „pastoralen Ortswechsel der Theologie", die „Praxis als einen theologischen Ort mit eigener Autorität begreift".[63] Bedeutsam ist dabei, dass die „potentiell kreative Differenz von Praxisfeldern und Diskusarchiven in Vergangenheit und Gegenwart" Beachtung erfährt, und darin „aktuelle Erfahrungen anschlussfähig" gemacht werden „an die Tradition der Kirche."[64] PastoraltheologInnen führen Bauer zufolge einen „Diskurs' über die kreativen Potentiale dieser Differenz".[65] Dieser Diskurs gestaltet sich komplex und multizentrisch, indem er sich „extradiskursiv" (auf Praxisorte hin gerichtet), „interdiskursiv" (auf nichttheologische akademische Disziplinen hin gerichtet) und „intradiskursiv" (auf „anderstheologische" Verknüpfungen hin gerichtet) vollzieht.[66] Insgesamt geht es diesem Ansatz um ein „Empowerment des Volkes Gottes"[67] dem die Pastoraltheologie als „kreativitätsfähige Differenzwissenschaft"[68] fördernd, klärend und ermächtigend dient. Methodisch wird eine „Logik der ‚Abduktion' "[69] favorisiert, worin eine Aufnahme von Einflüssen des amerikanischen Pragmatismus inspirierend wirksam wird, jedoch modifizierende Aneignung erfährt. Konkret gewinnt die spezifische „Differenz" als „Gesprächsangebot" zwischen einem konkreten Fall und einem allgemeinen Gesetz an Bedeutung. Dabei wird jedoch der Zusammenhang zwischen Konkretem und normativ Allgemeinem nicht deduktiv bzw. induktiv mittels einer jeweils unmittelbar dem Gesetz bzw. dem Fall sich anschließenden Folgerung eindeutig beantwortet. Vielmehr entsteht die Verknüpfung in Form einer abduktiven Theoriebildung, die nur vorläufige Geltung beansprucht.[70] Spätere Veröffentlichungen des Autors führen das oben skizzierte Konzept einer „Konstellativen Pastoraltheologie" weiter.[71] Sie konkretisieren das Grundanlie-

---

62 Vgl. dazu die Antrittsvorlesung des Autors. Bauer, C.: Christliche Zeitgenossenschaft? Pastoraltheologie in den Abenteuern der Spätmoderne, in: JPT 20 (2016) S. 4–25, hier S. 4.
63 Bauer, Indianer Jones, S. 31.
64 Ebd. S. 31.
65 Ebd. S. 32.
66 Ebd. S. 32.
67 Ebd. S. 31.
68 Ebd. S. 34.
69 Ebd. S. 33.
70 Ebd. S. 34.
71 Vgl. dazu exemplarisch die Habilitationsschrift des Autors: Bauer, C.: Konstellative Pastoraltheologie. Erkundungen zwischen Diskursarchiven und Praxisfeldern, (Praktische Theologie heute, Bd. 146) Stuttgart 2017, sowie ders.: Spuren in die

gen in kulturwissenschaftlich geweiteter Perspektive und mit explorativem Impetus. Bezogen auf verschiedene Handlungsfelder und methodische Umsetzungen in konkreter Praxis, die bis hin zu akademischer Lehre reicht, wird an Formen der Verwirklichung des Modells gearbeitet. Die involvierten Subjekte zu einem kreativ-aneignenden Vorgehen zu ermächtigen, wird dem Autor dabei zu einem bedeutsamen Anliegen. Wie in seiner Antrittsvorlesung skizziert, geht es Bauer um eine christliche Zeitgenossenschaft, bei der Pastoraltheologie im betonten Rekurs auf die aktuellen Lebenswelten und deren paradoxalen Dynamiken „ihr Format einer vormodernen Priestertheologie und einer modernen Kirchentheologie in Richtung einer spätmodernen Erfahrungstheologie"[72] überschreitet. Eine Neudefinition und Erweiterung ihrer fachspezifischen Methoden steht dabei an. So muss die „Praktische Theologie ihre eigenen wissenschaftlichen Praktiken des SEHENS (Heterotopien statt Atopien und Utopien, vgl. M. Foucault), des URTEILENS (Abduktion statt Deduktion und Induktion, vgl. Ch. S. Peirce) und HANDELNS (Situative statt konstative und performative Sprechakte, vgl. J. Derrida) redefinieren."[73]

Beim in Münster lehrenden *Reinhard Feiter* kommt Pastoraltheologie unter handlungstheoretischer Perspektive in den Blick.[74] Sie wird betont als kontextuelle Theologie konzipiert: „Kontextuell ist die Praktische Theologie als Theorie aus der Praxis für die Praxis aus ihrem geschichtlichen Ursprung heraus und mit all ihren Fasern."[75] Unter Aufnahme wesentlicher Positionen der responsiven Phänomenologie von Bernhard Waldenfels[76] entwirft Rein-

---

Pastoraltheologie von morgen: Frische Ideen, nicht nur für den pastoralen Strukturwandel, in: Anzeiger für die Seelsorge (2017) S. 18–21.
72 Bauer, Christliche Zeitgenossenschaft?, S. 4.
73 Ebd. S. 4.
74 Vgl. zur Situierung des handlungstheoretisch begründeten Paradigmas von Pastoraltheologie Blasberg-Kuhnke, M./Könemann, J.: Praktische Theologie als Handlungswissenschaft, in: PThI 35 (2015) S. 27–33, sowie Haslinger, H.: Die wissenschaftstheoretische Frage nach der Praxis, in: Haslinger, H./Bundschuh-Schramm, C. (Hg.): Praktische Theologie, Bd. 1, Grundlegungen, Mainz 1999, S. 102–122, sowie Laumer, Pastoraltheologie, S. 119–138.
75 Feiter, R.: Antwortendes Handeln. Praktische Theologie als kontextuelle Theologie – Ein Vorschlag zu ihrer Bestimmung in Anknüpfung an Bernhard Waldenfels' Theorie der Responsivität, Münster 2002.
76 Vgl. zur allgemeinen Einführung und zur werkgenetischen Einordnung zentraler Sujets des Phänomenologen die Übersicht bei Kapust, A: Einleitung: Responsive Philosophie – Darlegung einiger Grundzüge, in: Busch, K./Därmann, I./Kapust, A. (Hg.): Philosophie der Responsivität. Festschrift für Bernhard Waldenfels, München 2007,

hard Feiter ein Modell von Handeln, das wesentlich als „Antwortendes Handeln"[77] begriffen wird.[78] Entgegen der in teleologischer Perspektive zu formulierenden Fragen, woraufhin sich eine Handlung intentional richtet, wird die handlungsbegründende Vorgängigkeit einer lebensweltlich[79] sich artikulierenden Anfrage, eines Anspruchs aufgewiesen, auf den die handelnde Antwort stets einzugehen gerufen ist.[80] Es brechen Fragen nach der Normativität der Kontexte für das Handeln auf, überkommene Geltungsansprüche werden angefragt.[81] Allerdings sind diese orientierenden Kontexte von bleibender Entzogenheit geprägt und nicht „unmittelbar zugänglich. Dies aber aufzuzeigen, darin besteht der entscheidende Beitrag, den eine phänomenologische Handlungstheorie zur Klärung des Sinnes von Kontextualität in der Praktischen Theologie zu leisten vermag."[82] Kontexte können somit nie aneignend eingeholt werden, sondern tragen beständig das Signum des Fremden. Es tritt somit eine menschliche Praxis ins Blickfeld, die radikal „anderswo beginnt"[83] als im autonom gedachten Selbstbezug. In dieser ab extra fundierten Begründung liegt eminentes Potential begründet, bei Han-

---

S. 15–36, sowie Huth, M.: Responsive Phänomenologie. Ein Gang durch die Philosophie von Bernhard Waldenfels, Frankfurt 2008, besonders S. 175 ff.

77 Vgl. Eine Hinführung zur oben zitierten Habilitationsschrift Feiters aus dem Jahr 2002, die den Blick zudem auf weitere Publikationen jüngeren Datums weitet, bieten Leimgruber, U. /Lohausen, M.: Reinhard Feiter, in: Gärtner, S./Kläden, S./Spielberg, B. (Hg.): Praktische Theologie in der Spätmoderne. Herausforderungen und Entdeckungen, Studien zur Theologie und Praxis der Seelsorge, Bd. 89, Würzburg 2014, S. 253–265.

78 „Es wird der Versuch unternommen, Kontextualität zu fassen im Begriff eines *antwortenden Handelns*, [...]." Feiter, Antwortendes Handeln, S. 10.

79 Vgl. Feiter, Antwortendes Handeln, S. 105 ff.

80 Feiter zielt eine weitende Transformation des Handlungsbegriffs an: „Diese Transformation kann vorläufig charakterisiert werden als eine Erweiterung des Handlungsbegriffs, die die Bahnen eines vornehmlich teleologisch bestimmten Handlungsbegriffs stört, indem sie das Register des Fragens nach dem Handeln die Frage nach dem ‚Worauf' einführt: 1. Handeln wird nicht allein unter dem Gesichtspunkt betrachtet, wer – wie /womit, mit welchen Mitteln bzw. unter welchen Umständen – wonach, gemäß welcher Regeln und Normen, woraufhin, zu welchem Ziel – tätig ist, sondern auch unter dem Gesichtspunkt, dass dem jeweiligen Handeln in der Dimension des jeweiligen Handelns selbst etwas vorausgeht, woran es anknüpft." Feiter, Antwortendes Handeln, S. 14.

81 Feiter, Antwortendes Handeln, S. 71 ff.

82 Vgl. Ebd. S. 72.

83 Vgl. Feiter, R.: Von anderswoher sprechen und handeln. Überlegungen zum Praxisbegriff Praktischer Theologie, in: Salzburger Theologische Zeitschrift 21 (2017) S. 177–185.

delnden aus freier Erwiderung[84] kreative und innovativ-produktive Handlungsmodifikationen zu zeitigen,[85] die er oder sie als verdankt und als *„geschenkte* Freiheit"[86] erfährt. Das dazu initial widerfahrende Ereignis des Unabsehbaren und Sperrigen, das in „Schlüsselerfahrungen"[87] sich vernehmbar macht, ermöglicht einen neuartigen Umgang mit Handlungsanforderungen. Im Zuge dessen tritt die normierende Kraft bestehender Ordnungen und bisheriger Geltungsansprüche zurück. Es geschieht den handelnden Akteuren eine Abweichung und „Digression". Dieser Begriff „[...] will sagen: durch eine Abweichung und Abschweifung, von der diejenigen, die sich auf sie einlassen, nicht nur verändert wiederkehren, sondern überhaupt nicht mehr ganz dorthin zurückkehren, wo sie ausgegangen sind."[88] Diese Unterbrechung geschieht, um dem sich neuartig formierenden Außerordentlichen, das nie in bestehende Schemata eingeholt werden kann, einstweilige Anerkennung zu gewähren. Dieser Geltungsaufschub wird gewährt, bis neue Ordnungen sich formiert und etabliert haben. In diesem Zwischenraum von Bestehendem und Neuartigem, von ergangenem Anspruch und aus Hören geborener Antwort, geschieht „Handeln als Zwischenereignis".[89] Spätere Veröffentlichungen des Autors[90] folgen in Wortwahl und gedanklichem Duktus dieser mit Waldenfels verbundenen phänomenologisch konturierten Spur einer für Begegnungen, Lebenswelt und Kontextualität sensiblen Theologie.[91]

---

84 Vgl. Feiter, Antwortendes Handeln, S. 37.
85 Vgl. Ebd. S. 275.
86 Feiter, Antwortendes Handeln, S. 37.
87 Vgl. Feiter, R.: Die örtlichen Gemeinden von Poitiers – Reflexion zu ihrer Reflexion, in: Feiter, R./Müller, H. (Hg.): Was wird jetzt aus uns, Herr Bischof? Ermutigende Erfahrungen der Gemeindebildung in Poitiers, 4. Auflage, Stuttgart 2011, S. 149–166; hier S. 154: „Schlüsselerfahrung ist zum Beispiel die Entdeckung: Es geht!".
88 Feiter, Antwortendes Handeln, S. 14.
89 Ebd. S. 266.
90 Vgl. dazu Feiter, R.: Von der pastoraltheologischen Engführung zur pastoraltheologischen Zuspitzung der Praktischen Theologie, in: Göllner, Reinhard (Hg.): „Es ist so schwer, den falschen Weg zu meiden". Bilanz und Perspektiven der theologischen Disziplinen (Theologie im Kontakt 12), Münster 2004, 261–286; ders.: Lesarten – Ansätze einer praktisch-theologischen Hermeneutik, in: Först, Johannes/Schöttler, Heinz-Günther (Hg.): Einführung in die Theologie der Pastoral. Ein Lehrbuch für Studierende, Lehrer und kirchliche Mitarbeiter (Lehr- und Studienbücher zur Theologie 7), Münster 2012, 12–46; ders.: Wann ist Praxis pastoral — und was lässt sich aus ihr für die Pastoral lernen?, in: Feeser-Lichterfeld/Sander, Kai G. (Hg.): Studium trifft Beruf. Praxisphasen und Praxisbezüge aus Sicht einer angewandten Theologie (Bildung und Pastoral 6), Ostfildern 2019, 97–108.
91 Bedeutsam war für diesen theologischen Impetus der Kontakt mit Klaus Hemmerle.

Jörg Seip, Lehrstuhlinhaber für Pastoraltheologie in Bonn, entwirft in seiner 2009 erschienenen Habilitationsschrift „Der weiße Raum. Prolegomena einer ästhetischen Pastoraltheologie"[92] innovative heuristische, theoretische und daraus abgeleitete methodische Zugänge zum Fachgebiet. Das Projekt einer „Pastoraltheologie als nachmoderner Wahrnehmungswissenschaft" wird vom Autor unternommen.[93] Bei diesem Zugang zum Fachgebiet[94] macht Seip poststrukturalistische Fragestellungen virulent. Diese sind unter anderem jene nach der allererst bewusst und kenntlich zu machenden Formatierung von Wirklichkeitswahrnehmungen, deren Perspektivität und transformierenden Versprachlichung, sowie den daraus folgenden diskurskritischen Implikationen. Philosophische und literaturtheoretische Positionen der Dekonstruktion finden Eingang in die im weitesten Sinne ‚text-kritischen' Überlegungen. Pastoraltheologie erscheint dem Autor zufolge in Form „der Kritik von Praktiken und der Praktik von Kritik. Pastoraltheologie ist formal verstanden eine Praktik der Kritik und eine Kritik der Praktiken. Sie relationiert, gestützt auf die Re- und De-Kontextualisierungen von Heiliger Schrift und Tradition, fortwährend Ort und Raum, Statik und Bewegung."[95] Wie schon prominent im Titel der Habilitationsschrift mit einem Verweis auf Michel Foucault[96] ins Wort gehoben, geht es dem Autor um eine im Horizont spätmoderner Fraglichkeit von Identität und Gewissheiten situierte Selbstbesinnung von Pastoraltheologie. Diese

---

Person und Wirken des Aachener Bischofs, dessen enger Mitarbeiter Feiter in jungen Jahren war, brachten Feiter eine authentische Verbindung von hermeneutisch-phänomenologisch konzipierter Religionsphilosophie und pastoraltheologischer Verantwortung nahe. Feiters eigenes pastoraltheologisches Wirken ist davon erkennbar geprägt, was auch für sein homiletisches Schaffen gilt.

92 Seip, J.: Der weiße Raum. Prolegomena einer ästhetischen Pastoraltheologie, (PThK, Bd. 21), Freiburg 2009.
93 Vgl. dazu Seip, Der weiße Raum, S. 219–364. Im Zuge der systematischen Erschließung seines Zugangs unternimmt der Autor eine nachmoderne Ortsbestimmung der Pastoraltheologie im Interesse der Konturierung einer Epistemik, die er im Kontext des Dekonstruktivismus und der Pastoralkonstitution situiert. Dem schließt sich eine Entfaltung seines Konzepts einer Wahrnehmungswissenschaft an, verstanden als Praktik, die nach einem geschichtlichen Rückblick zu einer „Pastoraltheologie als Stilkunde" hinführt. Vgl. Ebd. S. 329–364.
94 Vgl. zur Einordnung von Pastoraltheologie als „Wahrnehmungswissenschaft" Laumer, Pastoraltheologie, S. 139–145.
95 Zitiert nach https://www.ktf.uni-bonn.de/Einrichtungen/pastoraltheologie/selbstverstaendnis, Zugriff am 20.10.2019.
96 Vgl. Foucault, M: Archäologie des Wissens. Übersetzt von U. Köppen, Frankfurt 1981, S. 30.

erinnert vergessene Aspekte: „Die terminologische Metapher ‚der weiße Raum' meint jenen Wissensraum, der in der Regel ungesagt, d. h. weiß, leer, blind bleibt."[97] Die Metapher des Raumes wirft „die Frage nach der Formatierung des Denkens und Handelns auf, die als ästhetische auf die Pastoraltheologie in der Spätmoderne bezogen wird."[98] Das sprach- und erkenntnistheoretisch interessierte Anliegen Seips ist ein in neuer Optik gewonnenes, mehrstufig konzipiertes Zeigen von Vergessenem. Diese Form des Bedeutens ist imstande, den überkommenen pastoraltheologischen Denkansatz von Sehen-Urteilen-Handeln zu weiten: „Das Ziel der Prolegomena zu einer ästhetischen Pastoraltheologie ist das Zeigen jenes weißen Raumes: ihr Verfahren ‚Sagen – Meinen – Zeigen' schlägt eine hermeneutisch applizierte Dekonstruktion" sowie „eine Diskurskritik" vor. „Erstere sucht Brüche und Widersprüche zwischen Gesagtem und Gezeigtem auf, letztere sucht das Ungesagte im Gesagten, also das, was der Diskurs schweigen macht."[99] Im Anliegen dem Zueinander der drei pastoraltheologisch relevanten Größen Heilige Schrift, Tradition und moderne Lebenswelt gerecht zu werden,[100] situiert Seip Pastoraltheologie in einer Weise, die ein beständiges Unterwegssein als modus procedendi impliziert. Ein gegenüber einer statischen Ortsbestimmung dynamisiertes „Flanieren"[101] wird zum instruktiven Bild und Modell der theologischen Disziplin. Darin klingen Motivaufnahmen aus dem pastoraltheologischen Entwurf Albrecht Grözingers an, jedoch in transformierter Form und mit anderem Blick auf die zeitgenössische Situation.[102] Seip benennt mit der Metapher vom Flanieren den innovativen Ort und das Vorgehen einer Pastoraltheologie, die ihrer fragilen Identität eingedenk bleibt: „Ich schlage als Ort der *Pastoraltheologie in der Spätmoderne* ein taktisches Außen vor, d. h. ein Flanieren zwischen Innen und Au-

---

97 Seip, Der weiße Raum, S. 376.
98 Ebd. S. 376.
99 Seip, Der weiße Raum, S. 376.
100 Vgl. dazu Ebd. S. 32.
101 Vgl. dazu Ebd. S. 374.
102 Vgl. dazu auch Seip, J.: (Ex-)Kommunikation oder Was bringt die Dekonstruktion? Für eine kommende Pastoraltheologie, in: Lebendige Seelsorge 62 (2011) S. 11–16, hier S. 15. Das Bild vom Flanieren und das Thema vom *Weißen* finden sich bereits bei Albrecht Grözinger. Bei diesem jedoch bezüglich eines weißen Bildes, und nicht mit Bezug auf den Raum, wie bei Foucault. Vgl. dazu Grözinger, A.: Praktische Theologie und Ästhetik. Ein Beitrag zur Grundlegung der praktischen Theologie, München 1987, besonders S. 213ff., sowie Grözinger, A.: Praktische Theologie als Kunst der Wahrnehmung, Gütersloh 1995, S. 153–159 unter der Überschrift „Das ‚Weiße' im Bild oder Am Nullpunkt der Praktischen Theologie".

ßen. Das Flanieren hat den Vorteil, weder die Vorgabe der Nachmoderne (oben: Lebenswelt) zu übernehmen und damit die Identität (oben: Schrift und Tradition) zu gefährden noch diese auszublenden und eine Identität auf Kosten einer Abschließung zu erhalten. Vielmehr fungiert die Pastoraltheologie als eine Art Differenzbewegung: sie besetzt, mit der im 19. Jahrhundert benutzten Metapher des Baumes weitergedacht, die Stomata, also die Spaltöffnungen, durch die ein Baum die Außenluft einspeist, um auch in Zukunft zu wachsen. Identität wäre danach weniger das Insistieren auf ein Innen, sondern fände sich in der Relation zwischen Innen und Außen."[103] In diesem Verhältnis lokalisiert, wird die benannte Bewegung zum Moment an einer Identitätssuche: „Bleibendes und keineswegs abschließbares Ziel einer solchen Pastoraltheologie wäre das Ausbilden einer fragilen Identität, die nicht ein für allemal besessen oder substantialistisch vorgegeben wird, sondern relational im ‚je heute' aufgegeben bleibt. Damit praktiziert sie auf nachmoderne Weise das Fragilwerden am – ein modernes Bild – eigenen Leibe und das hieße auch: in ihrer Schrift, in ihrer Schreibe, in ihrem Stil."[104]

Matthias Sellmann, Inhaber des Lehrstuhls für Pastoraltheologie in Bochum, plädiert für eine „Pastoral der Passung", die religionssoziologische Erkenntnisse mit offenbarungstheologischen und glaubenshermeneutischen Positionen verbindet.[105] Da der Autor ein exponierter Vertreter der Rezeption von pragmatistischen[106] Ansätzen in der aktuellen deutschsprachigen Patoraltheologie ist, wird auch dieser Aspekt seines Ansatzes erläutert. Angesichts dessen, dass „Bewohner der Moderne genau jene religiösen Deutungsangebote prämieren, die als kulturelle und biographische Passung lebbar sind", dies aber seitens kirchlicher Akteure nicht konstruktiv aufgenommen wird, sucht der Autor nach einem pastoraltheologischen Ansatz, „der kulturelle Passung im Sinne des Vatikanum II erlaubt, ohne kulturelle Assimilation zu betreiben."[107] Drei Faktoren machen Sellmann zufolge eine entsprechende Suche notwendig. Diese sind: „erstens die Diagnose einer deutschen Kirche in akuter Exkulturationsgefahr, zweitens die Einsicht

---

103 Seip, Der Weiße Raum, S. 33.
104 Seip, Der Weiße Raum, S. 33.
105 Sellmann, M.: Eine „Pastoral der Passung". Pragmatismus als Herausforderung einer gegenwartsfähigen Pastoral(theologie), in: Lebendige Seelsorge 62 (1/2011) S. 2–10, hier S. 2.
106 Vgl. zu Begriff und Geschichte des Pragmatismus Oehler, K.: Einleitung, in: Ders. (Hg.): William James: Pragmatismus. Ein neuer Name für einige alte Wege des Denkens, Berlin 2000, S. 1–16.
107 Sellmann, Eine Pastoral der Passung, S. 2.

in das moderne Hauptbedürfnis nach biographischer Passung, drittens die Erinnerung an den dogmengeschichtlichen Fortschritt des Zweiten Vatikanischen Konzils, der das Wortfeld der ‚Passung' zum Leitbegriff erhob."[108] Eine geänderte Praxis des Umgangs mit Glaubensüberlieferungen ist von besonderer Bedeutung, bei der die selbst aktiv zu gestaltende Biographie zum Integrations- und Konstruktionsort für eine Identität wird: „Es braucht kulturelles Material, über das ich mir und anderen zeigen kann, als wer ich mich selbst verstehe. Es braucht Situationen, in denen Selbstbilder sozial ausgetauscht werden. Und es braucht Sprachen, in denen ich biographische Selbstentwürfe ausdrücke. Selbststilisierung wird somit zur kulturellen Basiskompetenz."[109] Für den modernen Menschen gilt insgesamt gesehen: „Religiöse Individuen sind keine passiven Abnehmer religiöser Offerten, sondern Ko-Konstrukteure ihrer Lebensgeschichte."[110] Die Bereitschaft, bei diesem Projekt „auch und durchaus wohlwollend religiöse Institutionen nutzen"[111] zu wollen, ist dem Autor zufolge bei den Zeitgenossen gegeben. Eine Anknüpfung an den Begriff der Passung in Dokumenten des Zweiten Vatikanischen Konzils legt sich sprachlich und von der Sache her nahe: „Er taucht in den Wortfeldern der *assimilatio*, der *aptatio* und der *accomodatio* über 50mal in den Dokumenten auf […]."[112] Im betont relational formulierten Offenbarungsverständnis des Vatikanums II (vgl. DV) kommt dem Menschen und seiner jeweiligen Lebenskultur auf neue Weise Bedeutung zu, was einem bis dato raumgreifenden instruktionstheoretischen Offenbarungsmodell nicht möglich war. Programmatisch für seinen Ansatz formuliert der Autor vor dem obigen Hintergrund: „Das ‚Material' der Kultur hat also nicht einfach eine Resonanz- oder gar Dekorationsfunktion für das Verstehen der ‚Wahrheit' – sondern es ist konstitutiv hierfür! Ohne das Scrutinium der Kultur […] versteht man gar nicht, was Offenbarung sein soll. Kulturelle Anpassung im Sinne des Akkomodationsbegriffs des Konzils ist kein Fehlgriff der Pastoral, sondern ihr Inhalt."[113] Sellmann geht es darum „den produktiven Eigenanteil der Hörerinnen und Hörer als konstitutiv für das Gelingen von Verkündigung anzuerkennen."[114] Entgegen rein deduktiv oder induktiv organisierter Problemlösungsstrategien plädiert der Autor

---

108 Ebd. S. 2f.
109 Ebd. S. 4.
110 Ebd.
111 Ebd. S. 5.
112 Ebd. S. 5.
113 Ebd. S. 6.
114 Ebd.

für die Aufnahme von demgegenüber innovativen Ansätzen des nordamerikanischen Pragmatismus. Mit William James[115] sollen „alte Ansichten mit neuen Tatsachen versöhnt werden".[116] Ausgehend von Charles S. Peirce geht es um die Suche nach einer neuen Passung „zwischen einer ‚verstörenden Tatsache' und dem Potential der bisher geltenden Regel."[117] Lösungsorientierte Fragestrategien mit initialem Fokus auf gegebene Problemkonstellationen folgen dieser heuristischen Spur: „Typisch pragmatisch ist die Frage, wie in einer gegebenen Problemsituation jenes Lösungswissen generiert werden kann, das weiterhilft."[118] Die Methode der Abduktion wird zur Weise, dieses Anliegen in die Praxis zu überführen: „Abduktion, so Peirce, ist die Suche nach einer neuen Hypothese, die die bisher geltende Regel nutzt, um eine neue Tatsache zu erklären." Dabei rücken heuristisch nicht vorgängig bekannte, allgemein gültige Prinzipien, sondern die konkreten, situativ je neu konstellierten und sozial verfassten Probleme ins Zentrum der Betrachtung: „Kreativer Erkenntnisfortschritt ergibt sich nicht aus der Denktätigkeit eines einsamen Individuums, sondern aus den Interaktionen der in der Situation involvierten, lösungsorientierten Akteure."[119] Mit der Gründung eines Instituts für „Angewandte Pastoralforschung" im Jahre 2012 gelang es dem Autor, sein pastoraltheologisches Anliegen mit Blick auf konkrete Anwendungsfelder und Interaktionspartner fortzuschreiben und praktologisch zu konkretisieren.[120] Programmatisch formuliert der Autor: „Der *Gegenstand* einer angewandten PTheol Bochumer Prägung

---

115 Vgl. zu James die Habilitationsschrift von Seibert, C.: Religion im Denken von William James (Religion in Philosophy an Theology, Bd. 40), Tübingen 2009, besonders die Ausführungen zur „pragmatischen Maxime" (ebd. S. 318ff.) und zum „Wahrheitsverständnis" (ebd. S. 330ff.).
116 Sellmann, Eine Pastoral der Passung, S. 9.
117 Ebd. S. 8.
118 Ebd. S. 7.
119 Ebd. S. 8.
120 Das Zentrum steht deutschlandweit und darüber hinaus in Kooperation mit Diözesen und kirchlichen Trägern. Es ist bestrebt, nach Modellen einer zukunftsfähigen Organisation kirchlicher Prozesse und Strukturen zu forschen und diese zu fördern. In Zusammenarbeit mit den vor Ort relevanten Entscheidungsträgern werden entsprechende Vorgehensweisen reflektiert und entwickelt. Dabei lässt es sich von den „Entscheidungsbedarfen kirchlicher Planungsstellen inspirieren und in die Pflicht nehmen". Grundlegend wird ein Modell der „Lokalen Kirchenentwicklung" favorisiert. Zur Umsetzung der obigen Anliegen wurden drei sogenannte „Kompetenzzentren" geschaffen. Diese integrieren thematisch und konzeptionell zeitgenössische Strömungen der Globalisierung und Digitalisierung, was sich in der Namensgebung der Zentren niederschlägt. Diese lauten: „Internationale Pastorale

ist die wissenschaftlich reflektierte und initiativ getestete Frage nach den durchsetzungsstärksten Bedingungen der Möglichkeit, Christentum kulturell und strukturell antreffbar machen zu können; ihr *Materialobjekt* ist die ‚erfolgreiche' Organisation des Christseins durch kirchliche Vollzüge; der *fundierende Bezugsdiskurs* ist die theologische Rezeption des Pragmatismus; die Methoden folgen der PM [der Pragmatischen Maxime, Anmerkung C. H.], kombinieren empirische, experimentelle und hermeneutische Anliegen und erarbeiten abduktiv Hypothesen zielführenden Organisationshandelns pastoraler Strukturen."[121]

1.3.2 Strukturmomente einer Pastoraltheologie der rezeptiv-kreativen Mitwirkung an Gutem

Die Lektüre dieser Studie ist eingeladen, die Suchbewegung des Autors nach einem eigenen Standort im Fachbereich aus nächster Nähe zu begleiten. Dazu wird ein Bild vor Augen gestellt. Das Angebot besteht darin, gleichsam in das optische Arrangement einzutreten, um so der pastoraltheologischen Erkundung einen Moment Gesellschaft zu leisten. Wo LeserInnen derart zu Koakteuren der Szenerie werden, erfahren sie Einbezug in eine theologische motivierte Bildkommunikation.[122] Diese lässt gestufte Nähe und Distanz gleichermaßen zu. Sie lädt im Zuge der Lektüre zur individuellen Standortfindung im präsentierten Sujet ein. Wo sich dabei die Intuition einstellt, dass das skizzierte Bild noch vage und entwicklungsoffen ist, da kommt bereits Wesentliches der gesuchten Veranschaulichung pastoraltheologischer Raumorientierung zu Gesicht. Dazu gehört, dass das bildhaft Formierte neue und weitende Horizonte nicht nur zulässt, sondern auch innovative Pinselstriche anderer direkt hervorlocken will. Das Bild ist nämlich noch keinesfalls fertig. Es riecht stattdessen nach Farbe, die noch nicht aufgetragen ist. Das optische Arrangement ist also kein Meisterstück, das nach Fertigstellung jetzt zur musealen Begehung freigegeben wäre. Es ist eher eine intuitive Skizze. Sich jetzt mit Neugier auf die Metapher einzulas-

---

Innovation", „Führung in Kirche und kirchlichen Einrichtungen", sowie „Digitale religiöse Kommunikation". Vgl. dazu ausführlich www.zap-bochum.de.
121 Sellmann, M.: Pastoraltheologie als „Angewandte Pastoralforschung". Thesen zur Wissenschaftstheorie der Praktischen Theologie, in: PThI 35 (2015) S. 105–116, hier S. 115.
122 Vgl. dazu Zimmermann, R.: Einführung: Bildersprache verstehen oder: Die offene Sinndynamik der Sprachbilder, in: Ders. (Hg.): Bildersprache verstehen: Zur Hermeneutik der Metapher und anderer bildlicher Sprachformen, München 2000, S. 13–54.

sen, das ist der weiteren Lektüre sehr zu wünschen. Denn es ist die beste Widmung, die dem Bild überhaupt zuteilwerden kann. Also, treten Sie ruhig über die Schwelle hinein! Und zwar in einen eigentümlich floral geprägten Raum. Viel Grünes gibt es dort. Stehen Sie etwa schon unversehens mitten in diesem Grün? Sie merken, das Thema Zeit spielt in dieser Landschaft auch eine Rolle! Ziehen Sie ruhig ihr zweites Bein noch nach ins Bild, dann kann's direkt losgehen! Ein angenehm weicher Boden ist es, auf dem Sie jetzt stehen. Er entspannt den Fuß beim Gehen.

Bei dem botanischen Refugium handelt es sich, nach erstem Umschauen zu urteilen, nicht um einen Pfarrgarten. Es scheint auch keine beliebige Spielwiese floraler Arten zu sein. Das sich zeigende Ambiente mutet eher wie eine spezielle, teilweise arrangierte Pflanzung[123] an. Sie erinnert im Zuge der weiteren Begehung irgendwie an einen botanischen Garten, aber nur teilweise. Ein ordnender Geist scheint bisweilen am Werk zu sein, bisweilen scheint eher das Gegenteil der Fall zu sein, wer weiß. Geräusche von fließendem Wasser dringen von weit her heran, könnte ein Strom in der Nähe sein. Auch mauerartige Einfassungen schimmern da und dort durchs Grüne hindurch. Ob letztere geschliffene Bastionen sind, aber schon grün

---

123 Vgl. dazu das Bild von der Kirche als Pflanzung. Davon ist in LG 6 die Rede: „Die Kirche ist die Pflanzung, der Acker Gottes (1 Kor 3,9). Auf diesem Acker wächst der alte Ölbaum, dessen heilige Wurzeln die Patriarchen waren und in dem die Versöhnung von Juden und Heiden geschehen ist und geschehen wird (Röm 11,13–26). Sie ist vom himmlischen Ackerherrn als auserlesener Weingarten gepflanzt (Mt 21,33–43 par; vgl. Is 5,1ff.). Der wahre Weinstock aber ist Christus, der den Rebzweigen Leben und Fruchtbarkeit gibt, uns nämlich, die wir durch die Kirche in ihm bleiben, und ohne den wir nichts tun können (Joh 15,1–5)." Grenzen der Gartenmetapher thematisieren Seip, J.: Pastorale Räume denken. Einführung in einen Theologiewechsel, in: Althaus, R. (Hg.): In verbo autem tuo, Domine. Auf Dein Wort hin, Herr. Festschrift für Erzbischof Heinz-Josef Becker zur Vollendung seines 70. Lebensjahres (Paderborner Theologische Studien, Bd. 58), Paderborn 2018, S. 255–286, hier besonders S. 264–268, sowie Ebertz, N.: Das pastorale Tabu. Was wird aus den Gemeinden unterhalb der Großpfarrei-Ebene?, in: Herder Korrespondenz spezial (2019) S. 9–13, hier S. 12. Beide Autoren weisen unter anderem auf die Gefährdung einer naturromantischen Aufladung der Metapher hin. Gleiches gilt für das Moment der statischen und grenzziehenden Territorialität, die im Bild der eingehegten Pflanzung anklingen kann. In jedem Fall sind die ekklesiologischen Metaphern vom Garten, bzw. der Pflanzung und dem Acker, nur angemessen aus ihrem Kontext LG 5–7 heraus zu verstehen. Dort geht es in Ganzen darum „Aspekte der Kirche mit Bildern aus verschiedenen Lebensbereichen" zu umschreiben, ohne dass ein Bild für sich allein das Geheimnis der Kirche ins Wort heben könnte. Kraus, Die Kirche, S. 126.

überwucherte, ist ungewiss. Bekanntlich kann der Schein ja auch trügen. Wie dem auch sei, der grüne Raum[124] ist weitläufiger, als es dem ersten Anschein nach scheint. Ob das an der Optik des Betrachters liegt, wer wollte es entscheiden? Was meinen Sie? Jedenfalls lädt eine reiche Vielfalt von an sich Disparatem und Artverschiedenem dazu ein, ohne Eile einfach ein Stück näher zu treten. Am leichtesten fällt das bei viel Bereitschaft, sich auf Unbekanntes einzulassen. Unbefangenes Fragen sollte daher nicht lästig sein. Eher sollte es als Weise geschätzt werden, sich dem Vitalen mit Interesse zu nähern.

Darin ist schon eine erste Landmarke der vorläufigen Standortfindung erreicht. Pastoraltheologie erscheint an diesem Ort als eine durch und durch *fragefreudige Disziplin*. Sie nutzt Fragen als Instrument, um sich in dieser Pflanzung zu orientieren. Galt Heidegger das Fragen als Frömmigkeit des Denkens und als Weise, einen Weg in ein Thema zu begehen,[125] so kann in praktisch-theologischem Interesse diesem Modus der sprachlichen Wirklichkeitsreferenz ebenfalls einiges abgewonnen werden. Denn Fragen *erwarten* ein noch tieferes Verstehenkönnen im Zuge ihrer Erkundungen. Sie tragen einen semantischen Zeitindex der Zukünftigkeit in sich. Fragendes Zugehen sieht sich als Moment am Ankommen eines umfassenderen Zukommens, als es bisher der Fall ist. Fragen sind noch nicht fertig mit Widerfahrendem. Sie erwartet, dass es noch sehr viel ‚Neues unter der Sonne' geben wird. Das Befragte scheint ihnen in einer wertvollen Weise ‚frag*würdig*' zu sein. Denn Fragen sind die Form einer personal konturierten Zugehensweise auf das sich unversehens Vernehmbarmachende im Selbst-, Welt- und Gottesbezug. Fragen, die nicht zugreifend objektivieren und den Gegenstand atomisieren, sondern erkunden und diskret-interessierte Näherungen sind, solche hermeneutisch gefärbten[126] sind es vor allem, die pas-

---

124 Vgl. zur Rede von der Dimension „Raum" im Kontext von Klinikseelsorge Roser, T.: Transformation in Raum und Zeit. Seelsorge als verändernde Kraft im Gesundheitswesen, in: Pastoraltheologie 106 (2017) S. 434–448.
125 Vgl. Heidegger, M.: Die Frage nach der Technik, in: Martin Heidegger. Gesamtausgabe. 1. Abteilung. Veröffentlichte Schriften 1910–1976. Bd. 7. Vorträge und Aufsätze, herausgegeben von F.-W. Herrmann, Frankfurt 2000, S. 7–36, hier S. 36.
126 Zur Diskussion um Verdienste und Grenzen hermeneutischen Denkens vgl. Foster, M. N.: Gadamers's Hermeneutics: A Critical Appraisal, in: Dottori, R. (Hg.): 50 Jahre *Wahrheit und Methode*. Beiträge im Anschluss an H.-G. Gadamers Hauptwerk, Zürich 2012, S. 47–61, sowie Vedder, B.: Tradition als Grenze und Möglichkeit der Übertragung. Über die hermeneutische Bedeutung der Metapher, in: Arnswald, U./Kertscher, J./Roska-Hardy, L (Hg.): Hermeneutik und die Grenzen der Sprache. Hermeneutik, Sprachphilosophie, Anthropologie, Heidelberg 2012, S. 75–89, sowie Tsai,

toraltheologisch gesucht wären. Sie suchen das Gespräch. Es sind daher zunächst gleichsam ‚weiche' Fragen, sie wollen mehr das sich von sich selbst her Zeigende entgegen nehmen, es gleichsam fast um Antwort ‚bitten'. Dabei wissen sie um das Involviertsein des Fragenden in die Frageformen, und damit auch schon in alle Antworten. Gerade deshalb ist die Art der Fragestellung nüchtern und eigens immer wieder zum Thema zu machen. Eine kritische Heuristik der pastoraltheologischen Methoden, der Vorverständnisse und deren implizierten Erkenntnisinteressen erweist sich weiterhin als ein sehr lohnendes Arbeitsfeld in diesem floralen Refugium.[127] Die theologischen Beiträge anderer Konfessionen[128] und anderer akademischer Disziplinen und deren enormes Frage-Wissen würden dabei geschätzt. Deren Beitrag würde auch unter Mühen gesucht. Obige Pastoraltheologie und ihre versuchten Fragen erwarten auf diesem Weg echte, spannende Antworten und nicht bloß Spiegelungen der zuvor selbst projizierten Antworten in das Widerfahrende. Sie sind auch keineswegs aus auf eine Affirmation von Bestehendem oder Gewünschtem. Warum ist die Art des derartigen Fragens so wichtig und verdient eine facettenreiche Diskussion? Weil das, was in diesem grünen Raum begegnet, von personaler Qualität ist.

Damit stehen wir schon Aug in Aug direkt vor den speziellen Gewächsen, die in diesem Ambiente gedeihen. Es sind prächtige Pflanzen, mache farbenfroh und von spezieller Statur. Dem kundigen Auge eine echte Augenweide, auch die kleinen und konstitutionell Schwächeren! Bisweilen sachte bis heftig von etwas bewegt, manchmal direkt durchgeschüttelt, manches Emporstrebende sogar fast geknickt, und das alles in einem Kaleidoskop von Grün. Bitte geknickte Zweige oder Schilfrohre nicht abbrechen, wäre schade drum! Wegen eigener Sehschwäche an die Leserin und den Leser gefragt: Ist es eher ein frühlingshaftes, zart nuanciertes Grün neben dem dunkleren Olivton, das an jener Stelle hier ins Auge fällt, oder doch gereifteres Blattgrün? Und sind es Blüten oder doch wohl eher Früchte, diese expressiven Farbtupfer dort drüben auf der Seite? Was meinen Sie? Das ist keine rhetorische Frage, sondern Ausdruck des zweiten Merkmals der hier

---

W.-D.: Die ontologische Wende der Hermeneutik. Heidegger und Gadamer, Frankfurt 2013.

127 Vgl. dazu Klein, S.: Erkenntnis und Methode in der Praktischen Theologie, Stuttgart 2005.

128 Vgl. dazu Schweitzer, F.: Überholen ohne einzuholen? Ökumene als Reflexionsdefizit praktisch-theologischer Wissenschaft, in: Nauer, D./Bucher, R./Weber, F. (Hg.): Praktische Theologie. Bestandsaufnahme und Zukunftsperspektiven. Otmar Fuchs zum 60. Geburtstag, Stuttgart 2005, S. 231–237.

versuchten Raumorientierung pastoraler Art. Es besteht im Interesse an einer kollegialen und interdisziplinär orientierten Zusammenarbeit. Was sich im vorgestellten Bild dem Auge zeigt und verstanden werden will, es braucht die gemeinsame interessierte Inaugenscheinnahme, um im Ansatz verstanden zu werden. In der polyzentrischen Optik und der Multiperspektivität der Ansichten ist die Aussicht nämlich am höchsten, etwas Wesentliches vom Widerfahrenden zu Gesicht zu bekommen. Je ehrlicher der engagierte Austausch über das jeweils Gesehene im Anschluss daran ist, desto deutlicher dürfte auch werden, dass eine entspannte Harmonie und Identität der Ansichten im Fachbereich schlicht einfach nicht in Sicht ist. Das kann gewisse Trauer auslösen, die dem Autor dieser Studie nicht ganz fremd ist. Sie beinhaltet auch ein Quantum Ungenügen am womöglich zu wenig gemeinsam gesuchten und für wertvoll erachteten Erkenntnisinteresse der Disziplin als Ganzer.[129] Aber vielleicht könnte daran vorläufig aufscheinen, dass das Begegnende einfach zu komplex, dass es durch und durch plural und vielschichtig ist, um es in *einer* Optik für alle hinreichend plausibel zu erfassen. Daran wäre dann aber nicht die mangelhafte und eigensinnige Optik der pastoraltheologischen Akteure Schuld. Begründend dafür wäre vielmehr, dass das Begegnende sich dem aneignenden und universalisierbaren Zugriff durch seine innere Komplexität und bisweilen auch Paradoxalität je neu entwindet. Die zarten und vitalen Blüten zerfallen eben

---

129 Stefan Gärtner und Norbert Mette benennen zunächst diverse Aufgabenzuschreibungen für Pastoraltheologie, um dann auf ein Diskursdefizit innerhalb der Disziplin hinzuweisen: „Diese Disziplin versteht sich und wird heute betrieben als Dienstleistung für die institutionelle Kirche, als Kulturwissenschaft des Volkes Gottes, als *comparative empirical* Theologie, als Kulturhermeneutik kirchlicher Religionspraxis, als biographisch-werkgeschichtliche Pastoraltheologie oder als Evangelisierungswissenschaft. Das sind nur einige, willkürlich ausgewählte Ansätze, die Reihe ließe sich beliebig ergänzen. Das Ergebnis ist eine breite Skala mit auf der einen Seite rein anwendungsorientierten Konzeptionen von Pastoraltheologie und auf der anderen Seite religions- oder kulturwissenschaftlichen Ansätzen. Angesichts dieser Pluralität wäre zu fragen, ob die interne Ausdifferenzierung nur eine notwendige Reaktion auf die Ausdifferenzierung der spätmodernen religiösen Landschaft darstellt oder ob darin nicht auch ein Diskursdefizit innerhalb der Disziplin zum Ausdruck kommt." Gärtner, S./Mette, N.: Unübersichtlichkeit als Charakteristikum der pastoraltheologischen Landschaft. Acht Thesen und eine Vorbemerkung zum Selbstverständnis der Disziplin, in: PThI 35 (2015) S. 35–40, hier S. 36. Zu verzeichnen ist jedenfalls, dass keine „relative Einigkeit über Methoden, die Grundbegriffe oder das Materialobjekt der eigenen Disziplin" besteht, sondern all das „ganz offensichtlich nicht der Fall" ist. Ebd. S. 37.

jedes Mal gleichsam, wo sie zugreifend in Besitz des feststellenden Wissens genommen werden sollen.

Apropos Blüten! Mit ihnen sind wir vielleicht am zentralen Punkt der Raumorientierung angelangt! Wo der interessierte Gast in diesem Garten etwas näher an die filigranen Farbwunder herantritt, dort kommt das dritte Merkmal der hier versuchten pastoralen Ortsbestimmung zu Gesicht. Zugleich damit dringt ein spezieller Duft in die Nase. Er lag schon atmosphärisch in Verdünnung in der Luft. Jetzt strömt er aber so richtig heran. Es ist so ein edler und zarter Hauch von, helfen Sie mir... Eine kleine Unterbrechung und ein entspannt schwelgendes Abschweifen in der Lektüre schadet nicht, ganz im Gegenteil! Lassen Sie sich Zeit. Soll man sich gönnen. Es führt ohne Anstrengung auf kurzem Weg zum Kern des hier Intendierten! Wo das geschieht, dort wäre die Lektüre schon sehr weit zu dem vorgedrungen, was die hier gesuchte Pastoraltheologie als Grundanliegen bewegt. Es ist eine bestimmte Liebhaberei und gesuchte Kennerschaft, die Freude und Leichtigkeit mit sich bringt. Sie ist einfach angetan von dem Organischen, das sich beständig lebendig zeigt und fortentwickelt. Das aus Liebe zur Sache elaborierte Interesse ist fasziniert von der Botanik diverser Art, von der Artenvielfalt, die es dabei zu bestaunen gilt. Darin liegt das dritte Merkmal der Pastoraltheologie, für die hier geworben wird. Sie besteht materiell und wesentlich in einer Haltung der *Liebhaberei gegenüber menschlichen Hoffnungsgewächsen.* Hoffungsdispositive[130] unterschiedlicher Art

---

130 Eine Entfaltung dessen, was mit dem Stichwort ‚Hoffnung' an Grundlegendem für aktuelles pastoraltheologisches Denken und Wirken angesprochen wird, würde vertieftere Konzeptbildung und versiertere Darlegung erfordern, als das hier auch nur ansatzweise geschehen kann. Das vielversprechende Themenfeld, das dabei abzuschreiten wäre, bezieht allein schon aus theologischer Perspektive exegetische, systematisch-theologische und pastoraltheologische Optiken in kovergierendem Interesse ein, wäre aber interdisziplinär noch zu erweitern. Desgleichen wird hier experimentell mit der Begriffsbildung ‚Hoffnungs*dispositiv*' der Hoffnungsbegriff mit einem für spätmodernes Denken heuristisch relevantem Motiv verbunden. Dies ist jenes „[...] einer Beschreibung der netzartigen Verschränkung diskursiver und nichtdiskursiver Praktiken, Organisationen, Raumordnungen, Lehrsätze", wie Michael Schüßler das bei Michel Foucaults begegnende Konzept eines Dispositivs kennzeichnet. Vgl. zu letzterem den Gedankengang im pastoraltheologisch interessierten Durchgang durch antike, moderne und spätmoderne Zeitverständnisse bei Schüßler, M.: Mit Gott neu beginnen. Die Zeitdimension von Theologie und Kirche in ereignisbasierter Gesellschaft (Praktische Theologie heute, Bd. 134)B S. 150, zum darauf Bezug nehmenden eigenen Konzept Schüßlers vgl. ebd. S. 294ff., sowie ders.: Praktische Theologie im Ereignis-Dispositiv. Positionen zwischen Dekonstruktion und Option, in: PThI 35 (2015) S. 97–103. Eine exklusive Einholung

nämlich sind es, die Pastoraltheologie je neu und auf verschiedene Weise sichtet. In allem ausdrücklich kirchlichem und allem menschlich tief Energetisiertem, egal welcher Art es auch sein mag, ist dieses vielschichtige Phänomen ‚Hoffnung'[131] buchstäblich am Werke[132], und zwar unweigerlich und immer individuell geprägt. Hoffnung strebt immer neu empor in Form der vielgestaltigen Artikulation menschlicher Zukunftsbezogenheiten. Solche *hoffenden* „Selbstvollzüge"[133] machen zwar kirchliche Existenz wesentlich und zuinnerst aus. Aber auch über deren formierten, organisationalen und soziologisch aufweisbaren Raum hinaus wird existentiell und ubiquitär gehofft, wo immer Menschen leben. Die intendierte Sichtung dieser Vitali-

---

der pastoraltheologischen Bedeutung der Dimension Hoffnung vom Ereignisdiskurs her würde dem Verfasser der vorliegenden Studie jedoch als überakzentuierte Form der Aneignung postmoderner Philosophie und Erkenntnistheorie erscheinen.

131 Das Spektrum dessen, was alles in anthropologischer Hinsicht unter dem Stichwort Hoffnung an Verhaltensweisen Raum greift, ist weit gespannt. Inhaltlich reicht die Spannweite von Formen der pragmatischen oder teilweise bewussten Selbsttäuschung über selbstmotivierende Projektionen von Zukunftserwartungen weiter über Optimismus bis hin zu einer Zukunftserwartung, die auf Initiativen baut, die religiös begründet und jenseits des menschlich Machbaren situiert ist. Vgl. dazu exemplarisch die facettenreiche Darstellung von Dalferth, I. U.: Hoffnung, Berlin 2016, sowie in pastoralem Anliegen die Beiträge im Sammelband von Fuchs, O./Widl, M. (Hg.): Ein Haus der Hoffnung. Festschrift für Rolf Zerfaß, Düsseldorf 1999, sowie Halík, T.: Nicht ohne Hoffnung. Glaube im postoptimistischen Zeitalter, Freiburg 2014, sowie mit Blick auf lehramtliche Verlautbarungen Schneider, M.: Die Enzyklika „Spes salvi" Papst Benedikts XVI. Ihre Einordung in das Werk Josef Ratzingers als Beitrag einer Theologischen Anthropologie, Köln 2008. Kritisch sichtet Moltmann, J.: Theologie der Hoffnung damals und heute, in: Bogoslovska smotra 79 (2009) S. 207–223, besonders S. 219–222. Letzteres gilt auch für Nocke, F.-J.: Hoffnung über den Tod hinaus. Diskussionen und Wandlungen in der neueren Eschatologie, in: Kläden, T. (Hg.): Worauf es wirklich ankommt. Interdisziplinäre Zugänge zur Eschatologie (QD, Bd. 265), Freiburg 2014, S. 204–222, hier S. 215–217.

132 Vgl. das griechische Verbum *energein*, das Am-Werke-sein bedeutet.

133 Karl Rahner sieht Pastoraltheologie bezogen auf den „tatsächlichen und seinsollenden, je hier und jetzt sich ereignenden Selbstvollzug der Kirche [...]." Rahner, K: Die praktische Theologie im Ganzen der theologischen Disziplinen, in: ders.: Schriften zur Theologie, Bd. 8, Einsiedeln 1967, S. 133–149, hier S. 134. Vgl. zu Rahners Konzept von Pastoraltheologie und der Genese seines Ansatzes Laumer, Pastoraltheologie, S. 94–109. Momente einer Seelsorge, die Glaubenskommunikation aus dem mystagogischen Anliegen Karl Rahners und der karmelitanischen Tradition zu entwickeln sucht, präsentiert Delgado, M: Mystagogische Seelsorge aus dem Geist der Mystik und die Weitergabe des Glaubens, in: Felder, M./Schwaratzki, J. (Hg.): Glaubwürdigkeit der Kirche. Würde der Glaubenden, Freiburg 2012, S. 184–198.

tätsformationen ist mit den Klassifizierungen ‚säkular' und ‚religiös' daher eher vorsichtig,[134] ohne die den Termini inhärierenden wichtigen Konzeptbildungen zu ignorieren. Sie weiß auch um das Proprium christlichen Hoffens und um dessen theozentrische Fundierung, von der keineswegs jedes menschliche Hoffen geprägt sein muss. Es bleibt im Blick, dass mit Hoffen ein immens weites Feld menschlicher Möglichkeiten angesprochen wird. Was würde nun einen Blütenfreud und sinnenfreudigen Connaisseur dieser botanischen Welt auszeichnen? Einige abschließende Pinselstriche versuchen dem etwas Kontur zu geben, bevor das Bild als ewig unvollendetes der weiteren Gestaltung all jener überlassen wird, die diese Zeilen gerade lesen. Sparen Sie nicht mit kreativen Beiträgen, wo Ihnen Elan und Intuition das Malwerkzeug mit einem Male führen will! Gleich ist mein kleiner Beitrag fertig und der Pinsel liegt schon fast in Ihrer Hand!

Eine pastoraltheologisch interessierte Liebhaberei der menschlichen Hoffnungsgewächse könnte man an fünf Zügen im Verhalten und der inneren Disposition leicht erkennen. Zunächst wäre *erstens die Kunst hoch ausgebildet, Kleinwüchsiges und in der Form vom bisher Bekannten irritierend Abweichendes nie geringzuschätzen*. Vielmehr wären botanisch Versierte daran zu erkennen, dass sie am besorgten *Schutz der vitalen Hoffnungsdispositionen* interessiert wären und am besseren Verstehen derselben. Die ExpertInnen wären überdies dafür bekannt, dass sie in Solidarität gerade den konstitutionell oder sozial schwachen Hoffnungsträgern der Gesellschaft zugewandt wären. In wortkräftigem Advokatentum gegenüber Kleinrednern solcher Gewächse, darin wären pastoraltheologische Wortmeldungen geübt, ohne sich über sozialpolitische Beiträge unversehens vom theologischen Anliegen zu entfernen. Aus erworbenem Wissen heraus wäre solchen Fachleuten desweiteren klar, dass menschlich heranreifende Hoffnung Zeit und Geduld braucht, und dass dabei vielerlei Phasen und Gestaltwerdungen biographisch statthaben. Der Kenner wüsste daher, dass er mit Urteilen über Güte und Reife von Blüten und Früchten der Hoffnung aus gutem Grund eher vorsichtig sein müsste. Da man nie weiß, ob die geheimnisvolle Pflanze menschlichen Hoffens nicht gerade doch in einem Wandlungsprozess begriffen ist, sollte man eher dazu neigen, verschiedene Möglichkeiten der Entwicklung und prominente Anteile am aktuell Erscheinenden zu benennen. Derart *vorsichtige Urteilsbildung wäre das zweite Kennzeichen*, an dem man den versierten Pflanzenkundler erkennen könnte. Manchen

---

134 Vgl. dazu Joas, H.: Sakralität der Person. Eine neue Genealogie der Menschenrechte, Berlin 2015.

Arten von Hoffnung schnell mit der Kennzeichnung ‚rein weltlicher Art' oder ‚oberflächlich' zu versehen, das läge diesen BotanikerInnen fremd. Wichtig wäre ihnen, in allem die Achtung vor dem vitalen Impetus und dem beständig Fortschreitenden im je immer nur konkret Widerfahrenden eines Hoffnungsgewächses zu kultivieren. Dazu einen sprachlichen ‚Vitalitätsindex' zu erarbeiten, der Fachvertreter dabei unterstützt, das zu Sichtende gewaltlos und doch bedeutend ins Wort zu heben, wäre das nicht ein wertvolles Anliegen? Die überkommene fachspezifische Sprechweise zu hinterfragen als sozial formierte, durch ältere und jüngere Diskurse plausibilisierte und gesellschaftlich kontextualiserte, aber vor allem glaubenstraditionell vielschichtig formatierte, sie wäre zu überprüfen und ggf. der vitalen Sachen, die es zu besprechen sucht, mutig anzupassen. Im derart tief begründeten Eros zu immer neu über sich hinausgehender, je besserer Kennerschaft von Hoffnungsgattungen, -varianten und Kreuzungen zu gelangen, darin würde sich das dritte Moment dieser pastoraltheologischen Standortformation ankündigen.

Ein drittes Erkennungsmerkmal obiger Pastoraltheologie erwächst aus dem Boden der *Selbstbescheidung im universalen Geltungsanspruch der erhobenen Befunde*[135] *und Prognosen. Eine daher beständig selbstkritische Skepsis hinsichtlich der Tiefenschärfe der eigenen Einsichtnahmen* in Widerfahrendes wäre geschätzt, und eine Interessenverlagerung dahingehend, das Vitale derart zu fördern, dass es *sich in eigene Richtung entwickeln kann*. Um im optischen Arrangement des grünen Raumes zu bleiben, wollte sich diese Expertise darin erweisen, dass noch zarte Verästelungen der Hoffnung entdeckt, gewürdigt und in ihrer Entwicklungstendenz gefördert werden. Ziel der Förderung wäre somit, dass das Vitale in die Fülle *seines* Seins gelangen kann und *daraufhin*, nämlich auf seine innere Finalität hin, frei gegeben würde von womöglich zu engführenden Vorgaben. Beachte:

---

135 Vgl. dazu Blasberg-Kuhnke/Könemann, Praktische Theologie als Handlungswissenschaft, S. 32: „Das Diktum der Dignität der Praxis und das Recht jedes Menschen auf seine Praxis wirft die Frage nach dem Verhältnis von Deskription und Analyse und Normativität auf. Die Debatte im Blick auf die eigenen normativen Ansprüche und Grundlagen steht in der Praktischen Theologie allerdings noch aus. Gerade für den interdisziplinären Diskurs ist die Klärung dieser Frage unerlässlich." Dabei verdient Beachtung, dass die „empirischen Daten und Theorien nicht einfach Abbilder, sondern Konstruktionen sozialer Wirklichkeit" sind. Daher gilt: „Einem allzu positivistischen Verständnis der Daten ist dementsprechend eine erkenntnistheoretische Reflexion auf die soziale Wirklichkeit, bestenfalls in interdisziplinärer Ausrichtung, gegenüber zu stellen." Ebd. S. 31.

in die Fülle *seines* Seins, das *noch gar nicht absehbar ist* und vor allem nicht *vorwegnehmend von extern.* Pastoraltheologie wäre somit in einem Akzent *drittens zu sehen als Form geistlicher Begleitung an der Gestaltformation von menschlichen Hoffnungsdispositionen individueller und kollektiver Art.* Darin wäre sie zugleich aufnehmend und mitwirkend. Aufnehmen würde sie das in geistlicher Bewegung Befindliche im Anliegen der Würdigung und des Interesses der Freilegung und Aktuierung dessen, was an Potential im Widerfahrenden angelegt ist. Mitwirkend wäre sie insofern, als sie statthabende Klärungs- und Orientierungsprozesse von Individuen und sozialen Formationen aktiv zu begleiten und in ihrem Horizont zu weiten bemüht wäre. Im solchem Anliegen von Schutz und Förderung von Hoffnung wäre sie eine innovative Form politischer Hoffnungstheologie.[136] Der spezielle grüne Raum, in dem Sie nun schon einige Zeit Erfahrungen machen, er ist also auch kein Schrebergarten und kein Refugium für Weltflüchtige, ganz im Gegenteil.

Damit kommen wir zum vierten Merkmal der hier ins Bild gehobenen pastoralen BotanikerIn. Der Horizont in dieser Pflanzung und damit auch jener der gesuchten pastoraltheologischen Situierung, er ist ein eschatologischer.[137] Der Pflanzenfreund, er kann nicht anders, als immer wieder aufs Neue an eine gemeinsame Zeit und Zukunft, ja, auch an eine ‚große Erzählung' für diese Pflanzung und die Vielzahl von Unikaten darin zu denken. Was es damit auf sich haben könnte, darüber denkt er viel nach. Ob es diese Flur hier sein wird, die jauchzt, und diese Bäume, die jubeln werden, vor dem

---

136 Aus Obigem erhellt die zentrale Bedeutung dessen, was vor einiger Zeit in anderen Zusammenhängen und mit damals anderen Akzenten unter der Überschrift einer Theologie der Hoffnung mit politischen Implikaten angesprochen wurde. Dieses Konzept, das aktuell in Form einer transformierenden Relecture und konzeptionellen Erweiterung unter systematisch-theologischer, soziologischer und religionsphilosophischer Perspektive erneut thematisiert wird, könnte es auch pastoraltheologisch innovative Momente ins sich bergen? Wenn sich dem entgegen auch berechtigte Anfragen, Korrekturanregungen und bisweilen sogar direkte Infragestellungen gegenüber dem obigen Konzept zu Wort melden, so scheint mir doch das schlummernde Potential zu überwiegen, das dort einer Hebung harrt. Die erwähnten Einwände ernst zu nehmen, und sich dem Thema nicht unter Absehung von ihnen zu widmen, das scheint der aussichtsreichste Weg, Hoffnung als Thema der Theologie in praktisch-theolo-gischer Hinsicht in Augenschein zu nehmen. Vgl. zur Diskussion Kreutzer, A.: Politische Theologie für heute. Aktualisierungen und Konkretionen eines theologischen Programms, Freiburg 2017.
137 Die historisch entstandene Bedeutungsbreite des Begriffs und die divergierenden theologischen Akzentuierungen dessen, was mit Eschatologie verbunden wird, konturiert Schüßler, Mit Gott neu beginnen, S. 149–199.

Herrn, wenn er kommt (Ps 98,11)? Dass postmodernes Erleben und intellektuelles Philosophieren dem entgegen stark vom Momenthaften, Flüchtigen, Disparaten und fragmentarisch Unverbundenen her energetisiert wird, sieht der Botaniker nicht als Anlass, von seinem suchenden Blick nach dem für alle Geltenden abzulassen. Besonders wenn er sich umschaut und den Horizont der Pflanzung im Ganzen sichtet. Doch betrachten Sie selbst, was sich weit und raumschaffend wölbt über dem, was sich alles von Hoffnung energetisiert ausstreckt! Schauen Sie einfach in die Ferne und Weite, ganz in Ruhe! Heben Sie ihre Augen auf zu den Bergen, genau, denen am Horizont! Fragen Sie sich selbst, was diese grünen Hoffnungsgewächse in allem nach oben zieht und orientieren kann, fragen sie auch nach dem, was man für sie am meisten wünschen könnte. Eine schnelle Antwort ist nicht nötig. Es reicht, wenn die raum*gebende Kraft* erahnt wird, die im Blick auf den Horizont jener Pflanzung vernehmbar wird. Die eschatologische Dimension, wäre sie vielleicht auch das gewaltlos Verbindende in diesem speziellen Garten? Könnte sie davon entspannen, eine monozentrisch begründete Einheit in der Gegenwart zu erzwingen, die es von Menschenhand erschaffen nicht gibt, weil die Gewächse in Gottes Namen dafür zu verschieden sind? Volle Einheit wäre daher eine wesentlich eschatologische Perspektive, die es jedoch im kleinen, aber echten Angeld in der Gegenwart schon zu entdecken gälte. Nicht leicht, aber eine sehr lohnende Suche wäre das. Der nach Hoffnung riechende Blütenduft ist jedenfalls so nuancenreich wie die florale Artenvielfalt. Er kann es nur sein, da verschiedene Gewächse und deren Nährboden, sprich sozialisierte Individuen in unterschiedlichen biographischen Kontexten, auch sehr unterschiedliche Hoffnungsmanifestationen zustande bringen. Sich formierende Hoffnungsfamilien zu entdecken und pastorale Räume des Gedeihens von Arten, die einander nahe stehen und ähnlich sind, das sind Ideen, die beim angeführten Botaniker immer wieder die Freude begründen, in diesen Garten zu gehen. Er sieht bei allem, entgegen dem Verdacht doch zu arg in Naturromantik zu verfallen, sehr klar und nüchtern, dass manche Arten andere verdrängen und ihnen das Wasser abgraben wollen. Auch gibt es schädliche Umwelteinflüsse verschiedener Art, die ihm nicht verborgen bleiben. Angesichts dessen ist er auch dezidiert zeitkritischer Pastoraltheologe, der aber nicht in verdikthafte Beschreibung von allerhand Krisenhaftigkeit verfällt. Anliegen ist ihm oder ihr, die innere Virulenz der Gestaltwerdungen von destruktiven Hoffnungsdispositiven von der Reich-Gottes-Botschaft her, und das heißt von der gekommen-kommenden Präsenz Jesu Christi her kritisch zu sichten. Doch soll der Ausflug in diesen speziellen Garten und die kleine Einsicht in die pastoraltheologisch interessierte Botanik nicht zu lange währen! Daher zum Schluss nur noch ein abschließender Pinselstich für das letzte Merkmal, das die skizzierte Kontur des vorgestellten Gartenfreundes erkennen lässt.

Er ist fünftens ein Liebhaber des Individuellen und Einmaligen. Er vertritt eine *personale Pastoraltheologie, die subjektorientiert denkt, ohne systemische und gesellschaftliche Einbindungen dabei aus den Augen zu verlieren.* Derartige pastorale Gartenfreude berücksichtigt Intersubjektivität als konstitutives Moment an der Subjektwerdung. Sie fragt nach dem, wie (zivil-) gesellschaftliche Zusammenhänge dabei virulent werden, sei es förderlicher oder abträglicher Art. Darin ist diese Botanik zugleich eine fundamental politische Pastoraltheologie, die sich dem etwa in der Soziologie schon länger raumgreifenden Impetus zu einem *public turn*[138] öffnet, und zwar im Sinne einer Förderung der politischen Zwischenräume zwischen einzelnen und dem Staat.[139] In dieser Grundhaltung ist sie unvermeidlich auch eine *ethische Praxistheologie*, die nach dem gemeinsamen Gelingen und dem für alle Guten[140] Ausschau hält. Solche Theologie ist interessiert am ‚gut ausgehen' von allem für alle, und zwar im Kontext des so divergierenden Verstehens von Zeit und darin von Zukunft. In allem hegt der skizzierte Botaniker Sympathie für eine entprivatisierte Pastoraltheologie. In der Hinsicht bekommt er einfach nicht aus dem Gehör, was zwar inzwischen schon jahrzehntelang zurück liegt und fraglos auch heute mit neuen, spätmodernen

---

138 „Als Reflexion auf gläubige Praxis ist Praktische Theologie weder ausschließlich auf das Individuum bezogen, noch ist sie ausschließlich auf die innerchristliche und innerkirchliche Praxis des Glaubens und die Gestaltung in den klassischen (kirchlichen) Sozialformen ausgerichtet. Vielmehr richtet sie aus ihrer Verortung in der Gesellschaft heraus ihre Aufmerksamkeit gerade auch auf eben diese Gesellschaft, in der sie situiert ist und in der sich Glaubenspraxen vollziehen. In diesem Sinne ist sie konstitutiv auf Öffentlichkeit, auf das Handeln in Öffentlichkeit, bezogen, und sie ist in ihrem reflexiven Tun und als wissenschaftliche Disziplin selbst schon eine öffentliche Praxis. Als solche versteht sie sich auch als Form öffentlicher Theologie." Blasberg-Kuhnke, M./Könemann, J.: Praktische Theologie als Handlungswissenschaft, in: PThI 35 (2015) S. 27–33, hier S. 28.
139 Vgl. dazu Kreutzer, Politische Theologie für heute, S. 7ff.
140 Vgl. dazu Blasberg-Kuhnke/Könemann, S. 29: „Aus einer zweiten normativen, und so auch orientierenden, Perspektive der Praktischen Theologie ist zu fragen, inwieweit dieses an Akteuren gebundene (Glaubens-)Handeln dem guten Leben dient, und zwar nicht nur dem eigenen, sondern dem guten Leben aller, entsprechend der Orientierung christlicher Glaubenspraxis am Evangelium und der darin bezeugten Reich-Gottes-Botschaft Jesu."

Ohren und in anderen Konstellationen gehört werden will, aber dennoch hörenswert erscheint. Und zwar auch dann, wenn gewisse ‚updates'[141] wohl nötig sind. Gemeint sind Stimmen wie jene von Johann Baptist Metz. Doch mag es nun wirklich genügen mit der versuchten einstweiligen Raumerkundung, soll ja nicht zu lange dauern! Wenn eine Wortmeldung von Metz zum Abschluss zu Gehör kommt, dann kann deren Klang den LeserInnen gleichsam noch etwas im Gehör bleiben, wenn sie den Pinsel der pastoralen Skizzierung an sich nehmen oder das grüne Arrangement entspannt wieder verlassen. Ob das Zitat Nostalgie, Interesse, Aversion oder anderes hervorbringt, das sei den TeilnehmerInnen der nun zu Ende gehenden Exkursion überlassen. Was es mit Art und Zukunft der Pflanzung auf sich haben könnte, vielleicht klingt etwas davon an: „Der Glaube der Christen ist eine Praxis in Geschichte und Gesellschaft, die sich versteht als solidarische Hoffnung auf den Gott Jesu als den Gott der Lebenden und der Toten, der alle ins Subjektsein vor sein Angesicht ruft."[142] Diese Hoffnung „macht uns frei zu einem Leben gegen die reine Selbstbehauptung, deren Wahrheit der Tod ist. Diese Hoffnung stiftet uns dazu an, für andere da zu sein, das Leben anderer durch solidarisches und stellvertretendes Leiden zu verwandeln. Darin machen wir unsere Hoffnung anschaulich und lebendig, darin erfahren wir uns und teilen uns mit als österliche Menschen. ‚Wir wissen, daß wir vom Tod zum Leben hinübergeschritten sind, weil wir die Brüder lieben; wer nicht liebt, der bleibt im Tode' (1 Joh 3,14)."[143] Mit diesem Wort soll das Bild nun ohne Eile verlassen werden. Sagen Sie also einstweilen dem grünen, dufterfüllten Raum jetzt Adieu. Vorsicht, dass Sie nicht stolpern, wenn Sie über den Bilderrahmen wieder hinaus steigen aus dem grünen Ambiente! Bestimmt kommen Sie eines Tages wieder, denn was von Wert erfüllt ist, das lässt einen einfach nicht los.

---

141 Vgl. dazu Schüßler, M.: „Updates" für die politische Theologie. Fundamentalpastorale Dekonstruktionen einer diskursiven Ruine, in: Bucher, R. /Krokauer, R. (Hg.): Pastoral und Politik. Erkundungen eines unausweichlichen Auftrags, Wien 2006, S. 22–38. Ansgar Kreutzer bemerkt dazu: „Mit dieser Metapher trifft Schüßler den auch hier zugrunde liegenden Eindruck, das die Neue Politische Theologie erstens große Verdienste hat, zweitens der Intention nach weitergeführt, drittens jedoch dazu in ihrem Theoriedesign erneuert werden sollte." Kreutzer, Politische Theologie für heute, S. 35, Fußnote Nr. 12.
142 Metz, Glaube in Geschichte und Gesellschaft, S. 70.
143 Metz, J. B.: Unsere Hoffnung. Die Kraft des Evangeliums zur Gestaltung der Zukunft, in: Concilium 11 (1975) S. 710–720, hier S. 713.

1.4 Fragestellung, Aufbau und Methodik der Untersuchung

Die Frage nach dem Gegenstand und Materialobjekt der praktisch-theologischen Reflexion auf vorfindliche, bzw. als sinnvoll-möglich aufgewiesene Praxis wird im Gang der vorliegenden Studie auf das Themengebiet Klinikseelsorge gerichtet.

Der Gegenstand, dem sich die vorliegende Studie zuwendet, besteht in einem ersten, engsten Fokus gesehen in der *Verlaufsqualität der Verhaltensvorprägungen und habituellen Dispositionen der hauptamtlich pastoral wirkenden Person, sowie deren rezeptiv-kreativen Handlungspotentialen.* Diese Haltungen und Handlungspotentiale haben Teil an einem kontextuell gefassten Begegnungsgeschehen zwischen der pastoral wirkenden Person auf der einen Seite, und den je individuell geäußerten Sinndeutungspotentialen, die Menschen in krankheitsbedingten schweren Beanspruchungssituationen im klinischen Setting zeitigen, auf der anderen Seite. Zur Gruppe dieser bisweilen grenzwertig belasteten Menschen gehören primär die kranken Menschen, sowie die ihnen An- und Zugehörigen, die in vergleichbarer Schwere, wenn auch anderer Form von den Folgen von Krankheit massiv tangiert sind. Patienten- und Angehörigenseelsorge sind somit primär im Fokus der Betrachtung.

In zweiter Hinsicht, gleichsam einem weiteren konzentrischen Kreis, gehören dazu über PatientInnen und Angehörige hinaus auch die Menschen, die als Angestellte der Klinik in dieses Begegnungsgeschehen mit hineinverwoben sind. In dritter Hinsicht greifen stets auch die übergeordneten Bezugssysteme „Kirche" als Arbeitgeber und Rollenpräskritor der hauptamtlich präsenten Personen in dieses Begegnungsgeschehen ein, wie auch das Bezugssystem „Klinik" als formierter Begegnungsraum, der systemisch betrachtet, alle Akteure beeinflusst und von Ihnen unweigerlich beeinflusst wird. In tiefenpsychologischer Perspektive gesehen, sind sowohl Angehörige als auch die Klinik und das formierte Begegnungsarrangement der kirchlichen Rolle das modulierende ‚Dritte', welches die tendenziell dyadisch verfasste Seelsorger-Patientenkonstellation strukturell beeinflusst und triangulierend[144] zu öffnen vermag. Das Dritte verdient überdies auch in philosophisch-phänomenologischer Deskription als dasjenige Beachtung, das Disparates und einander Fremdes auf einen gemeinsamen

---

144 Vgl. dazu in prägnanter Kürze Grieser, J.: Triangulierung, Gießen 2015.

Bezugspunkt, ein geteiltes Interesse hin verbinden kann.[145] Es erlaubt, Beziehung zu bleibend Fremdem aufzunehmen.[146]

Des Weiteren sind, über die Dimension der Patientenbegegnung und den systemischen Rahmen von Klinik und kirchlichem Auftrag hinausgehend, bildhaft in einem vierten konzentrischen Kreis gesehen, auch die gesellschaftlichen Gestimmtheiten und Plausibilitäten, in denen die Relationspartner als je raum-zeitlich verfasste Subjekte situiert sind, Gegenstand der pastoraltheologischen Besinnung. Auch diese Einflussgrößen sind stets unweigerlich mit im Spiel, wo Seelsorgende kranken Menschen und denen, die diesen nahestehen, begegnen. Daher ist im einleitenden Teil der Studie einigen kontextuellen Faktoren Beachtung zu schenken, unter deren Einfluss klinische Seelsorge sich ereignet.

Was die Methodik betrifft, mittels derer versucht wird, sich dem oben skizzierten Materialobjekt zu nähern, ist im Verlauf der Studie eine Kombination aus Arbeitsweisen der systematischen Theologie mit denen praktischer Theologie angestrebt. Diese Kombination geschieht im Interesse, den selektiven Einbezug von Beiträgen der Soziologie und der Psychologie auf einer reflektierten Basis zu ermöglichen.[147] Zu Beginn der jeweiligen Großkapitel werden begründende Erläuterungen gegeben, die das angestrebte Vorgehen jeweils darlegen. Daher kann hier darauf verwiesen werden, da andernfalls Redundanzen unvermeidlich wären. Überdies erlaubt eine Verortung methodischer und den eigenen Zugang begründender Ausführungen

---

145 Vgl. dazu Waldenfels, B.: Topographie des Fremden. Studien zu einer Phänomenologie des Fremden 1, Frankfurt 1997, S. 111f.

146 Christoph Schneider-Harpprecht illustriert die dahingehende Bedeutung des Dritten in Begegnungen: „Der Philosoph Bernhard Waldenfels hat darauf hingewiesen, wie wichtig der Dritte oder das Dritte für die Gestaltung von Beziehungen ist, in denen zwei Menschen einander ja immer fremd bleiben. Der Dritte ist jemand, auf den sie sich gemeinsam beziehen, oder ein Thema, über das sie sich treffen können, auch wenn sie sich nicht kennen, Mühe haben, einander wahrzunehmen oder Konkurrenten in gegeneinander stehenden Geltungsansprüchen sind. Der oder das Dritte verbindet." Schneider-Harpprecht, C.: Ressourcen und Entwicklungsmöglichkeiten im Berufsfeld der Krankenhausseelsorge, in: ders. (Hg.): Zukunftsperspektiven für Seelsorge und Beratung, Neukirchen-Vlyn 2000, S. 201–213, hier S. 210.

147 Die vorliegende Studie sieht sich darin inspiriert vom Desiderat, das Saskia Wendel mit Blick auf die Interdisziplinarität von Pastoraltheologie formuliert: „Es wäre für den theologischen Diskurs insgesamt fruchtbringend, eine mögliche Konstellation von Praktischer und Systematischer Theologie weiter auszuloten, gerade dann, wenn Theologie insgesamt sich als Reflexion einer Praxis versteht. Es ist an uns, solche gemeinsamen Formate zu etablieren und so dazu beizutragen, dass theologisch Neues entstehen kann". Wendel, Die Einheit der Praktischen Theologie, S. 127.

in den jeweiligen Kapiteln eine kursorische Lektüre der Studie und einen unmittelbaren Einblick in die Genese des jeweiligen Gedankengangs.

1.5 Historischer Abriss der jüngeren theologischen Begründungen von Seelsorge im Krankenhaus

Dieser Abschnitt der Untersuchung beleuchtet zunächst in geraffter Form die altkirchliche Krankenfürsorge und das mittelalterliche Spitalwesen als bedeutsame historische Ursprünge moderner Kliniken und christlicher Krankenhausseelsorge. Das dazu Skizzierte markiert den historischen Hintergrund, vor dem anschließend drei typische Paradigmen klinischer Seelsorgepräsenz in ihrer historischen Abfolge dargestellt werden. Dem schließt sich eine Vorstellung von in jüngerer Zeit zur Debatte stehenden Modellen klinischer Seelsorge an, die vor dem oben skizzierten Hintergrund an Prägnanz gewinnen. Diese Modelle markieren in ihrer Spannbreite den inhaltlich-konzeptionellen Horizont, in dem klinische Seelsorge aktuell entworfen wird.

1.5.1 Altkirchliche Krankenfürsorge und mittelalterliches Spitalwesen

Der fundierende Beitrag der frühkirchlichen antiken Gemeindediakonie für ein integrales Verständnis von Krankenhauspastoral verdient in historischer und theologischer Hinsicht Beachtung. Das gilt auch für den starken christlich-monastischen Impetus, der dem modernen Krankenhaus mit Blick auf seine historische Genese aus dem spätantiken und mittelalterlichen Spitalwesen gleichsam in die Wiege gelegt ist. Eine theologische Begründung *klinischer* Seelsorgepraxis, die mit Meister Eckhart inhaltlich einen monastischen Gewährsmann der spätmittelalterlichen monastischen Lebenswelt und Glaubenspraxis aufruft, ist daher gleichsam *ad fontes* unterwegs. Das gilt ungeachtet dessen, dass die Dominikaner in ihrer betonten Sendung und Reisetätigkeit nicht zu den Exponenten monastischer Krankenfürsorge gehören, wie das etwa bei den Benediktinern der Fall ist, und sich bis ins Frühmittelalter hinein verstetigt.[148]

---

148 Vgl. dazu Boshof, E.: Armenfürsorge im Frühmittelalter: Xenodochium, matricula, hospitale pauperum, in: VSWG 71 (1984) S. 153–174.

Von ihren ersten Ursprüngen her betrachtet, ist die Fürsorge an sozial fernstehenden Kranken ein in der Antike unbekanntes Phänomen.[149] Eine solche Praxis entwickelt sich ausgehend von der frühchristlichen Armen- und Krankenfürsorge, die vom Beispiel Jesu Christi, von der biblischen Überlieferung[150], sowie von der sich entfaltenden gemeindlich-diakonischen Tradition inspiriert ist. Im Zuge der konstantinischen Ausbreitung des Christentums im 4. Jahrhundert erlangte diese Bewegung breiteren Raum.[151] Eine Institutionalisierung der Krankensorge, die bereits während der großen Seuchen im Römischen Reich (2. und 3. Jahrhundert) von Bedeutung war, und angesichts der verschärften Armut breiter Bevölkerungsschichten in den Städten ein Segen darstellte[152], setzt aufgrund breiterer finanzieller Mittel und staatlicher Förderung ein. So ist historisch mit Blick auf die Genese von Einrichtungen der Krankenfürsorge festzuhalten: „Mit der Entstehung der Staatskirche im 4. Jahrhundert kommt es zur Errichtung

---

149 „Die christliche Zuwendung zu kranken Menschen hat eine Neubewertung des Phänomens Krankheit zur Voraussetzung: In der griechischen, von Hippokrates bestimmten Tradition gilt die Sorge der Betreuenden dem Freund und Vertrauten, nicht jedem kranken Menschen; und den Unheilbaren, den hoffnungslosen Fall gibt man auf. Der christlichen Fürsorge dagegen geht es um den kranken Menschen überhaupt als Geschöpf Gottes und als Nächster; als Abbild des Menschwerdens und Leidens Christi kommt ihm besondere Achtung und Aufmerksamkeit zu. Aufgrund dieser Neubewertung gehört es zu den regelmäßigen Aufgaben des Bischofs und der Älteren, die Kranken und Armen (beide Gruppen werden oft in einem Atemzug genannt und nicht exakt unterschieden) zu besuchen [...]." Klessmann, M.: Von der Krankenseelsorge zur Krankenhausseelsorge – historische Streiflichter, in: Roser, T. (Hg.): Handbuch der Krankenhausseelsorge, 5., überarbeitete und erweiterte Auflage, Göttingen 2019, S. 34–41, hier S. 34.
150 Biblische Referenzstellen sind etwa das Beispiel Jesu Mk 1,40–45, seine Weisung in der Gerichtsrede beim Evangelisten Matthäus Mt 25,31ff. („Ich war krank und ihr habt mich besucht"), sein Heilungsauftrag an die Jünger Mt 10,1 sowie das biblische Vorbild der Apostel in Apg 3.
151 Vgl. dazu Chadwick, H.: Die Kirche in der antiken Welt, Darmstadt 1972, S. 56ff.
152 Vgl. dazu Winkelmann, F.: Geschichte des frühen Christentums, München 1996, S. 23ff. Städtisches Leben im Imperium Romanum war für die meisten ein Leben in stetiger Todesnähe. „Der Großteil der Bevölkerung in den Großstädten des Römischen Reiches lebte in allergrößter Armut in Slums und war den Risiken von einstürzenden Mietshäusern, Bränden und durch die schlechten sanitären Verhältnisse veranlassten Krankheiten und Seuchen ausgesetzt. Bettler waren ein typisches Erscheinungsbild [...]". Sie entstammten der Gruppe der „Armen, Kranken und Krüppel. Ein weiterer ansehnlicher Teil der städtischen Armen wurde von Witwen und Waisen gestellt, die den Familienvorstand verloren hatten." Krause, J.-U.: Witwen und Waisen im Römischen Reich, Bd. 1, Stuttgart 1994, S. 161.

von Hospitälern durch die Kirche oder private Stifter. Die ersten Xenodochien nehmen alle Hilfsbedürftigen auf, Fremde, Arme, Witwen, Waisen und Kranke. Nur langsam kommt es zu einer Differenzierung der Zielgruppen. Dem Ortsbischof steht die Aufsicht über das Krankenhaus zu; Pflegepersonen sind z. T. die sogenannten Parabolanen, die dem niederen Klerus angehören, z. T. Personen, die ein opferwilliges Leben führen wollen."[153]

Nachdem zunächst in der Regula Benedicti die Sorge um kranke Mitglieder des Konvents zur besonderen Pflicht wurde,[154] da in ihnen Christus begegnet, und sich in solcher Fürsorge das Gebot der Nächstenliebe erfüllt, greift in der Folgezeit im Zuge der karolingischen Reform verstärkt eine Haltung Raum, bei der Krankheit mit Sünde in Zusammenhang gebracht wird. Infolge dessen wandelt sich auch das Verständnis der Seelsorge an Kranken und verengt sich: „Krankheit als Folge und Ausdruck der Sünde gilt als heilbringendes Zuchtmittel, das man eher suchen als bekämpfen soll. Krankenpflege und -seelsorge haben vornehmlich einen religiös moralischen Charakter. Der Arzt ist verpflichtet, den Kranken zunächst zur Beichte zu veranlassen und dann erst die körperliche Behandlung aufzunehmen. Irdische Arznei kann besser wirken, wenn der Mensch geistlich rein ist. Dieser Grundgedanke manifestiert sich sogar in der Architektur des Spitals."[155] Die Bauweise folgte einem theologischen Anliegen, wie das etwa im Kloster Beaune (Burgund) oder in Colmar (Elsass) sichtbar wird: „Die Betten in den Sälen waren ausgerichtet auf einen Altarraum, so dass alle Kranken von ihrem Bett aus am Gottesdienst teilnehmen konnten."[156] Durch Transformationen der ständischen Gesellschaft und frömmigkeitsgeschichtliche Innovationen, wie die entstehenden und sich rasch ausbreitenden Bettelorden und das Aufkommen der prosperierenden Städte, bildet sich im 13. und 14. Jahrhundert dann „ein neuer Spitaltyp: In den aufblühenden Städten gibt es mehr Kranke und Arme, für die das Gemeinwesen Verantwortung übernehmen muss. Durch den Kreuzzugsgedanken und die Armutsbewegung wächst eine neue Hochschätzung von Armen und Kranken als *domini nostri pauperes* (die Armen unseres Herrn). Eine Fülle von Spitalorden entsteht, in denen sich kämpferischer Kreuzfahrergeist mit aufopfernder Nächstenliebe und monastischer Lebensführung verbinden."[157]

---

153 Klessmann, Von der Krankenseelsorge zur Krankenhausseelsorge, S. 36.
154 Vgl. Regula Benedicti Nr. 36.
155 Klessmann, Von der Krankenseelsorge zur Krankenhausseelsorge, S. 36.
156 Schipperges, H.: Die Kranken im Mittelalter, 2. Auflage, München 1990, S. 179.
157 Klessmann, Von der Krankenseelsorge zur Krankenhausseelsorge, S. 36.

Exemplarisch kann hierfür der Antoniterorden angeführt werden, der sich „von einem Kampforden zu einer Hospitalgemeinschaft und dann zu einem geistlichen Orden entwickelte."[158] Religiöse Motive[159] einer eschatologischen Verdienstlichkeit pflegerischer Tätigkeiten an Kranken und der Seelsorge an ihnen[160] sowie jene einer Kontemplation der Leiden Christi angesichts Kranker und Leidender gewinnen an Bedeutung. Diese Motive können in weiterer Perspektive gesehen als Momente am größeren Ganzen der damaligen Frömmigkeit angesehen werden. Diese war mitunter stark dem Haptischen zugewandt und oftmals verbunden mit intensiver, bis zu exaltierten Formen reichender Christus- und Leidensmystik.[161]

Für die Krankenseelsorge im Spital blieb die Rolle der Seelsorge weitgehend sakramental bestimmt, und zwar bis ins 16. Jahrhundert hinein. Mit der Reformation und im Zuge dessen in der Folgezeit (besonders im 18. und 19. Jahrhundert) kommt mit der Umwidmung von Klöstern und der Einrichtung von Krankenfürsorgeanstalten durch Landesherren[162] eine neue institutionelle Form auf, die als Vorläufer des modernen Krankenhauses gelten kann. Klessmann hält insgesamt für die Zeit bis zur Reformation fest: „Das sakramentale Verständnis der Seelsorge, das an den Vollzug der Beichte und die Schlüsselgewalt des Priesters gebunden ist, bleibt bis ins 16. Jahrhundert relativ stabil bestehen. Größere Hospitäler im ausgehenden Mittelalter verfügen über eine eigene Kirche mit einem Priester, der, von der Lokalparochie freigestellt, nur für das Spital da ist."[163] Zu diese Zeit setzte eine Entwicklung ein, die eine gesonderte Betreuung Kranker heraufführt. „Im 17. Jahrhundert erfolgte ein nächster qualitativer Sprung in der Ent-

---

158 Baumann, K. /Eurich, J.: Konfessionelle Krankenhäuser: Strategien – Profile – Potentiale. Einleitende Überlegungen, in: Baumann, K./Eurich, J./Wolkenhauer, K. (Hg.): Konfessionelle Krankenhäuser. Strategien – Profile – Potentiale, Stuttgart 2013, S. 9–22; hier S. 11.
159 Vgl. dazu Seiler, R.: Mittelalterliche Medizin und Probleme der Jenseitsvorsorge, in Gesellschaft für das Schweizerische Landesmuseum (Hg.): Himmel, Hölle, Fegfeuer. Das Jenseits im Mittelalter, Zürich 1994, S. 117–124.
160 Klessmann, Von der Krankenseelsorge zur Krankenhausseelsorge, S. 37.
161 Vgl. dazu Dinzelbacher, P.: Körper und Frömmigkeit in der mittelalterlichen Mentalitätsgeschichte, Paderborn 2007.
162 Vgl. dazu Nolte, R.: *Pietas* und *Pauperes*. Klösterliche Armen-, Kranken- und Irrenpflege im 18. und frühen 19. Jahrhundert, Köln 1996, besonders S. 130ff. und 198ff.
163 Klessmann, Von der Krankenseelsorge zur Krankenhausseelsorge, S. 37. Für die Entwicklungen der Kranken(haus)pastoral in den evangelischen Landeskirchen, auf deren Darstellung hier verzichtet werden muss, sei auf einschlägige Fachliteratur verwiesen, die den Sachverhalt detailliert aufbereitet.

wicklung der Krankenfürsorge. Standen bis dato die Einrichtungen armen und kranken Menschen gleichermaßen offen, so dass vor allem die hygienischen Probleme nicht in den Griff zu bekommen waren, so wendeten sich die Hospitäler nun – ausgehend von einer Innovation im Orden der Barmherzigen Brüder (Johannes von Gott), die jedem Kranken sein eigenes Bett mit frischen Laken zuwiesen – von der allgemeinen Armenfürsorge stärker der reinen Krankenpflege zu."[164] Zweimalige Besuche des Arztes pro Tag wurden eingeführt. Dieser Brauch „wurde in der Folgezeit zu einer Selbstverständlichkeit in der Krankenpflege."[165] Der soziale Wandel im Zuge der beginnenden Industrialisierung brachte neue Herausforderungen: „Zum einen nahm die Verelendung des Proletariats verheerende Ausmaße an, zum anderen kamen mit zunehmendem Handel fremde Krankheiten nach Europa. Die Patienten in den Kranken- und Seuchenanstalten infizierten sich gegenseitig. Die entstandenen Staatskrankenanstalten blieben bis ins 19. Jahrhundert Versorgungsstätten des Proletariats – reiche Menschen ließen den Arzt lieber zu sich nach Hause kommen."[166] Im 19. Jahrhundert waren nicht nur Fortschritte in der Medizin zu verzeichnen. Es kam auch zu staatlichen Interventionen der Gesundheitsvorsorge, so wurde etwas 1835 im Preußischen Staat „Städten mit mehr als 5000 Einwohnern die Bildung von ‚Sanitätskommissionen' auferlegt."[167] Im Zuge der staatlichen Bemühungen erlangten kirchliche Gründungsinitiativen Raum für ihr Wirken: „Gleichzeitig erhielten die christlichen Kirchen das Recht, eigene Wohltätigkeitsanstalten zu gründen, was diese auch zur Gründung konfessioneller Krankenhäuser nutzten. Eine weitere Neuerung ging in Deutschland – unter dem Eindruck der in Frankreich von Vincent de Paul gegründeten „Barmherzigen Schwestern" (Vinzentinerinnen) und den in der ersten Hälfte des 19. Jahrhundert entstandenen katholischen Frauenkongregationen (Catharina Damen, Pauline von Mallnickrodt u. a.) – auch aus der Arbeit der evangelischen Diakonissen hervor: Angeregt durch Besuche in Großbritannien entsandte der Kaiserwerther Pfarrer Theodor Fliedner zusammen mit seiner Frau Gemeindeschwestern zur Krankenpflege in Städte und Dörfer. Diakonissen und ‚Barmherzige Schwestern' trugen maßgeblich zum Entstehen erster professioneller Handlungsformen in der Krankenpflege bei und wurden stilbildend für ein neu entstehendes Berufsbild: das der Kran-

---

164 Baumann/Eurich, Katholische Krankenhäuser, S. 11.
165 Ebd. S. 11.
166 Ebd. S. 11–12.
167 Ebd. S. 12.

kenschwester. Die christlichen Spitäler wurden mit dem Siegeszug der modernen Medizin zu Bürgerkrankenhäusern, die – politisch gestützt und gesellschaftlich akzeptiert – vom Ethos der christlichen Krankenpflege bis heute profitieren: einer von Gottes Liebe motivierten menschenfreundlichen Sorge um diejenigen, die gerade in der vulnerablen Situation einer Erkrankung auf die Hilfe anderer angewiesen sind."[168]

Der geschichtliche Abriss soll an dieser Stelle enden, da die historischen Wurzeln der institutionalisieren Krankenfürsorge und -seelsorge für unsere Fragestellung hinreichend markiert wurden, und da andernfalls der übergeordnete Gedankengang vernachlässigt würde. Dieser wendet sich im Folgenden drei typischen Paradigmen zu, gemäß denen klinische Seelsorgepräsenz verstanden werden kann.

1.5.2 Drei typische Paradigmen klinischer Seelsorgepräsenz: beratende Begleitung, Mystagogie und diakonisch-prophetische Seelsorge

Die an der Philosophisch-Theologischen Hochschule Vallendar lehrende Pastoraltheologin und Ärztin Doris Nauer stellt grundlegende Paradigmen vor, wie Klinikseelsorge in den vergangenen circa 40 Jahren konzipiert wurde.[169] An diesen Leitvorstellungen lässt sich der geschichtliche Wandel von (Klinik-) Seelsorgekonzepten und ihren Schwerpunktsetzungen im jeweiligen sozialen Kontext ebenso ablesen, wie das jeweils handlungsleitende Interesse und die daraus folgende Wahrnehmungslenkungen und Handlungssteuerungen der Akteure.[170] Nachfolgend kommen diese drei Modelle in wesentlichen Grundzügen zur Darstellung. Denn sie sind, sei es in alleiniger Form oder als Momente an einem Mix von Zielsetzungen und Elementen verschiedener Konzepte klinikseelsorglicher Präsenz, bis dato bei den mit klinischer Seelsorge Betrauten wirksam. Die idealtypischen Paradigmen können daher auch als „Grunddimensionen"[171] und „Basisbausteine"[172] begriffen werden. Diese Paradigmen stehen einem je-

---

168 Ebd., S. 12.
169 Vgl. dazu ausführlicher Nauer, D.: Seelsorge. Sorge um die Seele, 3. Überarbeitete und erweiterte Auflage, Stuttgart 2004, S. 184–283.
170 Vgl. dazu die Übersicht bei Nauer, Seelsorge, S. 283 mit den jeweils typischen Interventionen der Akteure, die je nach Paradigma andere Schwerpunkte in der „Seelsorglichen Alltagspraxis" setzen.
171 Nauer, Seelsorge, S. 184.
172 Ebd.

weiligen Arrangement offen, bei dem eine seelsorglich wirkende Person oder ein Team Einzelelemente in einem konkreten Praxismodell oder „Seelsorgekonzept" zusammenstellt. Letzteres definiert Doris Nauer folgendermaßen: „Ein Seelsorgekonzept ist die Theorie, also die inhaltliche Vision, die die seelsorgliche Praxis, d. h. das alltägliche Handeln, leitet. Ein Seelsorgekonzept ist somit das Verständnis von Seelsorge, das jeder/jede Seelsorger/Seelsorgerin seiner/ihrer Arbeit zugrunde legt."[173]

Ein erstes Paradigma klinischer Seelsorge ist Doris Nauer zufolge Ende der 60er Jahre des vergangenen Jahrhunderts im deutschsprachigen Raum entstanden. Hervorgerufen wurde es von vorausgehenden Bestrebungen in den USA, insbesondere der dortigen Psychiatrieseelsorge. Es rückt Aspekte der Beratung und emphatischen Begleitung ins Zentrum. Seelsorge setzt hier „Pastoralpsychologisch-heilsame Schwerpunkte".[174] Doris Nauer führt aus: „Das paradigmatisch Neue bestand in einer radikalen Wende hin zum Menschen in seinen körperlichen und psychischen Problemlagen. Sich für die Menschen Zeit zu nehmen; für sie da zu sein; in Krisen- und Krankheitssituationen da zu bleiben, ohne etwas ‚machen' oder verändern zu können; sensibel in den Arm nehmen; emphatisch zuhören; Lebensgeschichte erzählen zu lassen; humorvoll, kreativ, spielerisch und paradox intervenierend neue Sichtweisen einzuspielen; unaufdringlich (ethisch) zu beraten; eine eigene Position zu beziehen und dabei auch den Dissens nicht zu scheuen – all das sollte nicht länger als bloße Vorfeldarbeit für Glaubenshilfe, sondern als vollwertige Seelsorge im Sinne zwischenmenschlicher *Begleitung* und gottgewollter *Beratungs- und Krisenhilfe* verstanden werden."[175] Angesichts dieser Innovation geriet in der evangelisch-lutherischen Seelsorgelehre ein bisher praktiziertes Modell klinischer Seelsorge stark in die Defensive, das auf Eduard Thurneysen zurückgeht. Dessen „[...] bis dahin unangefochtenes Verständnis von Seelsorge als verbaler Wortverkündigung (Kerygmatische Seelsorge)" verlor an Bedeutung „[...] zugunsten tiefenpsychologisch, gesprächspsychotherapeutisch, später auch (kognitiv-) verhaltenstherapeutisch und systemtherapeutisch beeinflusster Konzepte [...]."[176] Auf katholischer Seite erlangen diese innovativen Zugänge aus den empirischen Sozialwissenschaften erst im Gefolge des Zweiten Vatikanischen Konzils

---

173 Ebd. S. 286.
174 Vgl. dazu ausführlicher Nauer, Seelsorge, S. 211–236, sowie dies.: Spiritual Care statt Seelsorge?, Stuttgart 2015, S. 178–181.
175 Nauer, D.: Krankenhausseelsorge vor neuen Herausforderungen, in: Diakonia 46 (2015) S. 218–224, hier S. 219.
176 Nauer, Krankenhausseelsorge vor neuen Herausforderungen, S. 219.

Eingang in das Verständnis von Klinikseelsorge. Schließlich jedoch erlaubten sie es auch dem katholischen Verständnis „Seelsorge aus liturgisch-sakramentalen Engführungen (Sakramentenpastoral, Betreuende Seelsorge) zu befreien und psychotherapeutisch gewonnene Erkenntnisse und Methoden als Bereicherung wertzuschätzen".[177] Dies wurde Nauer zufolge möglich, ohne in eine falsche und dem christlichen Selbstkonzept zuwiderlaufende Identifikation mit anderen Professionen in der Klinik zu geraten.

Ein zweites Paradigma von (Klinik-)Seelsorge ist mit der Theologie Karl Rahners verbunden und kann als „Mystagogische Seelsorge"[178] bezeichnet werden, die ihrem Grundanliegen entsprechend „Spirituell-mystagogische Schwerpunkte"[179] setzt. Gemeint ist mit diesem Motto: „Die spirituelle Begleitung eines jeden Menschen auf dem Weg seines geheimnisvollen Lebens, das aus christlicher Sicht zutiefst mit dem geheimnisvollen Gott zu tun hat. Das paradigmatisch Neue an diesem Verständnis war, dass Glaubenshilfe nicht mehr primär auf Glaubens*wissen*, Glaubens*belehrung* oder Glaubens*normierung* abzielt. Anvisiert ist vielmehr, dass SeelsorgerInnen Menschen in ihren religiös- spirituellen Bedürfnissen nicht allein lassen, sondern sich mit ihnen gemeinsam auf den Weg machen, um Spuren Gottes mitten in ihrem aktuellen Lebenskontext zu suchen [...]. SeelsorgerInnen bieten sich als GesprächspartnerInnen zur Überwindung spiritueller Sprachlosigkeit an", und wollen „neugierig machen auf den christlichen Gott."[180] Sie „widerstehen jedoch der Versuchung, das Geheimnis Gottes enträtseln oder quälende ‚Warum-Fragen' vorschnell beantworten zu wollen."[181] Solcherart disponierte Klinikseelsorgende sind überdies interessiert, bei den Kranken eine Unabhängigkeit von Modetrends zu fördern, sowie die glaubensbegründete Akzeptanz eigener und fremder kreatürlicher Grenzen. „Sie unterstützen ihre Mitmenschen darin sich dem ‚Zeit'-Geist des Jung, Schlank- und Gesundbleiben-Müssens zu entziehen und bestärken sie darin, Unvollkommenheiten, Krankheit, Behinderung, Alt-Werden und Sterben als zum Leben gehörig zu akzeptieren, damit sie nicht krampfhaft am eigenen Leben und an dem ihrer Bezugspersonen festhalten, sondern es im Vertrauen auf ein qualitativ neuartiges Leben bei Gott zur rechten Zeit loslassen."[182]

---

177 Ebd.
178 Vgl. dazu Nauer, Spiritual Care statt Seelsorge?, S. 176–178.
179 Vgl. dazu Nauer, Seelsorge, S. 185–210.
180 Nauer, Krankenhausseelsorge vor neuen Herausforderungen, S. 220.
181 Ebd. S. 221.
182 Ebd. S. 220.

Ein drittes Paradigma[183] von Seelsorge im Umgang mit Kranken kann in einer „Diakonisch-Prophetischen Dimension"[184] erblickt werden. Ein befreiungstheologischer Impetus wird darin virulent: „In den 80er Jahren des 20. Jahrhunderts lässt sich ein weiterer Paradigmenwechsel ausmachen, der diesmal von Lateinamerika ausging. Im deutschsprachigen Raum wurde zunächst auf evangelischer, mit etwas Verzögerung auf katholischer Seite unter den Stichworten ‚Diakonische Pastoral' und ‚Sozialpastoral' entsprechende Innovationsarbeit geleistet. Ausgangspunkt war die Kritik an einer rein individuumszentrierten Seelsorge, die weder der komplexen Lebenssituation heutiger Menschen gerecht wird noch strukturelle Rahmenbedingungen ausreichend in den Blick nimmt."[185] In diesem Paradigma war eine entschiedene Option handlungsleitend, sich für sozial Deklassierte einzusetzen, ggf. auch unter Inkaufnahme von Konflikten. Dazu gehörte die Bereitschaft, in deren Lebenskontext aktiv zu werden, sowie ihnen öffentliches Gehör und Wahrnehmung zu verschaffen. „Diakonisch inspirierte SeelsorgerInnen machen sich deshalb zum Sprachrohr und zum Anwalt gerade der Menschen und Menschengruppen, die im Krankenhaus an den Rand gedrängt und übersehen werden, die outgesourced und ausgebeutet werden, deren Würde missachtet wird, die stumm gemacht werden oder bereits verstummt sind. Für sie treten sie wie Jesus manchmal still und leise, manchmal aber auch laut und öffentlichkeitswirksam ein. Für sie riskieren sie Konflikte, in manchen Ländern sogar das Leben. SeelsorgerInnen können ihre Hände nicht in Unschuld waschen und ‚strukturelle Sünde', d. h. strukturelle Rahmenbedingungen, die den Anbruch von ‚Reich Gottes' auf Erden, d. h. die Realisierung von etwas mehr Gerechtigkeit, Mitmenschlichkeit, Nächstenliebe, Barmherzigkeit, Gleichheit, Solidarität und ‚Leben in Fülle' blockieren, einfach übersehen oder akzeptieren. Sie können sich ihrer prophetischen Aufgabe nicht entziehen, Unrecht beim Namen zu nennen, Selbsthilfepotentiale zu stärken, Solidarisierungsprozesse anzustoßen und soziale Vernetzungsarbeit zu leisten."[186] In dieser Form disponierte Seelsorge bleibt in ihrem elementar sozialdiakonischen Anliegens jedoch eingedenk, dass Gottes Reich zwar im hier und jetzt anbricht und sich Raum schafft, jedoch im Ganzen eine eschatologische Größe ist. Diesem Paradigma von Seelsorge bleibt daher bewusst: „Weil aber ‚Reich Gottes' im-

---

183 Vgl. dazu Nauer, Spiritual Care statt Seelsorge, S. 178–181.
184 Nauer, Seelsorge, S. 337–360.
185 Nauer, Krankenhausseelsorge vor neuen Herausforderungen, S. 220.
186 Nauer, Krankenhausseelsorge vor neuen Herausforderungen, S. 221.

mer nur angebrochen und unter irdischen Bedingungen nie ganz vollendet sein kann, können auch SeelsorgerInnen nicht alle Ungerechtigkeiten aus der Welt schaffen. Ihre Aufgabe ist es daher nicht, zu suggerieren, dass alles veränderbar ist. Oftmals gilt es, Menschen gerade darin zu bestärken, in gegenwärtig (un-)veränderbaren Zuständen überleben und weiterarbeiten zu können, ohne dabei die Hoffnung auf Veränderung aufgeben zu müssen."[187]

1.5.3 Aktuelle Konzepte klinischer Seelsorge

Auf der Basis der oben dargestellten Skizze der Grundmodelle seelsorglicher Präsenz gilt nachfolgend das Augenmerk vier Konzepten klinischer Seelsorge, die das Praxisfeld Klinik mit seelsorglichen Anliegen in Beziehung setzen. Die Sichtung der Konzepte geschieht mit dem Ziel, das jeweilige Proprium des Zugangs in verdichteter Form zu markieren. So mag das breite Spektrum aktueller Entwürfe klinischer Seelsorge anhand einiger exemplarischer VertreterInnen in den Blick rücken. Der Sichtung geht ein kurzer, die Lektüre orientierender Ausblick auf das Spektrum der vier Entwürfe voran.

Nach dem ersten Modell einer „Seelsorge im Zwischenraum", das auf Michael Klessmann zurückgeht, wird zweitens das Verständnis von Seelsorge als „Vierter Säule" im Krankenhaus zum Thema, das auf Überlegungen von Christoph Schneider-Harpprecht basiert. Der Gedanke an eine vierte Säule zielt darauf ab, neben Medizin, Pflege und Verwaltung einen Zusammenschluss von Seelsorge, Sozialarbeit und Psychologie zu fördern und institutionell zu verankern. Harpprechts Modell ist von einer starken Tendenz zur Integration der Seelsorge in die Institution Klinik geprägt. Daher erscheint es als Konzept, das je nach Ausprägungsgrad vorwiegend bis ausschließlich in Kliniken mit kirchlicher Trägerschaft sinnvoll und praktikabel ist. Eine dritte Perspektive von Klinikseelsorge, die Doris Nauer vertritt, wird darin gesehen, den Gedanken an ein einheitliches Konzept für dieses Praxisfeld aufzugeben. Stattdessen geht Nauer von einer „Multidimensionalen Seelsorge" aus, die verschiedene Dimensionen beratender, mystagogischer und prophetisch-kritischer Ansätze zu integrieren imstande sei, sich aber als christliche Seelsorge von Spiritual-Care-Entwürfen betont absetzt und der Tendenz nach eher von Distanz zur Institution Klinik geprägt ist. Viertens und abschließend wird ein Kooperationsmodell von Spiritual Care und christlicher Seelsorge vorgestellt, das letztere als spezialisierte Spiritual

---

187 Ebd.

Care Ausprägung ansieht und von Simon Peng-Keller vertreten wird. Dieses Modell versucht, das Proprium christlicher Seelsorge zu wahren, und zugleich eine Integration des seelsorglichen Wirkens in spirituelle Begleitungsprozesse durch KlinikmitarbeiterInnen zu ermöglichen. Das durch die Beispiele markierte Spektrum der Konzepte von Klinikseelsorge reicht somit vom Pol betonter Distanz zur Institution Klinik (Nauer) über vermittelnde, kritisch-loyale Modelle (Klessmann), bis hin zu betonter Bereitschaft zur Integration von christlicher Seelsorge in klinische Initiativen zur spirituellen Patientenbegleitung, wie sie Spiritual-Care-Modelle darstellen (Peng-Keller). Eine darüber hinausgehende Kooperation mit der Klinik insgesamt und auch ein Einbezug in deren Leitungsebene (so das Ziel Schneider-Harpprechts) stehen am anderen Ende des Kontinuums zwischen Distanz und Nähe zur Institution, in der sich Klinikseelsorge ereignet.

Das erste zur Besprechung kommende Modell von Klinikseelsorge wird von Michael Klessmann vertreten. Der evangelische Praktische Theologe Traugott Roser konturiert in der Einleitung zur 5. Auflage des Handbuchs der Krankenhausseelsorge die gegenwärtige Spannbreite konzeptioneller Ausrichtungen von Seelsorge im klinischen Setting.[188] Dazu rekurriert er zunächst auf Michael Klessmanns Konzept einer Seelsorge im Zwischenraum.[189] An diesem Modell hebt er hervor, dass es sich hinsichtlich seiner theoretischen Konsistenz, seiner heuristischen Kraft für ein Verständnis des Praxisfeldes und nicht zuletzt hinsichtlich seiner Alltagstauglichkeit breiter Resonanz erfreute, und „noch immer als hilfreich verstanden wird, weil es die ‚Fremdheit und Widerständigkeit von Seelsorge im Krankenhaus' zum Ausdruck bringt."[190] Roser hält rückschauend fest: „Seelsorge ist prinzipiell in einem ‚Zwischen'-Raum anzusiedeln', formulierte Klessmann und traf damit nicht nur das Empfinden der Kolleginnen und Kollegen, sondern stellte ein Deutungsmuster zur Verfügung, um Spannungen und Ambiguitäten verstehend zu beschreiben. Das Leitbild war in der Lage, Seelsorge in verschiedenen Feldern zu verorten, zwischen Kirche und Krankenhaus, zwischen gesicherter Rechtsstellung und struktureller Bedeutungslosigkeit, zwischen PatientInnen und Mitarbeiterschaft, Verkündigung und Beziehung, Alltagsgespräch und Psychotherapie, Professionalität und Betroffenheit, Macht und Ohnmacht, Krankheit und Gesundheit und letzt-

---

188 Vgl. Roser, Einleitung, S. 13–20.
189 Da dieses Konzept in folgenden Abschnitten der Studie noch eigens ausführlich entfaltet wird, kann an dieser Stelle darauf verzichtet werden.
190 Roser, Einleitung, S. 16.

lich zwischen Leben und Tod. Mit jeder Polarität waren unterschiedliche Aspekte von Praxiserfahrung und Theoriediskursen verbunden, die auf die Notwendigkeit von Konzeptentwicklung und die Ausbildung spezifischer Kompetenzen hinwiesen. Die Raum-Metapher des *dazwischen* erwies sich als tragfähig, um die Besonderheiten kirchlicher Seelsorge sowohl in und gegenüber dem Krankenhaus als auch in und gegenüber der Kirche herauszustellen und damit Krankenhausseelsorge in einer grenzgängerischen Funktion zur Geltung zu bringen."[191] Allerdings hat das obige Konzept sowohl weiterführende Aufnahme als auch kritische Anfragen erfahren: „Das Leitbild vom *Zwischen-Raum* blieb jedoch nicht unangefochten; mittlerweile haben sich weitere Konzepte etabliert, die teils anschließen, teils deutlich andere Akzente setzen."[192] Diesen innovativen Bezugnahmen und kritischen Absetzungen gilt nachfolgend das Interesse.

Christoph Schneider-Harpprecht entwirft ein Modell von Krankenhausseelsorge, bei dem diese mit den psychosozialen Diensten der Klinik zusammen als „vierte Säule im Krankenhaus"[193] angesehen wird. Auch andere Autoren, wie Traugott Roser[194], sind diesem Gedanken der Grundintention nach gefolgt. Diese vierte Säule bildet in der Perspektive Schneider-Harpprechts neben medizinischer Versorgung, Pflege und Verwaltung eine eigenständige Größe. Das Anliegen dabei ist, verstärkte Patientenorientierung und weitreichenderen Einfluss aller Dienste in der vierten Säule gleichzeitig zu erreichen: „Durch bessere Integration kann eine ganzheitliche patientenorientierte Versorgung gefördert und ein höherer Einfluss der psychosozialen und seelsorglichen Dienste erreicht werden."[195] Dieses

---

191 Roser, Einleitung, S. 16.
192 Ebd.
193 Vgl. dazu Schneider-Harpprecht, C./Allwinn, S.: Psychosoziale Dienste und Seelsorge als vierte Säule im Krankenhaus, in: dies. (Hg.): Psychosoziale Dienste und Seelsorge im Krankenhaus. Eine neue Perspektive der Alltagsethik, Göttingen 2005, S. 223–245, sowie ders.: Ressourcen und Entwicklungsmöglichkeiten im Berufsfeld der Krankenhausseelsorge, in: ders. (Hg.): Zukunftsperspektiven für Seelsorge und Beratung, Neukirchen-Vlyn 2000, S. 201–213.
194 Vgl. dazu dessen Habilitationsschrift Roser, T.: Spiritual Care. Ethische, organisationale und spirituelle Aspekte der Krankenhausseelsorge, Stuttgart 2007, sowie ders.: Spiritual Care. Der Beitrag von Seelsorge zum Gesundheitswesen (Münchner Reihe Palliativ Care, Bd. 3), 2., erweiterte und aktualisierte Auflage, Stuttgart 2017; ders.: Transformation in Raum und Zeit – Seelsorge als verändernde Kraft im Gesundheitswesen, in: Pastoraltheologie 106 (2017) S. 434–448.
195 Schneider-Harpprecht, Psychosoziale Dienste und Seelsorge als vierte Säule im Krankenhaus, S. 224.

Anliegen zielt auf die Behebung eines strukturellen Mankos, das Schneider-Harpprecht mit Blick auf Klessmanns Modell der Seelsorge im Zwischenraum verzeichnet: „Fremdheit und Marginalität der Krankenhausseelsorge sind der Preis, den sie für die institutionelle Freiheit und Zwischenstellung zu entrichten hat."[196] Das Postulat Schneider-Harpprechts nach erhöhtem Einfluss der Klinikseelsorge und der anderen sozialen Dienste hat seine Legitimation darin, dass die Dienste der vierten Säule „das soziale Nahumfeld, die Lebenswelt und das Alltagserleben der Betroffenen" systematisch einbeziehen, was in der medizinisch-pflegerischen Patientenbegegnung systematisch ausgeblendet wird, den Bedürfnissen der PatientInnen und deren Angehörigen jedoch zuwiderläuft. Daher wird für interprofessionell konzertierte „zeitnah, niederschwellig und lebensweltorientierte"[197] Angebote der obigen Dienste plädiert, die sich an Patienten, Angehörige und das Klinikpersonal gleichermaßen wenden.[198] Das interdisziplinäre Vorgehen impliziert ein sehr hohes Maß an Abstimmung und Kooperation. Ebenso ist nötig, dass die Akteure zu einem kooperativen Arbeitsstil fähig und dazu durchgehend auch gewillt sind. Insgesamt zielt das Modell mit hohem Integrationsinteresse auf „einen zentralen Dienst mit eigener Leitung".[199] Dieser Dienst zielt auf ein Maximum an gemeinsam Genutztem (Sekretariat, benutzte Räume) und an interprofessionellem Arbeiten (gemeinsame Fallbesprechungen, Fortbildungen und Supervisionen). Schneider-Harpprecht sieht in obigem Zusammenschluss auch bedeutsames Potential zur Förderung weiterer klinischer Prozesse sowie zur Intensivierung und qualitativen Verbesserung externer Kontakte. Diese Potentiale sind „das Bewältigungscoaching des Krankenhauspersonals, die Pflege einer empathiefördernden Alltagskultur, die Vernetzung mit Alltagsinstanzen außerhalb der Klinik in Fragen der patientenbezogenen Koordination."[200] Im Außenverhältnis der Klinik ist konkret gedacht an die Vernetzung mit klinikexterner „Quartiersarbeit" und nachsorgendem „Case-Management", sowie das ganze Feld der „nachstationären Versorgung und Qualitätssicherung" in

---

196 Schneider Harpprecht, C.: Das Profil der Seelsorge im Unternehmen Krankenhaus, in: ders./Alwinn, S.: Psychosoziale Dienste und Seelsorge im Krankenhaus. Eine neue Perspektive der Alltagsethik, Göttingen 2005, 150–174, hier S. 153.
197 Schneider-Harpprecht, Psychosoziale Dienste und Seelsorge als vierte Säule im Krankenhaus, S. 225.
198 Ebd. S. 227.
199 Ebd.
200 Ebd. S. 223.

Verbindung mit ambulanten Diensten.[201] Klinikintern geht es dem Autor beispielsweise um synergistisch umgesetzte Formen der „Beratung des Krankenhauses unter organisationsethischen (z. B. leitbildbezogenen) und alltagsethischen Gesichtspunkten", um „psychosoziale Fortbildungen eigener und anderer Berufsgruppen", um „interne Kooperation mit medizinischem Personal und Verwaltung", sowie um diverse Formen der nicht allein externen Öffentlichkeitsarbeit mit dem Ziel „der Verbreiterung eines psychosozial/seelsorglichen Verständnisses von Krankheitsbewältigung."[202] Aufkommende Konflikte sowohl innerhalb der Dienste der vierten Säule[203] als auch im Verhältnis zu den anderen drei Säulen[204] werden vom Autor ausführlich und praxisbezogen besprochen. Anhand zweier Kliniken und deren Vorgehensweise werden Anregungen für die Überwindung von Konflikten und konkrete Kooperationsformen gelingender Zusammenarbeit dargestellt.[205] Insgesamt zeigt sich die Notwendigkeit einer möglichst früh und systematisch einsetzenden Klärung und Abgrenzung dessen, was gemeinsam und dessen, was nur berufsspezifisch zu leisten ist, sowie eine überlegte „Schnittstellengestaltung".[206] Prozessorientiert wird eine etappenweise Umsetzung des Modells favorisiert, bei der in konzentrischen Kreisen erst innerhalb der vierten Säule, dann innerhalb der Klinik insgesamt systematisch über Anliegen informiert und sodann kooperiert wird.[207] Der Autor formuliert sein Grundanliegen folgendermaßen: „Meine These lautet: Christliche Krankenhausseelsorge kann ihre Aufgabe, den Menschen mit ihren unterschiedlichen persönlichen Bedürfnissen und Weltanschauungen im sozialen System Krankenhaus auf der Grundlage des Evangeliums von der Liebe des dreieinen Gottes zu seinen Geschöpfen, unterstützend, tröstend, orientierend und auch kritisch zu begegnen, am besten wahrnehmen, wenn sie sich als eigener Dienstleistungsbereich des Unternehmens Krankenhaus organisiert, steuert, qualitativ überprüfbar macht und mit den anderen psychosozialen Diensten im Krankenhaus (Psychologie, Sozialdienst) vernetzt."[208] Schneider-Harpprechts Modell einer betonten

---

201 Ebd. S. 227.
202 Ebd. S. 229.
203 Vgl. ebd. S. 229–234.
204 Ebd. S. 238–240.
205 Ebd. S. 235–238.
206 Ebd. S. 237.
207 Ebd. S. 244–246.
208 Schneider-Harpprecht, Das Profil der Seelsorge im Unternehmen Krankenhaus, S. 1 52.

Integration von Seelsorge in klinische Dienste ist insgesamt gesehen vom Anliegen motiviert, einer drohenden Randständigkeit von Seelsorge in der Klinik zu wehren. Darauf weist Traugott Roser hin: „Schneider-Harpprecht fürchtet, dass das Leitbild *Zwischen-Raum* die strukturelle Marginalität der Seelsorge festschreibe [...]".[209] Kritischen Stimmen zufolge wird die Abwehr dieser Gefahr jedoch zu teuer erkauft: „An diesem Leitbild wurde vielfach Kritik geübt, da es die Krankenhausseelsorge in der Klinik zwar aufzuwerten, gleichzeitig aber das Fremde und Widerständige zugunsten einer vollen Integration aufzugeben scheint."[210]

Zu den oben erwähnten kritischen Stimmen gehört auch jene von *Doris Nauer*.[211] Sie „deutet das Modell einer vierten Säule als ‚Vollintegration', demgegenüber die ‚systemische Distanz im kirchlichen Schutzraum' bewahrt werden müsse, ‚um den für Seelsorge unabdingbaren prophetisch-kritischen Aufgabenteil bewältigen zu können.' Nauer verabschiedet sich von einem allgemein gültigen Leitbild und empfiehlt die ‚zunächst rein formale [...] Bezeichnung ‚Multidimensionale Seelsorge', die eine spirituell-mystagogische Dimension ebenso umfasse wie eine pastoralpsychologisch-heilsame und diakonisch-prophetisch-kritische Dimension."[212] Die Autorin selbst formuliert ihr Anliegen einer „multidimensionalen Seelsorge", die sie auch als „ganzheitlich zeitgemäße Seelsorge"[213] bezeichnet, dem entsprechend als Zusammenspiel zueinander komplementärer und sich in der Praxis überblendender Dimensionen. Bei diesem Zusammenspiel werden, „drei gleichwertige, einander ergänzende, alltagspraktisch aber ineinander übergehende Dimensionen glaubwürdiger Seelsorge, die sich aus dem christlichen Menschenbild ableiten"[214] zueinander in Beziehung gebracht. Auf diese Dimensionen wurde bereits oben beim historischen Rückblick auf klinische Seelsorgekonzepte eingegangen, so dass auf eine weitere Entfaltung der „spirituell-mystagogischen Dimension glaubwürdiger Seelsorge"[215], sowie der „pastoralpsychologisch-heilsamen"[216] und der

---

209 Roser, Einleitung, S. 17.
210 Ebd. S. 18.
211 Vgl. dazu Nauer, D.: Seelsorge. Sorge um die Seele, 3. Auflage, Stuttgart 2014, S. 184ff., sowie dies.: Spiritual Care statt Seelsorge, Stuttgart 2015, S. 157–184.
212 Roser, Einleitung, S. 18.
213 Nauer, Spiritual Care, S. 184.
214 Ebd. S. 175.
215 Ebd. S. 176–178.
216 Ebd. S. 178–181.

„diakonisch prophetisch-kritischen"[217] Dimension an dieser Stelle verzichtet werden kann. Da das christliche Menschen- und Gottesbild innere Komplexität aufweise, sei dem auch in der Seelsorge konsequenterweise durch eine inhaltlich multidimensionale Praxis zu entsprechen: „Verankert man Seelsorge aber im höchst komplexen christlichen Menschen- und Gottesbild, dann gilt es, sie als ein ebenso komplexes multidimensionales oder multiperspektivisches Geschehen zu begreifen."[218] Aus der Vielfalt der Dimensionen erwächst der Bedarf von ebenso vielfältigen Kompetenzen, was den Gedanken an Teamarbeit begründet. Nauer führt dazu aus: „Keine Seelsorgerin und kein Seelsorger kann die notwendigen Kompetenzen für alle drei Dimensionen Multidimensionaler Seelsorge mitbringen und alltagspraktisch stets alle Dimensionen allein abdecken. Christliche Seelsorge im 21. Jhdt. setzt deshalb Teamarbeit voraus."[219] Was Nauer intraprofessionell an verstärkter Kooperation postuliert, wird von ihr jedoch nicht auf die Kooperation mit anderen klinischen Professionen beim Projekt Spiritual Care ausgeweitet. Denn diesen gegenüber sind vom christlichen Seelsorgeauftrag her und von der klinischen Systemlogik her bei allen bestehenden Gemeinsamkeiten doch erhebliche inhaltliche, alltagspraktische und strukturelle Differenzen zu verzeichnen.[220]

Simon Peng-Keller, Lehrstuhlinhaber für Spiritual Care in Zürich, vertritt dem gegenüber ein differenziertes Kooperationsmodell von klinisch getragener Spiritual Care und christlicher Seelsorge. Dabei rekurriert er stark auf eine Ausprägungsvariante von Spiritual Care, bei der ein „Klinisch-Therapeutisches Modell" derselben virulent ist, das „die spirituellen Bedürfnisse und Nöte einzelner Patientinnen und Patienten und ihrer Angehörigen" im Fokus der Aufmerksamkeit hat, und „Spiritualität und Religiosität" als „Ressource für Heilungs- und Copingprozesse" betrachtet.[221] Insgesamt gesehen ist Peng-Keller zuversichtlich, dass Seelsorge sich „in den Übersetzungen, die ihr abverlangt werden, gerade nicht verliert, sondern neu profiliert."[222] Dazu konzipiert der Autor sie als „spezialisierte Spiritual

---

217 Ebd. S. 181–184.
218 Ebd. S. 175.
219 Ebd. S. 184.
220 Vgl. dazu Nauer, Spiritual Care, S. 140–161.
221 Peng-Keller, S.: Professionelle Klinikseelsorge im Horizont interprofessioneller Spiritual Care, in: PTh 108 (2017) S. 412–422, hier S. 417.
222 Peng-Keller, S.: Krankenhausseelsorge. Spezialisierte Spiritual Care im Horizont des christlichen Heilungsauftrags, in: Fischer, M. (Hg.): Relevanz in neuer Vielfalt.

Care"[223], die sich von einer allgemeinen Spiritual Care unterscheidet. Während letztere im Sinne einer Grundversorgung[224] auch den anderen klinischen Professionen zukommt, hebt sich Seelsorge zum einen durch einen *höheren Spezialisierungsgrad* davon ab, vergleichbar einer fachärztlichen Spezialisierung der Ärzteschaft. Zum anderen ist die seelsorgliche, spezialisierte Spiritual Care *theologisch* dadurch unterschieden, dass sie gegenüber den klinischen Professionen „eine andere Beauftragung und eine spezifische Repräsentationsaufgabe"[225] hat. „Kirchlich beauftragte Krankenhausseelsorger(innen) sind religiöse ‚Vertrauensintermediäre'. Sie repräsentieren eine bestimmte Glaubenstradition und fungieren in säkularen Gesundheitsinstitutionen als Ansprechpersonen für spirituell-religiöse Fragen und Anliegen."[226] Das Spektrum an Aufgaben ist weit und komplex. In der Vielzahl der Aufgaben spiegelt sich die Komplexität der Institution Klinik wider. Die daraus resultierende Anforderung zur Übernahme unterschiedlicher Teilrollen wird erkennbar.[227] Die „Gefahr einer Verzettelung" ist nicht zu übersehen, eine reflektierte „Integration der nicht professionsspezifischen Aufgaben in das primäre Verantwortungsfeld" wird nötig.[228] Zudem kommt den seelsorglichen Akteuren die Aufgabe zu, „zwischen verschiedenen Diskursformen"[229] in der Klinik zu vermitteln. Dabei ist ein Umschalten in der Nomenklatur und Denkweise zu verarbeiten: „Sie bedürfen der Fähigkeit eines bewussten Code-Switching, das sich von chamäleonartigen Anpassungsleistungen dadurch unterscheidet, dass in der Art, wie die un-

---

Perspektiven für eine Krankenhausseelsorge der Zukunft, Rheinbach 2018, S. 55–68, hier S. 55.
223 Peng-Keller, Krankenhausseelsorge, S. 62.
224 „Krankenhausseelsorger(innen) sind demzufolge Spezialist(innen) in einem Aufgabenfeld, in dem Pflegefachpersonen, Ärztinnen und Ärzte und andere gesundheitsberufliche Fachpersonen einen Grundversorgungsauftrag wahrnehmen." Peng-Keller, Krankenhausseelsorge, S. 62.
225 Peng-Keller, Krankenhausseelsorge, S. 63.
226 Ebd.
227 Vgl. dazu Peng-Keller, Krankenhausseelsorge, S. 63ff. Als Aufgaben führt der Autor auf: „Neben der spirituellen Begleitung und psychosozialen Unterstützung von Patientinnen und Patienten sowie der Gestaltung von Gottesdiensten und Trauerritualen arbeiten Seelsorgende u. a. in Ethikkomitees und Care-Teams mit und bieten Weiterbildungen und Meditationskurse für Mitarbeitende an. Immer öfter werden der Seelsorge als spezialisierter Spiritual Care auch koordinative, beratende und qualitätssichernde Aufgaben zuwachsen." Ebd. S. 63.
228 Peng-Keller, Krankenhausseelsorge, S. 64.
229 Ebd. S. 63.

terschiedlichen Rollen gefüllt werden, die Prägung durch eine bestimmte religiöse Tradition erkennbar bleibt."[230] Dadurch ergibt sich eine spezifische Differenz zu anderen Professionen: „Im Unterschied zu gesundheitsberuflichen Formen der Spiritual Care, die als Teilaspekt des gesundheitsberuflichen Grundauftrags zu verstehen sind, zeichnet sich die Krankenhausseelsorge als spezialisierte Spiritual Care dadurch aus, dass die eigene Verortung im spirituellen Feld mit der beruflichen Rolle verknüpft und damit auch auskunftspflichtig ist."[231] Bei der kontrovers diskutierten[232] „Schlüsselfrage" nach einem geeigneten „spirituellen Assessment" und einer entsprechenden Dokumentation der spirituell-religiösen Verfasstheit der PatientInnen kommt christlicher Seelsorge und Theologie eine bedeutende Rolle zu.[233] „Die Theologie hat gute Gründe, sich im Gespräch um die Ausgestaltung von Spiritual Care zu Wort zu melden. Sie kann zur Differenzierung und Vertiefung dieses Diskurses beitragen und ihm um eine kritische Gedächtniskultur bereichern. So wie SeelsorgerInnen im klinischen Alltag andere Lebenswelten präsent halten, erinnert die Theologie in medizinisch geprägten Diskursen daran, dass Spiritualität primär kein klinisches Phänomen darstellt und dass sie auf etablierte Praxis und Reflexionsformen angewiesen ist, um klinisch wirksam zu werden."[234] In allem wird ein Rekurs auf die vielschichtigen Dimensionen von Heilung[235] virulent. „Statt einer „Angleichung an die Gesundheits- und Sozialberufe" gehe es Peng-Keller zufolge um „eine entschiedene Orientierung am christlichen Heilungsauftrag", der Krankenhausseelsorge „auf ein solides biblisches Fundament" stelle.[236] Eine solche „Neuausrichtung", bei der die Kooperation mit Klinikmitarbeitern zum Wohle der Patienten und Wirken aus christlicher Motivation konvergieren, erscheint dem Autor aussichtsreich. „Sie macht es möglich, die seelsorgliche Aufgabe ebenso als Beitrag zu einer nur interprofessionell zu

---

230 Peng-Keller, Krankenhausseelsorge, S. 65.
231 Ebd.
232 Vgl. dazu Karle, I.: Perspektiven der Krankenhausseelsorge. Eine Auseinandersetzung mit dem Konzept des Spiritual Care, in: WzM 62 (2010) S. 537–555.
233 Peng-Keller, Simon: Spiritual Care als theologische Herausforderung. Eine Ortsbestimmung, in: Theologische Literaturzeitung 140 (2015) S. 454–467, hier S. 466.
234 Peng-Keller, Spiritual Care als theologische Herausforderung, S. 466.
235 Vgl. dazu Peng-Keller, S.: Gesundheit und Heilung – anthropologische Leitkonzepte und der christliche Heilungsauftrag, in: Roser, T. (Hg.): Handbuch der Krankenhausseelsorge, 5., überarbeitete und erweiterte Auflage, Göttingen 2019, S. 54–64, besonders S. 57ff., sowie ders.: Zum Verhältnis von Spiritual Care und Krankenhausseelsorge. Christlicher Heilungsauftrag, in: HerKorr 72 (2018) S. 36–38.
236 Peng-Keller, Krankenhausseelsorge, S. 67.

leistenden ganzheitlichen Begleitung von kranken, sterbenden und trauernden Menschen zu verstehen wie als Moment des umfassenden christlichen Engagements für eine gerechte und menschliche Gesundheitsversorgung."[237] Die Herausforderung, sich „an komplexen interprofessionellen Lernprozessen zu beteiligen"[238] biete große Chancen. Peng-Keller resümiert daher: „Sich als spezialisierte Spiritual Care in interprofessionellem Kontext zu verstehen, bedeutet für die Krankenhausseelsorge, den Krankenheilungsauftrag Jesu in einem Gesundheitssystem wahrzunehmen, das nicht allein durch zunehmende Spezialisierung und Ökonomisierung geprägt ist, sondern ebenso durch die ‚stille Revolution' von 1984 und die Entwicklung unterschiedlicher Formen, die spirituelle Dimension in die Unterstützung von kranken, sterbenden und trauernden Menschen einzubeziehen."[239]

1.6 Dimensionen hauptamtlicher klinischer Seelsorgepräsenz

In diesem Abschnitt wird der Versuch unternommen, das Geschehen klinischer Seelsorgepräsenz mit Blick auf die Akteure dimensional zu erfassen. Dazu werden verschiedene Perspektiven benannt, unter denen sich das Wirken hauptamtlicher Klinikseelsorge betrachten lässt. Dabei kommen ausgewählte Referenzpunkte in den Blick, die das Berufsfeld orientieren oder darin von Bedeutung sind. Es besteht kein Anspruch auf Vollständigkeit, vielmehr sind die aufgefächerten Aspekte seelsorglichen Wirkens ergänzungsfähig. Das gilt insbesondere je nach Region in Deutschland, je nach institutioneller Beschaffenheit der Einrichtung stationärer Patientenfürsorge, sowie auch je nach dem Vorhandensein von Menschen anderer Religionen. Die im Folgenden benannten Dimensionen gewähren in ihrer Zusammenschau dennoch Einblick in den kontextuellen Zusammenhang, in dem sich Klinikseelsorger wesentlich ereignet. Zugleich damit werden die verschiedenen Kraftfelder sichtbar, von denen her das Handeln und die Einstellungen der Akteure motiviert und energetisiert wird. Nach der angestrebten dimensionalen Betrachtung kann dann im folgenden Kapitel eine integrative Sichtung erfolgen, bei der Klinikseelsorge als spezielles Resonanzgeschehen (H. Rosa) in Zwischenräumen (M. Klessmann) erscheint und

---

237 Peng-Keller, Krankenhausseelsorge, S. 67.
238 Ebd. S. 68.
239 Peng-Keller, Krankenhausseelsorge, S. 68.

dieses Phänomen schließlich weiterführend auf die Haltungen und Einstellungen der Akteure fokussierend erschlossen wird.

1.6.1 Glieder der Kirche und Angestellte der Kirche

Hauptamtlich zur Klinikseelsorge Beauftragte werden als kirchliche Akteure nur dann adäquat erfasst, wenn eine doppelte Verfasstheit dieser Personen in den Blick rückt: Sie sind zugleich und stets (Mit-)*Glieder* der Kirche und darin *Jesus Christus und dem dreieinen Gott* zuinnerst verbunden, also Teil des pilgernden Gottesvolkes, Glied an seinem mystischen Leib und aller anderen Prädikationen teilhaft, die ekklesiologisch ausgesagt werden können.[240] Gleichzeitig sind sie in einem juristisch fassbaren und administrativen Sinne *Angestellte* der Kirche in einem Dienstverhältnis. Von daher wäre eine rein funktionale Betrachtung, bei der äußerliches Wirken gemäß einem Dienstauftrag vom geistlichen Status und der inneren Ausrichtung des Akteurs ablösbar wäre, verfehlt. Vielmehr ist im Idealfall hauptamtliches seelsorgliches Engagement in eins Ausdruck einer inneren Disposition als Glied am Leib Christi und Mitglied im Volk Gottes geistgewirkt am Aufbau der Kirche mitzuwirken, *und* dies in einem konkreten Dienstauftrag des Arbeitgebers Kirche zu aktualisieren.[241] Von daher gesehen ist eine geistlich-pneumatologische Begründungsfigur klinischer Seelsorgepraxis unmittelbar aus der kirchlichen Verfasstheit der Akteure ableitbar. Sie ist keineswegs sekundär und im Grunde verzichtbar im Sinne einer geistlichen Überhöhung des an sich objektiv fassbaren und aufgabenbezogenen Dienstes gegenüber dem Arbeitgeber.

Allerdings sind in dieser zweifachen Bezogenheit auf ‚Kirche' mitunter Spannungen und innere Inkohärenzen schon deswegen nie vermeidbar, weil die jeweilige kirchliche Bezogenheit die Person auf verschiedenen Ebenen betrifft. Die Relation zu Jesus Christus und dem dreieinen Gott, die in der Taufe als Eingliederung in seinen mystische Leib und als Teilhabe am göttlichen Auferstehungsleben dem Christen geistgewirkt zugeeignet ist, ist *nicht identisch* mit seiner Bezogenheit auf die amtliche Struktur eines

---

240 Vgl. dazu Kehl, M.: Die Kirche. Eine katholische Ekklesiologie, 4. Auflage, Würzburg 2001, S. 132 ff., sowie Kraus, G.: Die Kirche. Gemeinschaft des Heils. Ekklesiologie im Geiste des Zweiten Vatikanischen Konzils, Regensburg 2012, S. 123–145 und S. 247–290.

241 Vgl. dazu Fischer, M.: Integrale Krankenhausseelsorge. Trägheit taugt nicht zur Verwirklichung des Auftrags, in: Fischer, M. (Hg.): Relevanz in neuer Vielfalt. Perspektiven für eine Krankenhausseelsorge der Zukunft, Rheinbach 2018, S. 175–192.

Bistums, auf die eine hauptamtlich seelsorgende Person mit einem Dienstauftrag bezogen ist. Es ist daher auch die Widmung, mit der eine Person sich dem dreieinen Gott anheimstellt und auf göttlichen Grund baut eine andere, als gegenüber dem Arbeitgeber Kirche. Auf das vielschichtige Zueinander der sichtbar verfassten Kirche, ihrer von einer sozial-inkarnatorischen Dynamik erfassten Entfaltungstendenz in der Geschichte, und der bleibenden Differenz zur eschatologischen Gestalt ihrer künftigen Bestimmung und zu Jesus Christus kann hier nicht weiter gehandelt werden. Das gilt auch für den gleichermaßen vielschichtigen Vermittlungs- und Bezogenheitszusammenhang, in dem jedes Kirchenglied dazu steht. Für unsere Fragestellung nach Dimensionen klinischer Seelsorgepräsenz mit Blick auf die Haltungen der Akteure mag es diesbezüglich genügen, die basale ekklesiologische Integration[242] benannt zu haben, und im Folgenden deren Wert für Klinikseelsorge in den Blick zu heben.

Denn mit Blick auf die Haltungen der klinikseelsorgenden AkteurInnen kann auf das Tragende und Fundierende hingewiesen werden, das aus der kirchlichen Verfasstheit des Seelsorgepersonals hervorgeht und berufspraktische Bedeutung hat. Wo hauptamtlich Seelsorgende in Kliniken wirken, da dürfen sie aus dem bisher Dargelegtem davon ausgehen, dass sie in doppelter Bezogenheit auf Kirche präsent werden und damit auf doppelte Weise an Wertvollem mitwirken, das mit Kirche gegeben ist und dieser inhäriert. Sie sind auch auf doppelte Weise rückbezogen und fundiert von einer Größe, die mit keiner anderen Größe in der Klinik verrechnet werden kann, und die ihnen daher auch eine doppelte innere Unabhängigkeit ermöglicht. Denn sowohl dienstrechtlich als auch in geistlicher Hinsicht sind sie allein der Kirche beziehungsweise in ihrem Gewissen dem dreieinen Gott verpflichtet, nicht jedoch der Klinik. Diese zweifach verfasste Quelle von innerer und äußerer Autonomie, der den SeelsorgeakteurInnen in Kliniken beständig offen steht, verdient aus mehrfacher Hinsicht Beachtung. Wo mit Seelsorge in Kliniken Betraute in einem umfassenden Sinne heilsam in der Kirche begründet sind, fließt ihnen Freiheit zu, andere Begründungen und Identitätspole zu entspannen und zu relativieren. Zum einen wird diese Freiheit im äußeren Sinne wirksam in einer stabilisierenden und auch aversiven Kraft gegenüber Gefährdung zu einem Auftreten von Klinikseelsorge,

---

242 Vgl. zur ekklesiologischen Dimension christlicher Präsenz als Moment am ganzen des kirchlichen Begründungsgeschehens, das auf aktualisierende Zeugenschaft der Jünger Jesu bis heute abzielt Theobald, C.: Christentum als Stil. Für ein zeitgemäßes Glaubensverständnis in Europa, Freiburg 2018, besonders S. 277–324.

das soziale Erwünschtheit in der Institution bewusst oder unbewusst zum handlungsleitenden Moment werden lässt, um etwa Vergünstigungen, Ansehen, soziale Integration in Teams, positives Presseecho usw. zu erlangen. Zum anderen kann die doppelt begriffene kirchliche Rückbindung auch dort heilsam erfahren werden, wo prophetisch-kritische Fremdheit gegenüber dem Klinikum und eine bewusst gewählte Option für sozial Deklassierte im System für die Klinikseelsorge Statuseinbußen bis hin zu inneren oder äußeren Ausgrenzungen zur Folge haben kann. Für die Bereitschaft letzteres hinzunehmen, ja geistlich anzunehmen, kann die basale kirchliche Fundierung der hauptamtlichen Seelsorgepräsenz eine wertvolle Hilfe darstellen. In jedem Fall dürfte gelten: Das Leben und zuversichtliche Gestalten dieser oben konturierten Spannung einer doppelten Kirchenbezogenheit dürfte ein zentrales Strukturmoment klinischer Seelsorge sein, wo sie als akteurbestimmtes Geschehen wahrgenommen wird.

1.6.2 In (Team-)Kooperation mit Ehrenamtlichen und in ökumenischer Offenheit

Der professionell konzipierte Einbezug von *ehrenamtlich Mitwirkenden* ist eine Dimension hauptamtlicher klinischer Seelsorgepräsenz, bei der ekklesiologische Sinndimensionen der eigenen hauptamtlichen Rollenbeschreibung mit patientenbezogenen Anliegen zusammenfließen.[243] Gleiches gilt für die ökumenische Kooperation mit *Seelsorgern von Konfessionen, die aus der Reformation hervorgegangen* sind.[244] Beide Dimensionen der Kooperation, sowohl mit ChristInnen der eigenen Kirche als auch mit jenen, die anderen Kirchen oder kirchlichen Gemeinschaften verbunden sind, werden hier bewusst in einem Kapitel gemeinsam gesichtet.

---

243 Vgl. dazu katholischerseits Fischer, M.: Zwischen der eigenen Professionalität und einem anspruchsvollen Ehrenamt in der Krankenhausseelsorge, in: Lebendige Seelsorge 70 (2019) S. 214–223; Merkens, M./Beisenkötter, D.: Am Krankenbett nicht zu unterscheiden? Seelsorgliche Begleitung im Krankenhaus durch Haupt- und Ehrenamtliche, in: Fischer, M.: Relevanz in neuer Vielfalt. Perspektiven für eine Krankenhausseelsorge der Zukunft (Mauritzer Schriften 6), Rheinbach 2019, S. 129–151; Fischer, M.: Ehrenamtliche in der Krankenhausseelsorge, 2. Auflage, Freiburg 2018; Hauptabteilung Seelsorge im Bischöflichen Generalvikariat Münster (Hg.): Brücken bauen. Kooperative seelsorgliche Begleitung, Münster 2014.
244 Vgl. dazu Kaspers-Elekes, K./Palm, L.: Ökumenische Zusammenarbeit im Spital, in: Roser, T. (Hg.): Handbuch der Krankenhausseelsorge, 5. Überarbeitete und erweiterte Auflage, Göttingen 2019, S. 402–412.

Das geschieht aufgrund einer ekklesiologischen Perspektive, in der die Kooperation der hauptamtlichen katholischen Klinikseelsorge mit diesen Personengruppen zu Gesicht kommt. Aktualisiert sich doch in der Kooperation mit beiden Personengruppen ein seelsorgliches Wirken aufgrund geistgewirkter Befähigung durch die Taufe. Dieser wohnt in katholischem Verständnis eine besondere Würde inne, welche die Aufgabe zur Mitwirkung am Aufbau des Leibes Christi impliziert. Wo Ehrenamtliche in Kliniken erfolgreich integriert werden können in die seelsorgliche Arbeit vor Ort, wird das oben angesprochenen partizipative Kirchenverständnis von den beteiligten Hauptamtlichen ausdrücklich an erster Stelle als Beweggrund angeführt.[245] Darin zeigt sich bei den professionellen Akteuren eine basale, gottbegründete Verbundenheit und eine betonte Wertschätzung jener „vera aequitas" (LG 32), die dem Zweiten Vatikanischen Konzil zufolge allen Getauften bei der Mitwirkung am Aufbau der Kirche zukommt.[246] In dieser Sicht auf ehrenamtliches Engagement liegt somit ein Kooperationsanliegen begründet, das über ein rein pragmatisches Teaminteresse weit hinausgeht. Dem stehen auch die erkennbaren Grenzen ehrenamtlichen Engagements in Kliniken nicht entgegen, auf die unten weiter eingegangen wird.

Der aktive Einbezug und die Begleitung von (in christlichen Gemeinden aktiven) ehrenamtlich an der Klinikseelsorge Mitwirkenden ist von Seiten der Deutschen Bischofskonferenz ein wiederholt[247] formuliertes Ziel, das sich auch aktuell verstärkter Wertschätzung erfreut. Die Pastoralkommission der Deutschen Bischofskonferenz unterstreicht dazu 2018: „Die Sorge um kranke Menschen bildet sich indes nicht allein in einem ‚Spezialistentum' der kategorialen Seelsorge ab. Die Zuwendung zum kranken Menschen gehört bleibend zu den Kernaufgaben des diakonischen Handelns ei-

---

245 Vgl. dazu Fischer, M.: Zwischen der eigenen Professionalität und einem anspruchsvollen Ehrenamt in der Krankenhausseelsorge, in: Lebendiges Zeugnis 70 (3/2019) S. 214–223, hier S. 216.
246 Vgl. dazu LG 32: „Wenn auch einige nach Gottes Willen als Lehrer, Ausspender der Geheimnisse und Hirten für die anderen bestimmt sind, so waltet doch unter allen eine wahre Gleichheit in der allen Gläubigen gemeinsamen Würde und Tätigkeit zum Aufbau des Leibes Christi."
247 Vgl. dazu Sekretariat der Deutschen Bischofskonferenz (Hg.): Die Sorge der Kirche um die Kranken (Die Deutschen Bischöfe, Nr. 60), Bonn 1998 sowie Sekretariat der Deutschen Bischofskonferenz (Hg.): „Ich war krank und ihr habt mich besucht". Ein Impulspapier zur Sorge der Kirche um die Kranken, (Die Deutschen Bischöfe – Pastoralkommission, Nr. 46) Bonn 2018.

ner christlichen Gemeinde."[248] In diesem Zusammenhang wird dann unter Aufnahme der Verlautbarung „Die Sorge der Kirche um die Kranken" von 1998 an die Möglichkeit seelsorglicher Besuche bei Kranken, an die Spendung von Sakramenten, die Feier von (Haus-) Gottesdiensten mit ihnen, die Einladung von Klinikseelsorgenden zu Gesprächen in die Gemeinden, die Förderung von Kooperationen mit Sozialstation, Nachbarschaftshilfe, Krankenpflegeeinrichtungen und ehrenamtlichen Besuchsdiensten erinnert.[249] Dieses „diakonische Handeln der Gemeinde will gefördert, gestaltet und begleitet sein."[250] Hauptamtlicher Klinikseelsorge kommt von daher eine wichtige koordinierende und begleitende Rolle zu im Sinne einer „Netzwerkarbeit"[251]. Allerdings ist zu fragen, ob die bereits jetzt schon bestehenden, z. T. hochdisparaten Rollenerwartungen an die hauptamtlichen Akteure in Kliniken, und ein schon jetzt daraus resultierendes „Multioptionsdilemma" (A. Heller)[252] durch weitere Aufgaben außerhalb der Klinik systematisch noch weiter ausgeweitet werden sollten.

Dem ehrenamtlichen Engagement kommt ungeachtet dessen eine grundlegend wichtige Bedeutung zu, die auch in der Praxis auf wertvolle Weise wirksam ist.[253] Dabei darf nicht übersehen werden, dass ehrenamtliches Engagement und Kompetenz mit anderen Voraussetzungen wirkt und auch an Grenzen[254] stößt, da es nicht auf eine umfangreiche (theologisch-pastoralpsychologische) Ausbildung zurückgreifen kann, wie das für Hauptamtliche allgemeiner Standard in Deutschland ist. Erhard Weiher führt dazu aufgrund einer 25 jährigen Erfahrung als Klinikseelsorger aus: „Worin besteht die Kompetenz ehrenamtlich Engagierter, die als seelsorglicher Dienst mit einer kirchlichen Sendung Patienten besuchen? Ihre Professionalität besteht in ihrer Kompetenz für das Mitmenschliche und Alltägliche. Sie sind kommunikativ gut geschult, gehen aber nicht methodisch bearbeitend oder

---

248 Sekretariat der Deutschen Bischofskonferenz, „Ich war krank und ihr habt mich besucht", S. 15.
249 Vgl. Ebd.
250 Ebd. S. 15.
251 Schlüter, M.: Netzwerkarbeit – Seelsorge zwischen Krankenhaus und Gemeinde, in: Roser, T. (Hg.): Handbuch der Krankenhausseelsorge, 5., überarbeitete und erweiterte Auflage, Göttingen 2019, S. 499–511.
252 Vgl. dazu Heller, B./Heller, A., Spiritualität und Spiritual Care, S. 77–79.
253 Vgl. dazu Richter, H.: Ehrenamtliche Krankenhausseelsorge, in: Roser, T. (Hg.): Handbuch der Krankenhausseelsorge, 5., überarbeitete und erweiterte Auflage, Göttingen 2018, S. 444–453.
254 Vgl. dazu Karle, I.: Professionalität und Ehrenamt: Herausforderungen und Perspektiven, in: PThI 32 (2012) S. 11–25.

deutend oder vertiefend mit Spiritualität um. Ihre Professionalität beruht auf ihrer reflektierten Lebenserfahrung und Mitmenschlichkeit. Weil sie gelernt haben, die Erfahrung des eigenen Schicksals von der der Patienten zu unterscheiden, können sie sich in der Regel unausgesprochen als Resonanzinstrument zur Verfügung stellen."[255] Kritischer sieht Doris Nauer den seitens der Kirchenleitungen favorisierten verstärkten Einbezug Ehrenamtlicher: „Das Modell kategorialer Seelsorge künftig in die Hände seelsorglich zusatzqualifizierter Ehrenamtlicher zu legen, deren Charisma als Volk Gottes dadurch angeblich wiederentdeckt wird, klingt zwar zunächst verlockend (und preiswert), beinhaltet aber auch die Gefahr des Missbrauchs äußerst engagierter (zumeist älterer) Menschen sowie deren Überforderung, denn: Kranken*haus*seelsorge setzt ausgesprochen viele Kompetenzen voraus und dient in erster Linie den dortigen Menschen und nicht der eigenen Person sowie (im Extremfall) der Freizeitgestaltung."[256] In jedem Fall ist ehrenamtliches Engagement, das in manchen Fällen sogar auf profunde Fachkenntnisse im klinischen Bereich zurückgreifen kann, wo die Akteure z. B. Ärztinnen, Pflegekräfte oder Psychotherapeutinnen sind, von hauptamtlicher Seite umfangreich zu begleiten. Dabei sind Angebote zur Motivationsklärung und spirituellen Deutung des eigenen Wirkens ebenso von Bedeutung wie eine Sensibilisierung für Belange des Datenschutzes und der Verletzlichkeit spezieller (traumatisierter) Personengruppen, etwa in der Psychiatrie. Ein systematisches Angebot zur Supervision, zur Selbsterfahrung und zum Austausch mit anderen Ehrenamtlichen bewährt sich dabei.

Das Anliegen einer interkonfessionellen Kooperation in der Klinikseelsorge wird sowohl von der Deutschen Bischofskonferenz hervorgehoben, als auch von verschiedenen evangelischen Landeskirchen in Deutschland. Die Pastoralkommission der Deutschen Bischofskonferenz streicht diesen Aspekt für das Gelingen klinischer Seelsorge eigens heraus. Es werden dazu bewährte praktische Formen der Umsetzung angeführt: „Krankenhausseelsorge in guter Kooperation mit der Klinik kann nur gelingen, unter der Bedingung einer guten Zusammenarbeit zwischen den Konfessionen. Ökumenisches Miteinander der Seelsorgerinnen und Seelsorger bei gegenseitiger Anerkennung der konfessionellen Unterschiede entspricht heute dem bekundeten Willen und erfährt die Unterstützung der Kirchenverantwortlichen. Vergleichbare Ausbildungsstandards, ein ökumenisch abgestimmtes

---

255 Weiher, E.: Seelsorge – das machen doch alle!?, in: Diakonia 46 (2015) S. 241–248, hier S. 247.
256 Nauer, Krankenhausseelsorge vor neuen Herausforderungen, S. 222.

Seelsorgekonzept vor Ort, regelmäßige Teambesprechungen und die Möglichkeit zur Supervision tragen zu einer guten Ökumene bei."[257] Darüber hinaus werden auch weitergehende Kooperationsmodelle angeführt: „Wie andere Abteilungen im Krankenhaus hat auch die Seelsorge in den letzten Jahren ihr Selbstverständnis als Team weiterentwickelt. In vielen Kliniken präsentiert sich Krankenhausseelsorge inzwischen als strukturell unabhängige ökumenische Abteilung. Sie bildet ein geistliches Zentrum in der Klinik, ausgestattet mit Gottesdienstraum, Gesprächszimmern und Büros."[258] Hier wird der Gedanke an kooperatives Wirken und an Teamarrangements ins Wort gebracht, der für Klinikseelsorge künftig noch an Bedeutung gewinnen dürfte. Dies nicht nur angesichts geringerer Personalausstattungen und der daraus in einem konkreten (Groß-)Klinikum sich ergebenden pragmatischen Aufgabenverteilungen, sondern auch als Ausdruck einer basal kooperativ auf andere hin bezogenen und eo ipso in Größeres integrierten Verfasstheit von Klinikseelsorge.

1.6.3 Krankenhausseelsorgende im System Klinik

In system- und institutionstheoretischer Perspektive betrachtet wirkt hauptamtliche Klinikseelsorge in einer Einrichtung, die von bestimmten pragmatisch begründeten Funktionslogiken beherrscht wird. Diese wirken auf sämtliche Akteure ein, die im System verweilen.[259] In diesem Abschnitt geht es somit um das Krankenhaus als System[260], innerhalb dessen Klinikseelsorge geschieht und situiert ist. Die implizit damit gegebene Bezugnahme auf die anderen Akteure im System, nämlich die MitarbeiterInnen der Klinik, wird hier nicht weiter ausgeführt[261], um den Gedankengang nicht zu komplex werden zu lassen.

---

257 Sekretariat der Deutschen Bischofskonferenz, „Ich war krank und ihr habt mich besucht", S. 32.
258 Ebd. S. 33 ff.
259 Vgl. dazu Klessmann, M: Die Rolle der Seelsorge im System Krankenhaus, in: ders.: Pastoraltheologische Perspektiven in der Seelsorge. Grenzgänge zwischen Theologie und Psychologie, Göttingen 2017, S. 207–226, besonders S. 207–211.
260 Vgl. zur Aufnahme von systemtheoretischen Positionen in Seelsorgekonzepte die Darstellung bei Emlein, G.: Das Sinnsystem Seelsorge. Eine Studie zur Frage: Wer tut was, wenn man sagt, dass man sich um die Seele sorgt?, Göttingen 2017, S. 29–64.
261 Vgl. dazu Giebel, A.: Seelsorge mit Mitarbeiterinnen und Mitarbeitern, in: Roser, T. (Hg.): Handbuch der Krankenhausseelsorge, 5., überarbeitete und erweiterte Auflage, Göttingen 2019, S. 301–312.

So sind in der jeweiligen Klinik im Ganzen wie in den jeweiligen Subsystemen bestimmte Eigendynamiken wirksam, die sich hinsichtlich des vom Personal erwünschten Verhaltens auswirken. Dieser Sachverhalt verdient eigens Beachtung, da er die Haltungen und Einstellungen von in der Klinik tätigen Personen von den der Institution innewohnenden Zielen, Wertmaßstäben und Verhaltenskodizes beeinflusst werden. Das kann sowohl ausdrücklich im Sinne von schriftlich fixierten Zielvorgaben oder standardisierten Ablaufschemata der Fall sein, als auch implizit im Sinne unausgesprochener Erwartungen der Geschäftsleitung an das Personal. Michael Klessmann konturiert, wie diese „abstrakte Regelhaftigkeit" zu einer „Entemotionalisierung" führen kann, die den Patientenbedürfnissen zuwiderläuft, aber eben nicht einzelnen MitarbeiterInnen angelastet werden darf, sondern vom Funktionsablauf des Systems je neu generiert wird: „Regelhaftigkeit findet ihren Ausdruck in den genannten Rollenerwartungen an das Personal: Neben der fachlichen Qualifikation und der Berücksichtigung ihres Status in der Hierarchie ist es vor allem die ‚affektive Neutralität', die sich das medizinisch-pflegerische Personal im Laufe ihrer beruflichen Sozialisation aneignet und aneignen muss, um die geforderte Arbeit angemessen tun zu können. ‚Affektive Neutralität' kann man auch als einen Prozess der Entemotionalisierung bezeichnen: Sie ist notwendig, um sich zu schützen vor übermäßigem Mitleiden und Identifikation mit Patienten und ihren Krankheiten, um schmerzhafte und für Patienten nicht immer einsichtige Eingriffe durchführen zu können usw."[262] Diese für betriebsinterne Abläufe wichtige Distanzierung der MitarbeiterInnen von PatientInnen in der Klinik ist jedoch genau das Gegenteil von dem, was Kranke eigentlich bräuchten: „Diese emotionale Distanz des Personals stößt nun – da liegt ein immer wiederkehrender Konfliktpunkt – auf eine besondere gefühlsmäßige Bedürftigkeit der Patientinnen und Patienten: Diese sind durch den Krankenhausaufenthalt aus ihrer gewohnten, sie stabilisierenden Umwelt herausgenommen, sie fühlen sich durch die Krankheit in ihrer Identität und Unabhängigkeit bedroht, sie befinden sich in einer ihnen fremden und stellenweise feindlich anmutenden Institution, sie verstehen nur zum Teil, was mit ihnen geschieht – all das löst eine besondere Bedürftigkeit aus, die das Krankenhauspersonal mehr oder weniger zwangsläufig frustrieren muss."[263] Gleiches gilt für die zügige Fokussierung auf somatische Befunde, die einer jeweiligen thera-

---

262 Klessmann, Die Rolle der Seelsorge, S. 209.
263 Ebd. S. 209f.

peutisch-medikamentösen Intervention zugeführt werden, ohne hinreichend den davon betroffenen Menschen im Blick zu behalten. Insgesamt ist daher festzustellen: „Tendenziell läuft diese Logik auf eine Trennung von Person und Krankheit, von Person und Körperfunktionen hinaus. Der Befund und seine Konsequenzen stehen im Vordergrund."[264] Für die Seelsorge ergibt sich in einer systemsensiblen Optik eine Außenseiterposition. Sie erscheint als „systemfremd" und „strukturell überflüssig"[265], wo sie sich den Befindlichkeiten der Patienten aus christlicher Werthaltung heraus zuwendet.

1.6.4 Vorrangig den Kranken und Angehörigen solidarisch Zugewandte

In dieser Überschrift sind mehrere bedeutsame Sachverhalte benannt, die eine ausdrückliche Erwähnung bei der Frage nach Dimensionen klinischer Seelsorge verdienen. Klinikseelsorgende sind demgemäß für eine Gruppe von Personen in spezieller Weise und aus spezieller Motivation *vorrangig* präsent. Auf den ersten Blick scheint hier mit einer inhaltlich gefüllten optionalen Ausrichtung unversehens eine doch eigentlich disponible Größe und wahlbasierte Ausrichtung von Klinikseelsorge eingeführt zu werden, wo doch die bisher benannten Dimensionen klinischer Seelsorgepräsenz den Blick auf *indisponible Verfasstheiten* und *kontextuelle Vorgegebenheiten* für die Akteure zu richten bemüht war. Näher besehen zeigt sich jedoch, dass die in der Überschrift konturierte und prägnante Ausrichtung eine ursprüngliche Vorgegebenheit klinischer christlicher Seelsorge *wahlbasiert einholt,* weil diese nur *in Freiheit anerkannt und zu eigen gemacht und auf dieser Basis erst berufspraktisch aktualisiert* werden kann. Die folgenden Ausführungen erläutern diesen Zusammenhang. Sie sind bestrebt, darin ein Proprium christlicher Seelsorgepräsenz zu illustrieren, bei dem Vorgegebenheit einer normativen Anforderung und Aktualisierung durch Wahl der Akteure auf eigentümliche Weise koinzidieren.

In der solidarisch zugewandten Ausrichtung des seelsorglichen Wirkens im klinischen Setting wird zunächst grundlegend das Moment der *Optionalität* erkennbar. Dieses impliziert eine Wahl und Disposition unter mehreren Alternativen und von daher ein wertbezogenes Urteil über die konkrete Ausrichtung und sodann auch über eine entschiedene Widmung

---
264 Ebd. S. 210.
265 Ebd. S. 211.

als Konsequenz daraus. Dass Seelsorge in Kliniken entschieden an den PatientInnen und ihren An- und Zugehörigen orientiert ist, und wesentlich, per se und stets als auf diese Gruppe bezogen verstanden werden muss, ist keineswegs so banal und unhinterfragbar, wie es auf den ersten Blick erscheinen könnte. Wie nämlich die anderen klinisch wirkenden Akteure und Professionen ihrerseits auf je eigenen Weise gefährdet sind, diese basale Bezogenheit aus dem Blick zu verlieren und aufgrund systemimmanenter Mechanismen des Öfteren sogar direkt daran gehindert werden können (etwa durch ökonomisch determiniertes Entlass- und Wiederaufnahmemanagement in Privatkliniken), so ist auch die Klinikseelsorge keineswegs davor gefeit, entsprechenden Gefährdungen ausgesetzt zu sein. Mit anderen Worten, auch Klinikseesorgende können an ihrer ureigenen Bestimmung und Referenzgröße vorbei gehen, nämlich den Interessen der PatienInnen wahrnehmend, fördernd und in diesem Sinne solidarisch zugewandt zu sein.

Das Moment der *Vorrangigkeit* signalisiert in diesem Zusammenhang, dass eine Abwägung und Moderation dieser Wahl in die Betrachtung einzubeziehen ist. Dies insofern, als auch andere Zielgruppen für Klinikseelsorge von Bedeutung sind. Eine alleinig *exklusive* Fokussierung auf die PatientInnen und deren soziales Umfeld würde eine Verengung des professionalisierten Auftrags zur Kranken*haus*seelsorge bedeuten. Dies könnte aber weder dem Moment der synergistischen Vernetzung von Klinikseelsorge mit anderen Professionen des Gesundheitswesen gerecht werden, noch der Zielgruppe der Angestellten entsprechen, die neben der oben benannten primären Zielgruppe ebenfalls genuine Bezugspersonen klinischer Seelsorge sind, wo sie als Kranken*haus*seelsorge auch am Personal der Klinik wirksam wird. Gleichwohl bleibt die vorrangige Ausrichtung auf die Erkrankten mit ihren An- und Zugehörigen aus mehrfachem Grund auch künftig für eine christlich fundierte Klinikseelsorge zentral. Der erste Grund ist ein pragmatischer. Er erwächst aus einer schon gegebenen und sich künftig in absehbarer Weise deutlich verschärfenden Notwendigkeit, knappe Zeit- und Kraftbudgets seelsorglich unter Abwägung von Alternativen einzusetzen, und das heißt ganz konkret, sie auch an bestimmten Orten und für bestimmte Themen und Personengruppen *nicht (mehr) einsetzen* zu können. Eine bewusste Entscheidung im Sinne einer Güterabwägung ist hier unvermeidlich. Von daher erhebt sich ebenso unvermeidlich die Frage nach geeigneten Kriterien für diese Ressourcenallokation. Im nächsten Kapitel wird dies noch zum Thema werden und kann daher hier vorerst zurückgestellt werden.

Der zentrale Grund einer vorrangigen Entschiedenheit dafür, als Klinikseelsorge der Gruppe der PatientInnen und deren An- und Zugehörigen strukturell und per se adressiert zu sein, ist jedoch im biblisch-kirchlichen Begründungszusammenhang und darin in der Weisung Jesu Christi zu sehen, sich entschieden den sozial Randständigen, Deklassierten und auf unterschiedliche Art Minderbemittelten zuzuwenden. Das biblisch-jesuanische Paradigma und von dort her der Ruf, nicht an derart situierten Menschen vorbeizugehen und die Einladung an Klinikseelsorgende, ihnen solidarisch zugewandt zu sein, machen so die doppelte Ausrichtung der oben beschriebenen Option aus, die zugleich Vorgegebenheit und in Freiheit zu ergreifende Größe ist. Dabei ist sehr zu beachten, dass zwar durchaus auch Klinikpersonal zu den Deklassierten zählen kann, und zwar auf äußerst drastische Weise, je nachdem, welche Personalpolitik eine Klinik verfolgt. Allerdings, und hier liegt der Grund für die vorrangige Option für die *Kranken*, ist diese Exponiertheit nicht so basal und die Hilflosigkeit im System normalerweise deutlich geringer als bei den Erkrankten und ihren An- und Zugehörigen. Zudem haben Klinikangestellte institutionalisierte Formen der Interessenvertretung (Mitarbeitervertretung, Gewerkschaften), ggf. hausinterne Anlaufstellen zur Konfliktmoderation oder auch kollegiale Unterstützung, auf die sie zurückgreifen können. Des Weiteren sind Angestellte zwar zuweilen beruflich existenziell betroffen, jedoch vom Arbeitgeber nicht mit dem Tod bedroht, was für Schwerstkranke durchgängig der Fall ist. Daher kann eine Präferenz der seelsorglichen Zuwendung an letztgenannte Gruppe begründet werden.

In paradoxer Formulierung könnte man für die oben ausgeführte Optionalität festhalten: Die Autorität der Heiligen Schrift und die Einladung zur Nachfolge in der Qualität, mit der Jesus Kranken begegnete, lässt Seelsorgenden einerseits quasi *keine Wahl angesichts der moralischen Anforderung,* sie können der Anforderung nicht ausweichen. Andererseits wird diese Anforderung doch auch als *werbende Anfrage und Ruf erfahren, der an ureigene Freiheit appelliert,* und nur in diesem Modus den Akteuren erschlossen ist. Am Moment der inhaltlich der Seelsorge prägnant vorgegebenen Optionalität, nämlich für die in jedweder Form erkennbar „Armen", wird bereits sichtbar, was im folgenden Verlauf dieser Studie wiederholt beggnen wird. Es ist die originelle Verschränkung von moralischer Anforderung und freier Erwiderung als Strukturmerkmal christlicher Glaubenshaltung und Seelsorgepraxis, die auch Klinikseelsorge zuinnerst prägt, und sie als zum Beruf gewordene Entfaltung christlicher Nachfolge in Erscheinung treten lässt.

1.6.5 Zeitgenossen radikalisierter Moderne

KlinikseelsorgerInnen leben nicht im luftleeren Raum. Sie sind vielmehr herangewachsene ‚Kinder ihrer Zeit', die zumeist im Alter „40-Plus" angelangt sind. Sie leben mitten in den zeitgenössischen Tendenzen der Gegenwart, die gleichsam unaufhörlich ‚ihre Melodie' in das Alltagsleben einspielen. Was davon im Großen und Kleinen bei den Seelsorgenden anklingt, das vermag deren Tagesablauf, Lebensgefühl und Selbstverständnis tiefgreifend zu prägen. Einige der besonders virulenten Strömungen der Gegenwart seien nachfolgend benannt. Was sich in diesen Strömungen atmosphärisch auffächert, kann zum einen die kontextuelle Verwobenheit der Kinikseelsorgenden in ihre soziale Lebenswelt in den Blick heben. Zum anderen kann die Lektüre dieser Studie dafür sensibilisiert werden, wie oft und vielfältig den Akteuren abverlangt wird, gegenüber untereinander disparaten und in sich häufig ambivalent geprägten Einflüssen jeweils eine innere Haltung einzunehmen.

Als „Zeitindex"[266] oder „Grundsignaturen der Gegenwartssituation"[267] können Phänomene einer Modernisierung angesehen werden, die sich seit den 60er Jahren[268] des vergangenen Jahrhunderts in verstärkter Form auswirken und zunehmend auch mit der Tendenz der Selbstproblematisierung einhergehen. Zentrale modernitätstypische Tendenzen[269] – allen voran die

---

266 Fritzen, W.: Spätmoderne als entfaltete und reflexive Moderne. Zur Angemessenheit und Füllung einer Zeitansage, in: Gärtner, S./Kläden, S./Spielberg, B. (Hg.): Praktische Theologie in der Spätmoderne. Herausforderungen und Entdeckungen, Studien zur Theologie und Praxis der Seelsorge, Bd. 89, Würzburg 2014, S. 17–28, hier S. 17.
267 Laumer, A.: Pastoraltheologie. Eine Einführung in ihre Grundlagen, Regensburg 2015, S. 214–223.
268 Vgl. dazu Gärtner, S.: Postmoderne Pastoral? Exemplarische Reflexionen zu einem Kasus, in: Lebendige Seelsorge 60 (2009) S. 151–155, hier S. 151ff.
269 Als „Grundlegende Dimensionen der Modernisierung" lassen sich mit Wolfgang Fritzen sechs Prozesse benennen, die eng miteinander verbunden sind. Diese sind: Domestizierung der Natur, gesellschaftliche Ausdifferenzierung, Rationalisierung, Pluralisierung, Individualisierung und Biographisierung, sowie Säkularisierung. Vgl. dazu Fritzen, Spätmoderne, S. 18f. Gesellschaftliche Phänomene des Wandels seit der Mitte des vergangenen Jahrhunderts sind „die Entstehung eines Wohlfahrtstaates, die erhöhte Mobilität, die Akzeptanz verschiedener Partnerschafts- und Familienmodelle, die Freisetzung der Berufsbiographie, das Aufkommen der elektronischen Medien, die breite Zugänglichkeit höherer Bildung und die erleichterte Geburtenkontrolle." Gärtner, Postmoderne Pastoral?, S. 152.

Individualisierung²⁷⁰ und Pluralisierung²⁷¹ – erfahren somit gleichzeitig sowohl eine gesteigerte Relevanz als auch eine kritische Infragestellung im Sinne einer „krisenhaften Bewusstwerdung und neuer Verfassung der Moderne".²⁷² Letztere wird schon seit längerem erlebt als „Bewusstwerden der Schattenseiten und Risiken der Modernisierung und damit einhergehend eine Brechung der Gewissheiten und Hoffnungen des modernen Fortschrittsglaubens."²⁷³ Daher legt sich eine Konturierung unter der Überschrift ‚Spätmoderne'²⁷⁴ eher nahe als eine Verwendung des Begriffs ‚Postmoderne'. Denn letztgenannter Begriff²⁷⁵ insinuiert den Gedanken an einen fundamentalen Bruch mit der Moderne, der soziologisch weniger plausibel gemacht werden kann. Wolfgang Fritzen bemerkt: „Gegenüber dem schillernden Begriff der ‚Postmoderne' mag der Begriff ‚Spätmoderne' etwas blass wirken, doch gerade in seiner Nüchternheit ist er geeignet, die Zuordnung der Gegenwart zur Moderne in ihrer Spannung von Wandel und Kontinuität präzise zu bezeichnen. Er ist von der Annahme geprägt, dass die Moderne in eine neue Phase getreten ist, ohne dass sie aufgehört hat, Moderne zu sein. ‚Wir treten nicht in eine Periode der Postmoderne ein, sondern bewegen uns auf eine Zeit zu, in der sich Konsequenzen der Moderne radikaler und allgemeiner auswirken als bisher.' "²⁷⁶

Rainer Bucher schlägt mit Blick auf eine adäquate Verwendung der Begriffe vor, die Bezeichnung Postmoderne soziologisch zu verwenden im Sinne einer „gegenwartsanalytischen Kategorie".²⁷⁷ In dieser Op-

---

270 Die vielstimmig artikulierte These von der Individualisierung hat sich mit Stefan Gärtner mittlerweile zu einem „heuristischen Universalschlüssel' (Wolfgang Steck)" entwickelt. Das Individualisierungtheorem „markiert einen leitenden Theoriestrang in den Sozialwissenschaften und der Pastoraltheologie." Gärtner, Postmoderne Pastoral?, S. 152.
271 Vgl. dazu Gabriel, K.: Christentum zwischen Tradition und Postmoderne (QD, Bd. 141), 7. Auflage, Freiburg 2000, S. 43ff. sowie Laumer, Pastoraltheologie, S. 217–223.
272 Gärtner, Postmoderne Pastoral?, S. 152.
273 Fritzen, Spätmoderne, S. 20.
274 Vgl. zu dieser Begriffsbildung und deren Urheber Anthony Giddens den Beitrag von Reckwitz, A.: Anthony Giddens, in: Kaesler, D.: Klassiker der Soziologie. Bd. II. Von Talcott Parsons bis Anthony Giddens, 5.,überarbeitete, aktualisierte und erweiterte Auflage, München 2007, S. 311–337.
275 Vgl. zur verzweigten Diskussion über diesen Begriff und alternative Prädikationen der Gegenwart Gärtner, Postmoderne Pastoral?, S. 151ff.
276 Fritzen, Spätmoderne, S. 17.
277 Vgl. dazu Bucher, R.: Die Theologie im Volk Gottes. Die Pastoral theologischen

tik erscheint die Gegenwart dann als Konsequenz der oben beannten modernitätstypischen Tendenzen. In diese Richtung gehend bemerkt Christian Bauer: „Die Spätmoderne wäre dann vor allem ein Produkt funktionaler Differenzierungsprozesse der Moderne, die zu einer Individualisierung der Lebensstile und einer Pluralisierung der Weltbilder führten."[278] Bauer verweist, was das geistige Kolorit der Gegenwart betrifft, zudem auf Erfahrungen von Paradoxalität[279] hin, und nimmt darin Positionen posthermeneutischer Autoren auf.[280] Spätmoderne Menschen gewinnen den Eindruck von verminderter Kohärenz von (Einzel-) Erkenntnissen, Eindrücken, und Orientierungen sowohl mit Blick auf ihr eigenes als auch mit Blick auf das der anderen und das Leben der Gesellschaft insgesamt. Zugleich damit wächst die erlebte Fremdheit gegenüber komplettierten und geschlossenen Weltsichten, die kaum bis gar nicht mehr mit der scheinbar in Fragmente zerfallenden Biographie des eigenen Lebens in einen Zusammenhang gebracht werden können.

Besonders die verstärkte Begegnung mit Pluralität[281] in allen Lebensbereichen und das gleichzeitige Verblassen von tradierten Vorgegebenheiten, zwingt die Akteure unablässig, ihre eigene Identität selbst durch wählendes Entscheiden höchst individuell zu gestalten. Die ehedem so nicht gegebene Möglichkeit wird zur unabänderlichen Pflicht und nicht selten für manche immer öfter zur anstrengenden Aufgabe.[282] Seine Identität aus unzähligen Motivvorlagen je aufs Neue selbst zu erschaffen, führt zur Generierung von ‚Patchwork' – Identitäten, denen ein durchlaufender roter Faden im subjektiven Erleben bisweilen verloren zu gehen scheint. Das lässt

---

Handelns in postmodernen Zeiten, in: ders. (Hg.): Theologie in den Kontrasten der Zukunft. Perspektiven des theologischen Diskurses, Graz 2001, S. 13–39, hier S. 32.

278 Bauer, C.: Differenzen der Spätmoderne. Praktische Theologie vor den Herausforderungen der Gegenwart, in: Gärtner, S./Kläden, S./Spielberg, B. (Hg.): Praktische Theologie in der Spätmoderne. Herausforderungen und Entdeckungen, Studien zur Theologie und Praxis der Seelsorge, Bd. 89, Würzburg 2014, S. 29–49, hier S. 35.

279 Vgl. dazu, Bauer, C.: Paradoxalität, in: Gärtner, S./Kläden, S./Spielberg, B. (Hg.): Praktische Theologie in der Spätmoderne. Herausforderungen und Entdeckungen, Studien zur Theologie und Praxis der Seelsorge, Bd. 89, Würzburg 2014, S. 101–106, hier S. 102ff.

280 Vgl. zum Thema der Paradoxie und des Chiasmus als „zentrale Denkfiguren der Posthermeneutik" Trawöger, S.: Ästhetik des Performativen und Kontemplation, Paderborn 2019, S. 95–101.

281 Vgl. dazu Bucher, R.: Pluralität als epochale Herausforderung, in: Haslinger, H.: Praktische Theologie, Bd. 1. Grundlegungen, Mainz 1999, S. 91–101.

282 Vgl. dazu Gärtner, Postmoderne Pastoral?, S. 154.

die eigene Biographie zur lose vernetzten Abfolge von immer neuen, auf Dauer anstrengenden Wahlhandlungen werden: „Individualisierung ist eine zentrale Entwicklung und Forderung seit Aufklärung und Romantik. Doch wurde sie durch verbreitete kollektive Lebensmuster faktisch stark begrenzt. Solche Lebensmuster, wie zum Beispiel Geschlechterrollen, Berufskarrieren und Familienbilder, wurden in den letzten Jahren entstandardisiert. Aus der ‚Normalbiographie' ist damit endgültig die ‚Wahlbiographie' (Katrin Ley), die ‚reflexive Biographie' (Anthony Giddens), die ‚Bastelbiographie' (Roland Hitzler) und die ‚Risikobiographie' (Ulrich Beck) geworden. Das Leben wird als Projekt aufgefasst, als einzigartige Aufgabe, die möglichst selbstbestimmt und innovativ gestaltet werden muss."[283]

Aus dem Spektrum des oben Skizzierten ergeben sich auch bedeutende Konsequenzen für Klinikseelsorgende im Kontakt mit den Menschen, die ihnen in Klinken begegnen. Wenn Religion in der späten Moderne grundlegend angesiedelt werden kann zwischen „Säkularisierung, De-Säkularisierung und Post-Säkularität", dann ist als sozialer Ausgangspunkt für KlinikseelsorgerInnen in jedem Falle zu verzeichnen: „Der deutliche Rückgang religiöser Zugehörigkeit, Praxis und Überzeugung in breiten Bevölkerungsschichten ist für die letzten fünfzig Jahre in Deutschland messbar und belegt. Der fortschreitende Prozess der Entkonfessionalisierung, Entkirchlichung und Entchristlichung scheint unumkehrbar. Autonome Welterklärung und Daseinssicherung sind in Westeuropa für die meisten zur Selbstverständlichkeit geworden. Alle Lebensbereiche sind in der Spätmoderne durch die Grunderfahrung der ‚weltlich' gewordenen Welt geprägt."[284] Gleichzeitig wird Seelsorgenden die Rolle der kundigen Experten zugewiesen, die „Religiosität stellvertretend vorhalten sollen", damit „man sie nötigenfalls in Anspruch nehmen kann."[285] Während somit auf der einen Seite eine selbstkonstruktive und von überkommenen Traditionen sich inhaltlich ablösende Tendenz in religiösen Fragen zu verzeichnen ist, bei der „Elemente aus anderen Religionen und Kulturen mit christlichen Überzeugungen" kombiniert werden und somit „Häresie und Synkretismus den Normalfall der religiösen Sozialisation bilden"[286], gibt es auf der anderen Seite pointierte Erwartungen an die seelsorglichen Akteure im Sinne einer ‚Expertokratie' (J. Illich). Ein bisweilen widersprüchliches Erwartungsspektrum entsteht, wie das

---

283 Fritzen, Spätmoderne, S. 24.
284 Ebd.
285 Gärtner, Postmoderne Pastoral?, S. 155.
286 Ebd.

auch gegenüber der Profession des Arztes der Fall ist, wie das an medialen Inszenierungen von Ärztinnen und Ärzten in TV-Serien ablesbar ist.[287]

1.7 Zugänge zum Geschehen professioneller Seelsorgepräsenz in Kliniken

In diesem Abschnitt der Studie wird ausgehend vom Konzept einer Klinikseelsorge im „Zwischenraum", wie sie Michael Klessmann konturiert, dem Modell eines gelingenden Weltverhältnisses als „Resonanzbeziehung" nachgegangen, wie sie der Soziologe Hartmut Rosa entwirft. Anschließend wird der Versuch unternommen, das von beiden Autoren Aufgewiesene für die eigene Fragestellung nach den Haltungen und Einstellungen von in der Klinik Seelsorgenden fruchtbar zu machen.

1.7.1 Der „Zwischenraum" (M. Klessmann) als Ort seelsorglicher Präsenz und Wirksamkeit

Der evangelische Theologe und Supervisor Michael Klessmann, der in Göttingen Praktische Theologie lehrte, konturiert klinische Seelsorge als ein Geschehen, das sich in verschiedenen Zwischenräumen ereignet. Diese Räume sind Spannungsfelder, die von den Größen „Kirche" und „Klinik", „medizinisch-pflegerischem Personal" und „Patienten" sowie „Alltagsgespräch" und „Psychotherapie" gebildet werden, um nur einige der Spannungsfelder klinischer Seelsorge zu benennen, die einen interpolaren Raum darstellen.[288] In diesem Zwischenraum kann die mit Seelsorge betraute Person in „einer grenzgängerischen Funktion", wie Traugott Roser formuliert,[289] jeweils divergierende Bezogenheiten einnehmen und Präferenzen

---

287 Hurth, Elisabeth: Gesundheit im Digitalzeitalter. Doktor Google und der Serienarzt, in: HerKorr 73 (7/2019) S. 37–39.
288 Klessmann, M.: Die Rolle der Seelsorge im System Krankenhaus, in: ders.: Pastoralpsychologische Perspektiven in der Seelsorge. Grenzgänge zwischen Theologie und Seelsorge, Göttingen, 2017, S. 207–226, hier S. 215. Das Leitbild einer Klinikseelsorge im Zwischenraum stellt der Autor auch andernorts vor. Vgl. dazu ders.: Seelsorge im Zwischenraum/im Möglichkeitsraum, in: WzM 55 (2003) S. 411–426, sowie ders.: Einleitung. Seelsorge in der Institution „Krankenhaus", in: ders. (Hg.): Handbuch der Krankenhausseelsorge, 4. Auflage, Göttingen 2015, S. 15–29.
289 Roser, Einleitung, S. 17.

bezüglich der Ausrichtung ausbilden.[290] Im sich derart ergebenden „Zwischenraum" sieht Klessmann Seelsorgende auf jeweils doppelte Weise in eine Haltung „distanzierter Loyalität"[291] gerufen, um ihrem Auftrag authentisch und sachgerecht entsprechen zu können. Die so qualifizierte Einstellung der reflektierten und mitunter sich abgrenzenden Bezogenheit können klinische AkteurInnen idealerweise immer neu und entschieden einnehmen. Auf diese Weise je neu disponiert, entgehen sie Einseitigkeiten in der Ausrichtung ihrer Präsenz, die sich zwischen den Extremen der strikten Abgrenzung von einem Pol und dem der differenzlosen Identifikation mit einem der beiden Spannungspole ausbilden können.

Wo jedoch die virulent werdende Spannung zwischen Abgrenzung und Identifikation einseitig aufgelöst und der Anforderung einer differenzierten Bezogenheit nicht standgehalten wird, dort ergeben sich unweigerlich reduktionistische Formen von klinischer Seelsorge.[292] Klessmann konturiert vier solche Ausprägungen[293] hauptamtlicher Selbstbeschreibungen von Klinikseelsorge. Dabei kann der Autor als Supervisor klinischen Seelsorgepersonals auf jahrelange umfassende praktische Anschauung zurückgreifen. Zwar ist das für eine Klinik geltende Seelsorgekonzept nicht nur die je eigene Disposition Einzelner aufgrund ihrer Vorlieben, sondern im besten Falle eine „überpersönliche, überindividuelle Angelegenheit, die (in einem größeren Krankenhaus) das Team derer, die in der Seelsorge tätig sind, beantworten muss."[294] Allerdings ist mit Blick auf die vorfindliche Praxis schon „die Annahme, dass es ein Team geben sollte, hoffentlich ein ökumenisch arbeitendes, eine nicht selbstverständliche, konzeptionelle Vorentscheidung."[295] Was nun die inhaltliche Gesamtausrichtung der Seelsorge betrifft und vor allem deren theologische Orientierung, benennt Klessmann

---

290 Vgl. dazu Klessmann, M.: Pastorale Identität im Krankenhaus, in: ders.: Pastoralpsychologische Perspektiven, S. 226–250.
291 Klessmann, Die Rolle der Seelsorge im System Krankenhaus, S. 215.
292 Mithin scheint in Klessmanns Darstellung der Abkehr von Extrempositionen implizit das Ideal vom Halten einer gesunden Mitte zwischen zwei Polen auf. Das weckt bei der Lektüre tugendethische Implikationen im Sinne der aristotelischen Mesotes-Lehre, die genau dies als Zielgestalt der Tugend vorstellt. Darauf soll hier jedoch nicht näher eingegangen werden. Der Hinweis mag die Leser(innen) der vorliegenden Studie jedoch dafür sensibilisieren, wie grundlegend klinische Seelsorgeakteure vor Abwägungsfragen gestellt sind, bei denen ihre basalen Einstellungen und Haltungen immer neu virulent werden.
293 Klessmann, Die Rolle der Seelsorge im System Krankenhaus, S. 213ff.
294 Ebd. 212.
295 Ebd.

mehrere von Einseitigkeiten geprägte Leitbilder, bevor er das von ihm entworfene Modell der Seelsorge im Zwischenraum favorisiert.[296]

Es lohnt sich allerdings, auch einen kursorischen Blick auf die defizienten Ausprägungen von klinischen Seelsorgekonzepten zu werfen, weil vor diesem Hintergrund die Eigenart einer Pastoral im Zwischenraum deutlicher zutage treten kann. Zudem sind diese von Klessmann qualifizierten Typen von Seelsorge in aktuell praktizierten und propagierten Konzepten klinischer Seelsorge der Tendenz nach weiterhin präsent. Etwa beispielsweise dort, wo eine pointierte Nähe zum Heilungsauftrag der Klinik und der Einbezug in abrechnungsfähige Leistungserbringungen der Palliativversorgung angestrebt werden. Eine Tendenz, die sich derzeit in manchen Ausprägungen von Spiritual Care auf Palliativstationen zu manifestieren scheint.

Beim ersten Modell ist nun für den Akteur/ die Akteurin die *Relevanz des Ortes Klinik* mit seinen Subsystemen und deren funktionaler Logik ebenso *unwesentlich* wie die Kontaktpflege zum Klinikpersonal. Seelsorge wird in einem betont engen Fokus und unter Absehung vom institutionellen Kontext verstanden als Krankenpastoral am einzelnen kranken Menschen, und zwar unter verstärktem Augenmerk auf das Moment der Verkündigung des Glaubens. Bei diesem Seelsorgekonzept sind bestimmte Motive, des Öfteren auch unthematisch, handlungsleitend: „Dieses Modell wird gelegentlich praktiziert nicht so sehr aus theologischer Überzeugung, sondern weil es in mancher Hinsicht das Einfachere ist: Still und fleißig Patientenbesuche zu machen, ohne sich mit anderen Berufsgruppen abstimmen zu müssen, ohne sich immer wieder auf Station bekannt machen zu müssen, ohne sich um strukturelle Fragen (s. o.) kümmern zu müssen – das erscheint manchmal leichter, fordert weniger persönliche Anstrengung, privatisiert aber auch die Seelsorge."[297]

Bei einem zweiten Modell, das als gesteigerte Variante des ersten angesehen werden kann, ist die Einstellung gegenüber dem komplexen Gebilde Klinik nicht mehr nur indifferent, sondern darüber hinaus mehr oder weniger direkt aversiv. Es herrscht dabei eine ausgeprägt negative Sicht auf das im klinischen Setting statthabende Geschehen vor. Dabei werden die „naturwissenschaftlich-technischen" und „ökonomischen" Zusammenhänge im Betriebsablauf nicht als wesentlich von der dem System inhärierenden Logik generierte Sachverhalte wahrgenommen: „Solche Seelsorgerinnen und Seelsorger identifizieren sich stark mit den Patienten" und

---

296 Ebd. S. 215.
297 Ebd. S. 213.

deuten „Defizite der Organisation als Bösartigkeit und Unzulänglichkeit der beteiligten Personen, sie denken nicht strukturell, sondern personalisiert."[298] Dementsprechend sind konflikthafte Bezogenheiten zum Klinikpersonal bei diesem Seelsorgepersonal häufig anzutreffen, entsprechende AkteurInnen „neigen zu einem überzogenen prophetischen Selbstverständnis, und sehen sich als Anwalt der Menschlichkeit", in einem ansonsten unmenschlichen Umfeld.[299]

Ein drittes Modell stellt demgegenüber betont auf die integrale Teilhabe der Seelsorge am Heilungsauftrag ab, und versucht von dort her entschieden *mit* dem System zu arbeiten statt sich in Opposition dazu zu begreifen. Dieses Modell bezieht sich dabei auf ein Medizin- und Gesundheitsverständnis, bei dem ein „psychosomatisches Gesundheitskonzept" virulent ist: „Weil es aus theologischer Sicht um den ganzen Menschen geht, erscheint die traditionelle Trennung zwischen Arzt und Seelsorger (den Leib der Medizin, die Seele der Theologie) obsolet: Ausgangspunkt aller Heilungsbemühungen soll ein psychosomatisches Medizinkonzept sein, bei dessen Basis dann Medizin, Pflege, Seelsorge und andere Berufe im Team gleichberechtigt zusammenarbeiten. Seelsorge erhebt, von ihrem theologisch begründeten Verständnis des Menschen ausgehend, den Anspruch, einen therapeutisch integrierten Anteil im Gesamtsystem Krankenhaus zu repräsentieren – und nicht eine beliebig verzichtbare *zusätzliche* Dienstleistung zu sein."[300] Ein viertes Modell kann als eine Variante der soeben konturierten, betont auf Integration und Kooperation ins System Klinik ausgerichteten Seelsorge gesehen werden. Dabei wird eine enge Kooperation mit *Klinikleitung* und der Unternehmensführung gesucht, um dort direkt und inhaltlich an der Konzeption von Leitbildern und ‚weichen' Führungsstilen und -instrumenten mitzuwirken. „Seelsorge und Unternehmensführung" sollen „integriert" werden, was als Stärke mit sich bringt, „das System als Ganzes von seelsorglichen Gesichtspunkten aus zu strukturieren und zu prägen."[301] Eine beachtenswerte Schwäche dieses Seelsorgekonzepts sieht Michael Klessmann jedoch darin, dass aus der betonten Nähe das Moment der Distanz gegenüber der Klinik verloren zu gehen droht. Der Göttinger Praktische Theologe sieht mithin einen Konturverlust von Seelsorge als Gefährdung solcher Konzepte: „[...] die Schwäche sehe ich darin, dass Seel-

---

298 Ebd.
299 Ebd. S. 214.
300 Ebd. S. 214.
301 Klessmann, Die Rolle der Seelsorge im System Krankenhaus, S. 214.

sorge in der Unternehmensphilosophie aufzugehen droht, also ihre Eigenständigkeit gar nicht mehr in Erscheinung tritt."[302]

Ausgehend von den bisher konturierten, von Einseitigkeiten oder von Gefährdungen zu diesen geprägten Selbstverständnissen klinischer Seelsorge, formuliert Klessmann eine Alternative, die ihm zufolge den Reduktionen der obigen Konzepte zu entgehen vermag. Er sucht sie in der „Metapher der Seelsorge im Zwischenraum zu entfalten. Seelsorge versteht sich als Aktivität zwischen Kirche und Krankenhaus, zwischen medizinisch-pflegerischem Personal und Patienten, zwischen Alltagsgespräch und Psychotherapie etc."[303] Darin kommt eine zweifache Disposition der Akteure zum Ausdruck, bei der Bezogenheit und Abgrenzung gleichermaßen Beachtung finden: „Seelsorge hat eine distanzierte Loyalität zum System, d. h.: Seelsorge akzeptiert einerseits die Dominanz des naturwissenschaftlich-medizinischen Handlungsmodells des Krankenhauses und damit auch die Verantwortung der Ärzte (statt wie im zweiten Modell ständig damit zu hadern!), sie nutzt andererseits die Chance, ihre systemfremden Wahrnehmungen und Beobachtungen von Patienten, vom Personal, von der Institution als ganzer kritisch-konstruktiv in die Routine der Institution einzubringen. Seelsorge sieht mit anderen Augen, sie hat andere Wahrnehmungen und praktiziert andere Kommunikationsformen."[304] Aufgrund dessen eignet der Seelsorge ein für das System wichtiges innovatives Moment: „Die Metapher vom Zwischenraum eröffnet einen reizvollen Spielraum, innerhalb dessen solche distanzierten Beobachtungen, aber auch naive Fragen oder Visionen Platz haben – aus systemtheoretischer Sicht sind sie wichtig, um das System ansatzweise offen zu halten."[305] Am Beispiel der spezifischen Differenz zwischen Psychoonkologie und Seelsorge wird ersichtlich, dass das der Seelsorge genuin Zukommende in einer weltanschaulich umschreibbaren und konturierten Hermeneutik menschlichen Daseins im Horizont von Transzendenz auszumachen ist: „Das Proprium der Seelsorge besteht darin, dass sie ihr Hören und Reden, ihr Dasein und Begleiten im Horizont des christlichen Glaubens begreift, von dieser Perspektive her eine andere Wirklichkeit konstruiert und dementsprechend auch andere Beobachtungen macht. Der Seelsorge geht es nicht um eine Codierung von Kommunikation mittels der Kategorien krank/gesund, funktionsfähig/nicht funktionsfähig, sondern

---

302 Ebd.
303 Ebd. S. 215.
304 Ebd.
305 Ebd.

um Perspektiven wie: Hoffnung/Hoffnungs-losigkeit, Geborgenheit/Ungeborgenheit, Sinn/Sinnlosigkeit, Allein sein/Gemeinschaft erleben – und in all dem um die Dimension Transzendenz/Immanenz."[306]

Vor dem Hintergrund des Ausgeführten wird verständlich, welche bedeutsame und anspruchsvolle Aufgabe Michael Klessmann der Klinikseelsorge insgesamt zuweist. Eine theologisch fundierte Begründung pastoraler Praxis wird von Klessmann dabei in systemtheoretischer Diktion ins Wort gebracht und auf die Patienten bezogen. „Seelsorge als ein Subsystem im Gesamtsystem Krankenhaus hat nach meinem Verständnis vorrangig die Aufgabe, Menschen zu begleiten und ihnen bei der (Re-)Konstruktion von Identität im Kontext ihrer gegenwärtigen Lebensumstände behilflich zu sein – im Horizont des christlichen Glaubens. Die Lebensgeschichte der Patienten, ihre Gefühle und Phantasien, ihre Hoffnungen und Ängste, ihr Glaube und ihr Zweifel, mit einem Wort, ihre Befindlichkeit stehen für die Seelsorge im Zentrum ihrer Aufmerksamkeit. Seelsorge arbeitet im Auftrag der Kirche; die jüdisch-christliche Tradition stellt eine ihrer wichtigsten Ressourcen dar: Handlungsleitende Gottes- und Menschenbilder entnimmt sie dieser Tradition."[307] Solcherart begriffene Seelsorge führt jedoch unweigerlich das Moment der Fremdheit mit sich gegenüber der Klinik, ja sogar dasjenige der Überflüssigkeit: „Im Krankenhaus ist eine so verstandene Seelsorge systemfremd. Von der naturwissenschaftlich-technischen Binnenlogik des Krankenhauses her ist Seelsorge nicht vorgesehen, sie ist strukturell überflüssig. Auch die bürokratischen Strukturen, sowie der wirtschaftliche Druck, der Krankenhäuser zu höchster ökonomischer Effizienz zwingt, stehen einer systemfremden Tätigkeit wie der Seelsorge nicht günstig gegenüber."[308] Allerdings erwächst der Seelsorge gerade aus dem Proprium, nicht in ärztliche Weisungen eingebunden zu sein und nicht zum Klinikpersonal zu gehören ein „großes Maß an Freiheit, die sie im Sinne einer Anwaltschaft und Parteinahme für die jeweils Schwächeren im System nutzen kann."[309]

Den Aspekt der Fremdheit zum System Klinik streicht der Autor in jüngsten Publikationen deutlicher heraus und erinnert an eine „prophetische Haltung"[310], die christlicher Klinikseelsorge zukomme: „Das Stichwort

---

306 Ebd. S. 215.
307 Ebd. S. 211.
308 Ebd.
309 Klessmann, Die Fremdheit und Widerständigkeit der Seelsorge, S. 394.
310 Ebd.

von der prophetischen Haltung bezeichnet eine kritische, widerständige Einstellung im Blick auf einen konkreten Kontext."[311] Aufgrund einer bestimmten Gottesvorstellung, die vom Moment der „Compassion" Gottes mit Schwachen, Alten, sozial Deklassierten und Leidenden ausgeht, gewinnt Seelsorge als christliche ihr biblisch begründetes Profil: „Der Gott, von dem in beiden Testamenten die Rede ist, tritt nicht als letzte Energie oder allumfassender Sinnhorizont in Erscheinung, sondern als der, der auf Seiten der Armen, Schwachen und Marginalisierten steht und zur compassion mit ihnen aufruft."[312] Konkret wird dieses prophetisch-kritische Potential einer „widerständigen Seelsorge"[313] beispielsweise dort sichtbar, wo der Mensch in reduktionistischer Optik allein als „kranker Organismus" verobjektiviert statt als ein von „Gott geschaffenes Geheimnis mit einer unverlierbaren Würde" angesehen wird, oder dort, wo Seelsorge entgegen einer auf Erfolg bauenden Logik umfassender Heilungsversprechen an Verlorenes erinnert, an Schmerzliches, Misslungenes, an Abschied und Trauer. Weitere Bewährungsfelder sind die bereits erwähnte „Parteinahme für marginalisierte Gruppen und Einzelne", das Themenfeld „Ethische Konflikte", etwa am Lebensanfang und -ende, sowie der „Öffentlichkeitsarbeit", in der sich die sozialpolitische Dimension klinischer Seelsorge manifestiert. Letzterem Bereich kommt Klessmann zufolge künftig verstärkte Bedeutung zu. Ein erweitertes Verständnis von Seelsorge wird darin sichtbar, das die Begleitung von PatientInnen mit sozialkritischem Engagement verbindet und mithin die politische Dimension von Klinikseelsorge erneut stark macht: „Das Stichwort von der prophetischen Dimension der Seelsorge, von ihrer Fremdheit und Widerständigkeit im Krankenhaus signalisiert ein anderes, erweitertes Verständnis von Seelsorge: Es geht nicht mehr nur um die Kompetenz, Menschen emphatisch zu begleiten und ihnen bei der Deutung ihrer schwierigen Lebenssituation zur Seite zu stehen, sondern, mindestens genauso wichtig, auch den institutionellen Kontext, in dem sie leben und arbeiten, kritisch-konstruktiv in den Blick zu nehmen. Damit wird Seelsorge zu einer Gradwanderung zwischen individueller Zuwendung und sozialkritischer Aufmerksamkeit genötigt; zu einem Oszillieren zwischen religiöser Welt- und Lebensdeutung und medizinischer Wirklichkeitserfassung und den Sachzwängen, die daraus für das Behandeln im Krankenhaus erwachsen; zu einem Pendeln zwischen verschiedenen Sprachspielen, die sich

---

311 Ebd.
312 Ebd.
313 Ebd. S. 395–401.

oftmals verständlich gegenüber stehen, aber sich wechselseitig bereichern können, wenn ein entsprechendes Interesse vorhanden ist. Ein solches Oszillieren ist zweifellos anstrengend für die Akteure, es macht Mühe – aber es scheint mir auch verheißungsvoll."[314]

Was Michael Klessmann an Interaktionsdynamik im „Zwischenraum" konturiert und berufspraktisch für Klinikseelsorgende erschließt, soll im weiteren Gang der Untersuchung um eine soziologische Perspektive erweitert werden. Dabei spielt eine Optik auf Weltbeziehungen als spezifisches „Resonanzgeschehen" eine Rolle. Die Studien des Soziologen Hartmut Rosas widmen sich diesem Sachverhalt im Interesse, einen Beitrag zur Förderung gelungener Weltbeziehungen zu leisten.

1.7.2 „Resonanzen" (H. Rosa) als Prozesse responsiver Wechselwirkungen

1.7.2.1 Grundzüge und Anliegen des Konzepts

In „Resonanzen. Eine Soziologie der Weltbeziehungen"[315] liegt eine von deskriptiven und normativen Interessen motivierte soziologische Studie vor. Sie bündel den Ertrag langjähriger Forschungsinteressen von Hartmut Rosa. Im nahezu 800 Seiten umfassenden, voluminös ausgefallenen Beitrag führt der Lehrstuhlinhaber für Soziologie in Jena frühere Studien weiter, insbesondere, wie schon in seiner Habilitationsschrift, zu Tendenzen der Beschleunigung als zentraler „Grunderfahrung"[316] und als zentralem „Grundprinzip"[317] moderner Gesellschaften. So formuliert der Autor prägnant bereits im ersten Satz seiner fachintern kontrovers[318] aufgenommenen Untersuchung: „Wenn Beschleunigung das Problem ist, dann ist Resonanz vielleicht die Lösung".[319] Im Rahmen unserer Fragestellung, die vorrangig nach hermeneutischen Zugängen zum Geschehen der Klinikseelsorge

---

314 Ebd. S. 401.
315 Rosa. H.: Resonanzen. Eine Soziologie der Weltbeziehungen, 3. Auflage, Berlin 2018.
316 Rosa, H.: Beschleunigung. Die Veränderung der Zeitstrukturen in der Moderne, Frankfurt 2005, S. 441.
317 Ebd. S. 51.
318 Vgl. dazu die Beiträge in Peter, C. H./Schulz, P.: Resonanzen und Dissonanzen. Hartmut Rosas kritische Theorie in der Diskussion, Bielefeld 2017. Der Sammelband diskutiert Rosas Resonanzbegriff und -konzept mit Blick auf die implizierte Sozialtheorie sowie den vom Autor postulierten normativen Geltungsanspruch.
319 Rosa, Resonanzen, S. 13.

sucht, muss es genügen, einzelne zentrale Überlegungen dieses facettenreichen[320] Ansatzes in nuce zu skizzieren, bevor der Versuch einer kritischen Aneignung des soziologischen Gedankengangs für die vorliegende Studie unternommen wird. Für diese bleibt die seelsorgliche handelnde Person in ihren Beziehungskonstellationen im klinischen Raum und in ihren Haltungen im Zentrum des Interesses. Bevor dazu im nächsten Kapitel der Studie die Überlegungen bei den einzelnen Akteuren und deren Haltungen ansetzen wird, geht es hier zunächst um deren Kontext. Somit ist eine kontextsensible theologische Besprechung angestrebt, die eine tendenziell umweltvergessene und darin unvermittelte Innenschau auf die Verhaltensdispositonen seelsorglicher Akteure zu vermeiden sucht.

Rosas grundlegendes Anliegen besteht erklärtermaßen darin, durch seine Studie „zu einer Soziologie des guten Lebens beizutragen"[321], wozu er eine Sichtung menschlicher (Welt-)Interaktion und Beziehungskonstellationen unter dem Leitbegriff der „Resonanz"[322] unternimmt. Unser Autor sieht sich und seinen Ansatz darin insgesamt als modifizierte Weiterführung und Weitung jener Anliegen, die ehedem schon die Protagonisten der Kritischen Theorie um T. W. Adorno, Erich Fromm und Herbert Marcuse zu ihren Überlegungen veranlasste. In diesem Impetus wird Rosa „neben Rahel Jaeggi" zum exponiertesten Vertreter „der nunmehr vierten Generation der Kritischen Theorie der Frankfurter Schule"[323], der vom Anliegen motiviert ist, diesen Theorieansatz von neuem in den Blick zu rücken und modifizierend zu aktualisieren. Entsprechendes kann als anvisiertes Ziel der Studie angegeben werden: „Als eine umfassende Rekonstruktion der Moderne in Begriffen ihrer historisch realisierten Resonanzverhältnisse wagt sie den Versuch, den Rahmen für eine erneuerte Kritische Theorie abzustecken."[324] Die Momente von Entfremdung und die Identifizierung gesellschaftlich dysfunktionaler Konstellationen, die gelungenes Leben „untergraben"[325], sind Rosa von daher ein Anliegen, nicht jedoch ohne eigene

---

320 Vgl. dazu die instruktive Hinführung von Peters, C.H./Schulz, P.: Einleitung: Entwicklungslinien des Resonanzbegriffs im Werk Hartmut Rosas, in: Peter, C.H./Schulz, P.: Resonanzen und Dissonanzen. Hartmut Rosas kritische Theorie in der Diskussion, Bielefeld 2017, S. 9–26.
321 Rosa, Resonanzen, S. 14.
322 Eine Zusammenfassung des Gedankens zum Terminus ‚Resonanz' formuliert der Autor auf S. 281–298.
323 Peters/Schulz, S. 9.
324 Rosa, Resonanzen, Klappentext.
325 Rosa, Resonanzen, S. 19.

Akzente einzuführen. Diese bestehen u. a. darin, eine positive Alternative zu skizzieren („Postwachstumsgesellschaft"[326]), die ihm das Gegenteil von Entfremdung ist und geeignet, eine fachinterne Reserve gegenüber Fragestellungen nach einem gelungenen Leben zu überwinden. Was sind nun aber „Resonanzen" im Sinne Rosas, und welche Bedeutung kommt diesem Modell einer Optik auf menschliche Weltbeziehungen zu für die Frage, wie Haltungen und Einstellungen von Seelsorgepersonal in Kliniken in tugendethischer Perspektive gesichtet werden können?

„Resonanz", ursprünglich ein physikalischer Begriff, wird von Rosa soziologisch verstanden als ein „Modus des In-der-Welt-Seins, das heißt einer bestimmten Weise des In-Beziehung-Tretens zwischen Subjekt und Welt".[327] Dieser Modus ist qualifiziert durch Freiheit zur Responsivität zwischen zwei relationalen Größen. Diese sind imstande, einander in Schwingungen zu versetzen, jedoch nicht als bloßes „Echo"[328], das einen der Interaktionsgrößen zur Passivität verdammen würde. Vielmehr sind die Relate, im Bild gesprochen, aufeinander bezogen wie ein „vibrierender Draht".[329] In den Worten Rosas: „Als Kernmoment lässt sich dabei die Idee isolieren, dass sich die beiden Entitäten der Beziehung in einem schwingungsfähigen Medium (oder Resonanzraum) wechselseitig so berühren, dass sie *aufeinander antwortend*, zugleich aber *mit eigener Stimme sprechend*, also zurück-tönend begriffen werden."[330] Diese Form von Weltbeziehung wird zur Erfahrung von Resonanz „als momenthafter Dreiklang von Körper, Geist und Welt"[331], was mithin eine Unverfügbarkeit von Resonanzerfahrungen insinuiert, die menschlichen Bewerkstelligungsbemühungen zuwiderläuft und darin ein zentrales Moment moderner Weltbeziehung, nämlich die Phantasie und Anstrengung hin auf technische Machbarkeit von erfüllten Weltbeziehungen, unterläuft. Solche den Menschen entfremdende Weltbeziehungen benennt Rosa auch als „stumme" oder „repulsive"[332] Weisen der Weltbegegnung. Sie lassen den zur Antwort freisetzenden Impuls, den resonante Beziehung gerade kennzeichnet, vermissen. Repulsive Weltbe-

---

326 Ebd. S. 707.
327 Ebd. S. 285.
328 Ebd.
329 Ebd. S. 24f.
330 Ebd. S. 285.
331 Ebd. S. 290.
332 Vgl. dazu Rosa, H.: Kritik der Zeitverhältnisse. Beschleunigung und Entfremdung als Schlüsselbegriffe der Sozialkritik, in: Jaeggi, R./Wesche, T. (Hg.): Was ist Kritik?, Frankfurt 2009, S. 23–54, hier S. 34.

ziehungen sind „technisch" strukturiert oder gar von gewaltsamen Aneignungsweisen[333] geprägt. Bereits früher schon führte Rosa dazu aus, dass „die Welt auch als ‚indifferent' oder sogar als ‚repulsiv' erfahren werden"[334] kann. Die Welt begegnet dem menschlichen Subjekt Rosa zufolge dann mit abweisender Tendenz: „Sie scheint dann aus kalten, starren, harten Oberflächen zu bestehen, die dem Subjekt gleichgültig oder ablehnend gegenüber treten. In der ‚responsiven' Welt fühlen Subjekte sich tendenziell eher ‚getragen', während sie sich in die indifferente oder ‚repulsive' Welt eher hinein ‚geworfen' fühlen."[335] Resonante Muster sind zudem dadurch gekennzeichnet, dass derartig strukturierte Weltbeziehungen entstehen, wenn die Erwartung von Selbstwirksamkeit und „Berührbarkeit"[336] bei den Akteuren gegeben ist, und wenn subjektiv bedeutsame Werte aktiviert sind. So führt Rosa aus: „Resonanzerfahrungen sind nur dort möglich, wo wir in Übereinstimmung mit unseren starken Wertungen handeln, wo unsere kognitiven und evaluativen Landkarten mit unserem Handeln oder Sein konvergieren."[337] Von diesem Modell ausgehend erkennt Rosa drei zentrale „Resonanzsphären"[338] oder auch „Resonanzachsen"[339], in denen sich Beziehungen entfalten. Erstens sichtet er dazu „Horizontale Resonanzachsen"[340], die er in Familie, Freundschaft und Politik lokalisiert. Zweitens werden in Objektbeziehungen, Arbeit, Schule, Sport und Konsum „Diagonale Resonanzachsen"[341] ausgemacht. Drittens schließlich kommen „Vertikale Resonanzachsen"[342] in den Blick. Letztere thematisiert der Autor unter den Überschriften „Verheißung der Religion"[343], „Die Stimme der Natur"[344], „Der Kraft der Kunst"[345] und schließlich „Der Mantel der Geschichte".[346]

---

333 Vgl. dazu Rosas Beispiele der Weltbeziehung gewalttätiger Jugendlicher, die entfremdende Erfahrungen und eigene Gewaltbiographien in unbewusst reinszenierender Weise gegenüber anderen äußern, in: Rosa, Resonanzen, S. 742 ff.
334 Rosa, Kritik der Zeitverhältnisse, S. 34.
335 Ebd.
336 Rosa, Resonanzen, S. 25.
337 Ebd. S. 291.
338 Rosa, Resonanzen, S. 351–516.
339 Ebd.
340 Ebd. S. 341–380.
341 Ebd. S. 381–420.
342 Ebd. S. 435–500.
343 Ebd. S. 435–452.
344 Ebd. S. 453–471.
345 Ebd. S. 472–499.
346 Ebd. S. 500–516.

Wie kann dieses Modell nun für klinische Seelsorgepräsenz und eine geeignete Optik auf die Haltungen der Agierenden angeeignet werden?

1.7.2.2 Kritische Aneignung des Konzepts für die Fragestellung der Studie

Für eine angestrebte tugendethisch interessierte Besprechung der Haltungen und Einstellungen von Seelsorgepersonal in Kliniken könnte das Konzept von stabilen Resonanzbeziehungen in mehrfacher Hinsicht einen Beitrag leisten.[347] Denn im Modell der Resonanzbeziehungen liegt eine interdisziplinär anschlussfähige Heuristik und Terminologie von Welt-, Kultur- und Transzendenzverhältnissen vor, die es erlaubt, originär theologische Aussagen Eckhartscher Provenienz bezüglich zwischenmenschlicher Verhältnisse sowie mit Blick auf die Beziehung zum Göttlichen in einer *breiter kommunikablen Form zu artikulieren*. Das ermöglicht der Klinikseelsorge über den binnenkirchlichen und fachtheologischen Bereich hinaus Anschlussfähigkeit des Gedankengangs im Austausch mit anderen klinischen Professionen. Welche Anknüpfungspunkte für unsere Fragestellung lassen sich dahingehend benennen?

Erstens liegt in Rosas sozialwissenschaftlich konzipiertem Terminus ein Verstehenszugang zu *menschlichen Welt- und Transzendenzverhältnissen* vor, das die Momente von *Responsivität, Freiheit und Wertbasierung konstitutiv berücksichtigt*. Die Art der Aufnahme von Beziehung als Gelingender und einem guten Leben Fördernder ist dem Autor zufolge nur möglich, wo obige drei Konstitutiva Raum gewährt wird. Das deckt sich mit einer christlichen Sicht auf das menschliche Subjekt, das in seinen Welt- und Gottesbezügen wesentlich und konstitutiv von Freiheit geprägt ist und aus wertfühlender

---

347 Differenzierte Betrachtungen zur Bedeutung der Thesen Rosas für den Fachbereich Praktischer Theologie finden sich bei Friedrichs, L: „Die Dinge singen hör ich so gern". Hartmut Rosas Soziologie der Resonanz in praktisch-theologischer Perspektive, in: Pastoraltheologie 107 (2018) S. 371–382; Kläden, T.: Hartmut Rosa als Gesprächspartner für die Theologie, in: Pastoraltheologie 107 (2018) S. 394–400; Rosenstock, R.: „Etwas, das nicht ist doch nicht nur nicht ist". Konturen einer resonanzsensiblen Theologie im Gespräch mit Hartmut Rosa, in: Pastoraltheologie 107 (2018) S. 401–407; Laube, M.: „Eine bessere Welt ist möglich". Theologische Überlegungen zur Resonanztheorie Hartmut Rosas, in: Pastoraltheologie 107 (2018) S. 356–370. Vgl. auch die Beiträge im Sammelband von Kläden, T./Schüßler, M. (Hg.): Zu schnell für Gott? Theologische Kontroversen zu Beschleunigung und Resonanz (Quaestiones Disputatae, Bd. 286), Freiburg 2016.

Qualität zu agieren imstande ist[348] – ja gerade darin erst und vor allem zu sich selbst kommt.[349] In Rosas Beachtung von Wertpräferenzen liegt daher insofern eine Chance zum ungezwungenen Anschluss an eine tugendethische Hermeneutik der Haltungen von Seelsorgepersonal in Kliniken, als wertgeleitete innere Einstellungen in klinischen Beziehungsarragementes nicht nur Beachtung finden, sondern prominent gewürdigt werden, weil sie für gelingendes Leben geradezu konstitutiv sind. Wer die Realität mancher klinischer Funktionsabläufe in ihrer Menschen verdinglichenden Logik kennt, wird dieses Moment von wertgeleiteter Sicht auf Beziehungen nicht gering schätzen. Rosas Sicht auf das menschliche Weltverhältnis ist für eine theologische Anthropologie daher auch deswegen anschlussfähig, weil die technische *Verobjektivierung* menschlicher Interaktionen *als defizient und als Fehlform* menschlicher Möglichkeiten *normativ benannt* wird. Die Dimension des Selbstzwecklichen und Unverfügbaren[350], die Rosas Sicht inhäriert, ist für unsere Frage durchgängig bedeutsam. Denn die Eckhartsche Anthropologie ist gleichermaßen stark davon geprägt, zweckrationale (Gottes-) Beziehungen kritisch zu betrachten und abzulehnen.

Allerdings ist bei Hartmut Rosa auch eine teilweise von romantischen Motiven stark beeinflusste idealisierende Sicht auf gelungene Beziehungen kaum zu übersehen.[351] Das ist durchaus an seinem Konzept kritik-

---

348 Die Bedeutung der betonten Wertorientierung im Resonanzkonzept Rosas konzediert bei ansonsten kritischer Haltung Schüßler, M.: Beschleunigungsapokalyptik und Resonanzutopien. Eine theologische Kritik der Zeit- und Sozialphilosophie Hartmut Rosas, in: Kläden, T./Schüßler, M. (Hg.): Zu schnell für Gott? Theologische Kontroversen zu Beschleunigung und Resonanz (Quaestiones Disputatae, Bd. 286), Freiburg 2016, S. 153–185, hier S. 157: „Spätestens hier wird es aber nun auch für Theolog*innen interessant. Denn eine an starken Werten ausgerichtete Gesellschaftskritik und die Begleitung von Menschen […] gehören ja seit langem zum Kerngeschäft des Christentums."

349 Vgl. dazu und mit Blick auf tugendethische Diskurse jüngeren Datums Schockenhoff, E.: Grundlegung der Ethik. Ein theologischer Entwurf, 2. Auflage, Freiburg 2017, S. 59ff. und S. 81ff.

350 „Als Ereignis des Unverfügbaren scheint mir der Resonanzbegriff zunächst durchaus anschlussfähig für christliche Theologie". Schüßler, Beschleunigungsapokalyptik, S. 165.

351 Der Soziologe Armin Nassehi lenkt den Blick auf den Überakzent, den das Moment der Nähe in Beziehungen bei Rosa erhalte. Problematisch ist dem Autor zufolge, „dass man sich gelungenes Leben nur als Nähe vorstellen kann, nur als etwas, das Distanz aufhebt, nur wirkliche Verständigung." Nassehi, A.: Vertraute Fremde. Eine Apologie der Weltfremdheit, in: Kursbuch 185, Hamburg 2016, S. 137–154, hier S. 147. Nassehi zufolge ginge es gerade darum, „eine Apologie der Weltfremdheit"

würdig und lädt zu Anfragen ein, was auch von fachkundiger Seite aus geschehen ist.[352] So geraten ihm Beschreibungen von gelungenen Beziehungen erkennbar zu näheakzentuierten Idealbildern, die im Kern symbiotisch-fusionistische Qualität erkennen lassen. Rosas Diktion lässt bei der Lektüre daher bisweilen durchaus an die Suche nach dem verlorenen „primären Objekt" denken. Mithin kann der Gedanke aufkommen, ob hier nicht eine regressive Autonomie- und darin unweigerlich auch eine Alteritätsverweigerung wirksam sind, die in harmonisierender und Differenzen der Beziehungsakteure überspringender Diktion ihren Ausdruck sucht. Es scheint dem Verfasser dieser Studie jedoch möglich, dass das bei Rosa wirksame Anliegen von theologischer Seite her eine vertiefende Besprechung und weiterführende Aufnahme erfahren könnte. Dies wäre dort der Fall, wo das tief angelegte menschliche Symbiosebegehren in seiner Finalität erkannt, gewürdigt und auf eine dem Erwachsenenalter adäquate Antwort hin geführt wird. Eine solche Antwort kann theologisch unter Aufnahme von Erkenntnissen der Tiefenpsychologie gegeben werden. Dabei wird Gott zum Adressaten der Sehnsucht, der diese jedoch so beantwortet, dass er sie zunächst fundamental irritiert und sich der Wunscherfüllung entzieht, um erst auf dieser Basis dem menschlichen Anliegen in neuer Dimension und auf für Erwachsene angemessene Weise zu entsprechen.[353]

---

zu verfassen, in der an der „Unterbrechung von Resonanzzumutungen" zu arbeiten wäre. Ebd. S. 148.

352 Vgl. dazu Witte, S.: In Liebe gebor(g)en: Heilsversprechen der Resonanz als Symptom für das Unbehagen in der Kultur. Psychoanalytisch-kulturtheoretische Anmerkungen zu Hartmut Rosas Soziologie der Weltbeziehungen, in: Peter, C.H./Schulz, P.: Resonanzen und Dissonanzen. Hartmut Rosas kritische Theorie in der Diskussion, Bielefeld 2017, S. 291–307.

353 Ausblickend auf das Kapitel 3.2. dieser Studie sei bemerkt, dass dort dieses Thema mit weiterem Bezug auf die Ausführungen des belgischen Psychoanalytikers Antoine Vergote erneut aufgenommen wird. Vergotes Position erlaubt eine modifizierte Entsprechung auf die grundmenschliche Sehnsucht nach bergender Symbiose und die Suche nach einem Ersatz für das verlorene primäre Objekt der Kindheit auf eine Weise zu formulieren, die dem *Status erwachsener Personen entspricht*. Dabei wird die Sehnsucht transformierend aufgenommen und in gewandelter Weise nunmehr auf Gott statt auf andere Menschen gerichtet.

1.7.3 Der eigene Ausgangspunkt: Fokus auf den Haltungen und Einstellungen der seelsorglich präsenten Personen

Ging es der bisherigen Sichtung von verschiedenen Dimensionen klinischer Seelsorgepräsenz vor allem um die sozialen und *kontextuellen Faktoren*, die das Wirken von KlinikseelsorgerInnen vielschichtig beeinflussen, so treten nun diese Personen und insbesondere deren *Haltungen und Einstellungen* verstärkt in den Blick. Vor dem Hintergrund der kontextuellen Situierung wird somit das *Potential des Sich-Verhaltens zu Gegebenem*, mithin die Qualität bewusster Entscheidungen und innerer Ausrichtungen der Akteure Augenmerk erlangen. Diese sind ja den vorfindlichen Bedingungen am jeweiligen Dienstort von Klinikseelsorge keineswegs deterministisch ausgeliefert. Sondern sie können – und müssen oder dürfen! – sich dazu wertgeleitet verhalten. Damit tritt das Moment einer im Individuum raumgreifenden inneren Disposition ins Blickfeld. Zum Thema wird die basale Grundausrichtung, die je neu virulent wird, wo konkrete Entscheidungen und Handlungen anstehen. Was man davon mit Christoph Theobald fundamentaltheologisch als *Stil* ansprechen und deskriptiv entfalten kann,[354] oder mit Pierre Bourdieu soziologisch als *Habitus*[355] untersuchen könnte, soll hier in einer eher deskriptiven Diktion vorerst in philosophischer Optik als *Haltung* und *Einstellung* besprochen werden. Die Bedeutung dieser in Haltungen und Einstellungen gegebenen personalen Schnittstelle zwischen Äußerem und Innerem, zwischen diverser und ggf. disparater Außenorientierung und -erwartungen seitens der kontextuellen Faktoren auf der einen Seite und innerer Wertpräferenz und Handlungsdispositionen auf der

---

354 Vgl. dazu Theobald, C.: Christentum als Stil. Für ein zeitgemäßes Glaubensverständnis in Europa, Freiburg 2018.
355 Vgl. dazu Saalmann, G.: De Bourdieu á dieu. Zur möglichen Rezeption von Bourdieus Theorie in der Theologie, in: Kreuzer, A./Sander, H.-J. (Hg.): Religion und soziale Distinktion. Resonanzen Pierre Bourdieus in der Theologie, (Quaestiones disputatae, Bd. 295), Freiburg 2018, S. 19–47. Saalmann führt aus: „Handeln basiert somit weniger auf expliziten Prinzipien, Regeln und Entschlüssen, sondern vielmehr auf vor-reflexiv wirkenden Schemata der Erzeugung von Praktiken. Diese Schemata bilden in ihrer Gesamtheit den Habitus, der Menschen zu bestimmten Praktiken und der Art ihres Vollzugs eher disponiert als zu anderen [...]. Der Habitus befähigt zum praktischen Handeln, er ist daher so etwas wie ein ‚praktischer Sinn', ein strukturiertes System von Dispositionen, das klassifizierbare Praktiken und die Prinzipien der Bewertung gleichermaßen hervorbringt. Er organisiert so die Praxis wie auch ihre Wahrnehmung und Bewertung." (ebd. S. 27).

anderen Seite, wird im weiteren Gang der Untersuchung zum Thema werden. In mehrfacher Weise treten bei der Sichtung dessen, was mit Haltung und Einstellung angesprochen wird, Zwischenräume in den Blick. Es wird sich Haltung mit Frauke Kurbacher direkt als Phänomen des ‚Dazwischen' erweisen. Dieser Sachverhalt wird es erlauben, die bisherigen Überlegungen mit den Ausführungen von Michael Klessmann und von Hartmut Rosa auf weiterführende Weise ins Gespräch zu bringen. Dazu wird zunächst definiert, was die vorliegende Studie unter „Haltungen" und „Einstellungen" versteht, bevor in einem zweiten Schritt die gewählte Fokussierung auf diesen personalen, betont das Individuum des Seelsorgers in den Blick rückenden Aspekt der Präsenz von Klinikseelsorge begründet wird.

1.7.3.1 Der Begriff der „Haltung"

Frauke A. Kurbacher entfaltet in ihrer 2012 an der Philosophischen Fakultät Wuppertal eingereichten Habilitationsschrift „das Phänomen Haltung als Philosophie der Bezüglichkeit".[356] Zu diesem Phänomen hält die Autorin schon in früherer Publikation fest: „Der Deutsche Begriff Haltung weist eine Vielfältigkeit auf, die in *einem* schon immer rationale Einstellung, emotionale, sensitive und voluntative Dispositionen wie auch Körperhaltung umfasst. Diese Körperhaltung kann als leibliche verstanden werden, weil keine der genannten Komponenten isoliert auftritt. Haltungen vereinen daher verschiedene Aspekte in sich, die in klassisch-abendländischer Philosophie eher getrennt verstanden und behandelt werden."[357] Näherin unterscheidet die Autorin einen weit gefassten von einem enger gefassten Begriff. Dabei „[...] bezeichnet der weite die soeben genannte grundlegende menschliche Bezüglichkeit", nämlich die transzendentale, stets dreifach gegebene Relationalität des Menschen zu sich selbst, zu anderen und zur Welt insgesamt, so „meint dann erst der engere Haltungsbegriff die konkrete Übernahme – oder auch Aufgabe – einzelner spezifischer Haltungen."[358] Weitere Aspekte des Begriffs sind der *Wahlcharakter* in Haltungen, deren *Vollzugscharakter*, die Dimension einer *Grundhaltung* in allen Vollzügen, sowie der Aspekt ei-

---

356 Kurbacher, F.A.: Zwischen Personen. Eine Philosophie der Haltung, Würzburg 2017, S. 9.
357 Kurbacher, F.A.: Interpersonalität zwischen Autonomie und Fragilität – Grundzüge einer Philosophie der Haltung, in: Kurbacher, F.A./Wüschner, P. (Hg.): Was ist Haltung? Begriffsbestimmung, Positionen, Anschlüsse, Würzburg 2016, S. 145–162, hier S. 149f.
358 Kurbacher, F.A.: Interpersonalität, S. 151.

ner *beurteilenden Qualität*, die in Haltungen zum Tragen kommt, zudem derjenige der *Selbstreflexivität*, der in Haltungen virulent und aktualisiert wird. Die genannten Aspekte umfassen wesentliche Grundkomponenten des anvisierten Begriffs. Dementsprechend fächert Kurbacher Facetten des Begriffs auf: „Haltung im Verständnis von Wahl deutet auf ein selbstzuschreibendes, beurteilendes Moment und damit auf mögliche autonome Ansprüche; Haltung begriffen als Vollzug beschreibt ein performatives, flexibles Moment, über das sich Synergien aufzeigen lassen. Dadurch dass ich mit anderem und anderen und mir selbst umgehe, erhalte ich Kenntnis. Dieser Zug an Haltung lässt sich als basale praktische Reflexivität umschreiben und wird von der ebenso grundlegenden Möglichkeit, mir reflexiv-urteilend einer Haltung bewusst zu werden, flankiert. Haltung als Grundhaltung respektive Tugend und Gewohnheit weist auf ein andauerndes Moment, sowie auf die Möglichkeit von Fremdbestimmung, aber auch auf das flexible Moment von Ausbildung und Übung."[359]

Insgesamt gesehen ist der Haltungsbegriff in der Optik unserer Autorin geeignet, menschliche Existenz fundamental als Leben in Bezogenheit zu fassen. Insbesondere in den wesentlich von Selbstzwecklichkeit geprägten Formen menschlicher Haltung von Freundschaft und Liebe wird das ersichtlich. Diese können als Idealmodelle von Haltungen begriffen werden. Sie bergen individuierende Kraft für die Akteure. „Liebe und Freundschaft zeigen eine Andersartigkeit von menschlicher Bezüglichkeit und weisen sich daher als freiheitlich verfasste Grundhaltungen aus. Die Selbstzweckformel ist hierbei Garant für die Widerständigkeit gegenüber allen fremden Nutzbarmachungen und Abhängigkeiten."[360] Abschließend hält Kurbacher fest: „Qua Haltung beziehen wir uns auf uns selbst und andere, durch Haltung konturiert sich unser Standpunkt und wissen wir von ihm und dem Anderer und wissen zugleich auch von der grundlegenden Veränderbarkeit der eigenen und anderer Personen in Relation. Mehr Halt im Haltlosen gibt es nicht. Wir stehen in Bezügen. Wir bilden welche aus. Wir stehen im Dazwischen."[361] Haltungen können der Autorin zufolge somit als Chiffre für eine Situierung des Subjekts im Raum des „Dazwischen" begriffen werden. Sie sind Gestaltwerdungen einer Relationalität, von dem menschliches Seins zuinnerst konstituiert wird. Was hier hin philosophischer Optik und abgeleitet aus zwischenmenschlichem Leben gewonnen wird, benötigt al-

---

359 Ebd. S. 153.
360 Ebd. S. 160.
361 Ebd. S. 161.

lerdings eine Ergänzung, wo die Relation des Menschen zu Gott zum Thema wird. Das wird noch ausführlich zur Darstellung kommen, wenn auf Meister Eckharts Sicht des Verhältnisses eingegangen wird, welches zwischen der Güte und dem Guten besteht.

Der Begriff „Haltung" wird in der vorliegenden Studie zunächst in obigem phänomenologisch-deskriptiven Sinne verwendet. Im weiteren Verlauf des Gedankenganges wird diese philosophisch gewonnene Begriffsbestimmung inhaltlich um Momente eines christlich-tugendethischen Haltungsverständnisses Eckhartscher Provenienz erweitert. Dabei fungiert der hier entworfene, inhaltlich betont offene philosophische Haltungsbegriff als Verständigungsplattform und Grundlage für eine breitere Diskussion über Dispositionen von Handelnden in klinischem Setting. Denn dort, wo in klinischen Teams eine Zustimmung für ausdrücklich christliche Wertorientierungen von den Gesprächspartnern nicht vorausgesetzt werden kann, braucht es allgemein kommunikable Sprachformen. Der Haltungsbegriff ist solch eine Kategorie. Sie ist genügend weit für eine breite Anschlussfähigkeit bei Gesprächspartnern, hat aber gleichzeitig das Potential, mit wertorientierten Handlungsdispositionen christlicher Art verbunden zu werden. Die im philosophisch konturierten Haltungsbegriff gewonnene, in breiter Form zustimmungsfähige Basis eines Verständnisses von menschlichen Handlungsausrichtungen kann daher in einem zweiten Schritt weiterführend inhaltlich prägnant gefüllt werden. Dazu eignen sich Verwirklichungsformen ausdrücklich christlicher Lebenhaltung, wie sie die glaubensbegründete besondere Tugendethik Meister Eckharts darstellt. Eine von den unterschiedlichen Akteuren in der Klinik und ihren pluralen Wertpräferenzen her entworfene *mehrstufige Besprechung von Haltungen* wird auf diese Weise möglich. Die begrifflich im Terminus Haltung gegebene Mehrdimensionalität erlaubt es, die im klinischen Gesprächsverlauf auf freie Zustimmung oder Ablehnung abzielende Einführung ausdrücklich christlich begründeter Handlungsdispositionen als wertbasierte Variante einer allgemein menschlichen Gegebenheit einzuführen, die mit dem Haltungsbegriff angesprochen ist. „Der mehrdimensionale Begriff der Haltung selbst umfasst eine ganz eigene Phänomenologie, die die lebensweltlich gewirkte Selbst- und Fremdwelt einmal mehr in ihrer Verbundenheit in den Blick rückt. Das Phänomen Haltung kann als Anthropologicum begriffen werden, an dem ethisches Potential hervorbricht. Haltung beschreibt existentielle Festigkeit wie Brüchigkeit im Kontext des Sich-Beziehens, das sich im Rahmen einer responsiven Philosophie erschließt."[362]

---

[362] Kurbacher, Zwischen Personen, S. 537.

1.7.3.2 Zum Begriff der „Einstellung"

Der Begriff „Einstellung" erfordert wie jener der Haltung ebenfalls eine klärende Definition und inhaltliche Füllung. Er weist einen doppelten Gebrauchskontext auf. Er erscheint als Vokabular in der Sozialpsychologie und der analytischen Philosophie, worauf Susann Köppl hinweist: „Der Begriff der Einstellung findet heutzutage zumeist in der amerikanischen Sozialpsychologie wie auch in der analytischen Philosophie unter dem Begriff der *attitude* seine Verwendung."[363] Üblicherweise wird der Terminus verwendet, „wenn Individuen gemäß ihrer Überzeugungen gegenüber Objekten ihrer sozialen Umgebung ‚Stellung beziehen' und dabei unbewusst oder bewusst Bewertungen vornehmen."[364] Bezüglich der Verwendung des Terminus führt Köppl weiter aus: „Dabei geht man zumeist davon aus, dass Einstellungen intentionale mentale Zustände sind, die sich aus drei Komponenten zusammensetzen: einer kognitiven, einer emotionalen und einer Handlungstendenz."[365] Neben dem Gebrauch bei Husserl und der damaligen Phänomenologie, die „den Begriff der Einstellung verwandte, um mit ihm ihren wissenschaftlichen Zugriff methodisch zu bestimmen und von anderen abzugrenzen", begegnet der Terminus begriffsgeschichtlich betrachtet bei Karl Jaspers, der damit „die Subjektseite der Weltanschauung, vom Weltbild, das dessen Objektseite benennt, unterschied."[366] Was die aktuelle Verwendung betrifft kann festgestellt werden: „Heutzutage findet der Begriff unter dem Terminus der propositionalen Einstellungen seine prominenteste Anwendung und zwar innerhalb der Erkenntnistheorie, der Philosophie des Geistes und der Sprachphilosophie."[367] Dem Terminus „Einstellung" eignet insgesamt betrachtet eine dreifache Akzentuierung: erstens im Sinne eines äußeren Geschehens, nämlich von etwas, das sich von sich her einstellt, sodann zweitens im Sinne einer Tätigkeit des Menschen, der sich aktiv auf etwas einstellt, schließlich drittens im Sinne einer überdauernden Disposition im Sinne der relativ konstanten Art von Wahrnehmungen, Beurteilungen usw. Susann Köppl bemerkt: „Diese dreifache Sprechweise ist

---

363 Köppl, S.: Haltung – Einstellung – Selbst(organisation), ein Differenzierungsversuch, in: in: Kurbacher, F. A./Wüschner, P. (Hg.): Was ist Haltung? Begriffsbestimmung, Positionen, Anschlüsse, Würzburg 2016, S. 163–177, hier S. 170.
364 Sandkühler, H. J./Giedrys, R./Vorwerg, M.: Artikel „Einstellung/Einstellung, propositionale", in: Sandkühler, H. J.: Enyzklopädie Philosophie, Bd. 1, Hamburg 1999, S. 474–480, hier S. 474. Die Quelle wird zitiert nach Köppl, Haltung, S. 170.
365 Köppl, Haltungen, S. 170.
366 Ebd. S. 171.
367 Ebd. S. 171,

es, die mir den Begriff der Einstellung so brauchbar erscheinen lässt, denn er umfasst zugleich den Zustand, die aktive Praxis und auch das, was mit uns geschieht."[368] Statische und dynamische Momente, Formen von Relationalität in passivem und aktivem Modus werden somit im Terminus „Einstellung" gleichermaßen angesprochen.

Insofern ist er wie der Haltungsbegriff geeignet, eine inhaltliche Weite an Phänomenen sprachlich zu artikulieren. Mit Blick auf eine im klinischen Setting anzustrebende hohe Kommunikabilität von Sprachformen zwischen den klinisch tätigen Akteuren weisen beide Termini ebenfalls Vorteile auf. Sie erlauben es, mit Angehörigen der diversen klinischen Professionen ins Gespräch zu kommen auf einer sprachlichen Basis, die rhetorisch kein theologisches Sondergut in den Formulierungen wählt, das erst erklärt werden müsste und Missverständnissen unterliegt. Vielmehr kann auf der Basis der Verwendung eines für breitere Kreise kommunikablen Begriffsrepertoirs in einem zweiten Schritt inhaltlich gefüllt und konturiert werden, was der Sache nach und grundlegend allen Gesprächsteilnehmern bereits schon einleuchtet.

---

368 Köppl, Haltungen, S. 170.

2 Systematische Erschließung: Die Präsenz professioneller klinischer Seelsorge als Einbezug in die Güte bei Meister Eckhart

2.1 Der Gute und die Güte bei Meister Eckhart

In diesem Kapitel der Studie geht es zunächst um die lebendige Einheit von philosophisch denkender Theologie und mystagogischer Kerygmatik. Danach wird Meister Eckharts innovative Transzendentalienlehre und Intellekttheorie beleuchtet. Ein dritter Gedankenschritt erläutert die vom spätmittelalterlichen Autor vorgenommene Ontologisierung der Ethik. Vor diesem Hintergrund wendet sich die Studie sodann den Textbelegen zu, die vom Verhältnis des Guten und der Güte handeln. Der „Abegescheidenheit" als dem zentralen Modus, in dem der Gute in die Güte einbezogen wird, gilt sodann das Augenmerk. Eine Zusammenfassung sowie eine kritische Würdigung des bei Eckhart Aufgewiesenen bilden den Abschluss dieses Kapitels.

2.1.1 Lebendige Einheit von philosophisch denkender Theologie und mystagogischer Kerygmatik

Die spätmittelalterliche Gestalt des Eckhart von Hochheim[369] (um 1260–1329) lässt zwei prominente Züge erkennen. Zum einen sticht das innovative philosophisch-theologische Denken des hochgebildeten akademischen Magisters hervor, das ihn als einen „homo doctus"[370] erkennen lässt. So ist un-

---

369 Loris Sturlese skizziert biographische Daten: „Seine Familie gehörte zum niederen Adel und wohnte in Tambach bei Gotha. Er selbst war nach einem Grundunterricht mit 18 Jahren in den Dominikanerorden eingetreten und hatte vor seiner Zulassung zum Studium an der Pariser Universität die akademische Laufbahn eines Dominikanerstudenten erfolgreich durchgemacht: drei Jahre Unterricht in den *artes liberales*, zwei Jahre Naturphilosophie (mit Schwerpunkt auf der aristotelischen Wissenschaft) und drei Jahre Theologie an einem Studium particulare. Es ist unbekannt an welchen Orten und bei welchen Lehrern er studierte. Er dürfte noch in Köln Albert den Großen (+ 1280) persönlich kennen gelernt haben." Sturlese, L.: Meister Eckhart. Ein Portrait, Regensburg 1993, S. 6
370 Unter diesem doppelten Prädikat wird Eckhart ordensinternen Auflistungen zufolge „bis ins 17. Jahrhundert hinein unter Dominikanern verehrt", bevor eine

ser Autor umfassend belesen in Philosophie[371] und Theologie[372]. Durchgängig zeigt sich in seinem Werk prominent die Rezeption Augustins.[373] Ebenso

---

negativere Sicht seiner Person aufkommt. Haas, A./Binotto, T.: Meister Eckhart – Der Gottsucher. Aus der Ewigkeit ins Jetzt, Freiburg 2013, S. 51.

371 „Während er von Plato wohl nur den Timäus kannte, war er sehr vertraut mit dem aristotelischen Schrifttum; als Kommentatoren benutzte er sowohl Averroes als auch Thomas. Auch Cicero, Seneca und Macrobius kannte er aus eigener Lektüre [...]" (Koch, Meister Eckhart, S. 212). Ob Eckhart „die Theologische Elementarlehre des Neuplatonikers Proclus gekannt hat" ist zweifelhaft, „jedoch hat er den unter dem Namen *Liber de causis* bekannten Auszug aus diesem Werk, der wohl auf Alkuin zurückgeht, fleißig benutzt. Von den arabischen Autoren schätze er am meisten Avicenna [...]. Eine besondere Bedeutung kommt endlich dem ‚Führer der Unschlüssigen', des wohl bedeutendsten jüdischen Religionsphilosophen des Mittelalters, Moses Maimonides, zu. Mehr als 70 kürzere oder längere Zitate legen dafür Zeugnis ab." (ebd.).

372 Eckharts Kenntnis theologischer und philosophischer Quellen skizziert in einem Überblick Koch, J.: Meister Eckhart. Versuch eines Gesamtbildes, in: ders.: Kleine Schriften (Storia e Letteratura. Raccolta di Studi e Testi, Bd. 127), Roma 1973, S. 211–213. Während Eckhart in theologischer Hinsicht außer Augustinus die altchristlichen Schriftsteller „verhältnismäßig wenig zu Rate zieht", und die Autoren der „Frühscholastik noch spärlicher zu Wort" kommen (ebd. S. 212), ist Eckhart mit den „Theologen des 13. Jahrhunderts naturgemäss vielfach verbunden, vor allem mit Thomas von Aquin", wobei sich zeigen wird, dass bei Eckhart „die neuplatonisch-augustinische durchaus vor der aristotelisch-thomistischen den Vorrang hat." (ebd. S. 213). Beachtenswert ist, dass die sprachliche Artikulation trotzdem davon abweichen kann: „Das hindert ihn freilich nicht, in aristotelisch-thomistischen Formeln zu reden, wir wir das auch bei manchen seiner Zeitgenossen beobachten können." Vgl. dazu auch Sturlese, L.: Studi sulle fonti de Meister Eckhart, Aschendorff 2008.

373 „Meister Eckhart zitiert keinen Autor häufiger als Augustinus. Der Kirchenvater ist in Eckharts Texten ständig präsent und wird stets angeführt. Teils greift Eckhart auf präzise und eher technische Einzelthesen Augustins zurück, teils auf fundamentale Ideen". Brachtendorf, J.: Meister Eckhart (1260–1328) und die neuplatonische Transformation Augustins, in: Fischer, N. (Hg.): Augustinus. Spuren und Spiegelungen seines Denkens, Bd. 1, Von den Anfängen bis zur Reformation, Hamburg 2009, S. 157–176, hier S. 157. Dabei kann bei Eckhart eine in manchen Fällen verzeichnende Tendenz nicht übersehen werden: „Eckharts Augustinus-Rezeption lässt sich etwa folgendermaßen beschreiben: Mit beachtlichem Gespür und großem Kenntnisreichtum sucht er beim Kirchenvater Anknüpfungspunkte für neuplatonische Konzepte auf und löst sie aus dem Zusammenhang seines Denkens, so daß Augustins kritische Distanz zu dieser Art des Philosophierens ganz aus dem Blick gerät. Um sich auf Augustins Autorität berufen zu können, radikalisiert Eckhart gewisse Züge in dessen Wirken und transformiert den Kirchenvater zu jenem Neuplatoniker, der er nicht gewesen ist." Ebd.

zeigt sich die Aufnahme neuplatonischen (Einheits-)Denkens.[374] Biblisch ist Meister Eckhart überaus versiert[375]. Die Auslegung der Heiligen Schrift, die unser Autor in fundamentaler Bezogenheit auf Naturphilosophie und Metaphysik unternimmt, ist ihm bedeutsames Anliegen.[376] Unser Autor entwirft aus dieser umfassenden Bildung heraus innovative Denkansätze. Diese vertritt er mit Selbstbewusstsein gegenüber anderen, die dem nicht folgen. So bemerkt er zu Beginn seines *opus tripatritum*, dass seine Thesen zwar zunächst durchaus auf Ablehnung stoßen können. Bei genauer Betrachtung aber wird sich zeigen, dass sie mit Tradiertem übereinstimmen: „Es ist aber zu beachten, daß manches aus den folgenden Thesen, Problemen und Auslegungen beim ersten Anblick ungeheuerlich, zweifelhaft oder falsch erscheinen wird. Anders aber steht es, wenn man es mit Scharfsinn und größerer Hingebung durchdenkt. Dann wird man finden, daß die Wahrheit und das Gewicht der Heiligen Schrift oder eines Heiligen oder berühmten Lehrers für das Gesagte helleuchtendes Zeugnis ablegen."[377]

Neben der augenfälligen gelehrsamen Intellektualität fällt als zweites Charakteristikum der starke und authentische mystagogische Impetus des pastoral wirkenden Dominikanerpredigers auf. Dabei koinzidieren ursprüngliche Frömmigkeit und pastorales Interesse, ja pastorale Liebe. Meister Eckhart wird als geistlicher Mensch sichtbar: „Das eine weiß ich, dass ich nicht ruhen werde, bis ich ganz Liebe werde", predigt der Magister

---

374 Vgl. dazu Beierwaltes, W.: „Und daz Ein machet uns saelic". Meister Eckharts Begriff des Einen und der Einung, in: Ders.: Platonismus im Christentum, 3, erweiterte Auflage, Frankfurt 2014, S. 100–129.
375 Meister Eckhart ist überaus bibelkundig. Ein Blick in „die Bibliothek des Meisters" lässt Josef Koch klar erkennen: „Das Buch, das in ihr unbedingt den ersten Platz einnahm, ist die Heilige Schrift. Der Reichtum an Schriftzitaten ist erstaunlich, nur wenige Bücher werden nicht zitiert. Seine Lieblingsbücher sind die Genesis (wegen der ersten Kapitel), die Psalmen und das Johannesevangelium; danach folgen etwa die Weisheitsbücher und die Briefe des hl. Paulus. Wie er Lieblingsbücher hat, so auch Lieblingstexte; man erkennt sie nicht nur daran, dass er sie immer wieder zitiert, sondern auch daran, dass er sie in liebevoller Weise erklärt. Man kann bisweilen bis zu zwanzig verschiedenen Auslegungen desselben Textes begegnen. Von der großen Auslegung ist mehr als ein Fünftel der Erklärung des Prologs gewidmet, ein deutlicher Beweis, wie sehr Eckhart diesen Text liebte und seinen tiefen Inhalt ganz in sich aufzunehmen bestrebt war." (Koch, Meister Eckhart, S. 211).
376 Vgl. dazu ausführlich und instruktiv Enders, M.: Die Heilige Schrift – Das Wort der Wahrheit. Meister Eckharts Verständnis der Bibel als eines bildhaften Ausdrucks des göttlichen Wissens, in: Meister-Eckhart-Jahrbuch, Bd. 5, Stuttgart 2012, S. 55–98.
377 Vgl. LW I, S. 153, 3–5, Übersetzung von Konrad Weiss ebd.

im Jahre 1302/3 in Paris, wo er zu Ehren des hl. Augustinus eine Ansprache hält.[378] Dabei darf man annehmen, dass er in Aufnahme der Diktion Augustins „sein eigenes Lebensideal"[379] zu erkennen gibt. Meister Eckhart ist so nicht allein ein ‚homo doctus'. Er ist auch heute noch ein beeindruckender ‚homo sanctus', der gottberührt bei Menschen einen geistlichen Sinn für Gott fördern und ihnen Entsprechendes ins Bewusstsein und ins gelebte Leben heben will. Woraus erwächst und woraufhin zielt das geistliche Grundanliegen dieses spätmittelalterlichen Menschen? Was beseelt unseren Autor als Professor und als jemand der mit geistlicher Begleitung von Mitbrüdern und weiteren Personenkreisen betraut ist und sich dafür engagiert?

Aus der inneren Bezogenheit von augustinischer und vor allem neuplatonisch inspirierter Theologie und Metaphysik, einer von dort her fundierten (Onto-)Theologie und (Haltungs-)Ethik[380], erwächst ihm das für ihn zentrale geistliche Grundanliegen. Es besteht darin, Menschen für die gottgewirkte Geburt des ewigen Sohnes in ihrem gottfähigen Seelengrund zu sensibilisieren. Darin realisiert sich Eckhart zufolge das Ziel des Menschen als Innesein in der Wirklichkeit Gottes, das der Mensch erlagt, sofern er sich in ‚Abgeschiedenheit' Gott zukehrt und darin mit dem geeint wird, von dem er einst ausging. Daraufhin, auf diese Einkehr ist in Eckharts Optik der Mensch als Geschöpf angelegt und unterwegs, verstanden als verwandelnde Rückkehr[381] des Geschaffenen zu seinem Schöpfer, dem es in einer Kreis-

---

378 Vgl. EW II, S. 556–569, hier S. 569. Vgl. dazu den Kommentar von Nikolaus Largier ebd. S. 889–893.
379 Koch, Meister Eckhart. Versuch eines Gesamtbildes, S. 237.
380 „Alle Ethik Eckharts ist Haltungsethik, nicht Verhaltensethik." Mieth, D.: Meister Eckharts Ethik und Sozialtheologie, in: Böhmke, W. (Hg.): Meister Eckhart heute, Karlsruhe 1980, S. 46.
381 Was sich im Motiv der Rückkehr artikuliert, ist Teil einer umfassenden „Denkstruktur", welche „als eines der Grundmotive im mittelalterlichen Denken zu gelten hat: das Motiv der circulatio, Verbindung von Ursprung und Ziel. Die Dynamik der Realität ist demzufolge ein Kreislauf, in dem das Seiende die Rückbindung an seine Ursache erstrebt. Ergibt sich in der Analyse des Strebens eines jeden Dinges nach einem Ziel, daß in diesem Streben letztendlich die erste Ursache in den Blick genommen wird, so eröffnet das Kreislaufmotiv dem Denken eine praktische Funktion: Die Betrachtung der Ursachen erschließt dem Menschen die Sicht auf dasjenige, was als sein letztes Ziel gelten kann." Goris, W.: Einheit als Prinzip und Ziel. Versuch über die Einheitsmetahpysik des Opus Tripartitum Meister Eckharts (Studien und Texte zur Geistesgeschichte des Mittelalters, Bd. LIX), Leiden 1997, S. 252. Das Motiv des Kreislaufs ist daher nicht nur mit Carlos Steel „pradigme fondamental' des Neuplatonismus" (ebd.), sondern auch einflussreiches Thema mittelalterlicher Theologie: „Als ‚métaphore par exellance' der Einheit hat das Kreislaufmotiv das

laufbewegung im letzten ob bewusst oder unbewusst zustrebt. In Eckharts Worten gesprochen: „Dazu hat Gott die Seele geschaffen, daß sie mit ihm vereinigt werde."[382]

Bei unserem Autor wachsen somit akademisches Denken und seelsorgliches Wirken zusammen und bilden im Vollzug eine lebendige Einheit.[383] Er praktiziert stets das eine im anderen und beides zugleich, unabhängig von je divergierender Form und Sprache, in der er sich in seinen Schriften und Predigten je nach Kontext äußert. Das wird exemplarisch ersichtlich an der Programmatik, unter die der „spirituell hochbegabte und sprachlich hochsensible Mann"[384] sein verkündigendes Wirken stellt. In der Predigt 53 benennt er vier Anliegen, die ihn diesbezüglich leiten: „Wenn ich predige, pflege ich zu sprechen von Abgeschiedenheit, und daß der Mensch ledig werden soll seiner selbst und aller Dinge. Zum zweiten, daß er wieder eingebildet werde in das einfältige Gut, das Gott ist, Zum dritten, daß man des großen Adels gedenken soll, den Gott in die Seele gelegt hat, auf daß der Mensch dadurch auf wunderbare Weise zu Gottes komme. Zum vierten von der Lauterkeit göttlicher Natur – welche Klarheit in göttlicher Natur sei, das ist unaussprechlich."[385] In Eckharts Programm wird eine Verschränkung von Theologie, Anthropologie und spiritueller, ontologisch fundierter Ethik ersichtlich, die insgesamt für sein philosophisch-metaphysisches und theologisches Denken kennzeichnend ist. Norbert Winkler konturiert diese doppelte Vitalität: „Jener Eckhart, der uns in den lateinischen Werken entgegen tritt, offenbart einen präzis und streng, wenngleich mit Abbreviaturen denkenden Theologen der mittelalterlichen Universitätskultur. In den mittelhochdeutschen Schriften wird dagegen der eindringliche Prediger sichtbar, dessen assoziative Gedankenfügungen sich nicht in erbaulicher Rede verströmen, sondern zu staunenswerter spekulativer Höhe aufsteigen. Hier der philosophierende Theologe, da der Seelsorger, der praktizierende Theologe; lange Zeit schien es, als ob die beiden Erscheinungsweisen seiner Persönlichkeit – die metaphysisch begründende (Lesemeister) und die ethisch praktische (Lebemeister) – nur locker miteinander in Beziehung

---

mittelalterliche Denken und insbesondere die christliche Eschatologie weitgehend geprägt." (ebd.).
382 DW III, S. 468, vgl. ebenso DW II, S. 245 und S. 616.
383 Vgl. dazu Sudbrack, J.: Meister Eckhart, in: Möller, C.: Geschichte der Seelsorge in Einzelportraits, Band 1, Göttingen 1994, S. 287–304.
384 Haas, A. M./Binotto, T.: Meister Eckhart – Der Gottsucher. Aus der Ewigkeit ins Jetzt, Freiburg 2013, S. 70.
385 DW II, S. 528,5–529,2., hier in Übersetzung von Josef Quint, ebd. S. 732.

ständen. Inzwischen aber ist es kaum mehr umstritten, daß beide Seiten seiner Persönlichkeit engstens miteinander verwoben sind und sich in vielfältiger Weise aufeinander beziehen, so daß sich Gelehrter und Seelsorger gar nicht ausschließen sondern vielmehr ergänzen. Diese Auffälligkeit von ethisch inspirierter Metaphysik und metaphysisch begründeter Ethik gilt es im Auge zu behalten."[386]

Die folgenden Ausführungen suchen die originelle Ausrichtung Eckharts zu erhellen und von dort aus auf die Grundfrage des Einbezugs des Guten in die Güte hinzuführen. Im Zuge dessen wird sich zeigen, dass Eckharts Rede vom Guten und der Güte exemplarisch für sein Denken und für seine Anthropologie sind.

2.1.2 Eckharts innovative Transzendentalien-Lehre und Intellekttheorie

2.1.2.1 Geistesgeschichtlicher Hintergrund und zeitgenössische Entwicklungen

Meister Eckharts Rede von der Bezogenheit des Guten auf die Güte wird leichter verständlich, wenn man sie vor dem geistesgeschichtlichen Hintergrund hört, in dem er seine Überlegungen artikuliert. Zeit- und Theologiegeschichte greifen dabei ineinander und bilden den Lebenszusammenhang, aus dem heraus er sich zu Wort meldet. Zunächst soll daher in knapper Form der Kontext seines Wirkens an der Schwelle vom 13. zum 14. Jahrhundert in Augenschein genommen und skizziert werden. Mit Blick auf das übergeordnete Erkenntnisinteresse der Studie kann diese Sichtung jedoch gleichsam nur aus der Vogelperspektive und lediglich in einer flüchtigen Rundumsicht geschehen.

So ist unser Autor Teil seines zeitgenössischen Umfelds,[387] das von theologischen Infragestellungen bisheriger wissenschaftstheoretischer[388] und

---

386 Winkler, N.: Meister Eckhart zur Einführung, 2. Auflage, Hamburg 2011, S. 7.
387 Vgl. dazu in prägnanter Kürze Winkler, Meister Eckhart, S. 20–29, hier S. 20, sowie ausführlicher Koch, J.: Meister Eckhart. Versuch eines Gesamtbildes, in: ders.: Kleine Schriften. Erster Band (Storia e Letteratura. Raccolata di Studi e Testi, Bd. 127, Roma 1973, S. 201–238, besonders S. 201–209.
388 Vgl. zum wissenschaftstheoretischen Neuansatz im 13. Jahrhundert Roesner, M.: Logik des Ursprungs. Vernunft und Offenbarung bei Meister Eckhart, München 2017, S. 53–72.

konzeptioneller Plausibilitäten[389] in Theologie und Philosophie geprägt ist. Eine hochprekär gewordene Akzeptanz der kirchlichen Hierarchie im Verhältnis zu weltlichen Autoritäten ist ebenfalls zu verzeichnen.[390] Neben wirtschaftlichen Beschwernissen (Hungersnöte, Armut) und gesellschaftlichen Transformationen (Aufkommen der Städte und des Bürgertums) ist die Zeit geprägt von innovativen Frömmigkeitspraktiken (Medikanten, Beginentum, Brüder vom freien Geist). Das praktizierte geistliche Leben löst sich der Tendenz nach beachtlich von der Kirche ab, was gegenläufige Interessen kirchlicher Autorität nach sich zog.[391] Die Zeit des beginnenden 14. Jahrhundert, in der Eckhart auf dem Zenit seines Wirkens steht, trug somit insgesamt das Signum „einer tiefgreifenden Krise"[392] und der Erosion von bisher Vertrautem. Was bewegte unseren Autor in diesem Kontext besonders?

Loris Sturlese fasst zusammen, was an Eckhart in dieser geistig-geistlichen Umwelt mit Beginn seines ersten Pariser Magistrats (1302–1303) wissenschaftlich und existentiell rührte: „Zentralität der Frage nach der Ergründung der Individualität, Durchformung und Vergöttlichung der Vernunft als theologische Chiffre einer möglichen Lösung, Notwendigkeit einer spekulativen Grundlegung der Moral, metaphysische Interpretation der Nachfolge Christi. Das war das komplexe Bündel von Motiven, mit denen sich Meister Eckhart um die Jahrhundertwende spekulativ beschäftigte [...]."[393] Die angeführten Themen mögen der Lektüre der folgenden Ausführungen

---

389 „Die Synthese der gläubigen Theologie mit der aristotelischen Philosophie war die Errungenschaft der Hochscholastik, insbesondere das Verdienst Alberts des Großen und Thomas' von Aquin. Diese Synthese wird jetzt der Kritik unterworfen: die einen verurteilen die Aufnahme des Aristotelismus in die Scholastik als verkapptes Heidentum, das den Niedergang des Christentums herbeiführen müsse; die anderen erheben nicht so schwerwiegende Einwände, fordern aber doch die Rückkehr zu Augustinus; die dritten stellen die Grundlagen der Schulphilosophie und -theologie überhaupt in Frage." Koch, Meister Eckhart, S. 202. Eckhart ist Teil dieser Kontroverse: „[...] eine Haltung aber ist aber den Denkern der Krisenzeit gemeinsam: sie lehnen den Schulzwang ab, und so wird ihnen der Vorwurf nicht erspart, sie erlaubten sich unerhörte Neuerungen, die mit der allgemein vertretenen Lehre unvereinbar seien. Auch bei Meister Eckhart begegnen wir dieser Grundhaltung; er will sich nicht in die Enge einer Schule begeben und stellt oft genug, auch in der Predigt, seine persönliche Meinung derjenigen ‚der Meister' entgegen." Ebd. S. 202.
390 Winkler, Meister Eckhart, S. 23.
391 Ebd. S. 21.
392 Ebd. S. 20.
393 Ebd. S. 10.

eine Hilfe sein, Eckharts einzelne Gedankengänge zur Güte und dem Guten als Momente eines übergeordneten Anliegens zu würdigen, das dem Dominikaner angesichts der damaligen intellektuellen, theologischen und spirituellen Herausforderungen am Herzen lag. Dieses Anliegen ist im Kern die Besinnung auf Wesen und Lebensziel des Menschen in seiner Verfasstheit und Relationalität als von Gott her begründetes Geschöpf, das zu diesem hin geschaffen und auf ihn hin unterwegs ist. Eckhart sucht somit *in soteriologischer*[394] Perspektive nach einer philosophisch und theologisch konzipierten Anthropologie. Diese sucht er *sowohl mit Mitteln der natürlichen Vernunft als auch mit den Mitteln der geoffenbarten Glaubenswahrheiten* zu begründen und zu formulieren. Dabei leitet ihn ein Wahrheits- und Wissenschaftsverständnis, das von der Einheit der Vernunft und des Wissens ausgeht, das wiederum in der axiologischen und teleologischen Einheit allen Seins in Gott, dem Einen, gründet. Meister Eckhart denkt daher in Kategorien der Konkordanz und der Konvergenz. Josef Koch bemerkt dazu: „Eckhart ist nirgendwo reiner Theoretiker, weder in der Philosophie noch in der Theologie, vielmehr betreibt er beides als religiöser Mensch, und sein großes Anliegen ist die Einheit von Philosophie, Theologie und religiösem Leben."[395] Die Verbindung von philosophisch-theologischem Denken und basaler spiritueller Erfahrung stellt Josef Sudbrack bei Eckhart heraus. Wo Eckhart am Einen interessiert ist, spielt seine eigene spiritueller Erfahrung eine wichtige Rolle: „Sein Denken ruht ganz offensichtlich auf einer alles bestimmenden vorangegangenen ‚intuitiven' Einheitserfahrung."[396] Die innere Kohärenz von Metaphysik und Offenbarungstheologie, die Eckhart erblickt und die ihn inspiriert, zeigt sich klar an seinem originellen Konzept der transgenerationalen Bestimmungen. Was Eckhart dazu innovativ entwirft, wird nachfolgend entfaltet und in seinen theologiegeschichtlichen Kontexten situiert.

2.1.2.2 Die Transzendentalien als Ort der Bestimmung des Verhältnisses von Schöpfer und Schöpfung sowie der Neuformulierung von Metaphysik

Die im ausgehenden 13. Jahrhundert verstärkt raumgreifende Diskussion über den Status und die Bedeutung der transkategorialen Bestimmungen,

---

394 Vgl. dazu Kern, U.: Der Gang der Vernunft bei Meister Eckhart (Rostocker Theologische Studien, Bd. 25), Berlin 2012, besonders S. 300ff.
395 Koch, Meister Eckhart, S. 237.
396 Subrack, J.: Das wahre Wort der Ewigkeit. Die Mystik Meister Eckharts, Kevelaer 2014, S. 15.

der sogenannten „transcendentia"[397], die von Eckhart auch „termini generales"[398] genannt wurden, ist Teil einer damals stattfindenden basalen Problematisierung des Verhältnisses von Gott und Schöpfung sowie der von manchen Forschern postulierten Neuformulierung von Metaphysik.[399] Metaphysik kommt dabei der Rang einer Universal- und Fundamentalwissenschaft zu, die Eigenständigkeit und Erstrangigkeit der Philosophie gegenüber der Theologie sichern sollte.[400] Wie kam es zu diesen Entwicklungen?

Angesichts des damals nunmehr vollständig zugänglichen und über arabische Autoren rezipierten Opus des Aristoteles und die diesem inhärente Metaphysik und Weltauffassung wurde es notwendig, das zunehmend brüchig gewordene Zueinander von Philosophie und Theologie neu zu bestimmen.[401] Dabei werden wissenschaftstheoretische Fragen in existentiellem

---

397 Vgl. Sermo XXXVII, n. 377, in: LW IV, S. 322, 12f.: „Ens, unum, verum, bonum transcendentia sunt".

398 Vgl. Prol. gen. in opus trip. n. 8, in: LW I, S. 152, 8–10: „Primum est quod de terminis generalibus, puta esse, unitate, veritate, bonitate et similibus …".

399 Vgl. dazu Honnefelder, L.: Der zweite Anfang der Metaphysik. Voraussetzungen, Ansätze und Folgen der Wiederbegründung der Metaphysik im 13./14. Jahrhundert, in: Beckmann, J. P. (Hg.): Philosophie im Mittelalter. Entwicklungslinien und Paradigmen, Hamburg 1987, S. 165–187.

400 Wouter Goris bemerkt dazu: „Die mittelalterliche Transzendentalienlehre beansprucht eine gewisse Eigenständigkeit der philosophischen Reflexion. Sie verleiht der Metaphysik den Ausdruck einer Universal- und Fundamentalwissenschaft. Gemäß der Angabe des Aristoteles im vierten Buch der Metaphysica ist die Metaphysik ‚Wissenschaft des Seienden als solchem und des ihm an sich Zukommenden'. Die Transzendentalien sind nichts anderes als gerade diese wesentlichen Eigenschaften jeglichen Seienden. In der Transzendentalienlehre, der Lehre der *communissima*, wird somit der universale Anspruch der Metaphysik artikuliert. Die Stellung der Metaphysik als Fundamentalwissenschaft ergibt sich aus der kognitiven Priorität der transzendentalen Begriffe. Die Transzendentalien sind neben den *communissima* auch die *prima,* die ersten Vernunftbegriffe, die nicht definiert werden können, da sie in jedem anderen Begriff und somit jeder Erkenntnis und Wissenschaft vorausgesetzt sind. Im ‚zweiten Anfang' der Metaphysik fördern diese Erstheit und Allgemeinheit der Transzendentalien die Eigenständigkeit der Philosophie sowie ihre Erstrangigkeit." Goris, Einheit, S. 16.

401 Jan Aertsen skizziert, wie die Aufnahme der griechischen Philosophie das mittelalterliche Denken zu einer Selbstbesinnung auf die Grundlagen der Philosophie nötigte: „Die Aristotelesrezeption im 13. Jahrhundert veranlasste mittelalterliche Denker zu einer Reflexion über die Eigenart der Philosophie im Unterschied zur christlichen Theologie. Nicht zuvor in dieser Periode gab es eine solche dringende Notwendigkeit, die eigene Grundlage der Philosophie zu verantworten. Die transzendentale Denkweise ist eine Antwort auf die Herausforderung, denn

Interesse virulent, sofern sie zum Thema werden lassen, was menschliche Vernunft erkennen, verstehen und wie sie *auf dem Weg zum ewigen Heil* davon geleitet werden kann. Die Grundfrage, ob von den der *natürlichen Vernunft zugänglichen Erkenntnissen abstrahierend auf Gottes Wirklichkeit geschlossen* werden kann, oder ob vielmehr die *allgemeinsten Bestimmungen in genuiner Weise sachlich fundierend Gott zugesprochen werden müssen* und erst von dort her *in speziell abgeleiteter Weise von allem Geschaffenen ausgesagt werden können*, ist im Hintergrund wirksam und wird kontrovers beantwortet. Diese Fragen sind keineswegs nur Themen akademisch-abstrakter Dispute. Sondern sie berühren fundamental das Gott-Weltverhältnis und die heilsrelevante Frage der Erkennbarkeit Gottes und seines Willens. Welche Alternativen[402] wurden damals diskutiert? Welche Position nimmt unser Autor in dieser Kontroverse ein?

Auf der einen Seite formierte sich, vereinfachend und schematisierend formuliert, die von Albert dem Großen begründete und von Thomas von Aquin ausgearbeitete theologische Auffassung einer *Proportionalitätsanalogie*.[403] Nach diesem Verständnis hat Geschaffenes im Modus der *Teilhabe*[404], und zwar nach dem jeweiligen Sein gestaffelt *und abgeschwächt*, an Gottes Qualitäten analog Anteil, wird jedoch stets wesentlich in *bleibender Differenz* zu Gott aufgefasst. In dieser Sichtweise bleibt die *Distanz zwischen Schöpfer und Geschöpf stets und grundlegend gewahrt* und dem *Verdacht des Pantheismus kann gewehrt* werden. Das Moment der *Einheit des Seins* kann dieses Modell jedoch *nur schwer zur Darstellung* bringen: „Problema-

---

Transzendentalien sind die prima in kognitiver Hinsicht. In der Rückführung (resolutio) unserer Denkinhalte auf die allgemeinen Begriffe erweisen sie sich als das Ersterkannte." Aertsen, J.: Gibt es eine mittelalterliche Philosophie?, in: Philosophisches Jahrbuch 102 (1995) S. 174–175.

402 Vgl. zu den verschiedenen mittelalterlichen Positionen hinsichtlich der Transzendentalienlehre sichtete Aertsen, J. A.: Medieval Philosophy an The Transcendentals. The case of Thomas Aquinas, Leiden 1996, sowie ders.: Medieval Doctrine of the Transcendentals – The current State of Research, in: Bulletin de Philosophie médiévale 33 (1991) S. 130–147.

403 Vgl. dazu Winkler, Meister Eckhart, S. 70ff.

404 Vgl. zum Begriff der Teilhabe Schönberger, R.: Artikel „Teilhabe", in: Historisches Wörterbuch der Philosophie, Bd. 10, Sp. 961–969, Darmstadt 1998. Vgl. zum vielschichtigen Verständnis der Teilhabe im Zuge der europäischen Geistesgeschichte Weiher, Winfried: Sinn und Teilhabe. Das Grundthema der abendländischen Geistesentwicklung (Salzburger Studien zur Philosophie, in Verbindung mit dem Philosophischen Institut Salzburg herausgegeben von Viktor Warnach, Bd. 7), München 1970.

tisch an dieser Auffassung blieb, dass die Einheitlichkeit des Seinsbegriffs in der Diversifikation der verschiedenen Seinsarten verloren ging."[405] Auf der anderen Seite kann mit Akzent auf der (consubstantialen) *Attributionsanalogie, sowie der diese fundierenden Vorstellung von Univozität*[406], die Position unseres Autors aufgewiesen werden. Eckhart ist dabei von Vorarbeiten bei Heinrich von Gent und vor allem dem Ordensbruder Dietrich von Freiberg inspiriert und sowohl sachlich als auch begrifflich geprägt. In diesem Kontext sind Eckharts akademische Anstrengungen zu situieren, Gottes- und Schöpfungslehre neu zu konturieren. Bei Eckhart noch nicht erkennbar, aber in der Folgezeit hochvirulent wird es im Nominalismus dann um eine gegenteilige Auffassung gehen, die den allgemeinsten Begriffen keinen realen extramentalen Status mehr zubilligt.[407]

Um nun eine spezifische Einheit von Gott und Mensch denken zu können, die beider Eigentümlichkeiten wahrt und trotzdem eine Einheit postulieren kann, entwirft Eckhart eine innovative Transzendentalienlehre. Diese verbindet er mit einer bereits bei Dietrich von Freiberg formulierten Intellekttheorie.[408] Das erlaubt unserem Autor, den Einbezug des Menschen in Gottes Sein auf scheinbar paradoxe Weise zugleich von Ferne und Nähe, von Transzendenz und (univoker) Immanenz bestimmt sein zu lassen. Dies

---

405 Winkler, Meister Eckart, S. 71.
406 Vgl. zum Eckhartschen Konzept von Analogie und der zentralen Bedeutung von Univozität den Beitrag von Mojsisch, B.: Meister Eckhart. Analogie, Univozität und Einheit, Mainz 1983, sowie ders.: Meister Eckharts Theorie der geistigen Vollkommenheiten. Mit possibilitätsphilosophischen Reflexionen, in: Pickavé, Martin (Hg.): Die Logik des Transzendentalen. Festschrift für Jan A. Aertsen (Veröffentlichungen des Thomas-Instituts der Universität zu Köln, herausgegeben von Jan A. Aertsen, Bd. 30), Berlin 2003, S. 511–523.
407 Vgl. zum Nominalismus Wendel, S.: Artikel „Nominalismus", in: Franz, A./Baum, W./ Kreutzer, K. (Hg.): Lexikon philosophischer Grundbegriffe der Theologie, S. 296f. Beachtenswert für Eckharts Position ist seine deutlich erkennbare innere Nähe zum Neuplatonismus. Bei der divergenten Einschätzung, ob das Allgemeine *vor* dem Einzelnen ontologisch anzusiedeln ist (so die Sicht im Neuplatonismus), ob ersteres dem letzteren *inhäriert* (so bei Thomas v. Aquin), oder ob das Allgemeine nur *sekundär aus dem Einzelnen nachträglich ableitbar* ist als *intramentale* Größe (R. v. Comiènge) bzw. Allgemeines als Moment von Wirklichkeits*aussagen* anzusehen ist, die auf ein intuitives Erfassen der Existenz von Einzelnem Bezug nimmt, ist unser Autor in seiner Grundausrichtung klar der erstgenannten Position zuzuordnen, was auch seine Bezugnahme auf Autoren des Neuplatonismus erklärt.
408 Vgl. dazu Mojsisch, B.: „Dynamik der Vernunft" bei Dietrich von Freiberg und Meister Eckart, in: Ruh, K. (Hg.): Abendländische Mystik im Mittelalter. Symposion Kloster Engelberg 1984, Stuttgart 1986, S. 135–144.

gelingt ihm, indem er menschliches Sein in einer spezifischen Form *mit Gott im ständigen Vollzug* als geeint denkt. Dieser Vollzug muss als *dynamische Wirk-Einheit* begriffen werden, die keine statische Seinseinheit meint, also kein Substanzdenken im traditionellen ontologischen Sinne impliziert, sondern eine relationale Ontologie, die sich momenthaft je aufs neue zuträgt, ohne zum Seinsbestand des Menschen zu werden. Dieser Gedankengang führt Eckhart zu einer pointierten Sicht auf den Menschen. In dieser Optik erscheint der Mensch in seiner *Geschöpflichkeit* einerseits als „lûter nihts"[409], als ‚reines Nichts', das von Hinfälligkeit geprägt ist. Zugleich aber ist der Mensch andererseits, nämlich in der transzendentalen Dimension seiner *Intellektualität*, unserem Autor zufolge im ‚Seelengrund' gottverbunden und in dieser Hinsicht sogar ‚ungeschaffen' und in göttliche Einheit einbezogen.

Nach diesem Seitenblick auf den größeren Zusammenhang der Eckhartschen Konzeption soll das Interesse nun wieder in einem engeren Fokus dem Inhalt und der Bedeutung der zeitgenössischen Tranzendentalienlehre gelten, von der sich Eckhart pointiert absetzen wird. In diesem Thema bündeln sich die oben skizzierten, disparaten Ausrichtungen der damaligen Theologie und von daher ist es für Eckhart auch geeignet, sein eigenes Konzept zu präsentieren.

Die um 1225 erstmals schriftlich als Traktat[410] belegbare Lehre von den Transzendentalien, die „in ihrer klassischen Form (ens, unum, verum, bonum) seit dem 13. Jahrhundert Gemeingut des scholastischen Denkens sind"[411], gewinnt Martina Roesner zufolge aus zwei Gründen verstärkte Bedeutung. Dabei spielen philosophiegeschichtliche und theologische Anliegen eine Rolle: „Dass die Transzendentalien im Laufe des Mittelalters eine derart große systematische Bedeutung erlangt haben, ist vor allem dem Umstand zu verdanken, dass ihr überkategorialer Charakter, der bei Aristoteles lediglich negativ definiert wird, im Zusammenhang der scho-

---

409 DW I, S. 69,8, Predigt Nr. 4. Vgl. dazu auch Büchner, C.: Was heißt *lûter niht*? Meister Eckharts Schöpfungsverständnis im Rahmen seines Denkens der Einheit Gottes, in: Meister-Eckhart-Jahrbuch 1 (2007) S. 111–123.
410 Die Transzendentalienlehre begegnet zum ersten Mal bei Philipp dem Kanzler in der dritten Dekade des 13. Jahrhunderts: „Allgemein wird die *Summa de bono* (circa 1225 verfasst) als der erste Traktat angesehen, in welchem diese Lehre thematisiert wird." Goris, W.: Einheit als Prinzip und Ziel. Versuch über die Einheitsmetaphysik des Opus tripartitum Meister Eckharts (Studien und Texte zur Geistesgeschichte des Mittelalters, Bd. 59), Leiden 1997, S. 15.
411 Roesner, M.: Logik des Ursprungs. Vernunft und Offenbarung bei Meister Eckhart, Freiburg 2017, S. 78.

lastischen Philosophie eine positive Valenz annimmt, und zwar in zweifacher Hinsicht. Zum einen sind die transkategorialen Bestimmungen mit Blick auf die christliche Gottesrede von Interesse, da sie sich in besonderer Weise dazu eignen, die Beziehung zwischen Gott als dem Schöpfer der Welt und der von ihm hervorgebrachten Wirklichkeit begrifflich zu artikulieren, ohne dabei den qualitativen Unterschied zwischen der göttlichen und der kreatürlichen Wirklichkeit einzuebnen. Zum anderen bieten sich die Transzendentalien aber auch dazu an, in einem rein philosophischen Rahmen das aristotelische Projekt der Metaphysik als einer ‚Wissenschaft vom Seienden als solchem und dem ihm als solchem zukommenden Eigenschaften' in systematischer Weise zu entfalten und die dabei zum Tragen kommende logisch-überkategoriale Transzendenz der allgemeinen Bestimmungen des Seienden von der ontologisch-metaphysischen Transzendenz Gottes zu unterscheiden."[412] Eckhart wird in beiden Fragen eine originelle und neue Position einnehmen. Dem widmen sich die folgenden Ausführungen.

2.1.2.3 Die Transzendentalien als exklusive Prädikationen Gottes

Unser Autor stellt zu Beginn des *Opus Tripartitum* seine Überlegungen zu den allgemeinsten Bestimmungen vor. Näher betrachtet geschieht dies zunächst im allgemeinen Vorwort zum ganzen Werk (*Prologus generalis in opus tripartitum*[413]), und nachfolgend dann im Vorwort zum ersten, aximotischen Teil seines metaphysischen Entwurfs (*Prologus in opus propositionum*[414]).

Bei unserem Autor erfahren die transkategorialen Bestimmungen drei innovative Akzentsetzungen und deren Verwendung beachtliche Transformationen. Darauf werden wir später noch bei der Besprechung der Trostschrift *Buch der göttlichen Tröstung* weiter eingehen. Als erstes innovatives Moment seiner Konzeption sticht eine vor Eckhart in der mittelalterlichen Theologiegeschichte *unbekannte Vorrangstellung der Transzendentalienlehre* im Ganzen eines theologischen Entwurfs hervor. So macht Eckhart „die Transzendentalien zur Grundlage seines theologisch-philosophischen Gesamtprojekts"[415], wie Jan A. Aertsen bemerkt und feststellt: „I know of no medieval writing in which DT [Doctrine of Transcendentials, Anmerkung des Verfassers dieser Studie] comes so prominently to the fore as in

---
412 Roesner, Logik des Ursprungs, S. 80.
413 LW I, S. 148–165.
414 Ebd. S. 166–182.
415 Aertsen, J. A.: Die Bedeutung der Transzendentalbegriffe für das Denken Meister Eckharts, in: Meister-Eckhart-Jahrbuch, Bd. 5, Stuttgart 2012, S. 27–41.

Eckhart's Opus tripartitum."[416] Als zweite Neuerung fällt die „Verdoppelung der Allgemeinbegriffe in abstracta und concreta"[417] auf, sodass unser Autor etwa von der Güte und vom Guten spricht, was für unsere übergeordnete Fragestellung nach dem Einbezug des Guten in die Güte noch hochbedeutsam sein wird. Die ‚termini generales' werden darüber hinaus in einer dritten Innovation – anders als etwa bei Thomas von Aquin – wesentlich und *exklusiv Gott zugesprochen*. Theo Kobusch sieht darin das „eigentlich Neue und Revolutionäre der Eckhartschen Transzendentalienlehre", dass sie „auch Gotteslehre ist. Die transzendentalen Bestimmungen des Seienden, Einen, Wahren und Guten sind nämlich zuerst und im eigentlichen Sinne Bestimmungen Gottes und ihm ‚eigen', aber auch das von allem Partizipierte."[418] Daraus ergeben sich bedeutende Akzentverschiebungen hinsichtlich der Frage, inwiefern die transkategorialen Bestimmungen *auch* dem geschöpflichen Sein, näherhin dem Menschen, *überhaupt und wenn ja in welchem genauen Sinne noch zukommen* – eine Fragerichtung, die bei Thomas von Aquin genau umgekehrt gestellt wurde, nämlich ob die Transzendentalien auch noch Gott in spezieller Weise zukommen oder nicht.[419]

Eine erste Unterscheidung und inhaltliche Konturierung der transgenerationalen Bestimmungen benennt Eckhart in der allgemeinen Vorrede zum Gesamtwerk, genauer in der ersten Vorbemerkung dieses Prologs. Sie betrifft den *unterschiedlichen Status von Akzidentien und allgemeinen Bestimmungen*. Letztere liegen ersteren voraus und sind somit früher als die Akzidentien, also den veränderlichen Bestimmungen einer Sache, die zu den Wesensbestimmungen hinzutreten. Die *termini generales* sind nun ein Drittes zwischen Akzidentien und Wesensbestimmungen, das sachlich früher ist als beide und bereits mit dem Sein einer Sache zugleich gegeben ist. Dazu führt Josef Koch zusammenfassend aus: „Die erste Bestimmung ist die in *Prol. gener.* N. 8, LW I, S. 152 vorgetragene Unterscheidung zwischen den reinen Vollkommenheiten (hier: termini generales) und den Akzidentien der Dinge. Die Akzidentien im gewöhnlichen Sinn des Wortes empfangen ihr Sein von der Substanz als ihrem Träger, sie sind ihrer Natur nach später als dieser, entstehen und vergehen mit ihm, werden nach ihrem Verhältnis zum Träger gezählt

---

416 Aertsen, The medieval Doctrine of the Transcendentials, S. 137.
417 Aertsen, Die Bedeutung der Transzendentalbegriffe, S. 32.
418 Kobusch, T.: Transzendenz und Transzendentalien, in: Meister-Eckhart-Jahrbuch Bd. 5, Stuttgart 2012, S. 41–54, hier S. 47.
419 Vgl. dazu Winkler, Einführung, S. 52. Zur Rede von Gott beim Aquinaten und bei Eckhart vgl. Wendlinger, A.: Speaking of God in Thomas Aquinas and Meister Eckhart: beyond analogy, New York 2014.

und eingeteilt. Der Zusammenhang zwischen Akzidens und Substanz ist so eng, dass letztere in die Definition des Akzidens eingeht. All das ist *doctrina communis*. Die reinen Vollkommenheiten hingegen – Eckhart nennt hier Sein, Einheit, Wahrheit, Weisheit, Gutheit – sind der Natur nach früher, als alles, was sich in den Dingen findet. Eckhart führt das hier nur für das Sein aus. Es empfängt sein Sein (*quod sit*) weder in einem andern noch von einem andern noch durch ein anderes, sondern liegt allem andern voraus."[420]

Im Vorwort zum Thesenwerk (prologus in opus propositionum)[421] entfaltet Eckhart diese vorgestellte Bestimmung der termini generales weiter. Unter anderem[422] und für unsere Fragestellung entscheidend, zentriert unser Autor dabei seine Diktion, mit der er sich denkend einem metaphysischen Sachverhalt widmet, *auf die Weise einer natürlichen Theologie*. Dies geschieht, indem er die Transzendentalien als *exklusive Prädikationen Gottes* vorstellt. Für unsere übergeordnete Fragestellung nach dem Einbezug des Guten in die Güte sind diese Ausführungen instruktiv. Die Belegstelle aus dem Vorwort zum Thesenwerk bringt Eckharts philosophisch-theologisches Denken in nuce ins Wort. Das lateinische Original[423] wird in der Übersetzung von Konrad Weiss zitiert:

„Einleitend ist also zu bemerken: Erstens, daß Gott allein im eigentlichen Sinne Seiendes, Eines, Wahres und Gutes ist; zweitens, daß von ihm alles Sein, Einheit, Wahrheit und Gutheit hat; drittens, daß alles von ihm unmittelbar hat, daß es es ist, eines, wahr und gut ist. Viertens, wenn ich sage: Dieses Seiende oder dies und das Eine oder dies und das Wahre, so fügen oder legen ‚dies' und ‚das' nichts weiter an Seinsgehalt, Einheit, Wahrheit oder Gutheit zum Seienden, Einen, Wahren und Guten bei."[424]

---

420 Koch, J.: Zur Analogielehre Meister Eckharts, in: ders.: Kleine Schriften, Erster Band (Storia e Letteratura. Raccolta di Studi e Testi, Bd. 127) Roma 1973, S. 367–397, hier 376f.
421 LW I, S. 166–182.
422 Die vorgetragenen satzanalytischen Überlegungen zur alternativen Verwendung von ‚est' (z. B. „Der Stein ist", d. h. est im Sinne einer Existenzaussage) im Unterschied zum Gebrauch als Kopula (z. B. „Der Stein ist weiss") können für unsere Fragestellung ohne weitere Beachtung bleiben.
423 „Notandum ergo prooemialiter primo quod solus deus proprie est ens, unum, verum et bonum. Secundo quod ab ipso omnia sunt, unum sunt, verum sunt et bona sunt. Tertio quod ab ipso immendiate omnia habent quod sunt, quod unum sunt, quod vera sunt, quod bona sunt. Quarto: cum dico hoc ens aut unum hoc aut unum istud, verum hoc et istud, li hoc et istud nihil prorsus addunt seu adiciunt entitatis, unitatis, veritatis aut bonitatis super ens, unum, verum, bonum." LW I, S. 167,4–168,5.
424 LW I, 167–168.

Josef Koch knüpft zur Erläuterung obiger Stelle an das zuvor bezüglich der Unterscheidung von termini generales und Akzidentien Ausgeführte an: „Die andere Bestimmung, die man ständig im Sinn behalten muss, um die Rede des Meisters zu verstehen, steht zu Beginn des Prol. op. prop. n 2, LW I, S. 166. Sie besagt, dass seiend das Sein allein (oder schlechthin) bezeichnet, eins die Einheit allein, wahr die Wahrheit allein, gut die Gutheit allein, gerecht die Gerechtigkeit allein, usw. Die Folgerungen, die er (n. 4, S. 167) zieht, machen die Bedeutung dieser These klar: 1. Gott allein ist im eigentlichen Sinne seiend, eins, wahr und gut; 2. Von ihm (d. h. nur durch seine Mitteilung) ist Seiendes seiend, Eines eines, Gutes gut und Wahres wahr; 3. alles hat diese Vollkommenheiten von Gott unmittelbar; 4. nun gibt es nicht Seiendes usw. im allgemeinen, sondern nur individuelles (dieses oder jenes) Seiendes. Aber diese Bestimmung fügt nichts an Seinsheit (entitas), Einheit usw. zum Seienden hinzu. Es ist ja eine Einschränkung, Begrenzung. Die ausführliche Erörterung dieser vier Sätze bildet den Inhalt dieser Vorrede."[425]

In Eckharts Vorlesungen über das 24. Kapitel von Jesus Sirach[426], entstanden zwischen 1302 und 1305[427], ist der Sache nach Gleichsinniges ins Wort gebracht.[428] Dort wird das Verhältnis des Bezeichnenden zum Bezeichneten, hier der allgemeinsten Begriffe zu den konkreten Verwirklichungsformen, näher beschrieben: „Seiendes aber oder Sein und jede Vollkommenheit, besonders jede allgemeine, wie Sein, Eines, Wahres, Gutes, Licht, Gerechtigkeit und dergleichen, werden von Gott und den Geschöpfen analog ausgesagt. Daraus folgt, das Gutheit, Gerechtigkeit und dergleichen, ihre Gutheit gänzlich von etwas außer sich haben, zu dem sie in einem analogen Verhältnis stehen, nämlich Gott."[429] Im Anschluss daran benennt Eckhart eine für unsere Fragestellung nach dem Einbezug des Guten in die Güte beachtenswerte Konsequenz: „Was zu einem anderen in einem analogen Verhältnis steht, in dem schlägt nichts von der Form, auf der das Verhältnis beruht, seinsmäßig eine Wurzel. Nun aber steht alles Geschaffene nach Sein,

---

425 Koch, Zur Analogielehre Meister Eckharts, S. 377.
426 Sermones et lectiones super Ecclesiastici cap 24, 23-31, in: LW II, S. 231–300. Vgl. dazu Flasch, Meister Eckhart, S. 128–135.
427 Flasch, Meister Eckhart, S. 128.
428 Flasch bemerkt zu den zwei Predigten und Vorlesungen: „Eckhart skizziert das Programm des Infinitismus und dynamischen Aktualismus.", Flasch, Meister Eckhart, S. 129.
429 LW II, S. 281,1-5, Übersetzung von Mieth, D.: Meister Eckhart. Einheit im Sein und Wirken (Textauswahl), München 1986, S. 233.

Wahrheit und Gutheit zu Gott in einem analogen Verhältnis. Also hat alles Geschaffene in Gott, nicht in sich als geschaffenem Seienden, Sein, Leben und Wissen seinsmäßig und wurzelhaft. Und so zehrt es immer, insofern es hervorgebracht und geschaffen ist, und dennoch hungert es immer, weil es immer aus sich nicht ist, sondern von einem anderen her."[430] Der prekäre Status alles Seienden, das gleichsam in der Schwebe sich befindet zwischen der momentan jeweiligen Seinsverleihung (,zehren') und dem Geprägtsein von Seinsmangel und der Disposition hin auf erneute Seinsverleihung (,hungern') findet hier Ausdruck. Bei der Besprechung der für Eckharts Denken typischen Ontologisierung der Ethik werden wir darauf zurückkommen.

Was Eckhart hier im *Opus tripartitum* in Form der scholastisch-akademischen Sprachform bezüglich der allgemeinsten Bestimmungen vorstellt, begegnet inhaltlich rund eine Dekade später erneut, jedoch in anderem Sprachgewand. Unser Autor artikuliert es um 1318 der Sache nach in gleicher Weise im Traktat *Buch der göttlichen Tröstung*, sowie in kerygmatischer Form in mehreren seiner Predigten. Somit findet seine universitär ersonnene natürliche Theologie Eingang in pastorale Verkündigung, und zwar mit mystagogischem Anliegen. Gleiches gilt auch für seine Intellekttheorie, die nachfolgend erläutert werden soll.

2.1.2.4 Der menschliche Intellekt in seiner Koessentialität zum göttlichen Denken

Die Frage nach dem Zusammenhang zwischen göttlichem und menschlichem Intellekt[431] ist von Bedeutung, weil Eckhart zufolge dem Menschen auf der Ebene des Intellekts in spezieller Weise *Zugang zum göttlichen Denken und darin zu seiner Ungeschaffenheit* gewährt ist.[432] Hier, in einer bestimmten, nämlich *transzendentalen* Dimension seines Denkens, rührt der Mensch in gewisser Weise Eckhart zufolge tatsächlich und unmittelbar an Gott. Dies jedoch *nur, insoweit* der Mensch Denken nicht allein im Sinne eines Naturvermögen zeitigt. Es ist also nicht das aktuell jeweils sich konkretem Ein-

---

430 Ebd. S. 282, 1–6. Übersetzung von Mieth, Meister Eckhart, S. 233.
431 Vgl. dazu ausführlich Flasch, K.: Procedere ut imago. Das Hervorgehen des Intellekts aus seinem göttlichen Grund bei Meister Dietrich, Meister Eckhart und Berthold von Moosburg, in: Ruh, K.: Abendländische Mystik im Mittelalter: Symposion Kloster Engelberg 1984, Stuttgart 1986, S. 125–134, sowie ders.: Meister Eckhart. Philosoph des Christentums, München 2010, S. 40ff. und S. 322ff.
432 Die folgenden Ausführungen halten sich eng an den verdichteten Überblick, den Sturlese, Meister Eckhart, S. 10ff. zum Thema präsentiert.

zelnen zuwendende gemeint, sondern „Denken als solches (intellectus en eo quod intellectus)", d. h. „als einheitliche, überindividuelle und nicht zeit- und raumbedingte transzendentale Funktion".[433] In der Beachtung dieser zweiten Dimension menschlichen Denkens waren Eckhart Albert der Große[434] und Dietrich von Freiberg hinsichtlich der Sache und der begriffliche Artikulation vorangegangen. Was Eckhart auf dieser Basis intellekttheoretisch grundlegt, findet in christologisch-theologischer Dimension seine entfaltende Weitung, wenn Eckhart von der Geburt des ewigen Sohnes im Seelengrund des Menschen spricht. Letzteres ist ein Topos, den Eckhart dem Inhalt nach zwar in der Tradition vorfindet. Er artikuliert ihn aber in neuer Form.[435] An dieser Stelle soll jedoch zunächst noch weiterhin der Intellekttheorie das Augenmerk gelten, die Eckhart zum Ort der integrierenden Vermittlung philosophischer und theologischer Aussagen werden wird.

Seine Vorstellungen zum Zusammenhang zwischen Gott und ‚intelligere' entwickelt Eckhart in seinen beiden erhalten gebliebenen „Quaestiones Parisienses"[436], die Einblick in Eckharts Gottesverständnis[437] gewähren. Sturlese skizzierte Eckharts Gedankengang: „Es war gerade der Begriff von *intellectus* (einem Terminus, den ich mit ‚Denken' übersetzen möchte), den Eckhart ins Zentrum seiner Reflexion stellte, um die in den *Reden* aufgeworfene Frage nach der Begründung der Individualität weiterzudenken. Dies erfolgte im Jahr 1302/03, als ihm die Chance geboten wurde, sein religiöses und spekulatives Projekt auf einem Lehrstuhl als Magister actu regens in der Sorbonne vorzuführen. Eckharts Lehrtätigkeit fand in der gelehrten Welt kein Echo: Aus der ganzen Reihe der Quaestiones, die er öffentlich vortrug, sind uns lediglich zwei erhalten geblieben [...]."[438] In diesen bei-

---

433 Sturlese, Meister Eckhart, S. 12.

434 Vgl. dazu in prägnanter Kürze Flasch, Meister Eckhart, S. 40–42 unter der Überschrift „‚Intellect' im Mittelalter. Ein Wort zu Albert von Köln."

435 Vgl. dazu Rahner, H.: Symbole der Kirche. Die Ekklesiologie der Väter, Salzburg 1964, S. 80ff. Hugo Rahner bemerkt zur innovativen Leistung Meister Eckharts: „Eines steht gewiß fest: Nicht das Inhaltliche ist es, was Eckhart aus eigenem beisteuert, sondern die geniale Form, die großartige Eintönigkeit, mit der er die Lehre von der Gottesgeburt zum unendlich umkreisten Mittelpunkt seines mystischen Systems macht." Ebd. S. 80.

436 LW V, S. 37–59.

437 Vgl. zu den quaestiones parisienses ausführlich Imbach, R.: Deus est intelligere. Das Verständnis von Sein und Denken in seiner Bedeutung für das Gottesverständnis bei Thomas von Aquin und in den Pariser Quaestionen Meister Eckharts, Freiburg (Schweiz), 1976.

438 Sturlese, Meister Eckhart, S. 11.

den Texten „konzentrierte sich Eckhart auf eine Analyse der Begriffe von Denken und Sein (in Gott: *Quaestio I*; in den Engeln: *Quaestio II*) und ihrer wechselseitigen Beziehungen. ‚Sein' (esse) sei das Prinzip, aufgrund dessen kategorial bestimmte, raum- und zeitgebundene und geschaffene Dinge existieren. Diametral entgegengesetzte Eigenschaften kämen dem Denken (*intelligere*) zu: Es sei nicht kategorial faßbar, es entziehe sich somit den Gesetzen der aristotelischen Substanzontologie und sei vielmehr Verneinung jeder formalen Bestimmtheit, daher nicht-seiend und nicht-geschaffen."[439] Aus dieser Sicht auf das Denken ergeben sich Konsequenzen für das Gottesbild: „Wenn also in der *Quaestio I* die Frage nach dem Prinzip von Gottes Dasein gestellt wird, so lautet die Antwort nicht primär (wie nach Thomas von Aquin): ‚Gott denkt, weil er ist', sondern weil er denkt, deshalb ist er, wobei das hiermit angesprochene Sein Gottes nicht als (geschaffenes) sein (*esse*), sondern als dessen begründendes Prinzip und wesentliche Ursache (Denken als *puritas essendi*) verstanden werden muß. ‚Das Denken selbst ist die Grundlage des Seins selbst'[440], wie Eckhart in der ersten Quaestion formuliert.[441]

Die starke Opposition, die Eckhart *in dieser Phase*[442] seines Wirkens zwischen Sein und Denken (bzw. Gott) einführt, wird verständlich, wenn der *genaue Gebrauch* von ‚esse' Beachtung findet, der hier, um die Jahrhundert-

---

439 Sturlese, Meister Eckhart, S. 11.
440 Ebd.
441 Quaestio Paris. I, n.4, LW V, S. 40.
442 Die dem ersten Augenschein nach dazu konträre Formulierung Eckharts „Esse est deus." unmittelbar zu Beginn des prologus in opus propositionum, (LW I, S. 166), die er als das Ganze seines metaphysischen Entwurfs erschließende Zentralthese vorstellt, kann insoweit mit der oben konturierten starken Opposition von Sein und Denken in den Pariser Quaestionen in Einklang gebracht werden, als Eckhart nunmehr im *Opus tripartitum* eine anders geartete *Perspektive* auf das Sein einnimmt. Keine Wende der Einschätzung Eckharts, sondern ein Perspektivenwechsel wäre dann der Grund der disparaten Aussagen. Es ginge ihm bei der Formulierung „Esse est deus" nicht mehr wie in den Quaestionen um das Sein der einzelnen Naturdinge, sondern er hätte die „puritas essendi" im Blick, das reine Sein, das er *in diesem Verständnis* mit Gott und dessen spezieller Intellektualität identifizieren kann. Vgl. dazu Manstetten, Esse est deus, S. 234ff., sowie Sturlese Meister Eckhart, S. 14ff. Sturlese benennt einen aus seiner Sicht statthabenden Perspektivenwechsel in der Frage nach der Zuordnung von Sein und Gott hinsichtlich der zwei Predigten und Vorlesungen über das 24. Kapitel von Jesus Sirach. Dort wird von Eckhart in der Formulierung „deus est esse" das Sein selbst, „esse ipsum" gemeint und Gott zugeordnet, den Kreaturen hingegeben „wird kein esse formaliter inhaerens, sondern Nichtigkeit ‚nulleitas' zugeordnet." Sturlese, Meister Eckhart, S. 14.

wende in seiner ersten Pariser Zeit, zur Anwendung kommt. Eckhart denkt dabei an die durch Ursachenverhältnisse vernetzten *Naturdinge* und *den Anteil des menschlichen Denkens, der als Naturding verstanden die Aktivität seiner Seelenvermögen* meint. „Eckhart arbeitet anhand eines genauen und sehr ausgeprägten Begriffs von esse: Er verstand ‚Sein' als Synonym von ens (eine Position, die auch Dietrich von Freiberg zu jener Zeit vertrat) und ausschließlich als kategorial bestimmtes, durch die Form abgegrenztes Sein der Naturdinge (*esse formaliter inhaerens*). Es geht mit anderen Worten um die Dinge, wie sie sich in der Welt der tagtäglichen Erfahrung zeigen, nämlich als in Zeit und Raum voneinander unterschieden existierende selbständige Seiende bzw. Substanzen, die miteinander durch ein Netz effizienter Kausalverhältnisse verbunden sind. Unter dieser Perspektive ist Gott nur der oberste und schöpferische Ausgangspunkt der Kausalverhältnisse des Universums."[443]

Für unsere Fragestellung ist nun bedeutsam, dass das *menschliche Denken* in *zwei Dimensionen* betrachtet werden kann, nämlich hinsichtlich seiner Qualität als *Naturding* und seiner Qualität als *überzeitliche, transkategoriale Potenz*. Zunächst kann hinsichtlich Erstgenanntem festgehalten werden: „Auch das Denken darf als Naturding unter Naturdingen betrachtet werden, und zwar als Seelenvermögen (*potentia naturalis animae*), als eine zeitliche, räumlich und individuell bestimmte Reihenfolge individueller Gedanken, welche als solche naturhafte Akzidentien der Substanz einer bestimmten, geschaffenen individuellen Seele sind. Eckhart billigte ausdrücklich diesen Gesichtspunkt in seiner *Quaestio II*."[444] Darüber hinaus ist nun eine zweite Dimension in Eckharts Position erkennbar. Dabei baut er stark auf die Vorarbeit von Mitbrüdern im Dominikanerorden auf.[445] Deren Gedankengänge führt er auf radikale Weise weiter: „Er wußte aber auch, daß seine Vorgänger Albert der Große und Dietrich von Freiberg gezeigt hatten, eine solche naturalistische, dinghafte Betrachtung des Denkens reiche nicht aus, um die Universalität des Begriffs und die seinskonstituierende Funktion des Denkens zu erklären. Daher hatten beide die Betrachtung des Denkens als empirische Subjektivität (*virtus animae rationis*) die Untersuchung des Denkens als solches (*intellectus in eo quod intellectus*), d. h. als einheitliche, überindividuelle und nicht zeit-und raumbedingte transzendentale

---

443 Sturlese, Meister Eckhart, S. 11.
444 Ebd.
445 Vgl. zur Rezeption von Positionen Dietrich von Freibergs Flasch, K.: Meister Eckhart. Philosoph des Christentums, München 2010, S. 322 ff.

Funktion gesellt."⁴⁴⁶ Darüber geht Eckart jedoch hinaus: „Es war eine radikale Entwicklung, denn indem er den intellectus inquantum intellectus als Nicht-Ding sein, als nicht Geschaffenes und als formale Unbestimmtheit definierte, schaffte er jegliche Differenz zwischen göttlichem und menschlichem Denken ab und statuierte ihre Koessentialität. Das intelligere war keine singuläre Eigenschaft der einen Ersten Ursache, sondern eine Dimension der Realität. Zu dieser Dimension – der Dimension des Denkens oder der *regio intellectus*, wie Eckhart sie oft nennt – gehört nämlich alles, was jenseits des Seins, der effizienten Kausalität, der Zeit und des Raumes ist. Hierzu gehören mit denselben Rechten Gott sowie jedes denkende Wesen: Gott nach seinem Wesen, da er Denken ist, der Mensch insofern, als er denkt. Das Denken ist zugleich für den Menschen der Schlüssel, der ihm diese Dimension zugänglich macht."⁴⁴⁷

Eckharts pointierte Sicht der ungeschaffenen Koessentialtiät des menschlichen Denkens mit dem göttlichen intelligere, wie es in den Pariser Quaestionen seinen Niederschlag findet, kann Sturlese zufolge somit als „als ein erstes metaphysisches Ergebnis der Reflexion" gelten, die unser Autor bereits in den frühen ‚Reden der Unterweisung' (1294–1298) begonnen hatte. Bereits dort ging es unserem Autor um den Menschen in seiner fundamentalen Bezogenheit auf Gott, worin sein wahres Wesen gegeben sei: „Ausgangspunkt war die Frage nach dem Wesen des Menschen gewesen. Dies aber hieß, das Wesen des menschlichen Denkens zu untersuchen. Die Möglichkeit, das menschliche Denken als Denken (intellectus inquantum intellectus) zu betrachten, führte zur Entdeckung, daß der Mensch nicht nur als Ding unter Dingen und als zeitlich und räumlich bedingte Individualität gedeutet werden durfte, und daß sein Denken nicht nur als Produkt eines natürlichen Seelenvermögens zu verstehen war. Tue man so, so bleibe man in der falschen Vorstellung der Autonomie behaftet, die die wesentliche Zugehörigkeit des Menschen zum Göttlichen, genauer: seine Koessentialität mit Gott verkennt und ihm den Weg zur Wiedererlangung seines wahren Wesens versperrt."⁴⁴⁸

Vor diesem Hintergrund wird Eckharts emphatische Rede von der sich selbst negierenden ‚Abegescheidenheit' verständlich, ein Begriff, auf den später im Verlauf der Studie noch ausführlicher in anderen Zusammenhängen eingegangen wird. Der Begriff meint hinsichtlich der menschlichen

---

446 Sturlese, Meister Eckhart, S. 12.
447 Ebd.
448 Ebd. S. 12.

Intellektualtiät im Wesentlichen eine Abkehr von falsch begriffener Autonomie und zugleich ein Eingedenkwerden dessen, dass der Mensch in seiner Vernünftigkeit gottfähige Qualität besitzt. Loris Sturlese führt dazu aus: „Verneinung des Selbst' bedeutete nun ‚Verneinung von sich selbst als Ding, das eine falsche Selbständigkeit beansprucht'. Die ‚Einkehr Gottes' war somit nichts anderes als das Bewußtwerden, daß der Mensch, insofern, als er denkt und die Vernunft (*intellectus inquantum intellectus*) als Grund seiner verschiedenen Akte setzt, in einer nicht-dinghaften, sondern seinsbegründenden, vorkreaturalen und göttlichen Dimension lebt."[449] Über die akademische Kontroverse zwischen Dominikanern und Franziskanern bezüglich der Prädominanz von Intellekt oder Wille hinaus, ging es Eckhart jedoch um „mehr als eine intellektualistische Stellungnahme: Es ging darum, einen Gesichtspunkt zu gewinnen, der erlauben sollte, über eine naturalistische Interpretation der Welt und des Menschen hinauszugehen. Die Antwort, die sich bereits in Paris abzeichnete, war: Die Anerkennung der unmittelbaren Abhängigkeit des Menschen von Gott als Vernunft."[450]

Die bisherige Darstellung suchte zu skizzieren, zu welchem Verständnis der Transzentdentalien Eckhart unter der Perspektive einer natürlichen Theologie gelangt. Dem schloss sich die Frage an, wie er die Koessentialität des menschlichen Intellekts mit dem ungeschaffenen göttlichen intelligere begreift. Auf dieser Basis soll abschließend im nächsten Kapitel auf eine weitere zentrale Innovation unseres Autors eingegangen werden. Sie besteht in einer *pointierten Ontologisierung der Ethik*. Diese Innovation lässt unseren Autor in gewissem Sinne zu einem Vertreter einer *Haltungsethik* werden. Bei dieser sind die *Beweggründe und inneren Einstellungen* von Menschen von zentraler Bedeutung für die Frage, wie menschliche Handlungen zu bewerten sind. Vorblickend kann dazu als Lesehilfe formuliert werden: Meister Eckhart steht eine Ethik vor Augen, bei der der Mensch aus innerem Einklang und seinsmäßiger Übereinstimmung mit Gott handelt. Ist der Mensch derart disponiert, dann handelt er ‚ohne warum'. Denn auch Gottes Seinsweise ist ‚ohne warum', das heißt ohne sekundäre Zwecksetzung, um derentwillen etwas geschieht oder ist. Der Ontologisierung der Ethik widmen sich die folgenden Überlegungen.

---

449 Ebd. S. 13.
450 Ebd.

2.1.3 Ontologisierung der Ethik

In vorhergehenden Kapiteln wurde bereits Eckharts innovative Lehre der transkategorialen Bestimmungen als Kern seiner metaphysisch artikulierten Theologie thematisiert. Dies geschah erstens hinsichtlich der *vorherrschenden Stellung* der Transzendentalien *im Gesamtentwurf* seiner Metaphysik und zweitens hinsichtlich seiner *exklusiven Identifizierung der allgemeinen Bestimmungen mit Gott*. Als eine dritte konzeptionelle Innovation seines Denkens kann die betonte *Ontologisierung der Ethik* angesehen werden.[451] Diese Neuausrichtung stellt zum einen eine radikale Relativierung überkommener, betont asketisch organisierter Tugendlehre monastischer Prägung dar,[452] bei der aszetische Strenge oftmals das Leben der Ordensleute prägte.[453] Zum anderen zeigt sie sich als Universalisierung einer freiheitsbetonten spezifizierten Tugendethik.[454] Dabei nimmt der mit Gottes Willen geeinte und mehr noch selbstvergessen identisch gewordene menschliche Wille Teil an den geistlichen Vollkommenheiten und Tugenden, die wiederum mit Gott identisch sind. Eine Perspektivenverlagerung weg von der starken bis strikten Betonung äußerer Handlungen hin zur akzentuierten Prädominanz, ja sogar ausschließlichen Würdigung der menschlichen Intentionen und Einstellungen für die Handlungsbewertungen folgen bei Eckhart daraus. Nachfolgende Überlegungen suchen danach, Eckharts diesbezügliches Anliegen freizulegen und anhand von Zitaten vornehmlich aus dem deutschen Predigtwerk zu belegen.

Eckhart nimmt seine Neukonzeption der Ethik vor, indem er ethische Termini unmittelbar mit metaphysischen Grundaussagen verknüpft und ihnen dadurch ontologische Verankerung zukommen lässt. Dies geschieht konkret in der Form, dass er in die Reihe der Transzendentalien Elemente der sittlichen Vollkommenheiten aufnimmt, insbesondere *die Gerechtigkeit*.[455] Da unser Autor die Transzendentalien aber exklusiv mit Gott iden-

---

451 Vgl. zum Ganzen die instruktiven Beiträge von Schönberger, R.: Secundum rationem esse. Zur Ontologisierung der Ethik bei Meister Eckhart, in: Löw, R. (Hg.): Oikaiosis. Festschrift für Robert Spaemann, Weinheim 1987, S. 253–272, sowie Kobusch, T.: Mystik als Metaphysik des moralischen Seins. Bemerkungen zur spekulativen Ethik Meister Eckharts, in: Ruh, K. (Hg.).: Abendländische Mystik im Mittelalter: Symposion Kloster Engelberg 1984, Stuttgart 1986, S. 49–62.
452 Vgl. dazu Sturlese, Meister Eckhart, S. 6ff.
453 Vgl. dazu Mieth, D.: Meister Eckhart – Mystik und Lebenskunst, Düsseldorf 2004.
454 Vgl. dazu ebd. besonders S. 121–129.
455 Vgl. zum Verhältnis des Gerechten zur Gerechtigkeit neben Eckharts Ausführungen in der Auslegung des Johannesevangeliums (EW II, S. 501–507) besonders Predigt

tifiziert, sichtet er auch die eingereihten geistlichen Vollkommenheiten in dieser Perspektive und ordnet auch sie konsequenterweise exklusiv Gott zu. Das ist folgenreich für ethische Betrachtungen. Denn dadurch wird sittliches Handeln und sämtliche Tugend als Einbezug in göttliche Qualitäten auf die Weise *natürlicher Theologie* begründet und als von dort her fortlaufend getragen angesehen, ohne jedoch der selbstmächtigen Verfügungsgewalt des Menschen zu unterstehen. Jedwedes ethisches Verhalten muss demnach fundamental als univoker Einbezug in Gottes Qualitäten angesehen werden, sofern der exemplarisch Tugendhafte, der Gerechte als Gerechter, vollständig aus der Gerechtigkeit geboren ist und gnadengewirkt stets und unbeirrbar aus ihr lebt. Dabei erlangen die Eckhartschen Ausführungen zu den Dispositionen und Verhaltensvorprägungen menschlichen Handelns auf der einen Seite den Charakter metaphysischer Notwendigkeit, dies jedoch auf der anderen Seite ohne die Anteile menschlicher Freiheit zu übersehen. Vielmehr wird menschliche Freiheit gnadengewirkt dazu freigesetzt, Gott zu entsprechen, wie Meister Eckhart in Predigt 29 ausführt: „Gott zwingt den Willen nicht, er setzt ihn so in Freiheit, daß er nichts anderes will als was Gott selbst ist und was die Freiheit selbst ist. Und der Geist vermag nichts anderes zu wollen, als was Gott will; dies ist aber nicht seine Unfreiheit, sondern seine eigene[456] Freiheit."[457] Die folgenden Ausführungen richten daher das Augenmerk auf die Eckhartsche Tugendethik als von Gott her fundierter, zur Freiheit befreiter Haltungsethik.

6, DW I, S. 99–115, in Übersetzung von Josef Quint, DW I, S. 452–455. Der vollkommen Gerechte ist in Eckharts Sicht vollständig und unbeirrbar in der Gerechtigkeit gegründet: „Den gerechten Menschen ist es so ernst mit der Gerechtigkeit, daß, wenn Gott nicht gerecht wäre, sie nicht die Bohne auf Gott achten würden: und sie stehen so fest in der Gerechtigkeit und haben sich so gänzlich ihrer selbst entäußert, daß sie weder die Pein der Hölle noch die Freude des Himmelreichs noch irgend etwas beachten. Ja, wäre alle Pein, die jene haben, die in der Hölle sind, Menschen oder Teufel, oder alle Pein, die je auf Erden erlitten ward oder wird erlitten werden, wäre die mit der Gerechtigkeit verknüpft, sie würden es nicht im mindesten beachten; so fest stehen sie zu Gott und zur Gerechtigkeit." (ebd. S. 453.). Letztlich wird der Gerechte selbst zur Gerechtigkeit, wie Eckhart in der Predigt 29 ausführt: „Wer die Gerechtigkeit liebt, der wird von der Gerechtigkeit ergriffen und er wird die Gerechtigkeit." DW I, S. 652. Siehe dazu auch das oben hinsichtlich der Gerechtigkeit und des Gerechten im *Buch der göttlichen Tröstung* Dargelegte.

456 Nikolaus Largier übersetzt hier „ureigene" Freiheit (EW I, S. 329) wodurch die Ursprünglichkeit der gottbegründeten Freiheit betont wird, in der der Mensch zu sich selbst kommt.

457 DW I, S. 652f. Übersetzung von Josef Quint.

Dietmar Mieth zufolge besteht Eckharts Denkansatz im speziellen Verständnis von Tugend als von Gott her ermächtigtem „Sein-Können"[458] aus Gnade. Denn „[...] nur der in seinem Sein transformierte Mensch, ein Mensch, der sozusagen vom Sein her anders ist und deswegen auch anders sein kann, ist der Mensch, der das neue, gnadenhafte Subjekt des Ethischen ist."[459] Dieser neue Mensch ist gerufen, bei allen äußeren Handlungen aus seinem so beschaffenen Sein heraus zu wirken. Die Frage nach der Qualifizierung jeder Handlung lautet daher nicht im Sinne von Nutzenerwägungen „Wozu?". Sie richtet sich nicht unter Absehung der handelnden Person teleologisch auf intendierte äußere Ziele. Vielmehr kehrt Eckhart die Fragerichtung gleichsam um und lenkt den Blick auf die innere Fundierung der Handlung. Er stellt mit Blick auf die Handlung die Frage „Woraus?" und lenkt damit das Augenmerk auf die Person und das Sein des Handelnden. Entsprechendes führt Meister Eckhart in seinen „Reden der Unterweisung" aus: „Die Leute brauchten nicht so viel nachzudenken, was sie tun sollen, sollten vielmehr bedenken, was sie wären. Wären nun aber die Leute gut und ihre Weise, so könnten ihre Werke strahlend leuchten. Bist Du gerecht, so sind auch deine Werke gerecht. Nicht gedenke man Heiligkeit zu gründen auf ein Tun, man soll Heiligkeit vielmehr gründen auf ein Sein. Denn die Werke heiligen nicht uns, vielmehr sollen wir die Werke heiligen. Wie heilig deine Werke immer sein mögen, so heiligen sie uns ganz und gar nicht, soweit sie Werke sind, sondern soweit wir (heiliges) Sein und Wesen haben, soweit heiligen wir alle unsere Werke, es sei Essen, Schlafen, Wachen oder was immer es sei. Die nicht großen Seins sind, welche Werke die auch wirken, da wird nichts daraus."[460]

Dieses neue Sein ist aber von Seiten des Menschen her nicht traumwandlerisch ohne seine Mitwirkung zu erlangen. Vielmehr sieht Eckhart es in seinem Vollzug durchaus als prozesshaft *anzueignende Kunst* an. Diese fordert den Menschen zwar, gewährt sich jedoch dann im Verlauf des Vollzugs, je mehr sich ein Mensch darin übt. Wie beim Erlernen von Schreiben mittels der Aufmerksamkeitslenkung auf einzelne Buchstaben und dem Erlernen eines Instruments braucht es eine spezielle Form von innerer Übung, die jedoch mit der Zeit zu einem verinnerlichten Können wird: „Späterhin, wenn er dann die Kunst beherrscht, bedarf es der Bildvorstellung und der Überlegung gar nicht mehr, und dann schreibt er unbefangen und frei und eben

---

458 Mieth, Die theologische Transposition der Tugendethik bei Meister Eckhart, S. 63.
459 Ebd.
460 DW V, S. 197, 6–198,7.

so auch, ob es sich um Geige spielen oder irgend eine Verrichtung handelt, die aus seinem Können geschehen soll. Für ihn genügt es völlig zu wissen, daß er seine Kunst betätigen will, und wenn er auch nicht beständig bewußt dabei ist, so vollführt er sein Tun doch, woran er auch denken mag, aus einem Können heraus."[461] Allerdings ist, das bleibt zu beachten, dieses Können bleibend getragen und je neu geschenkter Einbezug in göttliche Qualitäten, kein bleibender Seinsbestand im Menschen. Worin besteht nun dieses spezielle Können als Kern des tugendhaften Seins?

Zentrales Moment dieses Könnens ist ein *einheitlicher Wille*.[462] Er macht eine Tat erst zu Tugend, wie Meister Eckhart anführt: „Tugend wie Untugend liegen im Willen."[463] Eine solche voluntative Ausrichtung führt direkt zur Tugend: „Dir kann an nichts gebrechen, wenn Du einen wahren, rechten Willen hast, weder an Liebe, noch an Demut oder an irgend welcher Tugend."[464] Dabei sieht Eckhart als Ziel eine zunehmende Verinnerlichung des Menschen in seinem Wirken an. Wo er in diese Richtung geht, gelangt der Mensch bis hin zur Einkehr beim inwendigen Grund der Tugend: „Es ist sehr von Nutzen, daß der Mensch sich nicht daran genügen lasse, daß er die Tugenden, wie Gehorsam, Armut und andere Tugenden lediglich im Gemüte habe, vielmehr soll sich der Mensch selbst in den Werken und Früchten der Tugend üben und sich oft erproben [...]. Aber damit ist es auch nicht genug, daß man die Werke der Tugend wirke, Gehorsam leiste oder Verachtung auf sich nehme oder sich auf andere Weise demütig oder gelassen halte, man soll vielmehr danach trachten und nimmer aufhören, bis man die Tugenden in ihrem Wesen und Grunde gewinnt."[465] Dass der Mensch der Tugenden überhaupt inne ist, und in *welchem Falle er sie vollkommen* hat, auch dafür gibt unser Autor klare Kriterien an: „Und daß man sie hat, das kann man daran erkennen, wenn man sich in allen Dingen zu Tugend geneigt findet. Und wenn man die Werke der Tugend wirkt ohne Bereitung des Willens und

---

461 DW V, S. 207,9–208,10.
462 Vgl. dazu ausführlich Enders, M.: Die Reden der Unterweisung: Eine Lehre vom richtigen Leben durch einen guten und vollkommenen Willen, in: Jakobi, Klaus (Hg.): Meister Eckhart: Lebenssituationen – Redesituationen, Berlin 1997, 69–92.
463 DW V, S. 215,4. Rolf Schönberger konturiert die Bedeutung des Willens bei Eckhart: „Signum der Subjektivität scheint für Eckhart der Wille zu sein. In ihm ist der Mensch vermittels der Vernunft auf das Gute gerichtet, und durch dieses Gerichtetsein kommt ihm nun selbst dieses Attribut zu." Schönenberger, Secundum rationem esse, S. 265.
464 Ebd. S. 216,2–4.
465 Ebd. S. 281–282, 10.

ohne besonderen eigenen Vorsatz zu einer besonderen Sache, wenn sich die Werke der Tugend vielmehr gleichsam um ihrer selbst willen aus Liebe zur Tugend und um keines Warum-Willen erwirken, dann hat man die Tugend vollkommen und eher nicht."[466] Mieth zufolge wird an den zitierten Passagen ersichtlich, dass die Tugenden in Eckharts Sicht über den Werken des Menschen verankert sind, letztlich über ihn hinaus ihr Sein haben. Der Begriff der Tugend ist zudem stark ausgeweitet, nämlich indem die perfectiones spirituales „unter die Tugenden subsumiert werden. Man könnte sagen, daß der Begriff der Tugend hier so weit gefaßt ist, daß er alle Formen von autonom-ethisch begründeten und von christlich aus der Offenbarung erkennbaren Haltungsbildern beinhaltet."[467] Die Vorstellung einer autonomen Moral, die hier in der Sekundärliteratur formuliert wird, kann die Frage aufkommen lassen, ob bei Dietmar Mieth hier nicht eine gewisse Anachronie bezüglich verwendeter Kategorien gegeben ist. Dies insofern als autonome Moralbegründung eher im neuzeitlichen Diskurs anzutreffen ist, denn im spätmittelalterlichen. Was jedoch die angesprochenen Haltungsbilder betrifft, thematisiert Eckhart diese im Rahmen der Besprechung von Tugend. Insbesondere die Haltungen der Abgeschiedenheit, der geistigen Armut, der Gelassenheit, der Demut sowie der sozialen Gerechtigkeit werden von Eckhart in diesem Sinne besprochen.

Die oben vorgestellten Tugendausprägungen, auch „Haltungsbilder sind nach Meister Eckhart nichts anderes als Bilder einer Tugend, die in Gott ihr esse idealiter, ihr ideales Sein, hat."[468] Sie sind mit Gott identisch und daher „nichts anderes als Exemplare, als Modelle dessen, was die Tugend in ihrem ursprünglichen Sein in Gott meint."[469] Eckharts betont theozentrische Einschätzung der Tugenden und die dadurch gegebene „Hypostasierung der sittlichen Vollkommenheiten"[470] ist folgenreich. Denn sofern die Tugenden Gott zugehörig sind, können sie nur in abgeleitetem Sinne überhaupt noch dem Menschen zugesprochen werden: „Tugend ist insofern ein Gnadengeschehen, ein Analogiegeschehen, als das analoge Bildsein des Haltungsbildes der Tugend nichts anderes ist als die bloße Widerspiegelung des ursprünglich vollkommenen Geschehens in Gott."[471] Diese Vorstellung schlägt sich im Eckhartschen Gedanken nieder, dass sämtlich aller mensch-

---

466 Ebd.
467 Mieth, Die Transposition der Tugendethik, S. 64.
468 Ebd.
469 Ebd.
470 Vgl. dazu Hof, H.: Scintilla animae, Bonn 1952, S. 124–133.
471 Mieth, Die Transposition der Tugendethik, S. 65.

liche Besitz eine *Leihgabe* ist, wie er im *Buch der göttlichen Tröstung* ausführt: „Alles, was der Mensch hat, ist ihm auf Borg geliehen."[472] Somit gibt es bei Meister Eckhart keine durch sittliche Handlungen zu erwerbenden Tugenden, keine „virtutes aquisitae".[473] Allerdings wäre es zu einfach, sie in keiner Weise dem Menschen zugeignet zu betrachten. Vielmehr sind sie in der Schwebe des jeweiligen dynamischen Gewährtseins dem Menschen eigen, ohne jedoch je zu seinem autonom-disponiblen Besitz zu werden: Der Mensch besitzt sie aktuell tatsächlich, jedoch eben nur als Leihgabe. Hier ist eine Differenz zur Tugendethik seines Mitbruders Thomas von Aquin deutlich erkennbar, bei dem Tugenden zu stabilen Verhaltensvorprägungen im Menschen werden können.[474] Thomas von Aquin, der eine Generation jünger als Eckhart ist, wird den aristotelischen Gedanken aufnehmend eine elaborierte Tugendethik des guten Lebens entwerfen, die zudem die göttlichen Tugenden (Glaube, Hoffnung, Liebe) integrierend aufnimmt.[475]

Bei Eckhart zeigt sich aufgrund der Prädominanz des voluntativen Moments für die Handlungsbewertung eine radikale Tendenz zur betonten *Relativierung der äußeren Handlung*. Diese tritt gegenüber der in Handlungen wirksamen Einstellung der handelnden Person völlig zurück. So ist in den „Reden der Unterweisung" zu lesen: „Denn Gott sieht nicht an, welches die Werke seien, sondern einzig welches die Liebe und die Andacht und die Gesinnung in den Werken sei. Ihm ist ja nicht viel an unseren Werken gelegen, als vielmehr nur an unserer Gesinnung in all unseren Werken und daran, daß wir ihn allein in allen Dingen lieben."[476] Rolf Schönberger benennt die Argumentation, die den Dominikaner zu solcher Einschätzung veranlasst. Das Thema der Handlungsumstände rückt in den Blick: „Eckhart begründet mit dem alten Argument, daß die Möglichkeit des Gelingens einer sittlichen Handlung von Bedingungen abhängt, die kontingent und nicht bei uns liegen, für die wir also nicht verantwortlich sind oder gedacht werden können. Deswegen fügt die Handlung nichts an sittlicher Qualität der Intention hinzu. Was an einer Handlung gut ist, kommt ihr zu kraft der sie leitenden Intention."[477] In den „Reden der Unterweisung" hören wir Entsprechendes: „Gebricht's dir nicht am Willen, sondern nur am Vermögen, fürwahr, so hast

---

472 DW V, S. 37,5.
473 Mieth, Die Transposition der Tugendethik, S. 65.
474 Vgl. dazu Schockenhoff, Grundlegung der Ethik, S. 212–227.
475 Vgl. dazu Schockenhoff, E.: Bonum hominis. Die anthropologischen und theologischen Grundlagen der Tugendethik bei Thomas des Thomas von Aquin, Mainz 1987.
476 DW V, S. 521.
477 Schönberger, Secundam rationem esse, S. 266.

du es vor Gott alles getan, und niemand kann es dir nehmen noch dich nur einen Augenblick daran hindern; denn tun wollen, sobald ich's vermag, und getan haben, das ist vor Gott gleich."[478]

Somit kann für unsere Fragestellung insgesamt resümierend festgehalten werden: „Gerechtigkeit ist in Gott nichts anderes als Gott, die Güte ist in Gott nichts anderes als Gott. Durch diese Transposition der Tugenden in ihren Grund erreicht Eckhart eine spirituelle Identität der Tugenden überhaupt. Die einzelnen Tugenden sind nichts als bildhafte Pluralitäten desselben, Variablen des gleichen. Die verschiedenen Tugenden und perfectiones spirituales sind nur durch den spezifischen konkreten Lebensbereich und durch konkrete Anforderungen spezifizierte Bilder des in sich selbst identischen gleichen guten Seins, das mit Gott wiederum identisch ist."[479] Die begründende Rückbindung der Tugenden in Gott hat für Eckharts Theologie insgesamt eine erhellende Funktion: „Im Grunde geht es hier um ein Schlüsselmoment aller Eckhartschen Lehre. Die theologische Transposition hat also bei Meister Eckhart nicht etwa den Sinn, die menschliche Einsicht und Übung der Tugenden aufzuheben, sondern das Erkennen und Tun der Tugenden (etwa der Gerechtigkeit) hat theologische Relevanz." Dies in dem Sinne, „daß das humane Tugendethos von vornherein als theologisch unterfangen verstanden wird und daß die konkrete Erklärung und Funktionsweisen und der Intensitätsgrade der Tugenden im ganzen eigentlich nur theologisch gegeben werden kann."[480]

2.1.4 Der Einbezug des Guten in die Güte im „Buch der göttlichen Tröstungen"

2.1.4.1 Das Buch der Göttlichen Tröstungen als Lesepredigt und Trostschrift

Der Traktat *Buch der göttlichen Tröstungen*[481] bildet zusammen mit der Lesepredigt *Vom edlen Menschen*[482] einen gemeinsam überlieferten Textkörper, den *liber benedictus*.[483] Die Entstehung des Trostbuches, das unser

---

478 DW V, S. 514.
479 Mieth, Die Transposition der Tugendethik, S. 65.
480 Mieth, Die Transposition der Tugendethik, S. 66.
481 Die mittelhochdeutsche Fassung findet sich in DW V, S. 8,1–61,12, die Übersetzung von Josef Quint in DW V, S. 471–497.
482 DW V, S. 109,1–117,28
483 Ebd. S. 8,1–117,28.

Autor der Königin Agnes von Ungarn zusandte, ist Kurt Flasch zufolge um 1318 anzusetzen, also in der Straßburger Zeit Meister Eckharts.[484] In diesem Werk spricht unser Autor mit seelsorglicher Haltung, wie das auch in den *Reden der Unterweisung* und den deutschen Predigten der Fall ist. Nikolaus Largier konturiert das Anliegen, das Eckhart leitet: „Es geht Eckhart hier, ohne dass er dabei eine bestimmte Situation der Not ins Auge fassen würde, vielmehr darum, eine Theologie des Leids zu entfalten und auf der Grundlage seiner theologischen Metaphysik zu bedenken."[485] Die Grundfrage lautet somit: Wie können Menschen Trost finden im Leid? Dieser lebenspraktischen Frage widmet sich Eckhart, schaltet dem aber eine metaphysisch ausgerichtete Einführung vor. Besonders dieser relativ kurzen, aber gehaltvollen theoretischen Einführung gilt unser Interesse. Was Eckhart in der Einführung des Traktats ins Wort bringt, führt seine metaphysische Transzendentalienlehre aus dem *Opus tripartium* in Thesenform weiter und transponiert sie auf eine pastorale Frage hin.

2.1.4.2 Eckharts Modell des Einbezugs des Guten in die Güte

2.1.4.2.1 Auslegung des Textabschnitts BgT 9,4–10,10

Meister Eckhart beginnt seinen Traktat *Das Buch der göttlichen Tröstung*[486] unmittelbar mit einem Zitat aus 2 Kor 1,3f. Das Schriftwort stellt prominent die göttliche Barmherzigkeit[487] und die tröstende Qualität Gottes vor Augen: „Der edle Apostel Paulus spricht diese Worte: ,Gesegnet sei der Gott und Vater unseres Herrn Jesus Christus, ein Vater der Barmherzigkeit und allen Trostes, der uns tröstet in all unseren Betrübnissen.'"[488] Dem qua Schriftzitat auf göttliche Qualitäten fokussierenden Anfang des Traktats folgt der Hinweis auf dreierlei „Betrübnisse", die den Menschen bedrängen, nämlich jenem an äußerem Gut, jenem, das Verwandten und Freunden zustößt und schließlich jenem, das „ihm selbst widerfährt in Geringschätzung,

---

484 Flasch, K.: Meister Eckhart. Philosoph des Christentums, München 2010, S. 265.
485 EW II, S. 791.
486 DW S. 8,1–61,12, mittelhochdeutsch lautet der Titel „Daz buoch der göttlichen troestunge".
487 Das Thema der Barmherzigkeit als zentrale Qualität Gottes begegnet auch in der Predigt 7, DW I, S. 117–124, besonders S. 121, in der Übersetzung von Josef Quint, ebd. S. 456–458, besonders S. 121. In dieser Predigt kommt Eckhart auch auf die Güte zu sprechen.
488 Ebd. 471.

Ungemach, körperlichen Schmerzen und Herzeleid [...]"[489]. Sodann hält Meister Eckhart fest, dass sein Beitrag „etliche Lehre" enthält, in der sich der Mensch trösten mag „in allem seinem „Ungemach, Trübsal und Leid."[490] Nach diesen allgemeinen Hinweisen gibt Meister Eckhart einen Vorblick auf die Abschnitte seiner Abhandlung: „Und dies Buch hat drei Teile. In dem ersten findet man diese und jene Wahrheit, aus der und von der her zu entnehmen ist, was den Menschen füglich und gänzlich trösten kann in allem seinem Leid. Danach findet man hier etwa dreißig Stücke und Lehren, in deren jeglicher man recht und völlig Trost zu finden vermag. Hiernach findet man im dritten Teil dieses Buches Vorbilder in Werken und Worten, die weise Leute getan und gesprochen haben, als sie im Leiden waren."[491] Der Traktat lässt also neben dem lehrmäßigen Interesse deutlich ein pastorales Anliegen erkennen. Meister Eckhart möchte bedrängten Menschen beistehen und ihnen Trostquellen erschließen, vor allem Gott selbst, was im weiteren Gedankengang der Schrift noch deutlich zutage treten wird. Somit kann die Abhandlung als Beitrag zur mittelalterlichen Trostliteratur angesehen werden, wenn auch in spezieller Form.[492]

Darauf folgt der erste Abschnitt DW V 9,4–10,10. Er gewährt tiefen Einblick in das Verständnis von Philosophie und Theologie Meister Eckharts sowie deren spezieller Verschränkung. Diesem Teil der Abhandlung kommt nach Kurt Ruh besondere Bedeutung zu: „Das Schwergewicht liegt auf dem 1. Teil: er formuliert Eckharts neue, dem ‚Opus tripartitum' entsprechende Einheitsmetaphysik als Grundlage wahren Trostes für das leidbeschwerte Herz".[493] Kurt Flasch bemerkt zur Bedeutung der Passage: „Wir stehen im Zentrum von Eckharts Denken"[494]. Flasch zufolge kann mit Blick auf die Inhalte des ersten Teils seiner Abhandlung, von dem Eckhart „ausdrücklich" sagt, „daß er hier philosophisch argumentiert"[495], festgehalten wer-

---

489 Ebd.
490 Ebd.
491 Ebd.
492 Kurt Ruh hebt hervor, dass zwar in auffälliger Form und untypischer Weise erstens keine Bezugnahme auf ein konkretes Leiden oder Beschwernis einer namhaft gemachten Person im Text erscheint, und zweitens auch nirgends ein Bezug zur Auferstehung als Trostquelle benannt wird, der Beitrag Eckharts trotzdem zur Gattung der Trostliteratur zu zählen ist. Vgl. dazu Ruh, K.: Meister Eckhart. Theologe – Prediger – Mystiker, 3. Auflage, München 2018, S. 118f.
493 Ruh, Meister Eckhart, S. 119.
494 Flasch, Meister Eckhart, S. 268.
495 Ebd. S. 265. Kurt Flasch vertritt nicht nur an dieser Stelle, sondern insgesamt eine dezidiert philosophisch ausgerichtete Eckhartrezeption. Vgl. dazu Flasch, K: Meister

den: „Wir können sicher sein, daß sie den Kern der Lehre Eckharts darstellen."[496] Was Eckhart unter Univozität „im Bereich des Göttlichen versteht", wird Rainer Manstetten zufolge „im Eingang zum ‚Buch der göttlichen Tröstungen' deutlicher als sonst irgendwo bei Eckhart.".[497]

Der mittelhochdeutsche Text wird nachstehend in voller Länge zitiert und dazu die Übersetzung der Deutschen Werke Bd. V von Josef Quint angegeben. Anschließend wird der Text abschnittweise kommentiert. Zur leichteren Lektüre werden dieser und die Übersetzung kursiv dargestellt, um sie so von den kommentierenden Erläuterungen auf einen Blick unterscheiden zu können. Da den meisten LeserInnen das Mittelhochdeutsche weniger geläufig sein dürfte, wird es nach der Übersetzung zitiert, um eine flüssigere Textlektüre zu erlauben. Wo es dem Verfasser der Studie angezeigt scheint, werden von der Ausgabe der Deutschen Werke bei Quint abweichende Übersetzungen aus der Sekundärliteratur zusätzlich entweder in Fußnoten oder bei den Erläuterungen der jeweiligen Abschnitte angegeben. Die vom Verfasser dieser Studie formulierten Überschriften sind Teil der Erläuterung und sollen eine in Zusammenhängen verstehende Lektüre fördern und erleichtern.

2.1.4.2.1.1 Vorstellung der wechselseitigen Bezogenheit zwischen der „Güte" und dem „Guten"

„Zum ersten muß man wissen, daß der Weise und die Weisheit, der Wahre und die Wahrheit, der Gerechte und die Gerechtigkeit, der Gute und die Gutheit aufeinander Bezug nehmen und sich wie folgt zueinander verhalten:[498] *Die Gutheit ist weder geschaffen noch gemacht noch geboren; jedoch ist sie gebärend und*

Eckhart. Versuch ihn aus dem mystischen Strom zu retten, in: Koslowski, P. (Hg.): Gnosis und Mystik in der Geschichte der Philosophie, Zürich 1988, S. 94–119.
496 Flasch, Meister Eckhart,. S. 270.
497 Manstetten, R.: Esse est Deus. Meister Eckharts christologische Versöhnung von Philosophie und Religion und ihre Ursprünge in der Tradition des Abendlandes, Freiburg 1993, S. 267.
498 Die mittelhochdeutsche Wendung, dass der „guote und die güte sich einander ansehent" (DW V, 9,5) ist vor dem Hintergrund damaliger akademischer Fachterminologie zu verstehen, die ein relationales Verhältnis in den Blick hebt: „Eckhart sagt bildlich: Sie sehen einander an. Respicere oder ‚sich anschauen' war eine scholastische Bezeichnung für Relationen. Er sagt also ‚Gerechtigkeit' ist kein bloß abstrakter Sammelbegriff, sondern zwischen Gerechtigkeit und dem einzelnen Gerechten besteht innerhalb der wesenhaften Einheit eine reale wechselseitige Beziehung." Flasch, Meister Eckhart, S. 268.

gebiert den Guten, und der Gute, insoweit er gut ist, ist ungemacht und ungeschaffen und doch geborenes Kind und Sohn der Gutheit."[499]

„Von dem êrsten sol man wizzen, daz der wîse und wîsheit, wâre und wârheit, gerehte und gehtichheit, guote und güete sich einander ansehen und alsô ze einander haltent: diu güete enist noch geschaffen noch gemachet noch geborn; mêr sie ist gebernde und gebirt den guoten, und guote, als verre sô er guot ist, ist ungemachet und ungeschaffen und geborn kint und sun der güete."[500]

Bereits der Beginn dieses Abschnitts lässt in seiner Wortwahl den akademischen Lehrer Meister Eckhart durchscheinen. Der Dominikaner hebt mit einer Formulierung an, die erkennbar an scholastisch-akademischen Stil[501] denken lässt: „Eckhart setzt ein wie eine theologische Abhandlung: ‚Zum ersten muß man wissen', und verdeutlicht damit, daß er keine landläufige Pastoralhilfe zur Hand hat."[502] Vielmehr geht es ihm darum, seine Transzendentalienlehre mit Blick auf ein praktisches Interesse zu artikulieren, nämlich der Erschießung der trostschenkenden göttlichen Zuwendung zum Menschen, die metaphysische Fundamente hat. Das wird an der doppelten Auslegung dessen, ersichtlich, was mit ‚gut' angesprochen wird: „Auffallen muß zunächst, daß der Terminus ‚gut', der zu den *transcendentalia* gehört, in zwei Richtungen ausgelegt wird: nämlich im Hinblick auf ‚die Gutheit', eine abstrakte, und im Hinblick auf ‚den Guten', eine konkrete, personenhafte Bestimmung."[503]

Eckharts Sicht der „Gutheit", wie er sie hier in der Trostschrift präsentiert, ist aufschlussreich für sein Verständnis der transkategorialen

---

499 DW V, S. 471.
500 Ebd. S. 9, 4–9.
501 Am Rande sei mit Blick auf mystische Sprachformen bemerkt, dass scholastische Begrifflichkeit und Diktion in Texten, die als mystisch eingeschätzt werden können, häufig begegnen: „Es ist hier nicht die Aufgabe, die scholastischen Bausteine in der Sprache der Mystik nachzuzeichnen. Es sind vor allem jene Bildungen, denen lateinische Muster zugrunde liegen, also Typen der Lehnübersetzung (innascibilitas: unbebornheit, amabilitas: minnesamkeit – bei Mechthild von Magdeburg! – substantia: unterstandunge, inspiratio: inblasunge, ingeistunge). Quantitativ ist das scholastische Moment in der Sprache der Mystik dominant." Ruh, K.: Geschichte der Abendländischen Mystik. Bd. Die Grundlegung durch die Kirchenväter und die Mönchstheologie des 12. Jahrhunderts, München 1990, S. 22. Ruh kommt zum Ergebnis, dass „das, was man als die Sprache der Mystik bezeichnet und beschreibt, genaugenommen zu einem wesentlichen Teil scholastische Fachsprache ist." (ebd.).
502 Ruh, Meister Eckhart, S. 119.
503 Manstetten, Esse est Deus, S. 269.

Bestimmungen und deren ontologischen Status.[504] Rainer Manstetten erläutert den Zusammenhang: „Die Zusammenführung dieser beiden Hinsichten ist von höchster Bedeutung: Es gibt zwar ‚die Gutheit' an sich; sie ist nicht etwa ein nichtiges, durch Abstraktion vom Konkreten gewonnenes Gedankending. Aber es gibt ‚die Gutheit' nicht im Sinne einer selbständig subsistierenden abstrakten Wesenheit (so wie die vulgärplatonisch verstandene Idee), sondern es gibt ‚die Gutheit' nur als gebärende, also stets im Hinblick auf ‚den Guten' ihren Sohn. Die abstrakte Wesenheit *ist* also nichts als personbildende Wirksamkeit, sie subsistiert nur im Guten, der umgekehrt als Guter nur in der Gutheit *ist*. Die wechselseitige Bezogenheit von Gutheit und Gutem kommt darin zum Ausdruck, daß Gutheit und Guter sich einander ansehent (se mutuo respiciunt)."[505] Für aufmerksame LeserInnen erklärungsbedürftig ist im Textverlauf Eckharts Prädikation des Guten als ungeschaffen und ungemacht. Denn es geht doch offenbar um einen Menschen, dem diese Qualitäten prima vista gar nicht zukommen können. Hier ist entscheidend zu sehen, dass Eckhart in seiner Diktion nicht den Aspekt des Menschen in seiner *kreatürlichen Endlichkeit und Erschaffenheit im Blick hat*, dass also nicht der gute *Mensch* ungeschaffen sei, sondern dass es im Menschsein eine Möglichkeit und Disposition gibt, in die Qualität des Unerschaffenen einbezogen zu sein, nämlich insoweit als der jeweilige Mensch einzig und nur *der Gute ist unter Absehung jedweder weiterer Merkmale*. Dabei ist die zentralen Einschränkung „als verre sô er guot"[506] zu beachten. Sie begegnet bei Eckhart immer aufs Neue, auf Lateinisch in der Wendung „inquantum", und kann als hermeneutischer Schlüssel für sein originelles Verständnis univoker Relationalität gelten. Das heißt, *ungeschaffen* ist der Gute nur *insofern er gut ist*, und *nur in dieser speziellen Hinsicht* und Aktualisierungsform seines Menschseins, *sonst jedoch nicht*. Dieser wichtigen Einschränkung bei der Beschreibung des Guten, nämlich der implizierten totalen *Absehung von allem anderen*, das *nicht reine Relationalität hin auf die Güte* ist, gilt es auch im Folgenden zu beachten, wenn Meister Eckhart im weiteren Textverlauf das vorgestellte Verhältnis Güte-Guter weiter ausfaltet und qualifiziert.

---

504 Vgl. zu Eckharts Sicht des Guten im Rahmen seiner Transzendentalienlehre Albert, K.: Meister Eckharts These vom Sein. Untersuchungen zur Metaphysik des Seins, Kastellaun 1976, S. 158–172.
505 Ebd. S. 268.
506 DW V, S. 9,8.

2.1.4.2.1.2 Vollständiges Sich-Gebären der Güte in den Guten

Meister Eckhart entfaltet nach der Vorstellung der Relation zwischen der Gutheit und dem Guten diese wechselseitige Bezogenheit weiter. Dabei qualifiziert er, inwiefern sich darin ein umfassendes, *vollständiges Gebären und Sich-Empfangen* manifestiert. Was Eckhart formuliert, gründet der Sache nach in innertrinitarischen Vorgängen der wesensgleichen Zeugung des ewigen Sohnes aus dem göttlichen Vater. Im Bild des Gebärens klingt somit schon an dieser Stelle an, was im weiteren Textverlauf noch ausdrücklicher artikuliert werden wird:

Die Gutheit gebiert sich und alles, was sie ist, in dem Guten: Sein, Wissen, Lieben und Wirken gießt sie allzumal in den Guten, und der Gute empfängt sein ganzes Sein, Wissen, Lieben und Wirken aus dem Herzen und Innersten der Gutheit und von ihr allein.[507]

Diu güete gebiert sich und allez, daz si ist, in dem guoten; wesen, wizen, minnen und würken giuzet si alzemâle in den guoten, und der guote nimet al sîn wesen, wizzen, minnen und würken von dem herzen und innigsten der güete und von ir allein.[508]

Das Moment der Vollständigkeit und der umfassenden, aus dem Innersten kommenden Mitteilung seiner Selbst ist hier das zentrale Merkmal, das Meister Eckhart herausstellt: „Die Gutheit gebiert sich vollständig ohne Rest in den Guten, der Gute empfängt alles, was er ist, von der Gutheit. Die Gutheit ist also aus ihrem Innersten, dem Herzen, gebend, der Gute in seinem Innersten empfangend. Man kann hier an das Verhältnis des Bildes zu seinem Ursprung denken und könnte sagen: die Gutheit bildet sich ganz aus in dem Guten, der Gute ist nichts als ein consubstantielles Bild der Gutheit."[509] Im Moment der prozesslos gedachten unmittelbaren Vollständigkeit der Mitteilung der Güte an den Guten, des „allzumal" („alzemâle") dieses Gebärens, scheint bereits eine überzeitliche Weise des Gegebenseins der wechselseitigen Relation durch. Das Ankommen der Güte beim Guten erscheint so als ein den Prozessen der graduellen Zueignung vollständig enthobenes Innesein unter Absehung von zeitlichem Werden. Das heißt, es wird ein Einbezug ohne Anfang und ohne Wachstum der Wesenmitteilung

---

[507] Ebd. S. 471.
[508] Ebd. S. 9,9–12.
[509] Manstetten, Esse est Deus, S. 269.

seitens der Güte vorgestellt. Umgekehrt ist der Gute mit einem Male vollständig im Innersten von der Güte erfüllt und mit Sein beschenkt.

Auf die bleibende *Differenz*, nämlich *das Moment des Gebärens bei der Güte* und des *Geborenwerdens beim Guten*, geht Eckhart unmittelbar im Anschluss ein. Zugleich hebt er das Moment der *Einheit* hervor, die wesenhaft der Güte zuzuordnen ist, und nur in ihr und von ihr her in der Relation gegeben ist, und auf diesem Weise auch dem Guten, insofern er gut ist, zukommt. Wie schon beim obigen Aspekt der *Wesenmitteilung* der Güte im Guten, so betont Eckhart auch beim Aspekt der *Einheit* zwischen beiden das Moment der *Vollständigkeit*. Die Güte und der Gute sind in *dieser Hinsicht ihrer dynamisch zu verstehenden Einheit im Vollzug* in totaler Weise *ein Sein und Leben*:

„Der Gute und die Gutheit sind nichts als eine Gutheit, völlig eins in allem, abgesehen vom Gebären der Gutheit und Geboren-Werden; indessen ist das Gebären der Gutheit und das Geboren-Werden in dem Guten völlig ein Sein, ein Leben."[510]

„Guot und güete ensint niht wan ein güete al ein in allem sunder gebern und geborn-wernden; doch daz gebern der güete und daz geborn-werden in dem guoten ist al ein wesen, ein leben."[511]

2.1.4.2.1.3 Der Gute als reine Relationalität hin auf die Güte und transparentes Bild seines Ursprungs

Im weiteren Textverlauf wird die exklusive Ausrichtung des Guten auf die Güte zum Thema. Was Eckhart dazu ausführt, dient ihm als philosophisch konturierte Folie zur Erschließung der biblisch-johanneischen Rede vom innertrinitarischen Verhältnis des göttlichen Vaters gegenüber dem göttlichen Sohn. Insofern in philosophischer Optik der Gute Bild der Gutheit ist, wird er in gleicher Weise transparent auf seinen gründenden Ursprung, wie es der göttliche Sohn hin auf seinen zeugenden Vater ist:

„Alles, was zum Guten gehört, empfängt er von der Gutheit in der Gutheit. Dort ist und lebt und wohnt er. Dort erkennt er sich selbst und alles, was er erkennt, und liebt er alles, was er liebt, und wirkt er mit der Gutheit in der Gutheit und die Gutheit mit und in ihm alle ihre Werke, gemäß dem, wie geschrieben steht und wie der Sohn sagt: ‚Der Vater wirkt in mir bleibend und wohnend die Werke' <Joh. 14,10>. ‚Der Vater wirkt bis nun, und ich wirke' <Joh. 5,17>. ‚Alles,

---

510 DW V, S. 471f.
511 Ebd. S. 9, 12–15.

was des Vaters ist, das ist mein, und alles, was mein und des Meinen ist, das ist meines Vaters: sein im Geben und mein im Nehmen' <Joh. 17,10>."[512]

„Allez, daz des guoten ist, daz nimet er beidiu von der güete als in der güete. Dâ ist und lebt und wonet er. Dâ bekennet er sich selben und allez, dz er bekennet, und minnet allez, daz er minnet, und würket mit der güete in der güete und diu güete mit im und alliu ire Werk nâch dem, was geschriben ist und sprichet der sun: ‚Der vater in mir innerblîbende und wonende würket diu werk.' ‚Der vater würket biz nû, und ich würke'. Allez, daz des vaters ist, daz ist mîn, und allez, daz mînes ist, daz ist mînes vaters: sîn gebende und mîn nemende.'"[513]

Der Gedankengang unseres Autors stellt ‚den Guten', insofern er gut ist, vor Augen als „reine Relationalität auf die Gutheit hin, oder er ist diese Relationalität, in der allein die Gutheit ist. Er ist kein selbständiges Relat gegenüber der Gutheit, denn sein Leben ist ein Leben ausschließlich in der Gutheit, ein Leben, das keinerlei Züge außerhalb der Gutheit hat."[514] Mit Rainer Manstetten ist somit der Gute „nichts anderes als das Bild der Gutheit, das für sich durchsichtig ist gegenüber seinem Ursprung und nur aus dieser Transparenz heraus tätig ist."[515] Wirken und Sein liegen somit beim ‚Guten' in einem Ursprung begründet und sein Wirken ist Ausdruck seines Seins. Dieses Fundierungsverhältnis wird noch genauer beim Abschnitt zur Ontologisierung der Eckhartschen Ethik zum Thema werden und kann daher an dieser Stelle zurückgestellt werden.

2.1.4.2.1.4 Die univoke Prädikation „gut", in der sich die Gutheit selbst aussagt

Unser Autor lenkt den Blick nun auf das Moment der univoken Redeweise bei der Verwendung der Prädikation ‚gut'. Zu Gesicht kommt dabei die Versprachlichung des umfassenden Mitteilungsverhältnisses, bei dem einem Guten von der Gutheit her sein Gutsein exklusiv zukommt. ‚Gut' ist somit eine univoke Prädikation, sofern sich darin die Gutheit aussagt:

„Weiterhin muss man wissen, daß der Name oder das Wort, wenn wir ‚gut' sagen, nichts anderes nennt und in sich schließt, nicht weniger und nicht mehr, als die bloße und lautere Gutheit; jedoch gibt sie sich. Wenn wir ‚gut' sagen,

---

512 Ebd. S. 472.
513 Ebd. S. 9, 15–10,2.
514 Manstetten, Esse est Deus, S. 270.
515 Ebd.

so vernimmt man dabei, daß ihm seine Gutheit gegeben, eingeboren und eingeflossen ist von der ungeborenen Gutheit."[516]

„Noch sol man wizzen, daz der name oder daz wort, sô wir sprechen ‚guot' nennet und besliuzet in im niht anders, noch minner noch mê, wan blôze und lûter güete; doch gibet ez sich. Sô wir sprechen ‚guot', sô vernimet man, daz sîn güete ist im gegeben, îngevlozzen und îngeborn von der ungebornen güete."[517]

Damit gilt, dass die Bezeichnung ‚gut', sofern sich darin die Gutheit aussagt, immer eindeutig univok zu verstehen ist, und somit die Summe der Aussagen über die Gutheit auch vollständig dem zukommt, der univok als ‚gut' bezeichnet wird. Das gilt abgesehen vom Moment des Gebärens und des Geborenwerdens, worauf oben bereit hingewiesen wurde, worauf hier aber zur Vermeidung von Missverständnissen hingewiesen wird.

2.1.4.2.1.5 Die innertrinitarische Sohnschaft als Paradigma des Einbezugs

Das bisher im Text philosophisch vom Verständnis des Transzendentale „bonum" her gewonnene Verhältnis des Guten zur Güte wird von Meister Eckhart im weiteren Textverlauf in dreifacher Weise bedeutsam erweitert. Erstens werden mit ‚Gerechtigkeit' und ‚Weisheit' *geistliche Vollkommenheiten (perfectiones spirituales) in die Aufzählung der Transzendentalien aufgenommen* und dadurch der metaphysische Gedankengang inhaltlich ausgeweitet. Zweitens wird als *Grundparadigma* des Einbezugs eines jeweiligen Relats in die Transzendentalien die *innertrinitarische Sohnschaft* vorgestellt und dadurch die *Argumentation in begründender Absicht theologisiert*. Drittens wird die Qualität der Sohnschaft erweitert auf alles, das vollständig von Gott bestimmt ist und dadurch die aus Quellen der Offenbarung gewonnenen Einsichten prinzipiell auf alle Menschen hin *universalisiert*. Insgesamt begegnet somit eine entfaltete „Metaphysik der Sohnschaft"[518], wie Kurt Flasch formuliert. Hören wir Meister Eckhart:

Alles, was ich nun vom Guten und der Gutheit gesagt habe, das ist gleich wahr auch für den Wahren und die Wahrheit, für den Gerechten und die Gerechtigkeit, für den Weisen und die Weisheit, für Gottes Sohn und Gott den Vater, für alles, was von Gott geboren ist, und keinen Vater auf Erden hat, in das sich auch

---

516 DW V, S. 472.
517 Ebd. S. 10,3–7.
518 Flasch, Meister Eckhart, S. 266.

nichts von dem gebiert, was geschaffen ist, was nicht Gott ist, in dem kein Bild ist als der bloße lautere Gott allein."[519]

Allez, daz ich nû hân gesprochen von dem guoten und der güete, daz ist ouch glîche wâr von dem wâren und der wârheit, von dem gerechten und der gerchtichheit, von dem wîsen und der wîsheit, von gotes sune und von gote dem vater, von allem dem, daz von gote geborn ist und daz niht enthât vater uf ertrîche, in daz sich niht ebirt allez, daz geschaffen ist, allez, daz niht got enist, in dem kein bilde enist dan got blôz lûter alleine."[520]

Der Eckhartsche Gedankengang, der hier präsentiert wird, ist folgenreich für seine Ethik, die erkennbar aus metaphysischen Quellen gespeist ist und als ontologisiert bezeichnet werden kann. An dieser Stelle meiner Studie genügt es, darauf hinzuweisen, dass unser Autor damit tugendhaftes Handeln versteht als gnadenhaften Einbezug in göttliche Qualitäten. Damit ist einschlussweise nicht allein eine gewisse Partizipation des Menschen am göttlichem Sein impliziert, sondern darüber hinaus eine vollständige univoke Identität angesprochen, bei der der Mensch in Gottes Wirken derart einbegriffen wird, dass es zu seiner eigenen Identität wird. Folgenreich ist auch die doppelte Ausweitung in christologischer und universalisierender Perspektive, sofern das innergöttliche Leben als begründendes Modell des Einbezugs des Guten in die Güte herangezogen wird, und insofern alles, d. h. auch jeder Mensch in diese Relation einzutreten vermag, sofern er außer Gott keinen bestimmenden Identitätspol mehr besitzt.

2.1.4.2.1.6 Schriftzitat aus dem Johannesprolog als Beleg für die Eckhartsche These

Die Struktur, in der Eckhart seinen Gedankengang bis hierher insgesamt entfaltet, und schließlich erneut auf ein Schriftzitat rekurriert, kann als exemplarisch gelten für seine Schrifthermeneutik.[521] Dabei geht der Dominikaner von einer fundamentalen Konsonanz sämtlicher Erkenntnisse aus, die auf dem Wege philosophischen Erkennens, der Naturwissen-

---

519 DW V, S. 472.
520 Ebd. S. 10,11–16
521 Vgl. dazu Enders, Die Heilige Schrift, S. 55. Der Autor weist darauf hin, „dass Eckhart die Überzeugung vertritt, dass die Heilige Schrift alles wahre Wissen – nicht nur das christliche Offenbarungs, bzw. Heilswissen, sondern das gesamte Wissen der natürlichen Vernunft – in sich vereinigt, Letzteres freilich nicht in unmittelbarer, sondern in parabolischer Form, die einer allegorischen Auslegung bedarf." Vgl. zum Themenkomplex auch Flasch, Meister Eckhart, S. 60ff.

schaften im damaligen Verständnis, und der theologischer Offenbarung zustande kommen. Entsprechendes hören wir in Eckharts Auslegung des Johannesevangeliums: „Wie bei allen seinen Werken hat der Verfasser bei der Auslegung dieses Wortes und der folgenden die Absicht, die Lehren des heiligen christlichen Glaubens und der Schrift beider Testamente mit Hilfe der natürlichen Gründe der Philosophen auszulegen. [...] Ferner beabsichtigt das Werk zu zeigen, wie die Wahrheiten der Prinzipien, Folgerungen und Eigentümlichkeiten in der Natur für den, der ‚Ohren hat zu hören' <Matt 13,41>, gerade in den Worten der Heiligen Schrift, welche mit Hilfe dieser natürlichen Wahrheiten ausgesagt werden, klar angedeutet sind."[522] Diese Sicht auf das Zueinander dessen, was der natürlichen Vernunft zugänglich ist, und dem, was durch göttliche Offenbarung in der Heiligen Schrift nahe kommt, ist im Hintergrund der folgenden Aussage virulent. Eckhart zitiert dazu aus dem Johannesevangelium, und zwar aus dem Prolog:

„Denn, so spricht Sankt Johannes in seinem Evangelium, daß ‚allen, denen Macht und Vermögen gegeben ist, Söhne Gottes zu werden, die nicht vom Blut noch vom Willen des Fleisches noch vom Willen des Mannes, sondern von Gott und aus Gott geboren sind <Joh 1,12f.>."[523]

Wan alsô sprichet sant Johannes in sînem êvangeliô, daz ‚allen den gegeben maht und mugent, gotes süne ze werdenne, die niht von bluote noch von vleisches willen noch von mannes willen, suder von gote und ûz gote aleine geborn sint'. „[524]

Das Johannesevangelium, das bei unserem Autor besondere Wertschätzung genießt, liefert die schriftgemäße Fundierung des zuvor von Eckhart entworfenen Modells des Einbezugs des Guten in die Güte.[525] Wer keinerlei andere Herkunft und Identität mehr hat, als aus Gott geboren zu sein, der ist – so wie der Gute in der mit Gott identisch vorgestellten Güte restlos und vollständig begründet ist – ebenso restlos und vollständig aus Gott begründet. Dem ist Eckhart zufolge Macht gegeben, Sohn Gottes zu werden und zu sein.

---

522 EW II, S. 491. Vgl. dazu
523 DW V, S. 472.
524 Ebd. S. 10, 17–20.
525 Vgl. zum Verhältnis zwischen Trostbuch und Eckharts Kommentar zum Johannesevangelium die Ausführungen von Flasch, Meister Eckhart, S. 271ff.

2.1.5 Weitere Aspekte im Gesamtwerk

Nachdem die zentrale Quelle der Eckhartschen Rede von der Güte und dem Guten in seiner Trostschrift eingehend untersucht worden ist, sollen nun weitere Aspekte dieses Zusammenhangs Erwähnung finden. Zunächst gilt das Interesse dazu dem lateinischen Werk, in dem der metaphysische Aspekt des Guten weiter entfaltet wird. Sodann werden exemplarische Stellen aus den deutschen Predigten unseres Autors herangezogen, um weitere Akzente seiner Auffassung von der Güte und dem Guten zu eruieren.

Vorblickend kann zur Orientierung der Lektüre festgehalten werden: In den Predigten wird die theozentrisch fundierte Konzeption der Transzendentalienlehre erneut ersichtlich, wie sie schon im *Opus tripartitum* zutage getreten ist. Jedoch sind die Predigten in einer an mystisches Sprechen heranführenden Diktion und Redeweise verfasst. Dabei wird die Rede von der Güte als Prädikationsform Gottes spezifiziert und in bestimmter Weise relativiert. Eine Differenzierung in Eckharts Gottesbild, beziehungsweise eine Unterscheidung der Prädikationen des Göttlichen, wird dabei wirksam und zeigt sich in den Formulierungen. Wo unser Autor die Bezeichnung ‚Gott' verwendet, ist die Gegebenheit des Göttlichen für das menschliche Streben und Wollen als Geschöpf im Blick. Davon unterschieden wird die Redeweise, die sich auf die entzogenen Dimension des Göttlichen, der ‚Gottheit' bezieht, die überseiend angesehen wird, und daher nur in der Weise der Negation aller Termini, wenn überhaupt, angemessen angesprochen werden kann. Auf die Gottheit hin müssen so alle begrifflichen Zugänge fallen gelassen und überwunden werden, da sie mehr verbergend sind als erhellend. Korrespondierend dazu ist dem Menschen nötig, die Intentionalität seines Ausgriffs auf das Göttliche zurückzunehmen, um auf diese Weise in paradoxer Weise beim Gesuchten in Form der Aufgabe der Suche anzukommen. Dem gilt das Augenmerk der folgenden Ausführungen, die Eckhart mithin als Exponenten einer speziellen Form negativer Theologie erkennen lassen. Zugleich wird ersichtlich werden, dass Eckharts Werk bei aller elaborierten Begrifflichkeit eine Selbstrelativierung und ein Überstieg über gewonnene Konzepte und Denkwege bereits innewohnen. Diese gewissermaßen dem Eckhartschen Duktus innewohnende Selbstkritik verdient Beachtung. Denn bei einer isolierten, ekklektischen Sichtung einzelner Aussagen könnte aus dem Blick geraten, dass unserer Autor Theologie immer als auf den je größeren Gott hin zu relativierende und in diesem Sinne als bleibend unzulängliche ansieht. Wo nachstehend im lateinischen Werk also Begrifflichkeit und Thesenform dominiert, mag die Lektüre dessen eingedenk bleiben, dass Eckhart sein Denken gleichsam zu verflüssigen bereit ist, um das Göttliche nicht zu verfehlen.

2.1.5.1 Weitere Charakteristika der Güte und des Guten im lateinischen Werk Meister Eckharts

Im lateinischen Werk begegnet unser Thema zum einen prominent im geplanten vierten Traktat des Thesenwerks des *Opus tripartitum*. Dort sollte dem Konzept nach von der Gutheit und deren Gegensatz, dem Bösen und vom Übel gehandelt werden.[526] Auf die weiterführenden Ausführungen Eckharts im Prolog zum Thesenwerk wurde oben bereits eingegangen, daher kann dieser Passus hier übergangen werden. Weitere Passagen in Eckharts lateinischem Werk jedoch kommen darüber hinaus darauf zu sprechen, wie das Gute umschrieben werden kann, und wie es mit dem Willen und dem Intellekt in Beziehung steht. Desweitern kommt der Bezug der Güte zum guten Werk ins Wort und es wird danach gesucht, das Übel in Absetzung vom Guten zu fassen.

Auf die Frage, was mit der Güte (lateinisch bonitas) der Sache nach anvisiert ist, meint Heribert Fischer, dass nur eine umschreibende Antwort gegeben werden könne: „Was mit diesem Grundwort gemeint ist, kann, wie auch bei allen übrigen Termini, nur umschreibend angedeutet, nicht definiert werden [...]."[527] Eckhart selbst zieht in seinem Genesiskommentar mit Blick auf obige Frage die tradierte Wendung des Stagiriten heran. Er zitiert den antiken Philosophen und nimmt dessen Rekurs auf das menschliche Strebevermögen auf. Fischer führt dazu aus: „Die Umschreibung des Guten ist wörtlich Aristoteles entnommen: , gut nannten sie, was alle erstreben' (,bonum annuniaverunt quod omnia appetunt' – Aristoteles, Eth. Nic. A c.1 1094, a2 – LW I, 288, 6.). [...] Der Kontext besagt: alle Dinge haben überhaupt und wesenhaft die Gutheit von daher, von wo sie Sein oder Seiendheit haben, formell jedoch aus der Beziehung auf das Streben."[528] Mit Blick auf das Strebevermögen zeigt sich sodann, wie Eckhart im gleichen Kommentar bemerkt: „Der Grund des Guten wird gewonnen: erstens wesensgemäß und notwendig durch seine Form, wodurch etwas Sein hat, zweitens, formell aus

---

526 LW I, S. 150, 4.
527 Fischer, H. : Meister Eckhart, Freiburg 1974, S. 84.
528 Fischer, Meister Eckhart, S. 84. Meister Eckhart formuliert im Genesiskommentar auf Latein: „universaliter res omnis ab illo habent substantialiter bonitatem, a quo habet esse sive entitatem [...], formaliter autem habet bonitatem ex ordine sive respectu ad appetitum". LW I, S. 288, 3–6.

der Übereinstimmung oder dem Wohlgefallen, womit es dem Willen wohlgefällt, als Übereinstimmendes mit dem Geist und der Absicht."[529]

Das Streben richtet sich fundamental auf das Sein, in dem das Gute gründet. Wiederum aus dem Genesiskommentar ist zu entnehmen: „Alles strebt, sucht und sehnt sich nach dem Sein selbst, das ja gut und vielmehr Grund des Guten ist; was in sich selbst unruhig ist, kommt im Sein zur Ruhe."[530] Aus dieser fundamentalen Hinordnung ergibt sich eine Leichtigkeit des menschlichen Strebens hin zum Guten. Im „Liber parabolarum Genesis"[531] führt Eckhart das näher aus, indem er die Auffassung zurückweist, von Gott könnte etwa Schweres geboten worden sein: „Der Grund ist erstens, daß das Gebot Gottes die Liebe ist, die Liebe zum Guten schlechthin (und) allgemein, bei der nichts mühevoll, sondern alles angenehm und lieblich ist."[532] Das Gute ist somit das Ziel des Strebens: „Das Gute und das Ziel sind identisch".[533] Der „Begriff des Guten ist somit im Sein selbst begründet, jedoch diesem nachgeordnet"[534]. Dabei gilt der Grundsatz der Konvertibilität der Transzendentalien: „Gut und seiend sind vertauschbar".[535]

Für Eckhart typisch ist die vorrangige Stellung des Verstandes vor dem Willen.[536] Der Wille empfängt vom Intellekt, was er ist: „[…] der Wille empfängt seinen formalen Gegenstand, durch den er ist, was er ist, vom Verstand. Denn nicht das Gute als solches, sondern das ‚erscheinende' und vom Verstand ‚erfaßte' (Gute) ist Gegenstand des Willens."[537] Die Hinordnung auf das Gute ist lokalisiert in jener Dimension des Seelischen, die in Gottes Wirklichkeit hineinzuragen imstande ist. Dafür steht der Begriff Synderesis.[538] Diesen verwendet auch unsere Autor: „Das Vernünftige, das zum

---

529 Fischer, Meister Eckhart, S. 84f. Vgl. LW I 288, 9–289.
530 Ebd. S. 85. Vgl. LW I, S. 298, 1–3.
531 LW I, S. 447–698.
532 Ebd. S. 557, 8–9. „Ratio est, tum quia praeceptum dei est dilectio, caritas, amor boni absolute in communi, in quo nullus labor est, sed dulcedo et suavitas".
533 Fischer, Meister Eckhart, S. 85. Vgl. LW I, S. 250, 7: „Bonus et finis idem.".
534 Ebd. S. 85. Vgl. LW I, S. 249, 7: „[…] ratio boni est posterior et fundatur in ratione ipsius esse.".
535 Fischer, Meister Eckhart, S. 85, Vgl. LW I, S. 249, 7.
536 LW I, S. 544, 5: „[…] intellectus praestantior quam voluntas."
537 Ebd. S. 542, 11–12: „[…] voluntas formale suum obiectum, per quod est id quod est, accipit ab intellectus; bonum enim absolute non est obiectum voluntatis, nisi sit apparens et apprehensum ab intellectus."
538 Vgl. dazu Hof, H.: Scintilla animae. Eine Studie zu einem Grundbegriff in Meister Eckharts Philosophie mit besonderer Berücksichtigung des Verhältnisses der

Guten geneigt macht, ist die Synderesis."[539] Ein vernunftgemäßes Leben ist für den Menschen das Gute, wie Eckhart in Aufnahme eines Zitats des Areopagiten ausführt: „Dionysios sagt, daß für den Menschen gut ist, was vernunftmäßig ist, böse aber, was widervernünftig ist."[540]

Daraus ergeben sich Konsequenzen für das sittliche Leben und die Werke des Menschen. Im Genesiskommentar lesen wir: „Zuletzt ist für das sittliche Leben zu bemerken: Mit den Worten, Gott ruhe im Wirken, ist gesagt, daß dann ein Werk in uns göttlich ist, wenn das Wirken als solches in sich selbst angenehm ist. Deswegen ist, wie der Philosoph sagt, die Freude am Werk ein Zeichen für den erzeugten Habitus. Das Werk, das im Blick auf etwas außer dem Werk geschieht, ist Lohndienst."[541] Die größte Freiheit zeigt menschliches Wirken Eckhart zufolge, wenn es um seiner selbst willen das Gute vollzieht: „Frei ist, was um seiner selbst willen getan wird, was in sich und um seinetwillen gefällt: ‚alles hat Gott um seiner selbst willen gewirkt' (Spr. 16,4). Das Gute also, das wir nicht um seiner selbst willen, weil es gut ist, wirken, ist kein göttliches Werk noch wirkt Gott es in uns; sondern jenes andere außer dem Werk, um deswillen wir wirken, wirkt es in uns."[542] Nach diesem Tun um seiner selbst willen ist der gerechte Mensch mit allem aus, er hungert und dürstet direkt danach: „Deshalb heißt es treffend: ‚Selig, die hungern und dürsten nach der Gerechtigkeit.' (Matt. 5,6). Gerecht also ist sein Werk, in dem nichts anderes als der Hunger und Durst, das Verlangen und Suchen nach Gerechtigkeit wirksam ist."[543] In solcherart selbstzwecklichem Tun findet der Gerechte seine Identität: „Für den Gerechten als solchen ist Gerechthandeln Leben und Sein."[544] Die Gutheit, die analog der Gerechtigkeit zu sehen ist, ist somit „dem guten Werk innerlich, sie kommt von innen, besteht formal und prinzipiell im inneren Akt" der Güte.[545]

Die Sichtung der lateinischen Werke mit Blick auf das Gute abschließend, gilt das Interesse dessen Gegenteil, dem Bösen, wie Eckhart im allgemeinen Prolog zum *Opus tripartitum* zu seinem geplanten vierten Traktat ausführt

---

Eckhartschen Philosophie zur neuplatonischen und thomistischen Anschauung, Lund 1952.
539 LW I, S. 638, 7: „[...] rationale ad bonum inclinans, puta synderesis."
540 LW I, S. 596.
541 Ebd. S. 320.
542 Ebd. S. 320.
543 Ebd. S. 321.
544 Ebd. S. 321.
545 Vgl. LW III, S. 255, 1–256.

„[...] von der Güte und dem Guten und dem Schlechten, seinem Gegenteil."[546] Das Übel sieht Eckhart – in der Fluchtline Augustins – „als ein Abfallen vom Guten, dessen Minderung, Verfall"[547] sowie als „Beraubung und Verlust des Guten".[548] Das Übel ist dem Guten „unähnlich, im Widerstreit mit ihm, Widerspruch und Gegensatz zu ihm."[549] Das Übel „ist immer an einem Guten, an einem partikulären Guten"[550] und es „zerstört niemals gänzlich das Gute, löscht es niemals gänzlich aus."[551]

2.1.5.2 Die Güte als Kleid und Hülle der weiselosen Gottheit in den deutschen Predigten

Wiederholt kommt unser Autor in seinen Predigten[552] auf die Güte zu sprechen. Hauptsächlich wird dabei der Sache nach das ins Wort gebracht, was er auch im Traktat *Buch der göttlichen Tröstung* formuliert. Es gibt jedoch auch andersgeartete Akzente. Diese relativieren die Bedeutung der Güte als etwas, das auf die Gottheit hin zu übersteigen ist. Was zu Eckharts Intellekttheorie oben ausgeführt wurde, mag eine Hilfe sein, den folgenden Ausführungen Eckharts leichter folgen zu können. In Summe kann als Fingerzeig zum Verständnis für das nachstehend Dargelegte gelten, was Wouter Goris für das Denken unseres Autors insgesamt feststellt: „Es ist ein Denken, welches das höchste Vertrauen in die Wirkmacht der Vernunft mit der reinsten negativen Theologie paart."[553]

So wird das Durchbrechen der Güte zum Thema in der Predigt Nr. 7[554], in der Eckharts Konzept des menschlichen Intellekts im Hintergrund zu beachten ist. Eckhart zufolge eint die Liebe nicht, „in gar keiner Weise; was (schon) vereint *ist*, das heftet sie zusammen und bindet es zu. Liebe vereint im Wirken, nicht aber im Sein. Die besten Meister sagen, die Vernunft schäle völlig

---

546 LW I 150, 4.
547 Fischer, Meister Eckhart, S. 87. Vgl. LW I, S. 291, 4.12.
548 Ebd. S. 87. Vgl. LW I, S. 563.
549 Fischer, Meister Eckhart, S. 87. Vgl. LW I, S. 365.
550 Ebd. Vgl. LW I, S. 269,1.
551 Fischer, Meister Eckhart, S. 87. Vgl. LW I, S. 633, 1ff.
552 Vgl. dazu die Register mit Stellenverzeichnissen. Zu den Predigten 1–24 DW I, S. 561, zu den Predigten 25–59 DW II, S. 841f.
553 Goris, W.: Einheit als Prinzip und und Zahl. Versuch über die Einheitsmetaphysik des *opus tripartitum* Meister Eckharts (Studien und Texte zur Geistesgeschichte des Mittelalters, Bd. 59), Leiden 1997, S. 6
554 DW I, S. 116–124, Übersetzung von Josef Quint ebd. S. 456–458.

ab und erfasse Gott entblößt, wie er reines Sein in sich selbst sei."[555] In diesem Zusammenhang wird dann der Primat des Erkennens hervorgehoben: „Das Erkennen bricht durch die Wahrheit und Gutheit hindurch und wirft sich auf das reine Sein und erfaßt Gott bloß, wie er ohne Namen ist. Ich <aber> sage: Weder das Erkennen noch die Liebe einigen. Die Liebe ergreift Gott selbst, insofern er gut ist, und entfiele Gott dem Namen ‚Gutheit', so würde die Liebe nimmermehr weiterkommen."[556] Die von der Liebe anvisierte Güte ist gleichsam eine zu überwindende Oberfläche, hinter der erst Gott in seiner Gottheit vernehmbar wird. Somit kommt der liebende Impetus nur in Form der Selbstvergessenheit auf paradoxe Weise an sein Ziel. Unser Autor führt aus: „Minne nimet got under einem velle, unter einem kleide"[557] Auch in Predigt 19[558] ist von der Güte in ähnlicher Weise die Rede, insofern die Güte auf die Liebe Attraktion ausübt, das Erkennen aber weiterträgt: „Die Liebe vernarrt sich und hängt sich fest in die Gutheit, und in der Liebe bleibe ich <denn also> ‚in der Pforte' hängen, und die Liebe wäre blind, wenn es kein Erkennen gäbe. [...] Bleibe ich in der Gutheit hängen, im ersten Ausschmelzen, und nehme Gott, sofern er gut ist, so nehme ich die ‚Pforte', nicht aber nehme ich Gott. Darum ist das Erkennen besser, denn es leitet die Liebe. Die Liebe aber weckt das Begehren, das Verlangen. Das Erkennen hingegen fügt keinen einzigen Gedanken hinzu, vielmehr löst es ab und trennt sich ab und läuft vor und berührt Gott, wie er bloß ist, und erfasst ihn einzig in seinem Sein."[559] Somit erfasst das Erkennen Gott in seinem Sein, die Liebe dagegen bleibt gleichsam an Gottes Güte hängen. Beachtenswert ist dem gegenüber die starke Relativierung menschlicher Erkenntnis, die Eckhart im weiteren Verlauf der Predigt 7 daran vorträgt, wenn er vom ersten Ausgang von Verstand und Willen in der menschlichen Seele handelt: „Ein Meister, der am allerbesten von der Seele gesprochen hat, daß das gesamte menschliche Wiessen niemals darein eindringt, was die Seele in ihrem Grunde sei. <Zu begreifen>, was die Seele sei, dazu gehört übernatürliches Wissen. Wissen wir doch nichts von dem, wo die Kräfte aus der Seele in die Werke ausgehen; wir wissen wohl ein wenig davon, aber es ist gering. Was die Seele in ihrem Grunde sei, davon weiß niemand etwas."[560]

---

555 Ebd. S. 457.
556 DW I, S. 457.
557 Ebd. S. 123. „Die Liebe nimmt Gott unter einem Fell, unter einem Kleide. Das tut die Vernunft nicht; die Vernunft nimmt Gott so, wie er in ihr erkannt wird; sie kann ihn aber niemals erfassen im Meer seiner Unergründlichkeit." (ebd. S. 457).
558 Ebd. S. 312–323, Übersetzung von Josef Quint ebd. S. 502–504.
559 Ebd. S. 502.
560 Ebd. S. 457f.

In der Predigt 9[561] findet ebenfalls eine pointierte Relativierung der Güte statt. Sie wird in gleicher Weise wie das Sein auf Gott hin zurückgenommen: „Gott ist weder Sein noch Gutheit. Gutheit haftet am Sein und reicht nicht weiter als das Sein; denn gäbe es kein Sein, so gäbe es kein Gutsein; und das Sein ist noch lauterer als die Gutheit. Gott ist nicht gut noch besser noch allerbest. Wer da sagte, Gott sei gut, der täte ihm ebenso unrecht, wie wenn er die Sonne schwarz nennen würde."[562] Wie schon in Predigt 7 erscheint die Güte als zu Überwindendes: „Gott wirkt oberhalb des Seins in der Weite, wo er sich regen kann; er wirkt im Nichtsein."[563] Damit wird Eckhart zufolge jedoch Gott das Sein nicht abgesprochen, sondern vielmehr ‚erhöht': „Wenn ich aber sage, Gott sei kein Sein und sei über dem Sein, so habe ich ihm damit nicht das Sein abgesprochen, vielmehr habe ich es ihm erhöht. Nehme ich Kupfer im Golde, so ist es dort <vorhanden> und ist da in einer höheren Weise, als es in sich selbst ist. Sankt Augustinus sagt: Gott ist weise ohne Weisheit, gut ohne Gutheit, gewaltig ohne Gewalt." Im weiteren Verlauf der Predigt wird die Güte als Hülle bezeichnet, unter der menschliche Liebe Gott gewahr wird: „Die Seele, die Gott liebt, die nimmt ihn unter der Hülle der Gutheit. Vernunft aber zieht Gott die Hülle der Gutheit ab und nimmt ihn bloß wo er entkleidet ist von Gutheit und von Sein und von allen Namen."[564] Die Güte verhüllt gleichsam Gott: „Der Wille nimmt Gott unter dem Kleide der Gutheit. Die Vernunft nimmt Gott bloß, wie er entkleidet ist von Gutheit und Sein."[565] Im weiteren Verlauf wird Gutsein mit Mitteilsamkeit gleichgesetzt und auf Gott bezogen: „Was ist gut? Das ist gut, was sich mitteilt. [...] Gott ist das Allermitteilsamste."[566] Mit Blick auf den Primat des Erkennens relativiert Eckhart die Güte radikal: „Ich will <auch> niemals danach begehren, daß Gott mich selig mache mit seiner Gutheit, denn das vermöchte er gar nicht zu tun. Dadurch allein bin ich selig, daß Gott vernünftig ist und ich dies erkenne."[567] In Predigt 23[568] begegnet ebenfalls der Gedanke aus Predigt 9, dass Gott weder Gutheit noch Sein sei. Er kann letztlich auch in Form der Transzendentalien nicht ergriffen werden: „Wenn er nun weder Gutheit noch Sein noch Wahrheit noch Eins ist, was ist er dann? Er ist gar

---

561 Ebd. S. 138–158, Übersetzung von Josef Quint ebd. S. 462–466.
562 Ebd. S. 463.
563 Ebd.
564 DW I, S. 464.
565 Ebd.
566 Ebd.
567 Ebd.
568 DW I, S. 390–410, Übersetzung von Josef Quint ebd. S. 521–523.

nichts, er ist weder dies noch das. Denkst Du noch irgend etwas, das er sei, das ist er nicht."[569] In dieser Predigt wird auch das Bild von der Verhüllung Gottes erneut aufgerufen und die Güte als ‚Haut' Gottes bezeichnet: „Nun aber nehmen sie <die Meister> die Gutheit und legen sie auf das Sein: das bedeckt dann <das Sein> und macht ihm eine Haut, denn es ist hinzugelegt."[570]

In Predigt 15[571] wird die Güte mit dem Heiligen Geist in Beziehung gebracht und alles Gute als Ausfluss und Ausdruck göttlicher Gutheit begriffen: „Gutheit in sich, Güte beruhigt die Seele nicht. Gäbe mir Gott irgend etwas *ohne* seinen Willen, ich würde es nicht beachten; denn das Geringste, das mir Gott mit seinem Willen gibt, das macht mich selig. Alle Kreaturen sind aus Gottes Willen geflossen. Könnte ich <allein> nur Gottes Gutheit begehren, so wäre dieser Wille so edel, daß der Heilige Geist unmittelbar daraus flösse. Alles Gute fließt aus dem Überfluß der Gutheit Gottes. Ja, aber der Wille Gottes schmeckt mir nur in der Einheit, wo für die Gutheit aller Kreaturen die Ruhe Gottes ist, worin sie <= die Gutheit> ruht und alles, was Sein und Leben je gewann, als in ihrem letzten Ende: dort sollst Du den Heiligen Geist lieben, wie er dort in der Einheit ist, nicht in sich selbst, sondern dort wo er mit der Gutheit Gottes einzig in der Einheit schmeckt, wo alle Gutheit ausfließt aus dem Überfluß der Gutheit Gottes. [...] Wer *so* aus sich selbst ‚ausgegangen' wäre, der würde sich selbst im eigentlicheren Sinne wiedergegeben."[572]

2.1.6 „Abegescheidenheit" als zentraler Modus des Einbezugs kreatürlichen Seins in das Wirken Gottes

Was von Eckharts Sicht auf die Güte und den Guten bisher erläutert wurde, lässt die Frage aufkommen, *auf welche Weise* der Gute sich in ein Verhältnis des Einbezogenseins in die Güte bringen kann, oder genauer gesagt, wie sich dem Menschen dieser als univok zu verstehende Einbezug von sich her zueignet, und wie er sich darin befinden und gleichsam ‚entdecken' kann. In Eckharts Theolgumenon der „abegescheidenheit"[573] kann diese Weise er-

---

569 Ebd., S. 522.
570 Ebd.
571 DW I, S. 244–256, Übersetzung von Josef Quint ebd. S. 488–491.
572 DW I, S. 488.
573 Vgl. zum Ganzen Panzig, E. A.: *Gelâzenheit* und *abegescheidenheit*. Eine Einführung in das theologische Denken des Meister Eckhart, Leipzig 2005, besonders S. 1001–179, sowie 232ff.; Enders, M.: Abgeschiedenheit des Geistes – höchste ‚Tugend' des Menschen und Seinsweise Gottes: eine Interpretation von Meister Eckharts Traktat

blickt werden. Dieses Nomen drückt einen Sachverhalt aus, der dem Menschen nicht selbstmächtig zugänglich ist, wenn er auch bis zu einem gewissen Grade berufen ist daran mitzuwirken.

Die Besprechung dieses Themas geschieht an einer Schnittstelle der pastoraltheologischen Studie, wo die bisher aufgewiesene Theologie Eckharts nunmehr einer tugendethischen Integration in ein aktuelles klinisches Seelsorgekonzept zugeführt werden soll. Die Erläuterung der Sicht von „abegescheidenheit" dient somit dazu, Eckharts ontologisch fundierte ethische Positionen auf die aktuellen menschlichen Handlungsdispositionen, also auf die Haltungen der Akteure hin, zu bedenken. Die mit klinischer Seelsorge Betrauten und deren Verhaltensvorprägungen rücken somit in den Blick, um eine im weiteren Duktus der Studie angestrebte Aneignung der speziellen Eckhartschen Tugendethik als ontologisch begründeter Gesinnungsethik vorzubereiten. In diesem übergeordneten Anliegen suchen die folgenden Ausführungen zu konturieren, was der Dominikanermönch unter dem mittelhochdeutschen ‚abegescheidenheit' versteht. Einige pointierte Formulierungen, die bei Eckhart im Traktat *Von abegescheidenheit*[574] begegnen, stehen dabei im Zentrum. Doch zuvor soll ein kurzer Blick auf Predigt 53 geworfen werden und auf die Frage nach einer angemessenen Übersetzung des mittelhochdeutschen Terminus und dessen lateinische Äquivalente. Diese semantisch orientierte Frage ist geeignet, unmittelbar ins Zentrum der Thematik zu führen, da die Eckhartsche innovative Wortschöpfung *abegescheidenheit* ein genuin göttliches Prädikat und eine menschliche Verfasstheit und eine entsprechende Haltung in ein Wort zu bringen vermag. Darin kündigt sich schon an, dass dem Menschen gnadenhaft etwas zukommt, das eigentlich wesentlich Gott zugehörig ist. Nur im abgeleiteten Sinne kommt es auch dem Menschen zu.

In Predigt 53 kommt unser Autor auf den Topos zu sprechen. Er benennt damit ein zentrales Ziel seiner Predigttätigkeit und setzt es prominent an die erste Stelle: „Svenne ich predige, sô pflige ich ze sprechenne von abegescheidenheit und daz der mensche ledig werde sîn selbes und aller dinge."[575]

Von abegescheidenheit, in: ThPh 71 (1996) S. 63–87; Goris, W.: Der Mensch im Kreislauf des Seins. Vom Neuplatonismus zur Subjektivität bei Meister Eckhart, in: Kobusch, T./Mojsisch, B./Sumerell, O. F. (Hg.): Selbst – Singularität – Subjektivität: Vom Neuplatonismus zum deutschen Idealismus, Amsterdam 2002, S. 185–201; Quero-Sanchez, A.: Sein als Absolutheit (esse als abegescheidenheit), in: MEJ 2 (2008) S. 189–218.
574 DW V, S. 400–437, Übersetzung von Josef Quint ebd. S. 539–547.
575 DW II, S. 528, 5.

Die deutsche Übersetzung von Josef Quint lautet: „Wenn ich predige, pflege ich zu sprechen von Abgeschiedenheit, und daß der Mensch ledig werden soll seiner selbst und aller Dinge"[576] Die Quintsche Übertragung des mittelhochdeutschen Wortes mit „Abgeschiedenheit" ist insoweit ergänzungsbedürftig, als damit nur unzureichend der semantische Hintergrund aufgewiesen wird, aus dem Eckharts „genuine Begriffsbildung"[577] zu verstehen ist. Das ist aber von Bedeutung, da dieser Hintergrund den Blick frei gibt auf das von Eckhart der Sache nach Gemeinte. Wouter Goris stellt dazu fest: „Ruh vermutet – und schließt sich dabei einer communis opinio der Forschung an – der *abegescheidenheit* entsprächen lateinisch *separatio* oder *abstractio*. Ich möchte demgegenüber dafür argumentieren, dass [...] der Begriff *absolutum* das lateinische Äquivalent des mittelhochdeutschen *abegescheiden* ist. Der Traktat setzt demnach ein wichtiges Motiv der lateinischen Werke Meister Eckharts fort, indem er im Begriff *abegescheidenheit* das Absolute und das Geschaffene einander gegenüberstellt."[578] Diese Einschätzung vertritt auch Andrés Quero-Sánchez. Er weist auf die göttliche Qualität hin, die im Begriff durchscheint und darin das mit dem Terminus Gemeinte präsentiert: „Doch entspricht das Abstraktum ‚Absolutheit' – wie ich meine bestens – dem Bezeichneten. Denn es geht dabei ja nicht um etwas Bestimmtes bzw. Konkretes, dessen Sein darin bestünde, absolut zu sein; sondern umgekehrt: um etwas, was Nicht-Bestimmtes bzw. Nicht-Konkretes ist – um etwas also Abstraktes, d. h. um etwas, dessen Bestimmtheit (!) eben darin besteht, nichts Konkretes (nicht Greifbares, nichts Zuhandenes) zu sein – worin nach Eckhart der Charakter des Göttlichen besteht."[579] Abschließend sei zur Frage der treffenden Übersetzung noch Erik A. Panzig angeführt. Er verweist auf den größeren Hintergrund der „anaxagoreisch-aristotelischen Intellekttheorie"[580] hin, in dem die lateinischen Äquivalente zu situieren sind. So „konnte gezeigt werden, dass Eckhart auch in der Verwendung des Partizips abegescheiden auf vorfindliche lateinische Termini zurückgreifen konnte. In erster Linie sind diesem Zusammenhang die lateinischen Partizipien *separatus est* und *absolutus est* zu nennen. Beide Begriffe stellen Distinktionen dar, die der anaxagoreisch-aristotelischen Intellekttheorie entstammen", und dort „die zur Erkenntnis des Intellekts

---

576 Ebd. S. 732.
577 Panzig, Gelâzenheit, S. 111.
578 Goris, Der Mensch im Kreislauf, S. 186f.
579 Quero-Sánchez, Sein als Absolutheit, S. 215.
580 Panzig, Gelâzenheit, S. 111.

notwendige Geschiedenheit des Intellekts vom Kreatürlichen und damit zeitlich Vielfältigen ausdrücken, um auf dieser Grundlage mit dem Partizip *abegescheiden* die Freiheit des vernünftigen, mithin *abegeschiedenen* Menschen von jeglicher kreatürlicher Bezogenheit zu bezeichnen."[581] Markus Enders spezifiziert die Herkunft dieses Gedankens aus der Philosophie des Stagiriten: „Wie nach Aristoteles – unter ausdrücklichem Bezug auf den Geist-Begriff des Anaxagoras – der der Seele immanente Geist (vom Körperlichen) abgetrennt (!), einfach und eigenschaftslos sowie unvermischt sein muss und daher auch nicht mit anderem Gemeinschaft haben darf, um aufnahmefähig zu sein für das Denkbare und deshalb diesem, d. h. den Formen der Gegenstände des Denkens, nur der Möglichkeit, nicht aber der Wirklichkeit nach ähnlich ist, bevor er denkt, so ist nach Meister Eckhart der abgeschiedene, von allen zeitlichen und räumlichen Bestimmungen abstrahiert und daher mit nichts etwas gemein habende, folglich von allem Körperlichen getrennte und unvermischte menschliche Geist selbst form- und bestimmungslos, ist ein Nichts an eigener Bestimmtheit und alleine deshalb vollkommen empfänglich für die gnadenhafte Selbstmitteilung Gottes [...]."[582] Somit kann festgehalten werden: „Der abgeschiedene Geist des Menschen ist daher nichts anderes als der form- und bestimmungslose intellectus inquantum intellectus in seiner ursprünglichen Reinheit und Lauterkeit."[583]

Damit aber ist neben der Abkehr vom Kreatürlichen noch ein zweiter wesentlicher Aspekt zu beachten, der in der Wortbildung *abegescheidenheit* angelegt ist und im Vollzug der Abkehr und dessen Innesein zum Tragen kommt. Es ist die *Hinkehr* zum und schließlich das *Verweilen* im wesenhaft Absoluten, nämlich in Gott, so dass „dem Partizip abegescheiden" eine „doppelte Stoßrichtung" inhäriert, „einerseits das Freisein von kreatürlichen Bindungen, andererseits die Hinwendung und Ausrichtung auf Gott."[584] Somit ergibt sich eine Fluchtlinie von der oben skizzierten Eckhartschen Konzeption seiner Intellekttheorie, die als „eine entscheidende Voraussetzung für die Genese" des „Abegescheidenheitstheorems"[585] unseres Autors anzusehen ist, hin zur nachfolgend skizzierten Verwendung im gleichnamigen Traktat. Diesem gilt nachfolgend das Interesse.

---

581 Ebd.
582 Enders, Abgeschiedenheit des Geistes, S. 82–84.
583 Ebd. S. 84.
584 Panzig, Gelâzenheit, S. 112.
585 Panzig, Gelâzenheit, S. 113.

Vor dem Hintergrund des Ausgeführten wird leichter verständlicher, was Eckhart in seinem Traktat ins Wort bringt. Eingangs fragt er zunächst, „welches die höchste und beste Tugend sei, mit der sich der Mensch am meisten und am allernächsten Gott verbinden und mit der der Mensch von Gnaden werde könne, was Gott von Natur ist, und durch die der Mensch in der größten Übereinstimmung mit dem Bilde stände, das er in Gott war, in dem zwischen ihm und Gott kein Unterschied war, ehe Gott die Kreaturen erschuf."[586] In diesen ersten Zeilen des Traktats ist bereits der größere Horizont des Themas aufgewiesen, und zwar die Vereinigung mit Gott. In diesem Rahmen wird nun *abegescheidenheit* als höchste Tugend gerühmt, wenn der Traktat ausführt, „daß lautere Abgeschiedenheit alles übertreffe, denn alle Tugenden haben irgendein Absehen auf die Kreatur, während Abgeschiedenheit losgelöst ist von aller Kreatur."[587] Im weiteren Textverlauf wird der *abegescheidenheit* ein Vorrang vor Liebe, Demut und Barmherzigkeit zugesprochen und davon abgegrenzt, bevor Eckhart zu einer weiteren Bestimmung des Begriffs gelangt. Da bei der folgenden Auslegung des Zitats auf einzelne mittelhochdeutsche Termine eingegangen wird, wird das folgende Zitat zur Gänze im Original zitiert, im Anschluss daran die Übersetzung von Josef Quint. Eckhart zieht im Traktat den interessierten Blick des Lesers mit dem Stilmittel einer Einwandvorwegnahme auf sich:

„Nû maht dû vrâgen, waz abegescheidenheit sî, wan si als gar edel an ir selber ist? Hie solt dû wizzen, daz rehtiu abegescheidenheit niht anders enist, wan daz der geist alsô unbewegelich stande gegen allen zuovellen liebes und leides, êren, schaden und lasters als ein blîgîn berc unbewegelich ist gegen einem kleinen winde. Disiu unbewegelîchiu abegescheidenheit bringet den menschen in die groeste glîcheit mit gote. Wan daz got ist got, daz hât er von sîner unbewegelichen abegescheidenheit, und von der abegescheidenheit hât er sîne lûterkeit und sîne einvalticheit und sîne unwandelbaerkeit. Und dâ von, sol der mensche gote glîch werden, als verre als ein crêatûre glîcheit mit gote gehaben mac, daz muoz geschehen mit abegescheidenheit. Diu ziuhet danne den menschen in lûterkeit und von lûterkeit in einvalticheit und von der einvalticheit in unwandelbaerkeit, und diu dine bringent eine glîcheit zwischen Gote und dem menschen; und diu glîcheit muoz beschehen in gnâden, wan diu gnâde ziuhet den menschen von allen zîtlichen dingen und liutert in von allen zergenclîchen dingen. Und dû solt

---

586 DW V. S. 539.
587 Ebd.

154

wizzen: laere sîn aller crêatûre ist gotes vol sîn, und vol sîn aller crêatûre ist gotes laer sîn."[588]

„Nun magst Du fragen, was Abgeschiedenheit sei, da sie so gar edel ist in sich selbst? Hierzu sollst Du wissen, daß rechte Abgeschiedenheit nichts anderes ist, als daß der Geist so unbeweglich stehe gegenüber allem anfallenden Lieb und Leid, Ehren, Schaden und Schmähungen, wie ein bleierner Berg unbeweglich ist gegenüber einem schwachen Winde. Diese unbewegliche Abgeschiedenheit bringt den Menschen in die größte Gleichheit mit Gott. Denn daß Gott Gott ist, das hat er von seiner unbeweglichen Abgeschiedenheit, und von der Abgeschiedenheit hat er seine Lauterkeit und seine Einfalt und Unwandelbarkeit. Und daher, soll der Mensch Gott gleich werden, soweit eine Kreatur mit Gott Gleichheit haben kann, so muß das geschehen durch Abgeschiedenheit. Die zieht dann den Menschen in Lauterkeit und von der Lauterkeit in Einfaltigkeit und von der Einfaltigkeit in Unwandelbarkeit, und die bringen eine Gleichheit zwischen Gott und Mensch hervor; diese Gleichheit aber muß aus Gnade erstehen, denn die Gnade zieht den Menschen von allen zeitlichen Dingen weg und läutert ihn von allen vergänglichen Dingen. Und das sollst Du wissen: Leer sein aller Kreatur ist Gottes voll sein, und voll sein aller Kreatur ist Gottes leer sein."[589]

Quero-Sanchez zufolge enthält „diese Stelle eine Reihe von Gedanken, die für Eckhart typisch sind. Es wird [...] nichts anderes gesagt, als dass dem Menschen in der Absolutheit – die ja Gott selbst ist – das eigentliche Sein (also das esse absolute) durch die Negation seines ursprünglichen Be-dingt-seins (also durch das Nicht-Be-dingt-sein, d. h. durch das Un-be-dingtsein) gegeben wird."[590] Zweitens „entspricht der Ausdruck *unbewegelich* – Eckhart spricht von der unbeweglichen Abgeschiedenheit Gottes – dem lat. Begriff *firmis* (‚beständig', ‚beharrlich', ‚zuverlässig', ‚treu', ‚fest', ‚stark', ‚dauerhaft') auch der Begriff staete taucht in diesem Zusammenhang auf, ja zusammen mit den Ausdrücken unbeweget, unwandelîch, gelâzen [...]."[591] Quero-Sánches zufolge „geht es dabei darum, ‚nicht von außen bewegt zu werden', ‚so wie ein bleierner Berg unbeweglich ist gegenüber einem schwachen Winde'. Der Ausdruck *unbewegelîche abegescheidenheit* besagt somit, dass Gott als die Absolutheit selbst das standhafte (beständige, treue, zuverlässige, beharrliche, festige, dauerhafte, starke) Absolutsein

---

588 DW V. S. 411,11–413,2.
589 DW II, S. 541–542.
590 Quero-Sánchez, Sein als Absolutheit, S. 217.
591 Ebd. S. 218.

verleiht."[592] Desweiteren ist schließlich drittens die „Verwendung des Begriffs *zuoval* in der zitierten Stelle typisch für Eckhart. Die für den absoluten Geist charakteristische Beständigkeit, Zuverlässigkeit oder Treue kommt *gegen allen zuovellen liebes und leides, êren, schaden und lasters* zustande. Der göttliche Mensch ist also beständig, zuverlässig, treu unter welchen Bedingungen auch immer. Der mhd. Begriff *zuoval* bedeutet ja nicht nur ‚Zufall', sondern ebenso ‚Veränderbarkeit', ‚Wandel', ‚Akzidents', ‚Beifall', ‚Zustimmung'. Der homo divinus ist also frei von *zuoval*, d. h. er ist nicht von dem ständig sich verändernden ‚Beifall' abhängig, da er nicht vom Erfolg abhängig ist, nicht erfolgssüchtig ist. Die ‚nackte', (unvermischte, lautere, reine, echte, wahrhaftige, unverfälschte) Substanz (substantia mera) ist also das Beharrliche inmitten der sich ständig wandelnden – und insofern nichtigen – Akzidentialität."[593]

Aus dem zum Zitat unseres Autors Dargelegten wird prägnant ersichtlich: Der vollkommen ‚*abegeschiedene*' Mensch ist der von allem Kreatürlichen ‚dies und das', und somit von dessen typischer Vielheit und raumzeitlicher Bindung, ja schließlich sogar noch von seinem eigenen ebenfalls so gearteten Kreatursein im Geiste innerlich total Abgelöste. Zugleich mit dieser ‚*abegescheidenheit*' und auf diese spezielle Weise ist er der Einbezogene in Gott als dem exemplarisch ‚Absoluten' und vollständig unbedürftig in sich Stehenden. Aus dieser gnadengewirkten Verfasstheit ist ihm ermöglicht, von innen her mit Gott und aus Gott zu wirken. Mit Nikolaus Largier kann somit gelten: „Eckhart entwirft, wenn man dies in aller Kürze so sagen darf, eine Theorie des Intellekts und der Einheit des Intellekts mit Gott, die primär ganz von der anaxagoreisch-aristotelischen Vorstellung der Leerheit und Unbestimmtheit des Intellekts ausgeht. Was den Intellekt zum Ort der Freiheit und der Einung mit Gott macht, ist nicht seine Selbsttätigkeit, sondern die vollkommene Leere. [...] Der Intellekt begreift sich selbst als Ort der Freiheit, insofern er sich als Möglichkeit der Überschreitung aller naturhaften Determiniertheit und aller intentionalen Konstitutionen oder Vermittlungen begreift. Dies gelingt indes nur dort, wo der Intellekt auch seine Selbsttätigkeit und die Dynamik der Selbstbegründung preisgibt, und zur ‚reinen' Möglichkeit wird, also in der Negativität schlechthin mit der Gottheit konvergiert."[594]

---

592 Ebd.
593 Ebd.
594 Largier, N.: Theologie, Philosophie und Mystik bei Meister Eckhart, in: J. A. Aertsen/ Speer, A. (Hg.): Was ist Philosophie im Mittelalter? Akten des X. Internationalen

2.1.7 Zusammenfassung und kritische Würdigung der Eckhartschen Position

Im Anschluss an eine Zusammenfassung, die den Ertrag der systematischen Erschließung Eckhartscher Theologie zu sichern versucht, soll eine kritische Würdigung der bei Meister Eckhart aufgewiesenen Verhältnisbestimmung zwischen der Güte und dem Guten erfolgen. Dabei kommen zunächst kritische Anfragen und Einwände zu Wort. Die Besprechung der kritikwürdigen Aspekte Eckhartscher Theologie kann jedoch dazu beitragen, tiefer in das geistliche Anliegen und die Frömmigkeit des spätmittelalterlichen Dominikaners einzudringen. Was auf den ersten Blick anstößig bis befremdlich wirken kann, könnte sich bei näherer Betrachtung als theologisch integrierte Aufnahme und geistlich durchwirkte Antwort genau auf die Fragen erweisen, die mit guten Argumenten und daher mit bestem Recht kritisch an Meister Eckhart formuliert werden können.

Zunächst soll jedoch eine Synopse der im Werk Eckharts begegnenden Verhältnisbestimmung zwischen der Güte und dem Guten versucht werden. Die vielschichten Ausführungen unseres Autors legen es nahe, sein zentrales Anliegen in einer knappen Zusammenfassung für die Lektüre verdichtet zu präsentieren. Dabei sind die Gefahr einer Verkürzung der Positionen Eckharts und die einer Reduktion der facettenreichen und wortgewaltigen Diktion des spätmittelalterlichen Theologen in Kauf zu nehmen. Dies geschieht um des Anliegens willen, eine geraffte und prägnante Zusammenschau seiner Position zu ermöglichen.

2.1.7.1 Zusammenfassung und Ertrag der systematischen Erschließung

Für Meister Eckhart ist die als dynamischer Vollzug gedachte, univoke Relation zwischen der Güte und dem Guten zum einen der Ort, seine innovative Transzendentalienlehre mit metaphysischem Anliegen und entsprechender Diktion zu artikulieren, um auf diesem Wege Metaphysik und Gotteslehre in eins zu sehen und theologisch integrativ zu konzipieren. Diesem theologischen Anliegen dient seine originelle Unterscheidung zwischen Abstrakta und Konkreta bei der Besprechung der Transzendentalien, seine betont exklusive Formulierung der allgemeinsten Begriffe als Gott zukommende

---

Kongresses für mittelalterliche Philosophie der Société Internationale pour l'Etude de la Philosophie Médiévale 25. Bis 30. August 1997 in Erfurt, Berlin 1998, S. 704–711, hier S. 706f.

Bezeichnungen, und seine zentrale Stellung der *communissima* im Ganzen seiner metaphysisch-theologischen Konzeption.

Bei diesem Gedankengang leitet den spätmittelalterlichen Dominikaner aber zum anderen ein anthropologisches Grundanliegen, das Eckharts philosophisches Denken als Moment an einer umfassenden, existentiellen Glaubensbewegung erkennen lässt und seine Anthropologie als theologisch begründete ausweist. Eckharts Anliegen, auf dem Wege der Theologisierung menschlicher Tugenden einen fundamentalen Einbezug des menschlichen Handelns in Gottes Wirken und dessen Präsenz in den Blick zu heben, ist dabei wesentlich schöpfungstheologisch und soteriologisch motiviert. Indem sich die Güte unvermittelt, vollständig und von sich her dem Menschen, sofern er gut ist, von Ewigkeit her und daher zeitlos stetig zueignet, sind diesem neue, gnadengewirkte Verhaltensdispositionen möglich. Diese leiten ihn auf dem in Raum und Zeit zu findenden Weg zum ewigen Heil. Dieser Weg ist als Rückkehr der Geschöpfe in ihr gleichermaßen als Ursprung und Ziel gedachtes göttliches Prinzip zu verstehen. Der Gute, sofern er in seinem Willen vollständig und vorbehaltlos dieser Qualität gewidmet ist, ja mehr noch sich im selbstvergessenen Aufgeben dieses Willens in die Namenlosigkeit der ‚überseienden' und weiselosen Gottheit hinein scheinbar verliert, jener so verstandene Gute ist bereits im ‚Nu' der Gegenwart geborener Sohn der Güte. Sofern nämlich der Gute völlig der Güte gewidmet ist, ist er von Gnaden eingezogen in die Sohnschaft Jesu Christi, die diesem von Natur aus zukommt und daher von Ewigkeit her eignet. Einbezogen ist der Gute jedoch nur, insofern er in seiner voluntativen Disposition restlos von der Güte begründet und orientiert ist. Nicht einbezogen ist er jedoch hinsichtlich seiner kreatürlichen Begrenztheit und ‚Zersplitterung' in Raum, Zeit, Wandelbarkeit und mannigfaltige Verschiedenheit, die das Signum allen Geschaffenen ist, im Gegensatz zur göttlichen Einheit, Ewigkeit und Unwandelbarkeit.

Eine Einheit des Guten mit der Güte als Vollzugseinheit und als je neuer Einbezug in göttliche Qualitäten, die sich ohne die Möglichkeit der besitzenden Aneignung seitens des Menschen gewähren, wird so denkbar. Dieser Einbezug kann als zentrales Moment der metaphysisch transponierten Tugendethik Meister Eckharts angesehen werden. Der Weg dahin ist das Geschehen der ‚abegescheidenheit'. Sie ist der Modus des Einbezugs des Guten in die Güte. ‚Abegescheidenheit' ereignet sich dort, wo der Mensch in exklusiver Begründung von göttlichen her zu einer Generaldisposition seiner inneren und äußeren Ausrichtungen gelangt, bei der ein voluntatives Leersein vom Kreatürlichen mitsamt der damit gegebenen Modalitäten eine neue, absichtslose und gelöste Relationalität gegenüber allem Seienden allererst ermöglicht und freisetzt.

2.1.7.2 Kritische Anfragen an die Position Meister Eckharts in pastoralem Interesse

An Meister Eckharts originelle und pointierte Sicht werden von verschiedener Seite aus kritische Anfragen gerichtet, die eine nachdenkliche Beachtung verdienen. Da sie für unsere pastoraltheologisch motivierte Fragestellung wertvolle Hinweise geben, etwa auf eine der Tendenz nach geschichtsvergessene, theologisch bisweilen in diesem Sinne kontextschwache Optik unseres Autors, oder den Blick auf überakzentuierte Momente seines Konzepts lenken, werden einige dieser Anfragen vorgestellt. Vorblickend ist festzuhalten, dass gerade die kritischen Anfragen in Summe für eine weiterführende, pastoral-praktisch interessierte Aneignung der Theologie des Dominikaners förderlich sind. Denn indem die Anfragen eine vorschnelle, unreflektierte Affirmation der Eckhartschen Positionen heilsam irritieren, rufen sie zugleich neues Interesse hervor, das von Eckhart Intendierte tiefergehend zu verstehen.

Eine erste Gruppe von Anfragen richtet sich auf die mitunter auffällige Inhomogenität seiner Theologie, die nach einer Synthese mancher offenkundig disparaten Aussagen verlangt. Diese können in manchen Fällen geradezu bis zur Kontradiktion gesteigert erscheinen und erwecken den Eindruck, dass der Autor in seinen Meinungen wiederholt stärker schwankt. In diesem Sinne sieht Rolf Schönberger kaum die Aussicht, Eckharts Aussagen bruchlos in ein harmonisches Gesamtbild integrieren zu können.[595] In die gegenteilige Richtung weisend werden Anfragen vorgebracht, die gerade die Geschlossenheit und scheinbare Fraglosigkeit der Kohärenz hervorheben, mit der Eckhart seine theologischen Positionen vorträgt. Beson-

---

595 Mit Blick auf die Rezeption stoischen Gedankenguts kommt er zum Schluss: „Man kann solche Widersprüche bei Eckhart nicht einfach einer Generalamnestie unterwerfen, etwa im Sinne einer ständigen, durch den Wegcharakter bedingten Wechsel der Perspektiven, ohne dann die Kompatibilität en detail zu zeigen. [...] Die Widersprüchlichkeiten lassen kein systematisches Prinzip erkennen und müssen zunächst einmal konstatiert werden." Schönenberger, Secundam rationem esse, S. 268. Für unsere Fragestellung bedeutsam fragt Schönberger: „Ist Gott der Inbegriff des Seins (III, 109, 120, 338) oder ist er weder gut noch auch das höchste Gut?" (ebd. S. 268). Anders sichtet Sturlese Eckharts Werk und konstatiert einen einheitlichen Gedankengang in je wechselnder Akzentuierung, vgl. dazu Surlese, Meister Eckhart, S. X.

ders deutlich wird diese Anfrage beim Thema, worin der göttliche Wille als Dreh- und Angelpunkt der Eckhartschen Ethik denn jeweils bestehe. Hier ist Eckharts stets betonte, durchgängig formulierte Totalidentifikation von allem Vorfindlichen und faktisch Gegebenen mit dem göttlich Gewollten eine Position, die grundlegende Infragestellungen seines Wirklichkeitsverständnisses hervorruft.[596] In die gleiche Richtung weisen kritische Einwände, die ein ungeschichtliches Denken unseres Autors und sein geringes Interesse am jeweils Konkreten und am Prozesshaften[597] des Lebens bemängeln.[598] Hier ist eine interessante Parallele zum theologisch

---

596 So konstatiert Schönberger, secundum rationem esse, S. 269: „Die Forderung, den endlichen Willen dem göttlichen anzugleichen, bleibt so von vornherein ohne die Schwierigkeit, wie der göttliche Wille denn erkannt werden soll: Er zeigt sich in dem, was geschieht. Alles, was geschieht, ist dadurch gut, weil und insofern Gott es will: ‚... allez, daz got will, in dem selben und von dem selben, daz es got will, sô ist ez guot.'" Vgl. dazu DW V, S. 58 sowie LW IV, S. 259 und DW I, S. 200.

597 Vgl. jedoch zum Moment des Prozesslosen den Zusammenhang mit Eckharts Einheitsdenken, auf den Sakia Wendel hinweist. Dazu greift die Autorin LW 1, S. 173 auf: „Eckhart begreift nun jenes Herausfließen des Seienden aus dem göttlichen Sein auch als Geburt: Gott gebiert sich in ein Anderes, das jedoch nie gänzlich getrennt, sondern von ihm umfangen ist und in ihm wachsen kann, wie eine Mutter ihr Kind austrägt in einem Prozess des Wachsens und Reifens und gebiert, also aus sich heraus setzt. Man könnte dieses geburtliche Hervorgehen auch als Teilhabegedanke deuten, doch Eckhart interpretiert diese Teilhabe nicht im Sinne der neuplatonischen Tradition als Stufenbau bzw. Seinshierarchie. Gott ist vielmehr als Allgemeinheit im Einzelnen enthalten: „[...] weil Gott, der ganz und gar Sein ist, einfach einer oder eines ist, muß er in seiner Ganzheit unmittelbar dem einzelnen ganzen Ding gegenwärtig sein, das heißt nicht einem Teil nach dem anderen, auch nicht einen Teil durch den anderen [...]." Wendel, S.: Der Seele Grund. Die Gottesfrage in der christlichen Mystik, in: Franz, A /Maaß, C. (Hg.): Diesseits des Schweigens. Heute von Gott sprechen (QD, Bd. 249), Freiburg 2011, S. 159–176, hier S. 172. Vgl. dazu auch Dies.: Das entbildete Ich als Bild Gottes, in: Valentin, J./Wendel, S. (Hg.): Unbedingtes Verstehen?! Fundamentaltheologie zwischen Erstphilosophie und Hermeneutik, Regensburg 2001, S. 145–160.

598 So moniert Josef Sudbrack unter Aufnahme der Position von Bardo Weiß: „Geschichte und Entwicklungen kommen zu kurz. Zu schnell nämlich verlässt Eckhart das Individuell-Konkrete und sucht das ‚Eine' jenseits der vielen Einzelnen, das Sein jenseits der Seienden. Die entsprechende Frage an seine Metaphysik und Mystik des ‚Einen' lautet: Darf das menschliche Denken vom ‚Einen' so weit und so konsequent vorangetrieben werden? Verlässt es damit nicht den Boden der konkreten Wirklichkeit? Wird das Seins-Geheimnis, das am stärksten im Personalen begegnet, nicht letztlich doch aufgelöst in Verstehen und Erfahren?" Sudbrack, Das wahre Wort der Ewigkeit, S. 32.

bedeutsamsten Gewährsmann Eckharts, nämlich zu Augustinus, unübersehbar.[599] Auch der Kirchenlehrer weist entsprechende Züge auf, was etwa Hans Urs von Balthasar mit Blick auf *De civitate dei* hervorhebt.[600] Schließlich hat auch die pointierte Christologie Eckharts kritische Einwände hervorgerufen. Insbesondere deren Gefährdung wird hervorgehoben, die individuelle und konkrete Menschheit Jesu Christi gegenüber seiner allgemeinen Menschennatur zu wenig zu beachten, ja sie gewissermaßen sogar darin aufgehen zu lassen.[601]

Von der Praxis der klinischen Begleitung hochbelasteter Menschen her kann die Frage aufkommen, ob Eckharts Sicht auf den göttlichen Willen imstande ist, der besonderen Ambiguitätssensibilität[602] schwer erkrankter Menschen hinreichend zu entsprechen. Eine Belegstelle aus der Predigt Nr. 4, die exemplarisch für weitere andere[603] angeführt wird, kann Eckharts

---

599 Vgl. dazu Häring, H.: Eschatologie, in: Decroll, V. H.: Augustin Handbuch, Tübingen 2017, S. 540–546, besonders S. 445 ff.

600 Vgl. dazu Augustinus. Die Gottesbürgerschaft. De civitate dei. Herausgegeben und eingeleitet von Hans Urs von Balthasar, Frankfurt 1960, ebd. Einleitung des Herausgebers.

601 „Damit entwirft er eine ‚Einheitstheologie', die dem konkreten Menschsein Jesu, wie wir es heute sehen, nicht mehr gerecht wird. […] Der einzelne Mensch, Jesus, aber auch ich und du, werden in der Allgemeinheit einer Menschennatur aufgelöst." Sudbrack, Das wahre Wort der Ewigkeit, S. 35. Weiterhin führt der Autor in kritischer Beurteilung aus: „Diese Überbetonung des ‚Einen' auf Kosten der ‚Einzelnen' ist der gemeinsame Nenner der Schwachstellen, die bei Eckhart wie in anderer Weise bei jedem wirklichen Theologen und Mystiker zu finden sind." Ebd.

602 Vgl. dazu Wild, T.: Ambivalenzsensibilität als Grundhaltung seelsorglicher Begleitung in krankheitsbedingten Krisen, in: WzM 71 (5/2019) S. 370–382.

603 Vgl. dazu die Predigt Nr. 25: „Wenn Gott will, daß Du krank seist, du aber gesund sein wolltest –, wenn Gott will, daß Dein Freund sterbe, du aber gegen Gottes Willen wolltest, daß er gegen Gottes Willen lebte: wahrhaft, so wäre Gott *dein* Gott nicht. Liebest du <aber> Gott und bist *dann* krank – in Gottes Namen! Stirbt dein Freund – in Gottes Namen! Geht dir ein Auge verloren – in Gottes Namen! Mit einem solchen Menschen stände es gar recht. Bist Du aber krank und bittest Gott um Gesundheit, so ist dir die Gesundheit lieber als Gott, so ist er *dein* Gott nicht: er ist <der> Gott des Himmelreiches und des Erdenreiches, *dein* Gott aber ist er nicht." EW I, S. 285–293. Im Verlauf der Predigt kommt in gesteigerter Weise Eckharts Anliegen der restlosen Gleichrichtung mit dem göttlichen Willen zum Ausdruck, welchen der Dominikaner in allem faktisch Gegebenen erkennt: „Wir betäuben Gott Tag und Nacht und rufen: ‚Herr, Dein Wille geschehe!' <Matth. 6,10>. Und wenn dann <aber> Gottes Wille geschieht, so zürnen wir, und das ist gar unrecht. Wenn unser Wille Gottes Wille wird, das ist gut; wenn aber Gottes Wille unser Wille wird, das ist weit besser. Wenn dein Wille Gottes Wille wird und du dann krank bist, so würdest du nicht

Meinung über Kranksein und den göttlichen Willen illustrieren: „Nun könntest Du vielleicht sagen: Woher weiß ich, ob es der Wille Gottes sei oder nicht? Wisset: Wäre es Gottes Wille nicht, so wäre es auch nicht. Du hast weder Krankheit noch irgend etwas, Gott wolle es denn. [...] du sollst es von Gott als Allerbestes nehmen, weil es notwendig dein Allerbestes sein muß. Denn Gottes Sein hängt daran, daß er das Beste wolle."[604] Ist die fraglos anmutende Geschlossenheit und Apodiktik seines diesbezüglichen Gedankengangs der basalen Fraglichkeit alles Vertrauten angemessen, die doch den Alltag schwer erkrankter PatientInnen besonders stark prägt? Ist es im Kontakt mit Kranken nicht doch zu wenig, allein die totale Konkordanz von Faktischem und Gottgewolltem zu postulieren? In diesem Anliegen meldet auch Dietmar Mieth Bedenken an. Er moniert die „Gefahr, das Leiden zu schnell ‚hinaufzuheben'. Auch wird das Dunkle und Ungeklärte, das Mysterium des Leidens, zu schnell in eine philosophisch-theologische Konzeption ‚hinausgehoben'."[605] Angesichts der mehrfachen Anfragen wird die Frage nach einer weiterführenden Aufnahme der gegenüber Eckhart formulierten Kritik virulent. Diese sei nachfolgend versucht.

2.1.7.3 Weiterführende Aufnahme der Anfragen

Die referierten Anfragen an die Eckhartsche Theologie wecken das Interesse an einer weiterführenden Aufnahme und vertieften Würdigung seiner originellen Positionen. Dabei wäre es ein Abweg, die Anfragen um ihren kritischen Kern zu bringen und das kritisch Eingebrachte vorschnell zu entschärfen. Vielmehr soll gerade die Sinnspitze der Fragen erstgenommen werden. In vertiefendem Interesse ist zu fragen, was unseren Autor

---

gegen Gottes Willen gesund sein wollen, wohl aber würdest du wollen, es möchte Gottes Wille sein, daß du gesund wärst. Und wenn es dir übel geht, so würdest du wollen, es möchte Gottes Wille sein, daß es dir wohl ginge. Wird hingegen Gottes Wille dein Wille, und bist du dann krank – in Gottes Namen! Stirbt dein Freund – in Gottes Namen! Es ist eine sichere und notwendige Wahrheit: Wäre es so, daß alle Pein der Hölle und alle Pein des Fegfeuers und alle Pein der <ganzen> Welt daran hinge, – das würde er mit Gottes Willen ewig erleiden wollen immerfort in der Pein der Hölle und würde dies für immer als seine ewige Seligkeit ansehen und würde in Gottes Willen die Seligkeit und alle Vollkommenheit Unserer Frau und aller Heiligen dreingeben und würde in ewiger Pein und bitterer Qual immerzu verharren wollen und könnte sich nicht *einen* Augenblick davon abkehren; ja, er vermöchte nicht *einen* Gedanken aufzubringen, irgend etwas anderes zu wollen." Ebd. S. 289.
604 DW I, S. 442.
605 Mieth, Mystik als Lebenskunst, S. 149.

zu seinen Thesen veranlasst haben könnte. Dabei rückt der monastische Autor nicht allein als denkender Systematiker in den Blick, sondern auch als Mensch einer basal krisenhaften Epoche, in der Gewissheiten auf allen Ebenen schmerzlich ins Wanken gerieten und die Frage nach einem stabilen Halt politisch, gesellschaftlich und in der zeitgenössischen Frömmigkeit atmosphärisch allenthalben virulent war – auch in der vita des Autors selbst. Das Leben der damaligen Zeit war eines in der stetigen Nähe des Todes. Die Brüchigkeit allen Irdischen war eine alltägliche Erfahrung.

Während die der Tendenz nach ungeschichtliche Denkart Eckharts noch aus seinem Anliegen abgeleitet werden kann, die göttliche Qualität der Ewigkeit in allem zum Vorschein zu bringen, und von daher, sowie aus neuplatonischem Einfluss herrührend, sein wenig an geschichtlicher Entwicklung und Prozesshaftigkeit interessiertes Denken plausibel wird, stellt sich bei den anderen Anfragen eine komplexere Situation dar. Eine ausführliche Besprechung der skizzierten Anfragen an den spätmittelalterlichen Autor kann hier allerdings nicht geleistet werden. Am bedeutsamsten für unsere Fragestellung nach klinischer Seelsorgepräsenz scheint seine irritierende Insistenz darauf, dass alles Faktische auch Gottes Wille sei, und dass von daher ein Einwilligen in das Gegebene der Königsweg zur Willenskonkordanz mit dem göttlich Gewollten bedeute. Dieser Gedanke wird von Eckhart so weit geführt, dass am Ende die Willenskonkordanz allein um ihrer Konkordanz willen und unter völliger Absehung vom Inhalt des göttlichen Willens postuliert wird.[606] Was kann Meister Eckhart zu dieser Sicht veranlasst haben? Zunächst ist an das bei Eckhart zunächst metaphysische statt wie heutigen Menschen vorrangig moralische Denken mit Blick auf Gottes Willen zu erinnern. In metaphysischer Perspektive ist alles Gegebene gut in der Form, wie es auch seiend, eins und wahr ist. Doch kann weitergehend gefragt werden: Könnte es sein, dass unser Autor in der denkerischen Auflösung jeder Kontingenzerfahrung menschlichen Seins genau der schmerzlichen existentiellen Erfahrung von Kontingenz ausweicht – oder aber aus seiner Relation zu Gott dieser Erfahrung antwortet, d. h. ihr in einem gewissermaßen kontrafaktischen Glaubensakt zu entsprechen sucht? In jedem Fall sticht an Eckharts Ethik, deren pastoral-praktisch motivierte modifizierte Aneignung im Folgenden thematisiert wird, ein prominenter Zug

---

606 „Hierher gehört auch die folgenreiche Eckhart'sche Lehre, in der die Seligkeit als Bestimmungsgrund des Wollens noch überstiegen wird zur rein formalen Konformität mit dem göttlichen Willen, d. h. unabhängig davon, was dessen Inhalt sein könnte." Schönberger, Secundum rationem esse, S. 269, vgl. dazu DW II, S. 10.

zur Kontingenzreduktion hervor. Darin geht er über seinen großen Mitbruder im Orden, den doctor communis, hinaus: „Zwar ist auch Thomas in der Rechtfertigung der ontologischen Sprache in der Ethik sehr weit gegangen, aber bei Eckhart bekommt diese Analogie nun eine ganz andere Tragweite, weil jetzt der Raum der Praxis, so wie ihn Aristoteles bestimmt hatte, gewissermaßen selbst zum Thema der Praxis und nicht mehr der theoretischen Philosophie wird. Thema heißt hier: Gegenstand nicht mehr des Handelns, sondern einer fundamentalen Einstellung und Haltung. Die Bestimmtheit der entia creata als Differenziertheit und Kontingenz soll in der Moral zum Verschwinden gebracht werden. Rationalität als die philosophische und zugleich humane Form der Kontingenzbewältigung in theoretischer wie praktischer Hinsicht [...] wird durch die Lehre vom schon realen und so praxisrelevanten esse ideale verwandelt in eine Sicht [...], wo mit der Kontingenz auch deren Bewältigungsbedürftigkeit verschwunden" ist.[607] In speziellem Sinne könnte man Eckharts Ethik somit beinahe als spätmittelalterliche ‚Kontingenzbewältigungspraxis' sichten, worin er sich unversehens mit Blick auf die Gegenwart der Spätmoderne in guter Gesellschaft befände. Doch steht dem gerade seine deutliche Identifizierung allen Faktischen mit dem göttlichen Willen entgegen, was eine gottbegründete und gottverbürgte Sinntotalität impliziert. Dieser kann sich der Mensch im Modus des Glaubens überlassen.

2.2 Tugendethische Integration der Sicht Meister Eckharts in ein klinisches Seelsorgekonzept

In diesem Abschnitt der Studie wird danach gesucht, wie der bei Meister Eckhart aufgewiesene Einbezug des Guten in die Güte für ein klinisches Seelsorgekonzept konkret fruchtbar gemacht werden könnte. Es geht um die Frage, wie eine Integration der Eckhartschen Positionen in ein Handlungskonzept hauptamtlich wirkender SeelsorgerInnen im klinischen Setting gelingen kann.

Dem Autor der vorliegenden Studie steht dabei vor Augen, dass eine bewusst überlegte Integration und spezielle Adaption der pointieren Positionen des spätmittelalterlichen Dominikaners nötig und höchst angebracht ist, soll es nicht zu einem kurzschlüssigen, unvermittelten Transferangebot über mehr als 7 Jahrhunderte hinweg kommen. In letzterem wäre aber

---

607 Schönberger, Secundum rationem esse, S. 272.

nicht allein ein hoch problematisches Verfahren der unreflektierten Aneignung und reduktionistischen ‚Verheutigung' von Theologie und Tugendethik[608] Meister Eckharts gewählt, das der Gefährdung projektiver Auffüllungen der Positionen unseres Autors mit eigenen Anliegen schwerlich zu entgegen vermöchte. Zudem erwiese sich eine unvermittelte und darin inadäquate Anpassung mittelalterlicher Theologie an heutige Fragestellungen auch blind für das bleibend Zeitbedingte und in seiner historischen Fügung Unwiederholbare des theologisch-geistlichen Wirkens unseres Autors. Vor allem aber wäre auch die Chance vertan, dem Resonanzpol der gegenwärtigen geschichtlichen Stunde hinreichend Augenmerk und heuristische Beachtung zu schenken. Denn dieser Pol könnte gerade imstande sein, der angestrebten Freilegung der spirituellen Theologie und Ethik Meister Eckharts die Richtung zu weisen.

Den oben skizzierten Abwegen einer pastoraltheologisch motivierten Eckhartrezeption entgegen kann an der Schnittstelle von systematischer Erschließung der spätmittelalterlichen Theologie und praktischer Entfaltung des Gedankengangs das im Eingangsteil der Studie angesprochene Resonanzmodell Hartmut Rosas seine Begegnungen erhellende Kraft entfalten. ‚Resonanz', verstanden als ein von Wertfühlung getragenes Beziehungsmodell hin auf ein gelingendes, „gutes" Leben, wäre somit das Stichwort, in welcher Richtung ein Beitrag Eckhartscher Provenienz für heutige Praxis klinischer Seelsorge zu suchen und zu vermitteln wäre. Die geistliche Sicht des spätmittelalterlichen Ordensmannes wäre in dieser Optik gesichtet eine theologisch-geistliche *Schwingung, deren Virulenz in praktischer Hinsicht zu erläutern wäre.* Was in dieser Schwingung nahe kommt, das wäre als Einladung zu begreifen, die gleichsam nach Widerhall und freier Resonanz bei den aktuell klinisch tätigen Akteuren suchte.

Pastoraltheologisch bestünde die Aufgabe der angestrebten Integration Eckhartscher Theologie dann darin, in hellhöriger Form nachzuspüren, wo

---

608 Vgl. zum mittelalterlichen Verständnis von Tugend Schönberger, R.: Artikel „Tugend. II. Mittelalter", in: Historisches Wörterbuch der Philosophie, Bd. 10, Darmstadt 1998, Sp. 1548–1554, besonders Sp. 1549 zur Sicht der Tugenden bei Meister Eckhart. Dafür grundlegend sind Gehalt und Geschichte des Tugendbegriffs in der Antike, vgl. dazu Stemmer, P.: Artikel „Tugend. I. Antike", in: Historisches Wörterbuch der Philosophie, Bd. 10, Darmstadt 1998, Sp. 1532–1548. Für unsere Fragestellung nach der Teilhabe an der Güte ist beachtenswert, dass der Terminus Tugend zur Übersetzung der griechischen ‚Arete' dient, die als abstraktes Nomen zu ‚agatos' anzusehen ist; mithin also der Begriff Tugend semantisch gesehen direkt in das zentrale Thema der Gutheit/der Güte einweist. (vgl. ebd. Sp. 1532).

dieser Widerhall entstehen könnte und wie er zu vernehmen wäre. Die angestrebte Freilegung des geistlichen Wertes, der dem Eckhartschen Modell des der Güte gewidmeten Menschen für heutige Pastoral innewohnt, wird sich jedenfalls nur als tragfähig erweisen können, wo sie als *Angebot* ins Licht gehoben und auf mögliche, aber nicht erzwungene Gegen-Schwingung hin erhellt wird. Resonanz bedeutet somit im menschlichen Bereich Aufnahme in Freiheit, womit eine innere Konkordanz zu dem erreicht wäre, wie Gott in der Sicht unseres Autors darum wirbt, dass der Mensch sich der Güte vorbehaltlos widmet. Der Ort der somit im Ganzen angezielten sozusagen ‚resonanzsensiblen' Integration Eckhartscher Positionen scheint mir daher zu liegen in den Handlungsbereitschaften und Verhaltensvorprägungen, die bei den Akteuren klinischer Seelsorge gegeben sind. Dort, in den von Freiheit bestimmten Haltungen, die Akteure je neu und unvertauschbar individuell einnehmen oder verlassen können, hat die Eckhartsche Sicht gütigen Verhaltens ihre alltagsrelevante Kraft und ihr eminent kreativ-innovative Potential zu erweisen. Auf Resonanz hin angesprochen werden auch und gleichwesentlich die Kranken sowie ihre An- und Zugehörigen, jedoch in anderer Weise als die seelsorgenden Akteure. Bedingungen und Relevanz einer tugendethischen Integration des systematisch Erschlossenen auch für diese Gruppe der von Krankheit Tangierten werden daher ebenfalls thematisiert. Dass resonanzhafte integrative Prozesse bei allen Beteiligten auf gewinnende Weise möglich scheinen, das suchen die nachfolgenden Ausführungen zu begründen und auf die zwei Gruppen der involvierten Personen hin näher zu konkretisieren. Diese sind zum einen die KlinikseelsorgerInnen, zum anderen die Kranken und deren Zugehörige. Dabei bleibt im Blick, dass die Einstellungen und Haltungen aller obig angesprochenen Personen im lebendigen Vollzug nie außerhalb von Handlungszusammenhängen auftreten. Wo daher im Interesse einer genaueren Analyse zunächst von konkretem situativ-kontextuell geprägtem Handeln noch abgesehen wird, geschieht das im Bewusstsein davon, dass zwar zur Besprechung innere Disposition und äußeres Agieren getrennt werden, diese jedoch im konkreten Vollzug seelsorglicher Präsenz praktisch zusammenfallen und sich im Zuge dessen wechselseitig beeinflussen. Im dritten Teil der Untersuchung wird die Verschränkung von innerer Disposition und äußerem Agieren mit Blick auf pragmatizistische Positionen noch eigens aufgegriffen werden, und zwar im Rahmen der Suche nach einer Kriteriologie güteaffiner Seelsorgepraxis. Um Fehlakzente bei der Lektüre dieser Studie aber im Ansatz zu vermeiden, sei bereits hier für diesen Sachverhalt sensibilisiert.

2.2.1 Integration beim Seelsorgenden: Einladung, dem Anruf der Güte in Freiheit zu entsprechen

„Einladung" ist das auf Freiheit abstellende Begegnungsmodell, unter dem eine tugendethische Integration der Eckartschen Widmung an die Güte bei Seelsorgenden in Kliniken am ursprünglichsten möglich ist. Die Bedeutung der Art und Weise, wie dieses Angebot tugendethischer Couleur den mit der Seelsorge Betrauten nahekommt, kann kaum überschätzt werden. Vielmehr zeigt sich in der werbenden und auf freie Annahme ausgelegten Form eines Angebots göttlicher Güte unmittelbar die Qualität und Bedeutung dessen an, was nahe kommt und auf Resonanz hin wirksam werden will. Diese ist in Eckhartscher Optik nichts weniger als Gott selbst. Er ist es, der um Einbezug in seine Güte wirbt, die *er selbst* vollkommen *ist*. Was herantritt ist somit die Güte an sich, das unbedingt und immer schon Gute,[609] dessen Wesen es ist, sich zu verströmen und mitzuteilen. Nikolaus Largier führt dazu aus: „Daß Gottes Wesen darin bestehe, zu geben, ist ein Leitgedanke Eckharts, der seinen stärksten Ausdruck darin findet, daß Gott geben ‚müsse', wenn der Mensch sich ihm öffne. Dies ist im Gutsein bzw. in der Liebe Gottes, im Wesen der Gottheit, begründet, die sich – nach Dionysius, De divinis nominibus c. 8 §6 und nach dem Liber de causis prop. 21 – selbst verströmt."[610] Kurt Ruh bemerkt in gleiche Richtung gehend von Gottes Wesen: „Sein Leben ist das ‚natur'bedingte Ausgießen seiner Liebe und seiner Güte, Gott kann nicht anders, als sich selbst mitteilen. Das sind Grundvorstellungen Eckharts, und sie besagen heilsgeschichtlich die Inkarnation des Gottessohnes wie im mystischen Sinn die Gottesgeburt in der Seele, zu der auch unsere Predigt hinführt."[611]

Daher ist zugleich mit dem Anruf im Raum der Freiheit für den Menschen untrennbar damit eine Aufforderung mit normativem Gehalt verbunden.

---

609 Vgl. zu einer Rezeption Meister Eckharts, die betont einen Zugang zu aktuellem Verstehen seines Denkens bahnen will, Welte, B.: Meister Eckhart. Gedanken zu seinen Gedanken, Freiburg 1992, S. 11–30, sowie zum Thema „Gott als die Gutheit" ebd. S. 57–68, sowie weiterführend Enders, Markus: Abgeschiedenheit – Der Weg ins dunkle Licht der Gottheit. Zu Bernhard Weltes Deutung der Metaphysik und Mystik Meister Eckharts, in: ders. (Hg.): Meister Eckhart und Bernhard Welte. Meister Eckhart als Inspirationsquelle für Bernhard Welte und für die Gegenwart, (Heinrich-Seuse-Forum, Bd. 4 /2015), Münster 2015, S. 5–30.

610 EW I, S. 783, Kommentar von Nikolaus Largier zu Predigt 4.

611 Ruh, K.: Predigt 4: „Omne datum optimum", in: Steer, G./Sturlese, L. (Hg.): Lectura Eckhardi. Predigten Meister Eckharts von Fachgelehrten gelesen und gedeutet, Stuttgart 1998, S. 1–24, hier S. 13.

Sie besteht darin, dem Guten aufgrund der erkannten Höchstwertigkeit individuell zu antworten und dem wertmäßig Erkannten biographisch entsprechend umfassend und vorbehaltlos Raum zu gewähren. Was sich den Seelsorgenden vernehmbar macht, kann sogar als ein spezielles Andrängen angesehen werden.[612] Dieses hat eine Virulenz hin auf einen *Stil und Habitus des aktiven Zulassens* von Güte im Berufsalltag und als *Ruf, über eine Zulassung hinaus dem Ankommen der Güte aktiv den Weg zu bahnen*. Letzeres zuerst bei sich, dann im Äußeren. Wie können Seelsorgende dieser werterfüllten Einladung entsprechen?

Sie können es in zweifacher Weise. Zum einen in einer basalen, für ihre gesamte seelsorgende Präsenz gemeinte und bewusst entschiedene aktive Erlaubnis gegenüber der Güte, dass sie alles Wirken immer und stets zuinnerst prägen und bestimmen möge. Im Sinne einer vorbehaltlosen Widmung an die Güte als *„fundamentaler Option"*[613] wäre dann das eigene Wirken gleichsam ganz in die Präsenz Gottes gelegt. Darin wäre der Wunsch der seelsorgenden Person wirksam, stets der eigenen Absicht nach *mit Gott*, ja sogar *in Gott* beruflich zu wirken. Der göttlichen Einladung zur Kooperation mit und zum Einbezug in die Güte entspräche so die menschliche ‚Gegeneinladung', dass sich dies von Gott her umfassend ereignen möge. Zum zweiten und genau so bedeutsam, kann eine Entsprechung zum Angebot des Einbezugs in die Güte darin gesehen werden, je momentan neu und das heißt täglich, ja vor jeder Begegnung sich in diesem Anliegen innerlich auszurichten. Das wäre dann eine je neue Einholung der basalen Widmung, eine je neue Konkretion die geschichtlich-biographisch wahrmachen will, was als Grundausrichtung fundamental entschieden ist.

Diese doppelte Entschiedenheit als klare und aus Freiheit herrührende Willensausrichtung eines seelsorglichen Subjekts[614] ist eine selbstdispo-

---

612 Im hier vorgestellten tugendethischen Integrationsmodell spielen somit auch normative Momente eine bedeutsame Rolle, so dass die vorliegende Studie konzeptionell nicht von einer reinen Tugendethik ausgeht. Vgl. dazu Schockenhoff, Grundlegung der Ethik, S. 62ff.: „Tugendethik ohne die Idee des Sollens?".

613 Vgl. zu Geschichte des Begriffs, zur Rezeption bei verschiedenen theologischen Autoren und in ökumenischer Perspektive die Dissertation von Kuzmicki, T.: Umkehr und Grundentscheidung: Die moraltheologische optio fundamentalis im neueren ökumenischen Gespräch (Studien zu Spiritualität und Seelsorge, Bd. 6), Regensburg 2015.

614 Die grundlegende Diskussion über den Status menschlicher Freiheit, die Konstitution und Valenz menschlicher Subjekthaftigkeit und deren Infragestellung vor allem aus dekonstruktivistischer Perspektive kann hier nicht geführt werden, da dies den Gedankengang überstark verbreitern würde. Einblicke in die vielschichtige

nierende Handlung, die einstellungsprägend ist und daher als performativ anzusehen ist. Jede solche Entscheidung schafft und setzt daher eine neue Wirklichkeit, sie greift Raum im je unbeschriebenen Blatt des jeweiligen Zeitraums. Wo Seelsorgende ihre gesamte Tätigkeit unter das Motto stellen, dass sie bewusst und vorrangig danach streben wollen, vorbehaltlos in die Güte einbezogen zu sein, da klingt das zwar formell nach einer in Grunde unverfänglichen Formel, die rasche, fraglose und allseitige Akzeptanz erwarten darf. Näher besehen und mit Blick auf das in der Widmung an die Güte ganz bewusst *nicht gewählte*, wird die eminente Bedeutung dieser optio fundamentalis als habituelle Orientierung rasch erkennbar. Die der Hinkehr zur Güte und darin zu Gott innewohnende bewusste und ebenso vorrangige *Abkehr vom Nicht-Gütigen* jedweder Art birgt erhebliche Konsequenzen für derart ausgerichtete AkteurInnen. Diese mitunter die eigene Ausrichtung umkehrende Orientierung ist daher, mit Johann Baptist Metz gesprochen, stets auch eine „gefährliche" (Selbst-) Erinnerung, insofern sie der Güte widerstrebende Tendenzen und von daher drohende, durchaus spürbare Sanktionen als mögliche Konsequenzen der eigenen Widmung aus freien Stücken in Kauf nimmt. Wer mit der oft kalten und sich gegen jeden Widerstand durchsetzenden Ökonomisierung moderner Kliniken auch nur etwas Erfahrungen hat, wird dem kaum widersprechen wollen. Vielmehr wird von dort aus die Widmung an die Güte als gleichermaßen wichtig wie durchaus auch als mit unangenehmen und unbehaglichen Konsequenzen verbunden erkennbar.

Die Frage nach dem Wunsch, in das Gute und die Güte einbezogen zu sein, wird vor dem Hintergrund des Gesagten von einem gesinnungsethischen Wahlobjekt zu einem aus Wertfühlung[615] erlebten ‚gebietendem'[616] Sollen, das aus der Güte Gottes hervorgeht. Es ist ein Sollen, dem seelsorgliche Ak-

---

Debatte gewährt Wetz, Franz Josef: Wie das Subjekt sein Ende überlebt: Die Rückkehr des Individuums in Foucaults und Rortys Spätwerk, in: Fetz, Rento Luzius/Hagenbüchle, Roland/Schulz, Peter (Hg.): Geschichte und Vorgeschichte der modernen Subjektivität, Bd. 2, Berlin 1998, S. 1277–1290.

615 Vgl. zur Werttheorie bei Husserl, auf den Scheler und Hartmann ihre weiterführenden Konzepte aufbauen Kim, Mi-Won: Grundlegung der Werte in der Lebenswelt der Menschen. Studien zum Pflichtbewusstsein und zur Wertethik, Marburg 2000.

616 Vgl. dazu die Ausführungen zum ethischen Imperativ bei Emmanuel Levinas, der sich angesichts des Antlitzes eines anderen Menschen vernehmbar macht. Die vorliegende Studie geht im Rahmen des Erstkontakts mit onkologischen Patienten näher darauf ein. Dies geschieht mit dem Anliegen, eine güteaffine Weise der optischen Kontaktaufnahme schon beim ersten Blickkontakt zu fördern, vgl. dazu Teil 3.3.2.

teure je neu und durchaus unvermutet innewerden können. Die folgenden Ausführungen konkretisieren das Ausgeführte mit Blick auf eine Kriteriologie und Kairologie einer von der Güte her begriffenen Seelsorgepraxis in Kliniken. Zuvor soll der Blick jedoch den Kranken gelten als den vorrangigen Begegnungspartnern klinischer Seelsorge, damit die Besprechung der inneren Dispositionen der seelsorglichen Akteure nicht in eine solipsistische Betrachtung vereinseitigt wird. Vielmehr gewinnt die Binnenschau auf die Haltungen und Einstellungen des Seelsorgepersonals von dem her an Bedeutung, was das Angebot zum Einbezug in die Güte auch für Kranke an Möglichkeiten angesichts hochprekärer Lebenssituationen bereithalten kann.

2.2.2 Integration beim erkrankten Menschen und dessen Bezugspersonen: Angebot zu Sinndeutung aus dem Glauben

Nicht nur mit Blick auf professionelles Seelsorgepersonal sind Überlegungen von Wert, wie eine tugendethische Integration des bei Meister Eckhart Aufgewiesenen gelingen könnte. Auch weitere, noch ursprünglicher zur Seelsorge berufene Personen können von der Eckhartschen Widmung an die Güte und einer entsprechenden Aussicht auf ein ‚gutes Leben'[617] sehr profitieren. In diesem Sinne Berufene sind primär (und noch vor dem Seelsorgerpersonal!) der erkrankte Mensch selbst, sowie dessen/deren relevante Bezugspersonen. Dieser Gedanke kann zwar erstaunen, wenn eine Sicht vorherrscht, bei der Kranke vorrangig die passiven Empfänger von seelsorglichen Initiativen professionell bestellter anderer sind, von denen sie Expertenbetreuung und diverse ‚Interventionen' erfahren.[618] Anders hingegen ist es, wenn ein erweitertes Seelsorgeverständnis vorherrscht. Ein solches ist bereits bei Johann Michael Sailer anfangs des 19. Jahrhunderts greifbar. Sailer versteht Seelsorge in erster und grundlegender Weise

---

617 Vgl. zur Integration des antiken Anliegens von areté in ein Konzept von Tugend, dem Streben nach Glück sowie der modernen Variante der Vorstellungen von gelingendem Leben Schockenhoff, E.: Stilformen der philosophischen Ethik, in: Sajak, C. P.: Christlichen Handeln in Verantwortung für die Welt (Theologie studieren, Modul 12), Paderborn 2015, S. 33–63.
618 Vgl. zum Gedanken, „PatientInnen als Subjekte ihrer eigenen Religion" zu achten Pulheim, P.: Qualifizierte Krankenhausseelsorge. Theologische Orientierungen der Krankenhausseelsorge, in: Krankendienst 76 (2003) S. 33–42.

als Selbstseelsorge[619] um das eigene seelische Wohl. Erst auf dieser Basis meint Seelsorge in zweiter Hinsicht der an alle adressierte Ruf zur Sorge um andere, der schließlich in dritter Hinsicht betrachtet im amtlichen Auftrag der Kirche eine besondere Ausformung und Qualität erlangt. Geht man von diesen drei Dimensionen von Seelsorge aus, dann kommt die Chance des Erkrankten und seiner Zugehörigen in den Blick, aktiv und aus freier Entscheidung in eigener Sache für sich selbst oder für bedeutende andere seelsorglich zu wirken. Diesen wertvollen Ressourcen und Perspektiven sind allerdings in Grenzen gefasst, die nicht aus dem Blick geraten dürfen. Ihnen gilt nachfolgend das Interesse.

So sind bei der Frage, wie selbstseelsorgende oder entsprechende (familien)systemische Potentiale mit dem geistlichen Impetus Meister Eckharts in Beziehung gebracht werden können, mehrere Bedingungen zu beachten. Nur wo das geschieht, werden Kranke und ihr Umfeld nicht auf unsinnige Weise überfordert und ihre hochprekäre Lebenslage übersehen. Zunächst ist mit Blick auf die Krankheitsverarbeitung Schwerkranker und ihres Umfeldes zu beachten, dass aufgrund der sehr hohen Beanspruchung z. T. massive und komplexe Abwehrprozesse[620] im Gange sind. Diese haben immer neu die Funktion, schmerzlich Andrängendes, Trauer und Angst bewusstseinsfern zu halten, um eine akute Krise oder gar eine Dekompensation zu vermeiden.[621] Nur wo die professionell seelsorgende Person darum weiß und beachtet, dass spirituell begründete Deutungsangebote nur in Phasen möglich sind, in denen die obige Abwehr zeitweise gelockert ist, darf auf ein Nahebringen von Sinndeutungspotentialen aus dem Glauben gehofft werden, das von Betroffenen konstruktiv erlebt wird.

---

619 So bezeichnet Seelsorge dem Autor zufolge: „[…] die persönliche, die Selbstpflicht eines jeden Menschen, für sein (Religion, Tugend, Weisheit, Seligkeit) zu sorgen: Jeder sei sein Selbstseelsorger!", bevor die Rolle von anderen im Sinne der Nächstenliebe thematisiert wird, und erst in dritter Hinsicht schließlich die „Amtspflicht der öffentlichen Personen, die von der Kirche bevollmächtigt und angewiesen sind […]" zum Thema wird. (Gesammelte Werke, 16,6, zitiert nach Hofmaier, J.: Johann Michael Sailer, in: Möller, C. (Hg.): Geschichte der Seelsorge in Einzelportraits Bd. 2, S. 371–385, hier S. 379).

620 Vgl. dazu König, K.: Abwehrmechanismen, 2. Auflage, Göttingen 1997.

621 Vergleichbar einem elektrischen Kreislauf mit Überlastungssicherungen kann die Psyche eines hochbelasteten Menschen spontan schützend reagieren. Dies etwa durch affektisolierende Intellektualisierungen, durch unbewusstes Verdrängen des innerseelisch Überfordernden, durch Verleugnen des im Äußeren gegebenen, durch Somatisierungen, dissoziative Phänomene, Komplexität reduzierende Dichotomisierungen, die etwas im Zuge von Depression auftreten können, usw.

Des Weiteren ist zu beachten, dass ausdrückliche Sinndeutungsangebote aus dem Glauben *Teil eines größeren Ganzen sind, das PatientInnen und ihr Umfeld je individuell mit Sinn verbinden und für sich als bedeutsam erfahren.* Wo Worte, Riten und wortlose zwischenmenschliche Gesten von der Seelsorge her sensibel eingebracht werden, gleichen sie der Spitze einer Pyramide, die in Summe aus vielzähligen Einzelbausteinen alltäglicher, oft auch unthematisch erlebter Moment von Sinnhaftigkeit, Wertvollem und Zukunftsträchtigem aufgebaut ist. Es ist davon auszugehen, dass dabei Fragmentarisches vom kranken Menschen individuell lose arrangiert wird und Eindeutigkeit in Sinnfragen eher zurücktritt.[622] Das seelsorgliche Geschenk einer um ihrer Schönheit willen überreichten Blume, einer Postkarte mit weitem Horizont am Meer oder in den Bergen, eines Lieblingsgetränks, das seelsorgliche Verweilen ohne Angst vor Zeitknappheit, die Geste einer entzündeten Kerze, einer Segnung usw. sind allesamt sinnlich vermittelte Angebote, die in verschiedener Weise, je nach Patient, werterfüllte Angebote und Hoffnungskontexte in vielfältiger Metaphorik und Form unterbreiten. Manchmal und nicht selten wird auch allein die seelsorgliche Präsenz als solche zum Angebot.[623] Alle genannten Modi laden – analog dem oben für die seelsorgende Person Ausgeführten – Kranke und deren Nahestehenden dazu ein, auf Angebote in Freiheit einzugehen, wo es ihnen entspricht und ihre strapazierten Kapazitäten nicht überfordert. Daher sind konjunktivische Formulierungen, sokratische Fragen, die auf aufkommende Sehnsucht nach Sinn (aus dem Glauben) eingehen und eine manchmal leichtfertig von Seelsorgenden vernachlässigte Haltung der Ambiguitätstoleranz sowie einer Geduld mit langem Atem Ausdruck davon, den kranken Menschen und sein Umfeld wirklich ernst zu nehmen. Sinn aus dem Glauben wird auf diesem Wege nicht in kleiner Münze und unter Wert verkauft, wo dieses Angebot manchmal keine ‚starken' Formulierungen wählt. Vielmehr wird er den Betroffenen quasi in der Währung ausgezahlt, die in ihrem Alltag gleichsam die subjektiv höchste Kaufkraft hat. Seelsorge bringt Sinnangebote aus dem Glauben heraus auf eine Weise nahe. die der immensen „Kaufkraftentwertung" des bisher in Sinnfragen Tragenden nicht unterliegt, weil das gemeinte Angebot schon „kaufkraft-

---

[622] Vgl. dazu Nassehi, A.: „Den Unterschied deutlich machen". Ein Gespräch mit dem Münchner Soziologen Armin Nassehi, in: HerKorr 73 (2019) S. 447–451.
[623] Vgl. dazu Jeggle-Merz, B.: Rituelles Gebet in Todesnähe, in: Peng-Keller, S. (Hg.): Gebet als Resonanzereignis. Annäherungen im Horizont von Spiritual Care, Göttingen 2017, S. 207–228.

bereinigt" daherkommt, sprich weil die seelsorgliche Präsenz inflationäre Redeweisen und wohlfeile sprachliche Wendungen vermeidet.

Wo es gelingt, dass Erkrankte das seelsorgliche Angebot mit dem Genannten in Beziehung setzen können, dort wird das Angebot zur antwortenden, freien Resonanz erfahrbar, das schon oben mit Blick auf die tugendethischen Integration beim Seelsorgepersonal als bedeutsam aufgewiesen wurde. Wertvoll für Kranke im Sinne eines ‚guten Lebens' können auch das Klagen sein, sowie Anfrage an Gott, das vielfältige Artikulieren von Sinnverlust und schmerzlich Unintegrierbarem.[624] All das ist nicht als Gegenpol zu einem tugendethisch ‚guten Leben' anzusehen, sondern ist gerade eine Weise seiner Verwirklichung.[625] Obige Haltungen sperren sich der oftmals gesellschaftlich breit praktizierten Halbierung der Wirklichkeit, bei der Unverstehbares und Schweres unterbelichtet oder ganz verdrängt wird. Sie sperren sich auch gegenüber einem medizinisch-therapeutischen Impetus, der in bestem Anliegen betont auf Krankheitsakzeptanz, Versöhnung mit dem Gegebenen und im Idealfall möglichst der restlosen Einwilligung in Krankheit bei sich und Zugehörigen hinwirkt.[626] Was dann von den klinischen Gesundheitsberufen als ‚guter Umgang' mit der Erkrankung angesehen und angestrebt wird, kann manchmal auch unversehens vom Interesse mitgeleitet sein, Patienten- und Angehörigenkontakte zu vereinfachen. Dies in dem Sinne, die klinische Funktionslogik möglichst reibungslos zu gestalten. Vor dem Hintergrund ist Seelsorge eine Präsenz, die für PatientInnen bleibend Sinnloses[627] und ihr wütendes Aufbegehren nicht übertüncht und entschärft, sondern all dem eine Richtung und einen Adressaten vorschlägt, der Mehr-als-Menschlich ist. Dem entsprechend wird Seelsorge auch zu einem kritischen Korrektiv gegenüber klinischen Akteuren, wenn

---

624 Baumann, K.: Gebet in schwerer Krankheit und Spiritual Care. Zwischen Sinnsuche, Klage und Akzeptanz des Unverständlichen, in: Peng-Keller, S. (Hg.): Gebet als Resonanzereignis. Annäherungen im Horizont von Spiritual Care (Theologische Anstöße, Bd. 7), Göttingen 2017, S. 143–158.
625 Vgl. dazu Maio, G.: Understanding the Patient. An Ethical Approach to Medical Care, Freiburg 2018, besonders S. 99–114 zum Thema „Learning to accept: The good life as the art of reestablishing ourselves".
626 Vgl. dazu Sellschopp, A.: Ziele psychosozialer Intervention, in: Aulbert, E./Zech, D. (Hg.): Lehrbuch der Palliativmedizin, Stuttgart 1997, S. 723–730.
627 Vgl. dazu Karle, I.: Sinnlosigkeit aushalten! Ein Plädoyer gegen die Spiritualisierung von Krankheit, in: WzM 60 (2008/1) S. 19–33.

diese Hoffnung nur in funktionaler Logik verstehen können und sie damit ihrer Weite berauben.[628]

Auch den *Zugehörigen von Kranken* steht das Angebot offen, eine Widmung an die Güte aus freien Stücken zu leben. Bei dieser Präsenz von Seelsorge geht es konkret darum, dass ggf. An- und Zugehörige von Kranken kathalysatorisch oder auch stellvertretend für diese Sinndeutungspotentiale aus dem Glauben annehmen. Deren bedeutsame Beziehung zu den Erkrankten ist dann das Medium, über das die Erkrankten hilfreiche Einflüsse und basale Unterstützung erfahren können. Diese Chance zur indirekten Einflussnahme auf Betroffene über deren Umfeld greifen systemische Ansätzen in der psychologischen Begleitung von Patienten regelmäßig auf.[629] In seelsorglicher Optik sind die An- und Zugehörigen jene ursprünglich berufenen Seelsorgekräfte, die nahezu immer wertvolle Wirkungen entfalten können – wo es ihnen von Anlage, Beanspruchung und Kraft her möglich ist. Denn auch die An- und Zugehörigen sind ja Betroffene, für die alles gilt, was oben zu den erkrankten Menschen ausgeführt wurde. Es soll daher Seelsorgepersonal sehr zuversichtlich stimmen, dass nie sie alleine seelsorgliche Präsenz und Wirkung an den Tag legen, sondern dass unabhängig davon die Erkrankten selbst und deren soziales Umfeld in diese Qualität wirken. Und dies auch vielleicht schon viel umfangreicher, länger und ggf. bedeutsamer, als bisweilen vermutet werden kann. Insofern ist jeder Klinikseelsorger *immer schon* Mitspieler in einem Team, auch dort, wo er in hauptamtlicher Hinsicht gegebenenfalls alleine an einem Ort zu seinem wertvollen Dienst bestellt ist.

---

628 „Hoffnung hat aus Sicht der Psychoonkologie insgesamt einen deutlich funktionalen Charakter. Gerade bei Krebserkrankungen fällt auf, dass seitens der Medizin, aber auch in der Psychoonkologie sprachlich oft Kriegsmetaphern zum Einsatz kommen. Hoffnung wird dann verstanden als Waffe im Kampf gegen Krankheit. Es besteht auf Seiten der Patienten eine regelrechte Pflicht zur Hoffnung, verbunden mit dem (unausgesprochenen) Verbot, Angst, Ärger, Sorgen und Traurigkeit zu äußern. Es entsteht ein sozialer Druck zur Hoffnung, da Hoffnungsverlust als unerlaubte Waffenniederlegung, als Zustandsverschlechterung ausgelegt wird. Ebenso wird eine Symptomverschlechterung gerne als Niederlage interpretiert." Schmohl, Onkologische Palliativpatienten im Krankenhaus, S. 36.

629 Vgl. dazu Strittmatter, G.: Einbeziehung der Familie in die Krankenbetreuung und begleitende Familientherapie, in: Aulbert, E./Zech, D. (Hg.): Lehrbuch der Palliativmedizin, Stuttgart 1997, S. 800–829.

3 Praktische Entfaltung: Eine praktische Kriteriologie und Kairologie güteaffiner Seelsorgepraxis

In diesem Kapitel geht es um die praktische Entfaltung einer der Güte gewidmeten Seelsorgepraxis. Diese wird hinsichtlich ihrer orientierenden Merkmale (Kriteriologie) und hinsichtlich ihres Umgangs mit Zeit (Kairologie) entfaltet. Beide Entfaltungen visieren an, dass Güte sich gleichermaßen im Inneren der seelsorgenden Person wie auch im Äußeren der pastoralen Begegnungen zur Geltung bringen kann. Dabei verdrängt die Expansion der Güte kooperatives Interesse der Seelsorgenden nicht. Vielmehr ist aufnehmend-mitwirkendes Handeln seelsorglicher Akteure gerade als koextensiv zur Präsenz der Güte zu begreifen. Menschlicher Einbezug ist dabei von der Güte her fundiert und freigesetzt.[630] Der Güte zugewandte Seelsorgepraxis kann daher kriteriologisch und kairologisch grundlegend als Antwortgeschehen konzipiert werden. Dieses Antworten ist fundamental darin einbezogen, am Ankommen und Gestaltwerden der Güte konkreativ mitzuwirken. In der rezeptiv-mitwirkenden Grundgeste gegenüber der Präsenz der Güte, die sich intrapsychisch und interpersonal artikuliert, findet statt, was Meister Eckhart als das Gebären der Güte in den Guten anspricht. Die nachstehenden Ausführungen erläutern das hier in gedrängter Dichte leitmotivisch Entworfene mit Blick auf den weiteren Gang der Untersuchung.[631]

---

630 Vgl. zu einem „nicht-konkurrierenden Verständnis von Freiheit und Gnade" Faber, E.-M.: Du neigst Dich mir zu und machst mich groß. Zur Theologie von Gnade und Rechtfertigung, Kevelaer 2005, S. 70ff., hier S. 71: „Würde die Gnade dem Menschen nicht in seine Freiheit hinein zur Annahme geschenkt, so würde sich die Gnade an die Stelle der menschlichen Freiheit setzen, sie ausschalten; dem Menschen wäre seine Würde genommen, die Gnade wäre gerade nicht im Eigenen des Menschen angekommen."

631 Dabei kann als Anzeiger für die Richtung der praktischen Entfaltung gelten, was die Dogmatische Konstitution über die göttliche Offenbarung von der göttlichen Güte und von Gottes überströmender Liebe ins Wort bringt. Es ist eine innige Bezogenheit auf den Menschen: „Gott hat in seiner Güte und Weisheit beschlossen, sich selbst zu offenbaren und das Geheimnis seines Willens kundzutun (vgl. Eph 1,9), dass die Menschen durch Christus, das fleischgewordene Wort, im Heiligen Geist Zugang zum Vater haben und teilhaftig werden der göttlichen Natur (vgl. Eph 2,18; 2 Petr 1,4). In dieser Offenbarung redet der unsichtbare Gott (vgl. Kol 1,15; 1 Tim 1,17) aus überströmender Liebe die Menschen an wie Freunde

Um den geistlichen Impetus der Eckhartschen Theologie bezüglich pastoraler Praxis freizulegen, wird in diesem Kapitel insgesamt der Versuch einer berufspragmatischen Transposition der spätmittelalterlichen theologisch konzipierten Tugendethik und Glaubenshermeneutik auf das Handlungsfeld Klinikseelsorge unternommen. Dabei werden die obigen Überlegungen zur tugendethischen Integration des Verhältnisses zwischen der Güte und dem Guten in der Form *pastoraltheologisch* vertiefend weitergeführt, dass zur bisher auf die Dimension der *Haltung* fokussierten Besprechung nun auch die *Handlungsdimension* der seelsorgenden Subjekte in klinischen Beziehungs- und Begegnungsarrangements in verstärkter Weise hinzutritt.[632]

Dazu wird zunächst in kriteriologischem Anliegen die Suche nach Orientierungsmerkmalen für die priorisierende Ausrichtung seelsorglichen Agierens unternommen. Diese Entfaltung einer Kairologie geschieht zweistufig. Beide Stufen ergänzen sich. Sie bilden in der Zusammenschau eine Verbindung von übersituativen Orientierungen und solchen, die sich erst innerhalb von Handlungsvollzügen manifestieren können. Zunächst werden zwei basale Grundoptionen als Kriterien benannt. Danach werden konkrete Einzelkriterien formuliert. Diese beachten systematisch situative Gegebenheiten und können so eine konkrete Entscheidungsfindung im je kontextuell bedingten Berufsalltag orientieren. In beiden Zugängen wird das Zusammenwirken von habituellen und situativ-kontextuellen Momenten im Vollzugsganzen der wertorientierten seelsorglichen Handlung zum Thema. Seelsorglicher Habitus und sozial konfigurierte Handlungsdimension werden somit zwar analytisch in der Darstellung zweistufig dargestellt. Sie sind aber im lebendigen Vollzug untrennbar miteinander verwoben, wie auch Intention, Handlungsinteresse und Situation vielschichtig ineinandergreifen.[633]

(vgl. Ex 33,11; Joh 15,14–15) und verkehrt mit ihnen (vgl. Bar 3,38), um sie in seine Gemeinschaft einzuladen und aufzunehmen." (DV 2).

632 Vgl. zur Tugendethik aus systematisch-theologischer Perspektive und in existentialpragmatischem Anliegen Höhn, H.-J.: Das Leben in Form bringen. Konturen einer neuen Tugendethik, Freiburg 2014, S. 109ff.

633 Die entworfene Kairologie behält somit im Blick, dass jedwede Handlung unhintergehbar leiblich vermittelt, daher sozial verfasst und somit geschichtlich-kontextuell situiert ist. Sie ist nie ein aus sol-ipsistischer Autonomie erfolgender Akt. Vgl. dazu Joas, H.: Die Kreativität des Handelns, 1. Auflage 1996, S. 218–279 das Kapitel „Situation-Körperlichkeit-Sozialität. Grundzüge einer Theorie der Kreativität des Handelns". Entgegen der illusionären Vorstellung eines monadisch zunächst in seinen Intentionen isoliert in sich stehenden Handlungssubjekts, dass aus radikal autonom gedachter Freiheit zu agieren vermöchte, bleibt obige Situierung und Kontextualisierung von menschlichen Akten bestimmend für die hier vorgetragene

An der Schnittstelle von systematischer Erschließung einer güteaffinen Seelsorgepraxis hin zu einer speziellen Handlungstheorie für klinische Seelsorge ist jedoch ein umsichtiges Vorgehen ratsam. Es ist angebracht, sich über das eigene schrittweise Vorgehen bei der Entwicklung des Gedankenganges zu vergewissern und dafür Gründe anzugeben.[634] Dies zum einen deswegen, weil beim anvisierten Vorgehen die Gefahr einer unterschwelligen Funktionalisierung der Theologie des Dominikaners für andere, extern gefundene Ziele, hier jene klinischer Seelsorgepraxis im 21. Jahrhundert, nicht von der Hand zu weisen ist. In dem Falle wäre Eckharts originelle Position gleichsam Sekundären dienstbar gemacht und nur der Aufhänger für etwas, das *außerhalb seines* gläubigen Gottes- und Weltbezugs begründet liegt. So wäre allerdings der inhaltliche Kern des oben aufgewiesenen Eckhartschen Denkens um seinen Eigenwert gebracht. Dieser besteht in der *radikal theozentrisch entworfenen Widmung* an die Güte *um der Güte willen*. Wollte sich die vorliegende Studie in ihrem inhaltlichen Duktus aus dieser speziellen Widmung und ihrer geistlichen Radiation entfernen, dann wäre die historische Reihe von Indienstnahmen unseres Autors nur um ein weiteres Glied vermehrt worden.[635] In dem Fall wäre aber gerade das dem heutigen Verständnis Sperrige am spätmittelalterlichen Glaubens- und Seel-

---

    Sicht auf pastorales Handeln. Handeln ist in diesem Sinne weder determiniert von Kontexten, noch ist es völlig abgelöst von ihnen zu begreifen. Vielmehr ist es in einem Raum des ‚Dazwischen' zu lokalisieren, in dem situative Bedingtheit und freie Antwortmöglichkeiten gleichermaßen virulent werden.

634 Vgl. zur anspruchsvollen Begründung essentialistischer Positionen, die es vermeidet, den aktuellen kontextuellen Faktoren, der freien Entscheidungsautonomie der Akteure oder der historischen Bedingtheit zu wenig Gewicht beizumessen, Nussbaum, M. C.: Menschliches Tun und soziale Gerechtigkeit. Zur Verteidigung des aristotelischen Essentialismus, in: Steinfath, H. (Hg.): Was ist ein gutes Leben?, 1. Auflage, Frankfurt 1998, S. 196–234.

635 Vgl. zur verfremdenden bis entstellenden Assimilation unseres Autors hinein in romantische, marxistische, völkische, esoterische und andere Konzepte Ruh, Meister Eckhart, S. 8: „Es gibt die Methode, Kulturgüter der Vergangenheit für unseren Gebrauch zu präparieren, indem wir das herausstellen, was uns nützlich, erbaulich, belehrend, interessant, aktuell erscheint. Das ist legitim, und in der Bühnenvermittlung sogar notwendig. In der Geschichte des Denkens und der Spiritualität ist der Zugriff ‚für uns' indes bedenklich. Ich brauche nur auf das marxistische und, in der Vergangenheit, auf das nationalistische Eckhard-‚Bild' zu verweisen. Gerade weil es im Fall von Meister Eckhart solche gewaltsamen Adaptionen gegeben hat und noch gibt, ist es nötig, ihn erst einmal in seiner Geschichtlichkeit zu sehen – freilich, weil dies gar nicht anders möglich ist, durch das Medium des Verfasserbewusstseins […]." Vgl. auch ebd. S. 14ff.

sorgezeugnis des Dominikaners verfehlt. Ihm und seiner Gestalt würde im Gang der Untersuchung dann ausgewichen.

Zum andern besteht jedoch noch eine zweite Gefährdung, die ständiger Begleiter der methodischen Annäherung an unseren Autor ist. Die Gefahr besteht in einer im Kern rein deduktiv und gewissermaßen ortlos konzipierten, in diesem Sinne idealistischen Sicht auf Meister Eckhart, und entsprechend dann auch einer von dort her gewonnenen klinischen Seelsorgekonzeption gleicher Prägung. Das wäre dann der Fall, wenn aus dem Eckhartschen Denk- und Glaubensverstehen ein System überzeitlicher Leitlinien destilliert würde, die im Grunde immer und überall in identischer Weise Geltung beanspruchen könnten. Ebenso wäre bei einem idealistischen Entwurf die handelnde Person in ihrer je einmaligen Individualität unwichtig. Wo das geschehen würde, wäre die Chance jedoch vertan, kontextsensibel und mit betontem Gespür für das *in und aus der jeweiligen Praxis unableitbar geschichtlich sich neu Manifestierende* einzugehen. Diese Fehlform einer Eckhartrezeption wiche gerade der inkarnatorischen Dimension aus, die in der raum-zeitlich situierbaren Ankunft der Güte *bei konkreten Menschen* und ihrem *leiblich-sozial-geschichtlichen Verfasstsein* virulent werden will. Derart fehlgehend verlöre ein entsprechender Zugang fatalerweise aus dem Blick, was doch bei Eckhart in der Rede von der Sohnwerdung gerade ins Zentrum des Interesses rücken will.

Beiden Gefährdungen entgegen scheint dem Verfasser dieser Studie jedoch möglich, die alltagsrelevante Bedeutung einer von Eckhart her gewonnenen praktischen Kriteriologie und Kairologie in der Form aufzuweisen, dass dem Abweg der Funktionalisierung und jenem der Idealisierung gewehrt werden kann. Allerdings braucht der essentialistisch-metaphysische Impetus, der Eckhartscher Seelsorgehermeneutik innewohnt, dazu ein komplementäres und ausgleichendes Moment, das ausdrücklich dem *sozialen Vollzug des Handelns* orientierende Bedeutung beimisst. Ein abgewogenes Zutrauen in die heuristische Kraft des Handelns mit menschlichen Akteuren versucht die Studie an dieser Stelle in der selektiven Aufnahme einzelner pragmatistischer Positionen konkret werden zu lassen. Der Grund dafür ist, dass der amerikanische Pragmatismus, will man eine so globale Formulierung überhaupt wählen, als spezielle Handlungstheorie gelten kann, und zwar nach Hans Joas als die eines „kreativen Handelns".[636]

---

[636] Joas, H.: Pragmatismus und Gesellschaftstheorie, 3. Auflage, Frankfurt 2016, S. 10: „Ich behaupte, dass der amerikanische Pragmatismus durch sein Verständnis menschlichen Handelns als eines *kreativen* Handelns gekennzeichnet ist. Dabei ist

Für unsere Fragestellung sind unter den Vertretern einer „Philosophie der Handlung"[637] besonders bei William James[638] Anregungen zu finden. Bei ihm erlangen psychologisch-introspektive Aspekte[639] ebenso Beachtung, wie das, was sich *in jeweiliger Gegenwart* und im *äußeren sozialen Kontext* zwischen *handelnden Akteuren* ereignet. Die bei Meister Eckhart der Tendenz nach vorherrschende Ausrichtung auf *das innerpsychisch sich im einzelnen Menschen* Zutragende wird somit unter Einbezug der obigen Denkströmung in neuem Horizont gesichtet und auf soziale Praxis hin besprochen.

Entgegen der denkbaren grundsätzlichen Anfrage an das Konzept der vorliegenden Studie, ob im Zuge des Gedankengangs Klinikseelsorge mit Meister Eckharts Thesen am Ende nicht doch anachronistisch in weltabgewandte Innerlichkeit konvertiert werden solle, zielt die Entfaltung der angestrebten zweistufigen Kriteriologie darauf ab, genau das Gegenteil zu erweisen. Dies ist eine vom mittelalterlichen Autor her gewonnene, kontemplativ begründete, und aus diesem Bezug heraus zwar tief verinnerlichte, jedoch zugleich weltbezogene und lebensweltsensible Pastoral. Diese ist imstande, sich vorbehaltlos aus innerer Unabhängigkeit und in Freiheit dem Äußeren der klinischen Beziehungswelt wertorientiert zu widmen und eine entsprechende Praxis zu gestalten. Im Zuge dessen wird Meister Eckhart keineswegs gegen den Strich gelesen. Auch wird sein an inneren

---

das im Pragmatismus enthaltene Verständnis von Kreativität insofern spezifisch, als es hier um die *Situiertheit* der Kreativität, um die ‚situierte' Freiheit des Menschen geht." Für John Dewey etwa ist menschliches Handeln der Ort von Sinnerfahrung, statt nur eine je zweckrationale Betätigung: „Weit davon entfernt, nur auf die Lösung instrumenteller Handlungsprobleme gerichtet zu sein, zeigt sich das vereinigende Moment des thematisch so weit gestreuten Werks von Dewey gerade in der Frage nach einer im Handeln selbst erfahrenen Sinnhaftigkeit." Ebd. S. 12.

637 Joas, Pragmatismus, S. 28.
638 Vgl. Oehler, K.: Einleitung, in: Ders. (Hg.): William James. Pragmatismus. Ein neuer Name für einige alte Wege des Denkens, Berlin 2000, S. 1–16, sowie Schubert, K./ Spree, A.: Einleitung, in: dies. (Hg.): William James. Pragmatismus. Ein neuer Name für einige alte Wege des Denkens, Hamburg 2012, S. VII–XXIV. Vgl. zu C. S. Pierce als Gründungsfigur des Pragmatismus Klawitter, J.: Charles Sanders Pierce: Realität, Wahrheit, Gott. Einblicke in Leben und Werk des Begründers des Pragmatismus (Epistemata. Würzburger wissenschaftliche Schriften, Reihe Philosophie, Bd. XIV), Würzburg 1984, sowie zur Einführung in den philosophischen Hintergrund der Entstehung des Pragmatismus Apel, K.-O.: Der Denkweg von Charles S. Pierce. Eine Einführung in den amerikanischen Pragmatismus, Frankfurt 1975, S. 11–32.
639 Vgl. zum Verständnis von Religion bei William James die Ausführungen von Heine, S.: Grundlagen der Religionspsychologie, Göttingen 2005, S. 107–141.

Dispositionen orientiertes Denken nicht im Zuge der Handlungsfokussierung in seiner Intention umgedeutet. Denn auch seiner Theologie wohnt von der Anlage her eine Würdigung der äußeren Werke im sozialen Kontext durchaus inne. Zu diesen ist der Mensch als irdisches Geschöpf nicht nur je und je unweigerlich gerufen, um seinen täglichen Alltag zu bewältigen. Die äußeren Werke, die aus Liebe getan werden, sie erfahren sogar bei der Abwägung, ob einem Kranken Suppe zu reichen oder besser in geistlicher Verzückung zu verweilen wäre, eine eindeutige Bevorzugung. Im ‚Buch der göttlichen Tröstung' hören wir Entsprechendes: „Wäre der Mensch so in Verzückung, wie's Sankt Paulus war, und wüßte er einen Menschen, der eines Süppleins von ihm bedürfte, ich erachtete es für weit besser, du ließest aus Liebe von der Verzückung ab, und dientest dem Bedürftigen in größerer Liebe. Nicht soll der Mensch wähnen, dass er dabei Gnaden versäume [...]".[640]

Im Anschluss an die skizzierte Kriteriensuche geht es in diesem Kapitel darum, eine spezifische Wahrnehmung und Umgangsweise mit dem Phänomen Zeit zu konturieren. Dabei wird versucht, von Eckharts Perspektiven ausgehend eine *Kairologie* von Seelsorgepraxis zu formulieren, die der Güte gewidmet ist. Eckharts Sicht auf das Phänomen Zeit in seiner unhintergehbaren Relationalität gegenüber Ewigkeit gilt dabei zunächst das Interesse. Sein spätmittelalterliches Verstehen von Zeit, wie es etwa in Eckharts Predigten, aber auch im lateinischen Werk wiederholt begegnet, wird dazu in komprimierter Form und pars pro toto zunächst vorgestellt. Im Anschluss daran geht es um die praxisrelevanten und berufsfeldbezogenen Implikationen des bei Eckhart Aufgewiesenen. Dazu formuliert die Studie zwei temporale Grundorientierungen, die jeweils schon weiterführende Akzente in die Darstellung aufnehmen. Auf diese Weise wird der Übergang zu den temporalen Einzelorientierungen vorbereitet.

Die erste Grundorientierung konturiert *Zeit als ankommende Zukunft unter dem Aspekt des Einbruchs von Diachronie im Erleben der seelsorgenden Person*. Diese gegenüber der synchronisierenden Zeit des Subjekts radikal andere Zeit widerfährt dem der Güte gewidmeten Seelsorgepersonal im religiösen Verhältnis, das als betendes Geschehen ausdrücklich werden kann. Die zweite temporale Orientierung konturiert *Zeit als ankommende Zukunft unter dem Aspekt des Durchbruchs und der Gabe von Zeit als angebotenem Raum der Verantwortung*. Ein initiativ werdendes, aktives Moment wird darin virulent. Zeit wird zur in Freiheit vollzogenen Widmung seiner

---

640 DW 5, S. 221.

Lebenszeit für andere Menschen. Dies insofern, als das Seelsorgepersonal aus den postmodern hochprivatisierten Zeitverständnissen ausbricht und *hinein in die Zeit der sozialen Verantwortung und der solidarischen Stellvertretung durchbricht.* An diesem Ort der Studie erscheint mit dem Gedanken der verschenkten Zeit als Widmung nicht nur die biblische Dimension der Proexistenz unter temporalem Aspekt auf. Es leuchtet zugleich damit auch das eminent *politische Potential* auf, das einer der Güte adressierten Seelsorgepraxis in modernen Kliniken inhäriert. In den zwei Grundorientierungen wird somit eine Ereignisfolge zum Thema. Diese reicht vom innerseelisch im betenden Geschehen erlebten Einbrechen von Zeit hin zur aktiv übernommenen Verantwortung. In diesem Prozess wird Zeit erfahren als Gabe, die zur Verantwortung für andere drängt. Was in analytischer Verlangsamung im Zuge der Darstellung phasenweise und linear konturiert wird, geschieht im lebendigen Vollzug jedoch responsiv, sich überlappend und bipolar begründet. Dies insofern, als betendes Geschehen von sozialen Interaktionen initiiert werden und gleichzeitig damit statthaben kann, also keineswegs nur am Anfang sozialen Handelns steht. Vielmehr evoziert das eine das andere und umgekehrt.

Im Ganzen der kriteriologisch-kairologischen Darstellung kommt das menschliche Sein als wesentlich zeitlich auf Zukunft hin sozial Verfasstes zu Gesicht. Die angestrebte Darstellung der beiden zeitlichen Grundorientierungen nimmt Hartmut Rosas Gedankengang der Resonanzbeziehungen einschlussweise erneut auf. Ebenso wird das von Klessmann entworfene Modell der Seelsorge im Zwischenraum virulent. Letzteres allerdings insofern in neuer Konstellation, als in der ersten Grundorientierung der Zwischenraum *zwischen Gott und Mensch* eigens Augenmerk erlangt. Das war bei Klessmann nicht der Fall, vorrangig wurde dort das soziale und institutionelle „Dazwischen" klinischer Seelsorge zum Thema. Desweiteren erfährt das Zwischenraummodell eine Erweiterung, insofern *zeitliche* Zwischenräume in den Blick rücken, und insofern Zwischenräume zwischen disparaten *Zeitverständnissen* in politischem Anliegen prophetisch-kritisch bedeutsam werden. Somit erweist sich die zweite temporale Grundorientierung, bei der Zeit als *zu vollziehender* Durchbruch formuliert wird, als Entsprechung zur zweiten kriteriologischen Grundorientierung, die als Grundhaltung der *aufnehmenden Mitwirkung* formuliert wird. Das in der Kriteriologie gegebene konkreativ-rezeptive Moment wird somit kairologisch gesichtet und in neuer Dimension erschlossen, nämlich in temporaler Hinsicht. Im Zuge des kairologisch interessierten zweiphasigen Gedankengangs erweist sich der aufnehmend-mitwirkende Umgang mit zukommender Zeit als zentraler Kristallisationspunkt einer Seelsorge in der Klinik, die aus der Präsenz der Güte heraus zu wirken bemüht ist.

Wie es schon bei der Kriteriologie versucht wurde, dient auch bei der Kairologie der Einbezug komplementärer Positionen dazu, den Vollzugscharakter des Umgangs mit Zeit in seiner sozialen Dimension und im heutigen spätmodernen Kontext angemessen zu würdigen. Dies greifen temporale Einzelorientierungen auf. Sie stellen die zweite Stufe der kairologischen Besprechung dar. Dazu wird erstens der berufspraktische Umgang mit situativ widerfahrender *Polychronie der klinisch involvierten Akteure zum Thema*. Zweitens geht es um die Suche nach *Resonanzen in temporalen Zwischenräumen*. Abschließend werden drittens *Hinweise für ein Sprechen aus dem Raum der Güte* formuliert. Obige Einzelorientierungen zielen darauf ab, der Gefahr einer von Eckhart her sich bisweilen nahelegende idealistische Sicht und Besprechung der menschlichen Verwobenheit in das Phänomen Zeit zu entgehen. Sie suchen danach, das bei Eckhart zu Findende auf pastorale Praxis hin zu öffnen. Ziel aller Erläuterungen ist, dass die berufspragmatische Relevanz des Eckhartschen Denkens zu Anschauung gelangt.

Ein dritter Abschnitt dieses Kapitels bedenkt den kriteriologisch und kairologisch entworfenen Gedankengang in praktischem Interesse weiter. Er bezieht ihn in spezifizierender Form auf ein typisches Arbeitsgebiet klinischer Seelsorge, und zwar auf die Begleitung onkologischer PatientInnen. Die Erstbegegnung mit derart schwer erkrankten Menschen und der Umgang mit Trauerprozessen werden dabei zum Thema, bevor die seelsorgliche Verabschiedung von onkologischen (Palliativ-)PatientInnen praxisbezogen aufgegriffen wird. Die Besprechung der seelsorglichen Begegnung mit Krebserkrankten aus der Präsenz der Güte heraus ist bestrebt, betont unter Einbezug der Beiträge anderer klinischer Professionen zu argumentieren. Im Zuge dessen wird Trauer daher nicht unmittelbar seelsorglich aufgegriffen, was auch eine denkbare Variante der Gedankenführung gewesen wäre. Sie wird zunächst im Kontext moderner Trauerforschung und psychotherapeutischer Zugänge situiert. Erst auf dieser gewonnenen Basis werden sodann professionsspezifische Beiträge der Seelsorge in das zuvor interprofessionell konturierte Feld integriert. Im Zuge dessen kann die per se und gewollt *kooperative Dimension einer aufnehmend-mitwirkenden Seelsorge* in sozialen Bezügen anschauliche Kontur erlangen. In allen Facetten des Gedankengangs geht es darum, die Praktikabilität des entworfenen Modells einer der Güte adressierten Seelsorgepraxis in der Klinik zu veranschaulichen.

3.1 Eine praktische Kriteriologie von Klinikseelsorge als Einbezug in die Güte

Oben wurde die Unterscheidung der menschlichen Handlungsdispositionen in eine basale, die einzelnen Handlungen übersteigende Fundamentaloption und diejenige der immer neuen konkreten Ausrichtungen in Verbindung mit Einzelhandlungen und momentanen Bewertungen eingeführt. Unter Aufnahme dieser Unterscheidung wird in diesem Abschnitt der Untersuchung ebenfalls eine zweistufige Betrachtung vorgenommen. Dabei richtet sich das Interesse der Erkundung zunächst auf zwei Grundorientierungen. Diese sind in allem weiteren Agieren einer der Güte zugewandten Seelsorgepraxis wirksam. Anschließend werden kontextsensible und handlungsakzentuierte Kriterien für die im Berufsalltag anstehenden Einzelentscheidungen, Bewertungen, Kooperationsbemühungen usw. formuliert.

Die beiden Grundorientierungen sind bewusst in einer Weise formuliert, die einen weiten Spielraum für individuelle Ausfaltungen und je persönliche Ausprägungen durch die Akteure klinischer Seelsorge offen hält. Zum einen ist somit anvisiert, dass einzelne KlinikseelsorgerInnen sich und ihr Wirken in diesen raumgebenden Formulierungen wiederfinden können. Die Weite soll ihnen ermöglichen, dass sie mit ihrem Engagement im größeren Rahmen der Widmung an die Güte ungezwungen und auf individuell akzentuierte Weise Platz finden. Zum anderen versucht der Gedankengang in Form der angestrebten terminologischen Weite auf konzeptioneller Ebene betont jener Weite zu entsprechen, die der Güte und ihrem Kreativität freisetzenden Potential selbst innewohnt. Die beiden Grundorientierungen wollen somit ins Wort heben, was von der Sache her selbst gegeben ist. Dies ist eine einladende, auf Einbezug ausgerichtete, Räume öffnende Geste, die von der Güte her ausstrahlt. Das Ziel der folgenden Ausführungen besteht in dieser Perspektive darin, Klinikseelsorge als im Zwischenraum einer relational verfassten Wirklichkeit angesiedelte zu artikulieren, bei der der Mensch fundamental und umfassend in Gottes Güte einbezogen wird.

In den formulierten *Einzelorientierungen* für den konkreten Vollzug von Handlungszusammenhängen geht es fundamental darum, die ausrichtende Kraft der sich je und je ereignenden Praxis selbst zu Wort kommen zu lassen. Praxis allerdings orientiert die einbezogenen Akteure erst im Zuge ihrer Manifestation und eben nicht vorher. Eine in den Grundorientierungen der Tendenz nach deduktiv gewonnene Orientierung für klinische Seelsorgepraxis erfährt so eine komplementäre Ergänzung. Wo dieser Sachverhalt der Notwendigkeit des sich Einlassens auf Praxis zu Gesicht kommt, dort wäre erreicht, was Reinhard Feiter für Praktische Theologie insgesamt herausstellt: „Nicht weil es zu ‚theoretisch' verstandenen Glaubenssätzen noch einer ‚praktischen Anwendung' bedarf, ist die Theologie praktischer Natur, sondern weil es in ihr einzig darum geht, Gott ausreden zu lassen; und sie lässt ihn ausreden, wenn sie es darauf ankommen lässt, dass sein Wort ‚ankommt' in jener Antwort des Menschen, die *Glaube, Hoffnung und Liebe* sind. Anders gesagt: Theologie ist praktisch, weil sie im Spielraum eines Freiheitsverhältnisses angesiedelt ist."[641] Somit sind die nachstehend formulierten Einzelorientierungen keine technischen Reglements für pastorales Agieren. Sie sind nicht von der Art, dass sie streng genommen auch total unabhängig von den betroffenen Akteuren und deren situativen Referenzzusammenhängen Geltung beanspruchen könnten. Vielmehr sind diese Einzelkriterien als *integrale Momente an einem personalen Antwortgeschehen* zu begreifen. Dieses artikuliert sich glaubend, hoffend und liebend im Leben einer konkreten Seelsorgeperson, und das heißt auch immer in sozialen Bezügen. Die konkreten Ausrichtungen sind somit näher besehen im Kern einmalig *raum-zeitlich situierte Handlungskomponenten menschlicher Akteure*, und zwar näherhin derartige Komponenten, die *mit anderen* in einer *jeweiligen Gegenwart* Gestalt gewinnen. Daher können sie nur individuell und nur im Vollzug entdeckt werden, weil sie immer aufs Neue erst aus der gelebten Praxis entgegen treten.

Die Einzelorientierungen bergen jedoch in gleicher Weise vitalisierendes Potential für klinische Seelsorgeentfaltung, wie die zwei oben angesprochenen Grundorientierungen. Im Unterschied zu diesen werden sie allerdings nicht schon im Inneren der Person gefunden, sondern erst in äußeren Bezügen und Vollzügen. Sie bringen in der zwischenmenschlich-sozialen Interaktionsebene etwas hervor, was bei den Grundorientierungen in der Interaktionsebene des Menschen zu seinem göttlichen Gegenüber situiert ist. Um es bildhaft zu veranschaulichen, könnte man von den Grund- und Einzelausrichtungen sagen: Lauschen die Grundorientierungen gleichsam in direkter Weise unmittelbar in Richtung der Güte als personaler Qualität, so richten die Einzelorientierungen ihr Gehör[642] auf das kontextuell sich

---

641 Feiter, Antwortender Glaube, S. 36. Vgl. zur Entfaltung von situierter und kontextuell geprägter Freiheit Casper, B.: Die Determination der Freiheit, in: Forum Schulstiftung 12 (2018) Heft 4, S. 7–17.
642 Vgl. zur eminenten Bedeutung des Hörens in klinischen Kontexten Maio, G.: Vom Verlust des hörenden Weltbezugs in der modernen Medizin, in: ders. (Hg.): Auf den Menschen hören. Für eine Kultur der Aufmerksamkeit in der Medizin, Freiburg 2017, S. 7–26 sowie Waldenfels, B.: Hören auf die fremde Stimme, in: Maio, G. (Hg.):

Manifestierende, um dort auf andere Weise jener Qualität von Güte zu begegnen. Sowohl die Grundorientierungen als auch die Einzelorientierungen kommen im lebendigen Vollzug gemeinsam darin überein, dass das in ihnen Zukommende wesentlich transzendent ist. Denn so wenig der Mensch die Relation zu Gott bewerkstelligen und im Griff haben kann, so wenig sind ihm die sozialen Interaktionen verfügbar. In beiden „Zwischenräumen" geht es vielmehr darum, die radikal unverfügbare Zukunft des Widerfahrenden zuzulassen.

Diese Haltung der gespannten Offenheit und der Bereitschaft zur Exposition an Unbekanntes ist ein Kernelement güteaffiner Seelsorgepraxis. Das kann zwar die anstrengende Anforderung des Aushaltens von Ungewissheit und des Wartens ohne konkret *Er*wartetes bedeuten. Wo jedoch gehofft wird, dass Güte von sich her den Geschehenszusammenhang durchwirkt, dort kann Warten über sich hinaus und in die Qualität der hoffnungsbetont gespannten *Erwartung* hineingelangen. Eine seelsorgliche Form von gewagter Armut, die geistliche Güter als Geschenk sowohl von Gott als auch von der sozialen Begegnungswelt her mutig zu erhoffen wagt, ist daher hintergründig in sämtlichen Orientierungen wirksam. Derlei Armut kann als eine der Eigentümlichkeiten einer der Güte zugewandten Klinikseelsorge angesehen werden. Sie korreliert mit der monastisch begründeten Armut, die sich in Meister Eckharts Rede von der ‚*abegescheidenheit*' mit großer Entschiedenheit ins Wort drängt.[643] Wollte man es zuspitzen, so könnte man güteaffine Seelsorgepraxis als monastische Existenz im jeweiligen Augenblick bezeichnen. Sie wäre dann wertzuschätzen als je situative Expropriation hinein in den Einbezug in die Güte, dessen ‚wo' und ‚wie' im Vorhinein unbekannt sind. Die folgenden Ausführungen entfalten das in nuce Benannte und suchen nach Formen, wie es Seelsorgenden zur Berufspraxis im Alltag werden könnte.

3.1.1 Umkehr in den Raum der Güte

Das Geschehen des *Umgewandtwerdens* und damit verwoben das Moment des sich aktiven *Umkehrens* ist die erste und alles weitere fundierende Grundorientierung einer klinischen Pastoral der Mitwirkung an der Güte.

Auf den Menschen hören. Für eine Kultur der Aufmerksamkeit in der Medizin, Freiburg 2017, S. 27–50.

643 Vgl. dazu das oben im Teil der systematischen Erschließung zum Verständnis der Abgeschiedenheit als Weise des Einbezugs in die Güte Ausgeführte.

Das damit angesprochene Ereignis besteht darin, dass Klinikseelsorgende sich in bewusster und entschiedener Weise fundamental auf Güte ausrichten, sich ihr in einem radikalen Sinne widmen und sich und ihre Arbeit der von dort her zukommenden Weite öffnen. Dabei sei an Meister Eckharts Vorstellung der univoken Relation erinnert, in der die Güte und der Gute sich ‚anschauen'. Sie nehmen also ein personales Verhältnis zueinander ein, das die Weise eines besonderen Einbezugs in die Güte darstellt.[644]

Das Zustandekommen dieser, will man Hartmut Rosas Wortwahl aufgreifen, besonderen „Resonanzbeziehung" gründet wesentlich in der Ausstrahlungskraft der Güte. Diese Radiation veranlasst die Klinikseelsorgenden zur Hinwendung an die Güte. Umkehr ist also die personale Konsequenz aus einer speziellen Attraktion und Konversionsinitiative, die den Menschen fundamental vorgängig zu jedweder eigenen Initiative trifft. Diese Initiative kommt, um es mit einer Formulierung von Reinhard Feiter zu benennen, „von anderswo her"[645] zu. Diese radikal ab extra situierte Fundierung einer umkehrenden Klinikseelsorge verdient besondere Beachtung. Denn an ihr wird die gnadengewirkte[646] und geschenkhaft zukommende Qualität einer Seelsorgepraxis ablesbar, die der Güte gewidmet ist. Umkehr ist daher im Kern vor allem und zuerst eine Hinkehr und eine positive Orientierung. Sie geschieht um eines Höheren und Wertigeren willen, das bildhaft gesprochen gleichsam den seelischen Blick des Menschen auf sich zu ziehen vermag. Demgegenüber ist das Moment der Abkehr sekundär. Sie geschieht um der Hinkehr willen, jedenfalls in biblischer Perspektive betrachtet. Dabei soll nicht ungesagt bleiben, dass mit der Umkehr in die Güte immer neu auch ein starkes Moment von Be-Kehrung verbunden sein kann. Denn menschlich-alltägliche Ausrichtungen, auch jene von Klinikseelsorgenden, sind von menschlichen Schwächen und auch von Sünde nicht immer frei. Vielmehr ist es ein Teil menschlicher Wahrheit, dass etwas Faulheit, Eigensinn oder sonstige Ausprägungen von Egozentrik im Geschehen der Hinkehr überwunden werden. Auch direkt sündige Lieblosigkeit fällt darunter, die über zwischenmenschliche Aversionen und unvermeidliche Antipathien hinaus-

---

644 Vgl. zur Erinnerung die Eingangspassage zum Buch der göttlichen Tröstung, in der von diesem Anschauen als relationales Verhältnis die Rede ist: „Von dem êrsten soll man wizzen, daz der [...] guote und güete sich einander ansehent und alsô ze einander haltent [...]." DW V, 9, 4–5, in Übersetzung von Josef Quint DW V, S. 471.
645 Vgl. dazu Feiter, Antwortendes Handeln, S. 257ff. Das dortige Kapitel ist überschrieben „Praxis, die anderswo beginnt – Elemente eines responsiv-kontextuellen Handlungsbegriffs".
646 Vgl. dazu Faber, Du neigst Dich mir zu und machst mich groß, S. 80ff.

geht. Von all diesen avitalen Ausrichtungen kehrt sich die Umkehr ab. In seltener Verdichtung findet solche umkehrend-hinkehrende Dynamik etwa Ausdruck zu Beginn des Markusevangeliums. Dort geht dem Aufruf zur Umkehr und zum Glauben an das Evangelium die alles fundierende Ansage voran, dass die Zeit erfüllt und die Gottesherrschaft nahegekommen sei. Das erste jesuanische Wort im Markusevangelium ist aus diesem Kontext heraus zu verstehen. Programmatisch ist es am Beginn des Evangeliums situiert: „Die Zeit ist erfüllt. Das Reich Gottes ist nahe. Kehrt um und glaubt an das Evangelium!" (Mk 1,15). Somit erscheint in markinischer Optik Umkehr als kairologisches Postulat angesichts des Heilvollen, das in die Jetztzeit hereinbricht.[647] Wie kann das Ausgeführte zu einer Weise von Klinikseelsorge werden?

Zur alltäglichen Praxis wird diese innere Disposition und Adressierung an die Güte immer dann, wenn die Akteure klinischer Seelsorge sich vor Begegnungen und vor eigenen Initiativen in der oben konturierten Wendung gleichsam je und je erneuern. Wenn sie also die Güte anschauen zu einer konkreten Stunde an einem konkreten Ort der Klinik und sich aus dieser Einfühlung heraus dann dem anstehenden klinischen Geschehen zuwenden. Somit ist eine zweifache Blickwendung am Werk, wo der Güte adressierte Klinikseelsorge geschieht. Die erste Wendung blickt von anderem aus freier Entschiedenheit aktiv weg und schaut gleichsam der Güte in die Augen. Die zweite Wendung kehrt sich aus dieser introspektiven Perspektive und mit der dort gewonnenen hochpersönlichen Impression auf die praktische Arbeit. Diese zweifache geistliche Kehre kann immer aufs Neue im Berufsalltag vonstatten gehen. Sie ist zu verstehen als das individuelle Antwortgeschehen auf die Begegnung mit der Güte, die seelsorgliche Akteure beständig dazu einlädt, zu ihr umzukehren. Die berechtigt aufkommende Frage, *wo* genau denn die Güte sich nun inhaltlich vernehmbar macht und in *welche inhaltlich zu beschreibende* Richtung die mit klinischer Seelsorge Betrauten daher konkret zu schauen hätten, verdient eine Antwort. Diese bezieht das psychische Innere und das soziale Äußeres der seelsorgenden Person gleichermaßen ein.

Die Antwort auf die Frage nach der Richtung, in der nach Güte Ausschau zu halten wäre, hat drei Komponenten. Von ihnen kann die erste bereits

---

647 Vgl. zum kairologischen Zeitverständnis Schüßler, M.: Mit Gott beginnen. Die Zeitdimension von Theologie und Kirche in ereignisbasierter Gesellschaft (Praktische Theologie heute, Bd. 134), Stuttgart 2013, S. 41 unter der Überschrift „Messianische Zeitdifferenz: Chronos/Kairos".

im Vorfeld der jeweiligen konkreten beruflichen Praxis aufgewiesen werden, die zwei weiteren jedoch können erst im Geschehen selbst und deren Nachgang erkannt werden, da sie sich nur dort manifestieren. Es geht also gleichsam um eine Spur und Fährte, die sich erst im Gehen des konkreten Weges sukzessive erschließt und daher nur Zug um Zug die Richtung angeben kann. Die erste Komponente der Antwort ist etwas hoch Individuelles und Plastisches. Es liegt in der Person des oder der mit Seelsorge Betrauten. Daher kann es vorgängig zu äußerem Wirken als Kriterium für eine Hinkehr zur Güte fungieren. Diese Komponente ist die geistig-geistliche Fähigkeit, angesichts der aktuellen inneren Ausrichtung seelische Gestimmtheiten bei sich zu erleben und mit der eigenen aktuellen Ausrichtung in Beziehung zu setzen. Sind diese Gestimmtheiten derart, dass sie *inneren Frieden* und *Formen von Liebe* im weitesten Sinne heraufführen, eine *basal zuversichtliche Attitüde fördern* und dass sich *Geduld* einstellt, dann kann es sein, dass sich in der seelsorgenden Person das manifestiert, was biblisch als *Wirkungen des Heiligen Geistes* formuliert wird. Der Apostel Paulus schreibt davon an die Galater: „Die Frucht des Geistes aber ist Friede, Freude, Langmut, Freundlichkeit, Güte, Treue, Sanftmut und Enthaltsamkeit" (Gal 5,22f.).[648] Dass Umkehr zur Güte im Gange ist, kann die seelsorgende Person also daran erkennen, welche Wirkungen ihr innerseelisch momentan aus der aktuellen Ausrichtung und Willensdisposition erwachsen. Erlebt sie sich im Zuge all dessen als menschlicher, freier und lebendiger, entsteht ihr in allem der Eindruck von Selbstkongruenz und innerer Stimmigkeit, so darf sie darauf hoffen, entsprechend habituell in Richtung auf die Güte hin disponiert zu sein.

---

648 Vgl. dazu auch, was Karl Rahner zur Erfahrung des Heiligen Geistes ins Wort bringt: „Da gehorcht einer, nicht weil er muss und sonst Unannehmlichkeiten hat, sondern wegen jenes Geheimnisvollen, Schweigenden, Unfassbaren, das wir Gott und seinen Willen nennen. Da ist einer, der verzichtet, ohne Dank, Anerkennung, selbst ohne ein Gefühl der inneren Befriedigung. [...] So könnten wir noch lange fortfahren und hätten vielleicht dann dennoch gerade jene Erfahrung nicht beschworen, die diesem und jenem bestimmten in seinem Leben die Erfahrung des Geistes, der Freiheit und der Gnade ist. Denn jeder Mensch macht sie je nach der eigenen geschichtlichen und individuellen Situation seines je einmaligen Lebens. Jeder Mensch! Nur muss er sie vorlassen, gleichsam ausgraben unter dem Schutt des Alltagsbetriebs, darf ihr, wo sie leise deutlich werden will, nicht davonlaufen, darf sich nicht von ihr ängstlich abwenden, als ob sie nur eine Verunsicherung und Störung der Selbstverständlichkeit seines Alltags und seiner Wissenschaftlichen Klarheit sei." Rahner, K.: Erfahrung des Heiligen Geistes, in: ders.: Schriften zur Theologie, Bd. 13: Gott und Offenbarung, Zürich 1978, S. 226–251, hier 241.

Die beiden anderen Komponenten der Antwort auf die Frage, woran zu erkennen ist, dass eine Ausrichtung auf die ankommende Güte gegeben ist, ergänzen die erste Komponente. Sie können erst im Vollzug sozialer Interaktionen und im Nachgang dazu erkannt werden. Sie sind aber stets und in allen Interaktionen von Bedeutung, so dass sie als Teil der Grundorientierung zur Umkehr in die Güte formuliert werden und keine je einmaligen situativen Kriterien sind. Die beiden Komponenten sind zum einen die soziale Verlaufsqualität des versuchten Handlungsvollzugs einer seelsorglich wirkenden Person, zum anderen die Qualität der Konsequenzen, die daraus bei den involvierten anderen Akteuren entstehen. In Kürze formuliert kann gelten: Das Kriterium, ob eine seelsorgliche Initiative güteaffin ist, erweist sich erstens daran, ob der Verlauf der Interaktion von hoher Qualität ist, und zweitens daran, ob die Wirkungen bei den beteiligten Anderen ebenfalls von hoher Qualität sind. Wann ist aber hohe Qualität gegeben? Das ist mit Blick auf den *Verlauf* dann der Fall, wenn die *Interaktion mehrpolig sich entfaltet*, alle Akteure im Verlauf der Begegnung *partizipativ eingebunden* sind und wenn die Themenagenda bzw. *das verbindende Anliegen der Begegnung flexibel* ist und ggf. variiert werden kann. Mit Blick auf die *Konsequenzen* bei anderen darf die Seelsorgerin oder der Seelsorger darauf hoffen, dass das Kriterium zur Umkehr in den Raum der Güte erfüllt wurde, wenn auch bei den anderen *diejenigen Qualitäten sichtbar werden, die oben für die Wirkungen des Heiligen Geistes markiert wurden*. Zudem und mit gleichem Gewicht ist jedoch nötig, dass auch die *anderen Akteure diesen qualitativen Mehrwert tatsächlich so erleben* und sich entsprechend auch äußern. Ohne diesen Aspekt der Außenperspektive der anderen bei der Bewertung der Konsequenzen der seelsorglichen Interaktion wäre die Gefahr erhöht, dass vom Seelsorgenden lediglich eigene Wünsche in das Geschehen projiziert werden. Wo jedoch die seelsorglich wirkende Person *in sich* Stimmigkeit erlebt, der soziale Vollzug *sich partizipativ-polyzentrisch* entfaltet und *Konsequenzen entstehen, die auch von den anderen als wertvoll angesehen* werden, dort darf angenommen werden, dass Umkehr in den Raum der Güte als Kriterium erfüllt worden ist.

3.1.2 Aufnehmende Kooperation als Modus der klinischen Seelsorgepräsenz

Die zweite Grundorientierung verweist auf einen Grundzug des oben im ersten Teil der Studie angesprochenen Modells einer Pastoral der kreativ-aufnehmenden Mitwirkung an Gutem. An dieser Stelle der Studie geht es darum, die praktischen Konsequenzen zu konturieren, die sich daraus für das Handlungsfeld Klinikseelsorge ergeben. Diese sind erstens die immer neue *Bereitschaft zur Rezeptivität* und zweitens die *Bereitschaft, eigene kreative Potentiale aktiv in die Entfaltung der Präsenz göttlicher Initiativen einfließen zu lassen*. Es geht darum, Begegnendes in einer Attitude der Hingabe anzunehmen und sich selbst und seine Person als unverzichtbares Moment am vollumfänglichen Ankommen des Widerfahrenden zu begreifen. So wie ein Geschenk zuerst angenommen, dann aber auch zu eigen werden muss im Auspacken und schließlich vollends in Wert gesetzt werden muss im selbsttätigen Umgang damit, so verhält es sich auch mit Kooperationsanliegen, die im klinischen Setting an Seelsorgende herantreten. Zunächst steht das Moment der Rezeptivität im Zentrum des Interesses. Etwas überhaupt zuversichtlich anzunehmen, das kann als Weise verstanden werden, wie das oben in der ersten Grundorientierung angesprochene Postulat zur Umkehr in die Güte in raum-zeitlicher Weise praktisch wird.

Entgegen einer naiven Vorstellung, dass Zukommendes völlig unabhängig vom Rezipienten aufgenommen werde, und daher jedem in gleicher Weise nahe käme, gilt zunächst festzuhalten, dass die Person des Rezipienten und seine jeweiligen Dispositionen wesentlich für den Rezeptionsvorgang sind. Von der Eigenart der jeweiligen Person her wird auch nicht allein die Menge des zuvor an sich bestehenden Potentials an Mitteilung nur dosiert. Vielmehr ist die gesamte Gestalt des Ankommens untrennbar mit der Person verbunden, bei der etwas ankommt. Das Ankommen ist nur so möglich, wie es der Rezipient gestattet, egal, ob ihn etwas überwältigend trifft oder gleichsam als zarter Hauch einer leisen Berührung nahe kommt. Wenn das zutrifft, können die Bereitschaften eines Menschen, Zukommendes ggf. auch dann an sich heran zu lassen, wenn es fremd, ambivalent, bisherige Plausibilitäten durchkreuzend und aversiv erlebt wird, kaum überschätzt werden. Eine immer neu in kleinen Entscheidungen wachsende Bereitschaft zur gewagten Rezeptivität, die sich in einer unbesorgten Offenheit und hoffnungsvollen Widmung an Widerfahrendes äußert, wird daher als durchgängige Grundorientierung vorgeschlagen. Weil die Klinikseelsorgerin oder der Klinikseelsorger aus Glaubensgründen damit rechnet, dass in allem im Kern Gutes auf ihn zukommt, deswegen kann er auch in einer entsprechenden Offenheit danach Ausschau halten, wo und inwiefern das Widerfahrende im klinischen Setting von dieser Qualität geprägt ist. Damit ist nicht gesagt, dass alles Zukommende per se gut ist. Aber dass in allem Zukommenden *Potential* zum Guten angelegt ist, dass es gleichsam *eine Tür hin zum Guten* hat, das ist gemeint. Diesem Potential gilt die betonte Offenheit der

Ausrichtung beim mit Seelsorge betrauten Menschen und seine oder ihre Bereitschaft, allem Widerfahrenden mit Augenmerk auf dieses Potential zu begegnen. Der Garant dafür, dass solches Potential sich tatsächlich heben lässt und schon von sich her in die Verwirklichung drängt, ist Gott selbst. Basale Entschiedenheit zur Rezeptivität ist daher eine Glaubenshaltung. Sie rechnet konkret mit heilvoll-erleichternden Initiativen Gottes im Alltag. Daher lohnt es sich für Klinikseelsorgende, innovative Prozesse der Klinik und Veränderungen im Gesundheitswesen grundlegend unter obiger Perspektive zu bewerten.

Der zweite Akzent an einer Ausrichtung der aufnehmend kreativen Kooperation ist die Bereitschaft der Seelsorgenden, stets eigener Kreativität Raum zu gewähren und im Kontakt mit Innovativen zu aktivieren. Entgegen einer Haltung, Ankommendes nur passiv entgegenzunehmen bis dahin, sich von Widerfahrendem gar determinieren zu lassen, geht es dem Interesse an kreativer Begegnung darum, sich selbst als für das Ganze wesentlich ins Spiel zu bringen. Pastoral erscheint in dieser habituellen Disposition als schöpferische Praxis und nicht als werktätiges Produzieren. Letztere würde eher auf Bewerkstelligung hin tendieren. Solche Seelsorge bliebe ausgerichtet auf handwerkliche Verfertigung eines vorfindlich zu Bearbeitenden. Dem entgegen zielt das kreative Moment des kooperativen Interesses auf eine Praxis ab, im Zwischenraum seelsorglicher Präsenz wirklich in eine offene Resonanzbeziehung mit Widerfahrendem einzutreten. Mit Hartmut Rosa gesprochen wäre das dann der Fall, wenn das dem Widerfahrenden antwortende Subjekt die Begegnung wertorientiert gestaltet, seine Antwort aus Freiheit heraus gibt, und die Begegnung in allem mit dem Anliegen der Unverzwecktheit gestaltet.[649] Im Dreieck dieser Merkmale kann auch eine kooperative Seelsorge mit kreativem Grundimpuls verortet werden. Das Dargelegte wird im Folgenden weiter konkretisiert und veranschaulicht.

3.1.3 Handlungsorientierungen in situativen Kontexten

Bei der Suche nach berufspraktischen Einzelorientierungen einer güteaffinen klinischen Seelsorgepraxis werden entschieden *handlungs- und akteurbezogene* Formulierungen gewählt. Zudem kommt der *sprachlichen Gestalt der Frage* besondere Bedeutung zu. In ihr wird Interesse artikuliert und gleichzeitig auf Unbekanntes verwiesen, das erst noch im Raum der

---

649 Vgl. dazu Rosa, Resonanzen, S. 281 und S. 285.

kommunizierenden Interaktion zu entdecken ist. Gedacht ist jedoch nicht an ein gebrauchsfertiges Manual, das ein Arsenal von Tipps bereithielte. Eher geht es darum, offen formulierte Anregungen ins Wort zu bringen, die direkt auf eine modifizierende Aneignung und ggf. auch Umgestaltung durch die Akteure abzielen. Sie haben primär ein umfassend *situatives Verstehen* im Blick und erst auf dieser Basis auch ein *akteurabhängiges Agieren*. Die Einzelorientierungen wollen somit einen Raum öffnen, den es von der seelsorgenden Person individuell und interpersonell wahrzunehmen und dann auch zu gestalten gilt.

Im Zentrum des Interesses stehen Anregungen, die bewusst in Verben statt in Substantiven formuliert sind, da sie auf Vollzüge und Initiativnahmen von Seelsorgenden in sozialen Arrangements abzielen. Es wird also nach etwas Orientierendem Ausschau gehalten, das jedoch erst noch am Kommen ist und sich erst in der vollzogenen Praxis manifestieren wird. Dabei geht das Zutrauen dahin, die Güte in ihrer Menschen ausrichtenden Kraft als das Ankommende zu vermuten. Dieses hat aber für alle Akteure eine vollständig unbekannte Gestalt, solange sie nicht in eine gemeinsame Praxis eingetreten sind. Bereitschaft zur Begegnung mit Unvertrautem und mit Neuem wird so unerlässlich. Gleichwohl scheint es möglich, dafür Einzelorientierungen im Sinne einer handlungspragmatischen Heuristik anzugeben und entsprechende praktische Beispiele zu benennen. Dies ist vor allem dort der Fall, wo von Klinikseelsorgenden ein basales Vertrauen in die sich ereignende Praxis selbst gewagt wird, wo ein zumindest anfanghaftes Erwartungspotential in die Begegnungen gehegt wird. Dass es allerdings zu solchem überhaupt kommt, hängt mit der ersten obigen Grundorientierung zusammen. Das Grundvertrauen, mit dem die Umkehr in die Güte vollzogen wird, und darin das zuinnerst virulente Zutrauen auf ihr tatsächliches und wirksames Erscheinen, es setzt in ebensolchem Maße ein hoffnungsbetontes Zutrauen in die individuell von Seelsorgepersonal gewagte Praxis frei. Grundorientierungen und Einzelorientierungen bilden somit Momente an einem lebendigen Ganzen.

3.1.3.1 Frage, ob die Patientenbegegnung als Selbstzweck gestaltet wird!

Die erste Einzelorientierung kann gleichsam als durchgängiger situativer Kompass für Klinikseelsorge fungieren.[650] Sie ist als Steuerungsinstrument

---

650 Auf das unverzichtbare Moment der Absichtslosigkeit in der seelsorglichen Begegnung weist Theo Paul hin: „Nicht durch kulturelle Abstützung und soziale Nützlichkeit, sondern durch den Erweis eigener innerer Überzeugungskraft wird in Zukunft

verwendbar und kann dazu dienen, statthabende Prozesse in der Klinik in seelsorglicher Perspektive mit zu orientieren. Denn mit Birgit und Andreas Heller gilt für Seelsorge insgesamt: „Die Seelsorge wird im Kern in der Haltung der Absichtslosigkeit betrieben. Die Offenheit und Bereitschaft für mögliche Begegnungen, für eine Beziehung, in der Menschen sich selbst zur Sprache bringen, bilden die Grundhaltung. Sie kann nicht erzwingen und kann weder ihre Effizienz steigern, noch die Intensität der Begegnung auf einer auch nur irgendwie gedachten Skala vermessen. Was sich ereignet ist im Grunde ein Geschenk in der Haltung der Umsonstigkeit."[651]

Somit lautet die erste, als Handlungsanregung formulierte Einzelorientierung für Handlungszusammenhänge: Frage, ob in der konkret vorgeschlagenen Art der Patientenbegegnung hinreichend berücksichtigt wird, dem Menschen *selbstzwecklich zu begegnen*, und *fördere dieses Anliegen aktiv* in den Interaktionen mit den klinischen Akteuren! Damit steht zur Debatte, ob Menschen funktionalisiert, unversehens in fertige Schemata gepresst oder auf andere Weise sekundären Zwecken dienstbar gemacht werden. Diese Gefährdungen sind in Kliniken allenthalben mit Händen zu greifen und nur mit Gewalt zu übersehen. Die eminente Ökonomisierung des Gesundheitswesens und der daraus resultierende Zwang der klinischen Professionen, alle Prozesse Gewinn maximierend oder zumindest niemals monetär effektlos zu organisieren, steht dabei als prägende Größe im Hintergrund sämtlicher Abläufe auf allen Stationen einer Klinik. Der seelsorglichen Einzelorientierung kommt hier eine prophetisch-kritische Kraft zu, auf die Michael Klessmann in seinem Konzept einer kritisch-loyalen Klinikseelsorge in kritisch-zugewandter Bezogenheit auf das System Klinik hinweist. Doch wäre es zu wenig, wenn Klinikseelsorge sich in diesem Zusammenhang nur als Ruferin in der Wüste begriffe, die aus der Distanz Besseres anmahnt, ohne sich selbst dafür in Handlungszusammenhängen aktiv zu engagieren. Die Orientierung würde daher lauten: Nimm an Initiativen aktiv teil, übernimm also Mitverantwortung, und weise dabei auf

---

christlich kirchliches Handeln bestimmt sein. Nicht nur im Krankenhaus. Wo Menschen eine Atmosphäre der Absichtslosigkeit gerade im seelsorglichen Raum erleben, kann das Interesse wecken an dem, was Christen leben und verkünden, und das ist das Evangelium der Erlösung, der Befreiung und der Rettung. Das ist unser Auftrag. Das ist der Auftrag der Krankenhausseelsorge auch für die Zukunft." Paul, T.: Die heilende Kraft des Glaubens. Situation und Entwicklung der Krankenhausseelsorge, in: Fischer, M. (Hg.).: Relevanz in neuer Vielfalt. Perspektiven für eine Krankenhausseelsorge der Zukunft, Rheinbach 2018, S. 15–26, hier 26.

651 Heller/Heller, Spiritualität und Spiritual Care, S. 82.

die Selbstzwecklichkeit der PatientInnen hin![652] Werbe für dieses Anliegen so lange mit geduldiger Beharrlichkeit, bis ein Erfolg nicht mehr zu erwarten ist! Ziehe dich erst dann aus einem Projekt zurück, wenn sicher abzusehen ist, dass dieses Ziel nicht mehr erreichbar ist oder direkt verunmöglicht wird!

In obiger Orientierung gewinnt klinische Seelsorge als aufnehmende und kreative Kooperation insofern Kontur, als sie wertgeleitet agiert und von daher zu einer selektiven Partizipation an klinischen Prozessen bereit ist. Kontur erlangt sie allerdings ggf. auch dort, wo sie zum Schluss kommt, dass für sie hochgradig bedeutsame Kriterien unerfüllbar geworden sind, und sie dann konsequenterweise auch ihr Engagement einstellt. Fehlt einer dieser beiden Pole, dann wird die seelsorgliche Präsenz entweder zur Marginalie oder sie wird konturlos. Randständig wird sie, wenn sie sich gleichsam in kritische Distanz hinein aus allem ausklinkt, konturlos, wenn sie quasi bedingungslos weiter kooperiert, auch wenn sie inhaltlich nicht mehr mit dem Projektierten übereinstimmen kann. Die folgenden Einzelkriterien konkretisieren das Ausgeführte weiter und besprechen es auf stattfindende Handlungsvollzüge hin.

3.1.3.2 Hinterfrage Leitendes, stelle es ohne Vorbehalt der Güte halber zur Disposition!

Diese Einzelorientierung nimmt den kritischen Impetus der vorhergehenden auf und wendet ihn zuerst *auf sich selbst* an. Die Orientierung lautet daher: Hinterfrage *Dich Leitendes*, stelle es *bei Dir ohne Vorbehalt zur Disposition*! Tue es um der Güte willen, die jetzt hier ankommen will! Damit wird in der eigenen Person realisiert, was auch von den Gesprächspartnern zu wünschen wäre. Dies ist die basale Bereitschaft, sich ggf. neu auszurichten und bestehende Prämissen und Prädispositionen entschieden auf

---

[652] Ein Ausweichen vor der Verantwortung für den anderen Menschen verbietet sich, angesichts dessen, dass dieser basal verletzbar und zugleich heilig ist: „Der verletzliche andere Mensch ist heilig, ist mir heilig. Um seinetwillen bin ich zur Heiligkeit, Gastlichkeit, Mütterlichkeit, zur umfassenden, also nicht vereinnahmenden Sorge um den anderen erwählt. Es ist die Verantwortung des nackten, kindlich verletzlichen, bedürftigen und begehrenden, genießenden, sinnlich-sensiblen, sterblichen Ich für den nackten, kindlich-verletzlichen, bedürftigen und begehrenden, genießenden, sinnlich-sensiblen, sterblichen Anderen." Sandherr, S.: Spiritualität und die Heiligkeit des – anderen – Menschen. Ein Gedanken-Gang mit Emmanuel Lévinas und Hans Joas, in: Frick, E./Maidl, L. (Hg.): Spirituelle Erfahrung in philosophischer Perspektive (Studies in Spiritual Care, Vol. 6), Berlin 2019, S. 99–114, hier S. 99.

den Prüfstand zu stellen. Die Frage könnte auch anders formuliert werden: Taugt meine Einschätzung und Bewertung der Situation eigentlich dafür, die Situation von meiner Seite aus konstruktiv zu gestalten? Positiv gewendet würde sie lauten: In welcher Weise könnten Modifizierungen meiner Haltungen der Verständigung über das zur Debatte Stehende förderlich sein? Es kann kaum schaden, wenn Seelsorgende in Teamarrangements diese Frage an sich selbst gegenüber den Anderen im Gespräch auch äußern. Gemeint ist, einfach einmal selbstkritisch laut zu denken und darin latent kompetitive Tendenzen von Klinikpersonal zu unterlaufen. Auf diese Weise wird den anderen Akteuren eine solche Handlungsmöglichkeit vorgelebt. Humor und Selbstironie sind dabei nicht verboten, sondern direkt geboten. Und zwar nicht nur, weil bierernste Teamsitzungen die TeilnehmerInnen früher oder später ermüden. Vielmehr ist aus der Kommunikationspsychologie bekannt, wie stark selbstkritisch-humorvolle Interventionen Begegnungen entkrampfen, neue Interaktionsstile gerade bei reservierten AkteurInnen vorbereiten und die Freude an der Begegnung fördern.[653] Eher schüchterne und zurückhaltende TeilnehmerInnen von Teamarrangements finden leichter Formen der Partizipation am sozialen Geschehen, wenn auch einmal gelacht werden darf. In tiefenpsychologisch geschulter Optik kann Humor zudem eine Weise sein, gerade schamsensiblen Menschen die Tür zu öffnen, über für sie Unangenehmes ohne Diffamierungsängste ins Gespräch zu kommen.[654] Wo Klinikseelsorge davon lernt, ohne Begegnungen überstark psychologisieren zu müssen, kann sie Interaktionsprozesse auf erleichternde Weise fördern. Das wäre dann eine Form, der Güte die Türe zu öffnen.

Wo jedenfalls die Frage nach einer Revision eigener Ausrichtungen als echtes Anliegen bei den anderen registriert wird und sie erkennen, dass bei der Klinikseelsorge ein authentisches Interesse am Fortschritt der Kommunikation besteht, kann Seelsorge als Inspirator für klinische Kooperationen fungieren. Obige Fragen sich selbst immer wieder zu stellen, bewahrt Klinikseelsorge auch vor dem Straßengraben der apodiktischen Gewissheit, allerhand überzeitlich Gültiges zu besitzen, das im Grunde nur einfach von allen zu akzeptieren wäre, damit alles gut wird. Dem

---

653 Vgl. zur Bedeutung von Humor in sozialpsychologischer Perspektive Frings, W.: Humor in der Psychoanalyse. Eine Einführung in die Möglichkeiten humorvoller Intervention, Stuttgart 1996, S. 41.
654 Vgl. dazu Kast, V.: Humor in der tiefenpsychologischen Psychotherapie, in: Wild, B. (Hg.): Humor in Psychiatrie und Psychotherapie: Neurobiologie – Methoden – Praxis, Stuttgart 2016, S. 110–120.

gegenüber ist Klinikseelsorge gut beraten, wenn sie im Blick behält, dass die anderen klinischen Professionen einem ständigen Modifizierungsprozess und einer nie endenden Innovationsanforderung bezüglich Selbstverständnis und Rollenpräskript ausgesetzt sind. Vieles von dem, was für ÄrztInnen, Pflegekräfte, psychologisches Personal und alle weiteren Berufe in Kliniken heute noch gilt, wird morgen schon auf den Prüfstand und zur Disposition gestellt. Ein guter Schuss Bescheidenheit und Selbstrelativierung der eigenen Geltungsansprüche und des daraus folgenden Selbstbildes kann dem Seelsorgepersonal vor diesem Hintergrund kaum schaden. Das gilt auch in der Hinsicht, dass Bescheidenheit nicht selten ansteckend auf andere wirkt. Es kann kaum schaden, wenn Seelsorgende unprätentiös immer wieder damit anfangen, Bescheidenheit bei sich selbst im alltäglichen Kleinformat an den Tag zu legen. Im Kern ist dann zugleich eine Selbstbesinnung auf die eigenen kreatürlichen Grenzen erfolgt, was in den Worten Meister Eckharts ‚Demut' heißt.[655] Am leichtesten fällt das Dargelegte, wenn Seelsorgende sich immer wieder vornehmen, in Besprechungen gerne bescheiden zu sein. Das gelingt vielleicht dann am besten, wenn die Seelsorgenden damit schon gleich zu Beginn der Zusammenkunft ernst machen und dabei keine Angst haben, im Gespräch zu kurz zu kommen. Mit wenig Übung kann sich dann einstellen, dass sie nicht nur bescheiden tun oder wirken wollen, sondern dass sie es einfach immer wieder *sind*.[656]

---

655 „Wer von oben empfangen will, der muß notwendig unten sein in rechter Demut. Und wisset in Wahrheit: Wer nicht völlig unten ist, dem wird auch nichts zuteil, und er empfängt auch nichts, wie geringfügig es auch immer nur sein möge. […] Gottes Natur ist es, daß er gibt, und sein Sein hängt daran, daß er uns gebe, wenn wir unten sind." DW I, S. 441.

656 Erinnert sei an Meister Eckharts Anregung bezüglich des Primats des Seins gegenüber dem tugendhaften Wirken nach außen hin. In seinen *Reden der unterscheidunge* bemerkt er dazu: „Die Leute brauchten nicht so viel nachzudenken, was sie tun sollen, sollten vielmehr bedenken, was sie wären. Wären nun aber die Leute gut und ihre Weise, so könnten ihre Werke strahlend leuchten. Bist Du gerecht, so sind auch deine Werke gerecht. Nicht gedenke man Heiligkeit zu gründen auf ein Tun, man soll Heiligkeit vielmehr gründen auf ein Sein. Denn die Werke heiligen nicht uns, vielmehr sollen wir die Werke heiligen. Wie heilig deine Werke immer sein mögen, so heiligen sie uns ganz und gar nicht, soweit sie Werke sind, sondern soweit wir (heiliges) Sein und Wesen haben, soweit heiligen wir alle unsere Werke, es sei Essen, Schlafen, Wachen oder was immer es sei. Die nicht großen Seins sind, welche Werke die auch wirken, da wird nichts daraus." DW V, S. 197, 6 – S. 198,7.

3.1.3.3 Schätze eine mehrstufige Mitwirkung, die den Prozess ernst nimmt!

Aus dem bisher Gesagten ergibt sich die Haltung der Wertschätzung für eine mehrstufige Mitwirkung der Klinikseelsorge an klinischen Initiativen und Teamkonstellationen. Diese Form der Kooperation fördert den stattfindenden Prozess aktiv und nimmt ihn in seiner Bedeutung ernst. Es wäre von daher gut, wenn die Wortwahl der klinikseelsorgenden Person *prozessorientierte Formulierungen* zum Zuge kommen ließe. Wo statt dem Denken in Kategorien der *Umsetzung von vorher Festgelegtem* eine Denkweise zugelassen wird, die dem Moment der *Entwicklung und der kreativen Erprobung Raum schafft*, dort wird die Interaktion für alle Beteiligten vitaler und auch spannender, weil sie näher am fließenden Leben situiert ist. Intrinsische Motivation kommt schneller auf. Denn es macht einfach mehr Freude und wird als sinnvoller erlebt, wenn Menschen in Neues einbezogen werden, das gerade entsteht, als wenn sie einfach Festgelegtes exekutieren.

Wo es darum geht, ob sich die Klinikseelsorge in innovative Prozesse und in Teamkonstellationen von KlinikmitarbeiterInnen einbringt, wäre demgemäß von seelsorglichen Akteuren darauf hinzuweisen, dass es um die Teilnahme an etwas geht, das nicht schon im Grunde praktisch fertig ist und nur noch ins Werk zu setzen wäre. Die Teilnahme an reinen Implementierungen ist auch zu wenig für eine Seelsorge mit einem unabhängigen Status gegenüber Klinik und den dort angestellten Akteuren. Vielmehr ist sprachlich und habituell dezent zu artikulieren, dass es für die Seelsorge um eine kleine ‚Unternehmerschaft' geht. Dieses Investment an eigener Zeit und Kraft sucht wertorientiert und interessiert aussichtsreiche Möglichkeiten zu erkunden. Es erprobt und probiert möglichst unbefangen aus, um dann zu überlegen, ob sich das Versuchte auch tatsächlich bewährt. Es wäre Klinikseelsorge zu wünschen, dass sie in dieser Freiheit ihre zeitlichen und sonstigen Ressourcen risikobereit ins Spiel bringt. Die gleiche Freiheit wäre zu wünschen in der Bereitschaft, einen Prozess ggf. auch beizeiten konsequent zu beenden und die Allokation von Ressourcen zu überdenken, wo die Verlaufsqualität zu stark abgesunken ist oder die Ziele im Diskurs sich als nicht mehr für die Seelsorge akzeptabel erweisen. Es wäre somit denkbar, *von vorne herein eine ausdrücklich gestufte Mitwirkung an innovativen Initiativen einzugehen*. Dabei wären Momente einer stufenweisen Evaluation und entsprechender Ausstiegsmöglichkeiten von vorne herein konzeptionell zu integrieren. In allem gewinnt der sich vollziehende sozial strukturierte Handlungsprozess die Bedeutung, die ihm im Rahmen seelsorglicher

Einzelorientierungen mit betontem Augenmerk auf situativ-kontextuelle Verfasstheit zukommt. In nuce formuliert würde das bedeuten: Achte auf die Gestaltwerdung der prozesshaft gesichteten Interaktion, entscheide dann, ob darin der Güte die Tür geöffnet wird oder eher geschlossen!

3.1.3.4 Schaffe der Güte Raum und fördere Kreativität bei Dir und anderen!

Diese Einzelorientierung ist kaum zu überschätzen. Ihre Bedeutung klang schon bei der Besprechung einer aufnehmend-mitwirkenden Seelsorgekonzeption an. Hier geht es darum, den Gedanken weiter situativ zu entfalten als Moment am Ankommen von Güte. In obigem Motto konkretisiert sich quasi in nuce das Programm einer wertorientierten Klinikseelsorge mit kreativ-aufnehmendem Grundanliegen. Da Kreativität ein eminent bedeutsamer Vitalitätspol jedweder menschlicher Interaktion ist, verdient er auch im Kontext von Klinikseelsorge besondere Beachtung. Kreativität zunächst überhaupt wertzuschätzen und diese dann auch betont und aktiv zu fördern, das beinhaltet ein ganzes Programm theologischer Anthropologie, Schöpfungs- und Gnadentheologie. Dem kann hier nicht nachgegangen werden. Hingewiesen sei nur darauf, dass Gnade als geschenkte Freiheit[657] eine enorme Kraft hat, die es Menschen ermöglicht, mitschöpferisch mit Wirklichkeit umzugehen. Wo Klinikseelsorge diese Möglichkeiten zu fördern sucht, dort gelangt sie in eine Haltung, die der Präsenz von Güte gleichsinnig ist. Denn ankommende Güte setzt gerade Kreativität und Offenheit für Zukommendes bei Menschen frei. Kreativitätsfördernde klinische Seelsorge ist somit eine Weise, von innen her an der Ankunft von Güte mitzuwirken, ihr gleichsam auf der Ebene der menschlichen Einstellungen den Boden zu bereiten.

3.1.3.5 Bewerte Geltungsansprüche von ihrer problemlösenden Potenz her!

Folgt man der bisher ausgezogenen Linie einer situativ-pragmatistischen bzw. pragmatizistischen Entfaltung von Handlungsorientierungen weiter, so wird unweigerlich der Umgang mit eigenen Geltungsansprüchen virulent. Hier liegt ein neuralgischer Punkt aller derart konzipierten

---

657 Vgl. dazu Greshake, G.: Geschenkte Freiheit. Einführung in die Gnadenlehre, Neuausgabe, Freiburg 1992 sowie Menke, K.-H.: Das Kriterium des Christseins. Grundriss der Gnadenlehre, Regensburg 2003, S. 184ff.

pragmatistischen Handlungskonzepte.⁶⁵⁸ Denn der Vorwurf einer radikalen Relativierung von Wahrheitsansprüchen steht unweigerlich im Raum, sobald Geltung strikt an das Kriterium der sozialen und handlungsbezogenen Problemlösungskapazität gekoppelt wird. Auch die Kritik, dass Geltung und damit Wahrheitsansprüche utilitaristisch enggeführt werden, wenn sie erst am nachträglich feststellbaren Nutzen zu bemessen sind, verdient Beachtung. Allerdings muss die Relativierung von Geltungsansprüchen, wie es die Gründergestalten der pragmatistischen Denktradition Nordamerikas erhoben, aus dem damaligen wissenschaftstheoretischen Kontext heraus begriffen werden. Die pragmatistische Kritik wendet sich gegen massive Geltungspostulate, die vom zeitgenössischen deterministischen Empirismus und vom Rationalismus vorgebracht wurden.⁶⁵⁹ Von Vertretern der letztgenannten Strömung erfuhren frühe Vertreter des Pragmatismus direkte und massive Ablehnung.⁶⁶⁰ Die zeitgenössische Philosophietradition,

---

658 Vgl. dazu Schubert/Spree, Einleitung, S. IX.
659 William James kommt gegen Ende seiner zweiten Vorlesung *Was heißt Pragmatismus?* darauf zu sprechen: „Der Rationalismus klammert sich an die Logik und an das Reich der Seligen. Der Empirismus klammert sich an die äußeren Sinne. Der Pragmatismus dagegen lässt sich auf alles ein, er folgt sowohl der Logik als auch den Sinnen, und er lässt auch die bescheidensten und persönlichsten Erfahrungen gelten." James, W.: Pragmatismus. Ein neuer Name für einige alte Denkweisen, übersetzt und mit einer Einleitung herausgegeben von Klaus Schubert und Axel Spree, Hamburg 2012, S. 51. In der gleichen Vorlesung, unmittelbar vor obigem Zitat, kommt James ebenfalls auf die exklusiven Geltungsansprüche der zwei erwähnten Strömungen zu sprechen. Anders der Pragmatismus, von dem James mit Blick auf Religion ausführt: „Er kennt tatsächlich keinerlei Vorurteile, keine hinderlichen Dogmen, keinen rigiden Kanon dessen, was als Beweis gelten soll. Er ist völlig aufgeschlossen. Er zieht jede Hypothese in Erwägung, er schaut sich jeden Beweis an. Daraus ergibt sich, dass er in Fragen der Religion einen großen Vorteil sowohl gegenüber dem positivistischen Empirismus mit seiner antitheologischen Neigung hat als auch gegenüber dem religiösen Rationalismus, der ausschließlich am Distanzierten, Vornehmen, dem konzeptionell Einfachen und Abstrakten interessiert ist." Ebd. S. 51.
660 William James erwähnt das in der oben benannten zweiten Vorlesung und kommt dabei auf wesentliche Merkmale seiner philosophischen Anschauung zu sprechen: „Sie werden wahrscheinlich erstaunt zur Kenntnis nehmen, dass die Theorien von Schiller und Dewey mit einem Hagel von Verachtung und Spott bedacht wurden. Der ganze Rationalismus hat sich gegen sie erhoben. In einflussreichen Kreisen wurde besonders Schiller wie ein ungezogener Schuljunge behandelt, der eigentlich eine Tracht Prügel verdient hätte. Ich erwähne das nur, weil es ein bezeichnendes Licht auf den rationalistischen Charakter wirft, dem ich den Charakter des Pragmatismus gegenübergestellt habe. Der Pragmatismus fühlt sich abseits der Tatsachen

der sich die genannten Protagonisten im eigenen Land gegenüber sahen, sowie deren Vorgeschichte waren wesentlich geprägt von transzendentalphilosophischen Anliegen.[661] Diese Art zu philosophieren empfanden die pragmatistischen Denker als elitär, starr und unlebendig. Moniert wurde in diesem Sinne etwa von James „die institutionalisierte Philosophie, deren metaphysische Überanstrengungen er ‚eine kalte literarische Stilübung' [...] nennt, ‚weltfremd und leer', ‚eine Zufluchtsstätte' vor den Wirklichkeiten des Lebens, wie es sich außerhalb des Hörsaals ereignet."[662] Daher suchten obige Protagonisten nach einem Denken, das aus ihrer Sicht mehr aus dem tatsächlich sich vollziehenden Leben heraus entwickelt wurde. Pragmatistisches Denken ist also vom Anliegen her zu verstehen, möglichst den Subjekten förderliche Geltungsansprüche zu finden. Es sucht Verkürzungen zu entgehen, bei denen der Mensch als weltloses Geistsubjekt depotenziert oder als total umweltbestimmter Reaktionsmechanismus angesehen wird. Vor diesem Hintergrund mag es leichter fallen, der Einzelorientierung zu entsprechen, eigene Geltungsansprüche in seelsorglichen Interaktionen und Teamsituationen an der problemlösenden Potenz zu messen, die sich erweist. Alle Theorien werden in dieser Haltung und methodischen Orientierung pragmatistisch relativiert. Theorien werden somit, um es mit William James zu sagen, „zu Werkzeugen und sind nicht länger Antworten auf Rätsel, Antworten, auf denen wir uns ausruhen können."[663] Mit Alexander Filipovic kann die Grundhaltung jener Geistesströmung daher folgendermaßen charakterisiert werden: „Kennzeichnend sind also der antiessentialistische, anti-fundamentale, experimentelle, pluralistische und soziale Grundzug des Pragmatismus. Methodisch verfolgte er eine Verbindung von Handlung und Erkenntnis [...]."[664]

---

unbehaglich. Der Rationalismus fühlt sich dagegen nur in der Gegenwart von Abstraktionen wohl. Das pragmatische Gerede von Wahrheit im Plural, das Gerede von Nützlichkeit und der Notwendigkeit, befriedigend zu wirken, vom Erfolg, mit dem die Wahrheit ‚arbeitet', usw. – all das vermittelt dem typischen intellektuellen Geist das Bild eines ungehobelten und rauen, zweitklassigen und improvisierten Produktes von Wahrheit." James, Pragmatismus, S. 43f.

661 Klawitter, Charles Sanders Pierce, S. 28ff.
662 Vgl. dazu Oehler, K.: Zur Ersten Vorlesung: Die pragmatistische Konzeption von Philosophie, in: ders. (Hg.): William James. Pragmatismus. Ein neuer Name für einige alte Wege des Denkens, Berlin 2000, S. 17–33, hier S. 21.
663 James, Pragmatismus, S. 35.
664 Filipovic, A.: Pragmatistische Grundlegung Christlicher Sozialethik?, in: Ethik und Gesellschaft. Ökumenische Zeitschrift für Sozialethik, 2015, Heft 1, S. 1–25.

Die hier formulierte situative Orientierung darf allerdings nicht verabsolutiert und losgelöst von den anderen Handlungsorientierungen betrachtet werden. Sie verdient aber Beachtung im Zusammenhang mit den obigen zwei Grundorientierungen einer der Güte gewidmeten Klinikseelsorge, die komplementär zum hier Dargelegten weiter gleichzeitig handlungsleitend wirksam sind. Die je neue Suche nach einer Balance zwischen übersituativ Gültigem und je situativ Angemessenem ist somit eine bleibende Aufgabe bei der Formulierung einer Handlungstheorie für klinische Seelsorge.

3.1.3.6 Beachte Resonanzen von Seiten der PatientInnen als Gradmesser!

Auch in dieser Einzelorientierung erlangen kontextuelle und situative Faktoren eminent orientierende Bedeutung. Denn wohin die seelsorgliche Präsenz und Aktivität konkret gesteuert werden sollen, das wird von den Resonanzen her bestimmt, die von Seiten der Patienten vernehmbar werden. Zur orientierenden Größe wird somit, ob diese Zielgruppe von den klinisch angestrebten Initiativen im positiven Sinne relevant berührt wird – oder eben auch nicht! Die berühmte Frage von William James aus seiner sechsten Vorlesung über Pragmatismus kann klinischer Seelsorgepraxis auf der Spur der Güte in diesem Sinne zu denken geben. Dessen missverständliche und in monetärer und utilitaristischer Weise missverstandene Frage nach der Fungibilität und dem praktischen Erweis von behaupteten Wahrheitswerten kommt dabei zu Gesicht. James fragt: „[...] ‚welchen konkreten Unterschied bewirkt diese Wahrheit im tatsächlichen Leben von irgendjemandem? Wie wird die Wahrheit erfahren? Wie unterscheiden sich die Erfahrungen von denen, die sich einstellen würden, wenn die Annahme falsch wäre. Kurz gesagt: Was ist der Barwert der Wahrheit, in Bezug auf die tatsächliche Erfahrung?"[665] Auf Klinikseelsorge bezogen, könnte das als Handlungsorientierung bedeuten: Tue, was Betroffenen erkennbar nutzt, unterlasse, was von diesen her als untauglich erfahren und demgemäß rückgemeldet wird! Wo diese Orientierung systematisch im Auge behalten wird, dort ist auch ein gutes Fundament dafür gelegt, nicht unversehens über die Köpfe von Betroffenen hinweg klinische Seelsorge zu betreiben und an Konzepten mitzuwirken, die fernab von den davon Betroffenen zustande kamen, und darüber hinaus auch noch an ihren Erfahrungen vorbei beibehalten werden. Verdient es nicht nachdenkliche Beachtung, dass der luka-

---

665 James, Pragmatismus, S. 123.

nische Jesus den doch ganz offensichtlich blinden Bartimäus (Lk 18,35–43) erst danach fragt, was er wolle, dass Jesus ihm tue, bevor er ihm aufgrund seines Glaubens das Überwinden der Blindheit zuspricht? Offenbar ist das Hören auf die Rückmeldung derer, denen sich Jesus zuwendet, für ihn von zentraler Bedeutung. Dass somit die Adressaten seelsorglicher Präsenz und deren Resonanzen Kompassfunktion für seelsorgliche Steuerungsprozesse in der Klinik haben, diese Einschätzung bringt die dargelegte Einzelorientierung einer der Güte zugewandten pastoralen Praxis ins Wort.

3.1.3.7 Beachte, dass es um eine verkörperte und leibliche Begegnung geht!

Eine letzte situativ entworfene Einzelorientierung, die erst im je Konkreten zwischenmenschlicher Begegnungen virulent werden kann, ist die Aufmerksamkeit für den interpersonellen Raum, der sich in der Begegnung von raumzeitlich situierten, leibhaftigen Interaktionspartnern eröffnet. In dieser Orientierung wird die nicht selten anzutreffende Tendenz zur Leibvergessenheit bei pastoraler Theoriebildung auf zweifache Weise mit dem Ziel einer Korrektur aufgenommen.

Sowohl der Leib des einzelnen als auch das, was sich interpersonal manifestiert und leibhaftig wird, werden dabei zum Thema. Was in erkenntnistheoretisch sensibilisierter Optik unter dem Stichwort ‚embodied mind'[666] thematisiert wird, kann auch für pastorales Handeln in klinischen Kontexten einen fruchtbaren Beitrag leisten. Güte will in ihrem auf Verleiblichung abzielenden, inkarnatorischen Impetus immer auch körperlich ankommen bei Menschen mit Leib und Seele. Sie macht sich nicht allein in einer angeblich welt- und körperlosen Innensphäre Einzelner heimlich vernehmbar, sondern ist vom Eingang in die körperlich verfasste Welt tief strukturiert. Teamarrangements können daher davon profitieren, wenn das Körperliche der Interaktion erfahrungsbezogen mehr Beachtung erfährt. Die Einzelorientierung lautet: Beachte, wie es um Deinen eigenen Leib und um den ‚Beziehungsleib' der Begegnung steht! Damit sind einschlussweise mehrere Haltungen angesprochen, die für eine der Güte gewidmete Seelsorge in der Klinik relevant sind. Zunächst ist darin einer aufmerksamen Haltung das Wort geredet, die Kommunikation nicht vom eigenen und gemeinsamen körperlichen Erleben abtrennt, sondern dieses zu integrieren und mit den

---

666 Vgl. dazu Varella, F./Thomson, E./Rosch, E.: The Embodied Mind. Cognitive Science and Human Experience, Cambridge 1991.

zwischenmenschlichen Interaktionen ausdrücklich zu korrelieren bemüht ist. Konkret würde das heißen: Was sich atmosphärisch in der Begegnung gut oder auch nicht gut anfühlt, und zwar sowohl bei mir körperlich als auch bei den anderen, genau das will aktuell Beachtung finden! Beachtung heißt noch nicht Intervention erfahren, sondern eines Gegebenen überhaupt erst Innewerden und Erfahrenes individuell und sozial in In-Rechnung-Stellen. Praktischer und erfahrungsnäher formuliert: Was sagt unser jeweiliger eigener und der ‚gemeinsame Leib unserer Begegnung' gerade? Was sagt die Summe all dessen über unsere Begegnung? Auch hier geht es nicht darum, klinische Kommunikation über Gebühr zu psychologisieren und darin am Ende um ihre Spontanität zu bringen. Im Gegenteil ist es gerade die somatische Spontanität und ihre Kapazität, Unbewusstes zu verarbeiten, die hier in heuristischem Interesse und mit seelsorglichem Anliegen Raum erhält.[667] Bei allem Ausgeführten, das an sich Allgemeingut einer leibsensiblen Kommunikationsgestaltung ist, geht es um die katalysatorische Kraft, die ihm für eine güteaffine Seelsorgepraxis zukommt. Da die ankommende Güte inkarnatorische Qualität und Prägekraft hat, sucht klinische Seelsorge beständig nach Fundorten, wo sich etwas davon vernehmen und aufnehmen lässt. Wie klinische Begegnung in diesem Sinne aktiv mitgestaltet werden könnten, dafür suchte die obige Orientierung nach konkreten Verwirklichungsformen, die nonverbale und somatische Resonanzen bewusst einschließt.

3.2 Eine praktische Kairologie von Klinikseelsorge als Zukunft der Güte

Dieser Abschnitt widmet sich der praktischen Entfaltung einer der Güte zugewandten Seelsorgepraxis mit Blick auf deren zeitliche Dimension. Dazu wird zunächst das originelle Zeitverständnis Meister Eckharts skizziert. Anliegen dabei ist, im Zuge der Sichtung des spätmittelalterlichen Zeitverstehens zu entdecken, welche temporalen Orientierungen daraus für seelsorgliches Agieren im klinischen Zusammenhang gewonnen werden können. Von Eckharts Ansatz ausgehend werden zwei basale Grundorientierungen für Klinikseelsorge entworfen. Dem schließt sich in einem zweiten Schritt die Suche nach zeitsensiblen Einzelorientierungen für situativ-kontextuelles Agieren der in Kliniken mit Seelsorge Betrauten an.

---

667 Vgl. dazu Gallagher, S.: How the Body Shapes the Mind, New York 2005.

Wie schon bei der Kriteriologie versucht wurde, geht es somit auch in der Kairologie im Ganzen um ein Handlungskonzept, bei dem die involvierten Haltungen der Akteure nun unter temporalem Gesichtspunkt zum Thema werden. Während die *erste Grundorientierung* der angestrebten Kairologie sich dem Zwischenraum widmet, der sich zwischen dem *einzelnen Menschen und Gott öffnet*, schaut die *zweite Grundorientierung auf den anderen Menschen* und das soziale Resonanzverhältnis, das sich im Kontakt mit ihm in zeitlicher Hinsicht vernehmbar macht. Wurden bei der Kriteriologie pragmatistische Zugänge herangezogen, um Eckharts gesinnungsbetontes Konzept in den Einzelorientierungen komplementär zu ergänzen und eine tendenzielle Abschwächung der gesamten zwischenmenschlichen Handlungsdimension seelsorglicher Praxis auszubalancieren, so wird auch mit Blick auf Eckharts Zeitbegriff nach Ergänzendem gesucht.

Gegenüber dem Eckhartschen Denkweg Ergänzendes und Weitendes fließt zum einen in einem stärkeren Einbezug prozesshafter Aspekte in das Verständnis der ‚Sohnwerdung' ein. Letztere ist, wie oben aufgewiesen, bei Eckhart quasi momenthaft konzipiert, insofern die Güte sich mit einem Male vollständig in den Guten gebiert, und den Guten dann unablässig in dieser Relation erhält. Um den bei Eckhart aus patristischen Quellen und aus johanneischer Theologie gewonnen Topos der Sohnwerdung demgegenüber stärker als je biographisch *graduell zustandekommenden Prozess* kenntlich zu machen, werden in einem ersten Schritt Erkenntnisse Antoine Vergotes in den Duktus der Studie einbezogen. Der belgische Psychoanalytiker und katholische Priester konzipiert menschliche Individuation religionspsychologisch unter entwicklungsgeschichtlicher Hinsicht als ‚Sohnwerdung'. Diese besteht in der frei gewählten Anerkennung göttlicher Vaterschaft und infolge dessen in der innerlichen Aneignung von Normen und ethischer Anforderungen hin auf verantwortliches In-der-Welt-sein. Auf dieser religionspsychologisch gelegten Basis wird Zeit in der ersten Grundorientierung kairologisch näherhin als *Einbrechen von ankommender Zukunft* konturiert. Diese unterbricht die Eigenzeit des seelsorgenden Subjekts zunächst auf verstörende Weise, erscheint darin aber zugleich als Kairos mit der Einladung, in freier Entgegennahme und Antwort dem Einbrechenden zu entsprechen. Die erste Weitung im Verhältnis zum Konzept des Dominikaners besteht somit in einem Einbezug temporal-prozesshafter Momente in das Geschehen der nunmehr entwicklungsgeschichtlich in neuer Perspektive gesichteten ‚Sohnwerdung'.

Eine zweite Weitung des bei Eckhart Aufgewiesenen geschieht in der Beachtung von *sozialer* Zeit als einbrechender *zwischenmenschlicher Diachronie mit einem Zug zur Wendung nach außen.* Entgegen Meister Eckharts Gedankengang, der in gewisser Parallele zu Augustinus ‚Zeit' betont intrasubjektiv thematisiert, und zwar mit Blick auf das Individuum in der je persönlichen Gottesrelation im Inneren seiner selbst, artikuliert die vorliegende Studie Zeit ergänzend dazu *zwischenmenschlich im sozialen Kontext,* und zwar als Durchbruch in die *politische Dimension von Zeit.* Den bei Franz Rosenzweig aufgewiesenen Gedanken der fundamentalen Sozialität von menschlicher Zeit weiterführend, wird die darin angelegte Dimension der *Proexistenz* aufgewiesen und pastoraltheologisch auf das Handlungsfeld Klinik bezogen. Zeit als soziale kommt so unter dem Aspekt der *Hingabe für den begegnenden Anderen* in den Blick. Zeitkritische und politische Anliegen finden dabei Eingang in die Darstellung. Das *resonante Gottesverhältnis* des Einzelnen, der *Einbruch von sozialer Diachronie* und dessen Konsequenz eines *Durchbruchs in ein Leben in Hingabe für andere* sind somit Aspekte, wie sich die bei Eckhart im Zentrum stehende ‚Sohnwerdung' temporal in den mit Klinikseelsorge Betrauten und deren Handeln manifestieren könnte. Somit werden die zwei erwähnten kairologischen Grundorientierungen von zwei Gegebenheitsmodi oder auch Polen der Zeiterfahrung her entwickelt. Diese sind der privat-innerpsychische und der sozial-politische Modus. Letzteren weiterführend suchen die temporalen Einzelorientierungen danach, dem kontextuellen Referenzrahmen klinischer Seelsorge in verstärkter Weise zu entsprechen. Sie wollen gleichsam Fingerzeige geben, wie der Einbezug in die Güte unter temporalem Aspekt kontextsensibel in der Klinik gefördert werden kann. Im Zuge des obigen Gangs der Entfaltung ist somit ein Modell klinischer Seelsorgepraxis anvisiert, das Eckharts Theoreme aufzunehmen sucht, sie aber um ergänzende Perspektiven inhaltlich erweitert, und das daraus Gewonnene auf eine aktuelle Praxis hin bedenkt.

3.2.1 Der Weg des Menschen bei Meister Eckhart: Aus der Zeit in die Ewigkeit

Dieser Abschnitt der Studie thematisiert, was Meister Eckhart vor 700 Jahren mit ‚Zeit' in Verbindung brachte, und wie er den Menschen zwischen Zeit und Ewigkeit situierte. Die dabei augenfällig werdende Differenz zum aktuellen Verstehen und Erleben von Zeit im spätmodernen Kontext[668]

---

668 Vgl. zum spätmodernen Zeiterleben in pastoraltheologischer Perspektive Schüßler, Mit Gott beginnen, S. 85–144, sowie Gärtner, S.: Die Zeitpraktiken der Spätmoderne und ihre paradoxen Folgen für die Pastoral, in: Kläden, T./Schüßler, M. (Hg.): Zu

lässt das Proprium der Eckhartschen Hermeneutik von Zeit umso deutlicher sichtbar werden. Denn wo der spätmoderne Mensch möglichst viel Zeit sparen will[669] und um keinen Preis etwas von ihr verlieren darf, da ist Meister Eckhart gerade drauf aus, Zeit buchstäblich ‚um Gottes Willen' vollständig loszuwerden. Die nachstehenden Ausführungen erläutern den Zusammenhang, in dem Meister Eckhart zu dieser Einschätzung gelangt. Sie zeigen den Weg des Menschen aus der Zeit, der sich in Form von radikaler Abgeschiedenheit von allem Zeitlichen manifestiert, als den von göttlicher Gnade gebahnten Weg in die Ewigkeit und zu Gott. Der Gedanke an einen prozesslos begriffenen Durchbruch in die Ewigkeit der Gottesgeburt im obersten Möglichkeitsbereich der Seele wird darin von Eckhart artikuliert. Was sich bei Eckhart mit Blick auf den Einbezug des Guten, sofern dieser gut ist, in die Güte an Merkmalen der Prozesslosigkeit und restlosen Vollständigkeit des Einbezugs oben bei der systematischen Erschließung aufweisen ließ, das begegnet in seiner Sicht auf die Zeit und den Einbezug in die Ewigkeit in analoger Weise.

Wo Meister Eckhart auf das Thema Zeit[670] zu sprechen kommt, ist seine Rede untrennbar damit verbunden, wie er Ewigkeit begreift. Darin besteht ein erstes und zentrales Merkmal seines Zugangs zum Thema. Zeit ist für ihn ein Relationsbegriff[671] bezogen auf Ewigkeit. Alois Maria Haas führt dazu aus: „Um etwas über Eckharts Zeitauffassung zu erfahren, ist der Be-

---

schnell für Gott? Theologische Kontroversen zu Beschleunigung und Resonanz (QD, Bd. 286), Freiburg 2017, S. 186–201. Zeit in philosophischer und physikalischer Perspektive thematisieren die Dissertation von Sandbothe, M.: Die Verzeitlichung der Zeit. Grundtendenzen der modernen Zeitdebatte in Philosophie und Wissenschaft, Bamberg 1998 sowie die Beiträge im Sammelband von Zimmerli, W./Sandbothe, M (Hg.): Klassiker der modernen Zeitphilosophie, 2., erweiterte Auflage, Darmstadt 2007.

669 Vgl. dazu Rosa, Beschleunigung, S. 213 ff.
670 Vgl. dazu die Dissertation von Largier, N.: Zeit, Zeitlichkeit, Ewigkeit. Ein Aufriss des Zeitproblems bei Dietrich von Freiberg und Meister Eckhart (Deutsche Literatur von den Anfängen bis 1700, Bd. 8), Berlin 1989, sowie die facettenreiche Darstellung bei Haas, Alois M.: Meister Eckharts Auffassung von Zeit und Ewigkeit, in: FZPhTh 27 (1980) S. 325–355; sowie Burger, H.: Zeit und Ewigkeit. Studien zum Wortschatz der geistlichen Texte des Alt- und Frühmittelhochdeutschen (Studia Linguistica Germanica, Bd. 6), Berlin 1972, S. 318–323.
671 Dem entsprechend sieht Hans Hof bei Eckhart ein Verstehen von Zeit, bei der diese „[…] in Beziehung einer attributiven Analogie zur Ewigkeit" stehe. Daher gilt: „[…] die Zeit als solche, tempus inquantum tempus, d. h. die Zeit in ihrem Analogon, ist nichts anderes als die Ewigkeit, terminus principalis der Analogie". Hoff, Scintilla animae, S. 122.

griff der Zeit zunächst mit seinem Gegensatz, dem Begriff der ‚Ewigkeit' zu kombinieren. Denn Eckhart redet von der Zeit nicht, ohne gleichzeitig – zumeist unausgesprochen – auch von der Ewigkeit zu sprechen."[672] Somit kommt ein Begriffspaar in den Blick: „Das heißt, daß wohl nicht ein isolierter Zeitbegriff vorliegt, sondern ein Kombinat zweier gegensätzlicher Begriffe, ein Begriffspaar, das für Eckhart als solches – und nicht bloß hinsichtlich seiner Glieder – spekulativ zu ergründen ist."[673] Hören wir Eckhart selbst im lateinischen Werk, wo er die Relation zwischen Zeit und Ewigkeit ins Wort bringt: „Gott lässt die Zeit aus der ewigen Dauer, das heißt aus der Ewigkeit selbst oder dem Jetzt der Ewigkeit, unmittelbar herabsteigen, so daß Zeit und Ewigkeit dem gleichen, was sich gegenseitig berührt und ineinander übergeht. So fließt denn die Zeit immer aus der Ewigkeit, aus der ewigen Dauer, wie der heutige Tag aus dem gestrigen und die heutige Himmelsumdrehung ununterbrochen aus der gestrigen fließt. So wirkt ja auch Gott ohne Unterbrechung und Ruhepause – entsprechend dem Wort: ‚mein Vater wirkt bis jetzt' (Joh 5,16) – nämlich in einem einzigen und einfachen selbigen Akt sowohl in der Ewigkeit als auch in der Zeit, so wirkt er zeitlos sowohl das Zeitliche wie das Ewige."[674] Was in den Begriffen Zeit und Ewigkeit zur Sprache kommt, spiegelt auf temporaler Ebene das Verhältnis der kreatürlichen Seite des Menschen zum unerschaffenen, ewigen Gott wider. Eine theologische Anthropologie, der zufolge der Mensch wie alles Geschaffene als „duplex esse"[675] verstanden wird, als zweifach verfasstes Sein aus kreatürlichen Anteilen und solchen, die in Gottes zeitenthobene Dimension hineinragen, wird dabei virulent. Ein Sachverhalt, der schon bei der Verhältnisbestimmung der Güte zum Guten, insofern dieser gut ist, zur Besprechung kam. Hier wird daran erinnert, um einer kursorischen Lektüre der vorliegenden Studie das Nachschlagen zu ersparen.

Meister Eckhart sieht den Menschen dazu gerufen, sich von der Zeit vollständig abzulösen. Das ist nötig, damit die menschliche Seele „im Rückfließen der drei göttlichen Personen in ihr Urbild, das ewig ist, in die

---

672 Haas, Meister Eckharts Auffassung von Zeit und Ewigkeit, S. 328.
673 Ebd. S. 328.
674 LW 3, 181, 15ff., n. 216.
675 Vgl. dazu Expositio libri Genesis, LW I, S. 238, 1f., n. 77: „Nota quod omnis creatura habet duplex esse. Unum in causis suis originalibus, saltem in verbo dei; et hoc est esse firmum et stabile. Propter quod scientia corruptibilium est incorruptibilis, firma et stabilis; scitur enim res in suis causis. Aliud est esse rerum extra in rerum natura, quod habent res in forma propria. Primum est esse virtuale, secundum est esse formale, quod plerumque infirmum et variabile."

Gottheit mit zurückgebildet wird."⁶⁷⁶ Eine Rückkehr steht dabei im Zentrum: „Es geht – wie immer in Eckharts Mystik – um die Rückkehr in den unvordenklichen Ideenschoß Gottes, in die Exemplarursache in Gott."⁶⁷⁷ Meister Eckhart führt an, was dabei hinderlich und zu überwinden ist: „Wollte ich Gott ansehen mit meinen Augen, mit jenen Augen, mit denen ich die Farbe ansehe, so täte ich gar unrecht daran, denn dieses Schauen ist zeitlich; nun ist aber alles, was zeitlich ist, Gott fern und fremd. Nimmt man Zeit, und nimmt man sie auch nur im kleinsten, im ‚Nun', so ist es <doch noch> Zeit und besteht in sich selbst. Solange der Mensch Zeit und Raum hat und Zahl und Vielheit und Menge, so ist er gar unrecht daran und ist Gott ihm fern und fremd."⁶⁷⁸ Doch aufgrund welcher Möglichkeiten kann der Mensch überhaupt realisieren, sich von der Zeit abzuwenden? Ist das nicht so, als wollte man über seinen eigenen Schatten springen?

Die innerseelischen obersten Potenzen des Menschen rücken bei der Antwort auf diese Frage in den Blick. Alois Maria Haas führt dazu aus: „Die Forderung nach Abwendung von der Zeit ist für Eckhart also innerlich begründet durch die Struktur der menschlichen Seele selbst, der immer schon diese Möglichkeit gegeben ist."⁶⁷⁹ Die Abkehr von der Zeit ist dem Menschen also aufgrund genuiner Anlagen stets möglich. Diese aktualisierend erlangt er seine Bestimmung eines vernunftgemäßen Lebens. Hier wird erneut sichtbar, was im Abschnitt der systematischen Erschließung des menschlichen Einbezugs in die Güte bezüglich der Intellekttheorie des Dominikaners dargelegt wurde: dass nämlich der Mensch in seiner ‚vernuenfticheit' in den Bereich des Göttlichen hineinragt. Ausdrücklich betont Meister Eckhart in der Predigt Nr. 50, dass die Seele „in ihrem Höchsten und Lautersten nichts mit der Zeit zu tun habe."⁶⁸⁰ In der Predigt Nr. 42 hören wir dazu Näheres: „Die Seele hat zwei Kräfte, die haben mit dem Leibe nichts zu tun, und das sind Vernunft und Wille: die wirken oberhalb der Zeit."⁶⁸¹ Im Buch der göttlichen Tröstung bringt unser Autor in gleicher Weise die der Zeit enthobene Potenz der obersten Seelenvermögen ins Wort. Die höchsten Seelenkräfte „stehen in der Seele Lauterkeit, Zeit und Raum und von allem

---

676 Haas, Meister Eckharts Auffassung von Zeit und Ewigkeit, S. 332.
677 Ebd. S. 352.
678 DW 1, S. DW 1, S. 169, 6ff.
679 Haas, Meister Eckharts Auffassung von Zeit und Ewigkeit, S. 331.
680 DW 5, S. 721 Übersetzung von Josef Quint, vgl. das mittelhochdeutsche Original DW 5, S. 456.
681 DW 2, S. 693 Übersetzung von Josef Quint, vgl. das mittelhochdeutsche Original DW 2, S. 305, 9f.

abgeschieden, was noch irgendein Absehen auf oder Geschmack hat nach Zeit und Raum, die mit nichts etwas gemein haben, in denen der Mensch nach Gott gebildet, in denen der Mensch nach Gottes Geschlecht und Sippe ist."[682] Auf diese Weise ist die Seele imstande, Gott zu gleichen. Es kann nicht übersehen werden, dass Meister Eckhart sich hier „in mancherlei anthropologischen Hinsichten neuplatonischen Lehren" anschließt, „so etwa in der Anschauung, daß die Seele nicht in der Zeit sei, sondern an sich schon mit ihrem obersten Teil über der Zeit stehe."[683] Der Dominikaner formuliert Entsprechendes in der Predigt Nr. 23. Dabei nimmt er auf Augustinus Bezug: „[…] ‚Die Seele ist geschaffen gewissermaßen auf der Scheide zwischen Zeit und Ewigkeit.' Mit den niedersten Sinnen befasst sie sich in der Zeit mit den zeitlichen Dingen; der obersten Kraft nach aber begreift und empfindet sie zeitlose ewige Dinge."[684] Der anthropologisch angeführte Sachverhalt, dass die obersten Seelenvermögen der Zeit enthoben sind, entspricht dem, dass Gott wesentlich der Zeit enthoben verstanden wird. Es gibt Eckhart zufolge bei Gott eine direkte Wesensferne gegenüber der Zeit. Das formuliert Eckhart anschaulich und pointiert in der Predigt Nr. 50. Unter Aufnahme einer paulinischen Schriftstelle führt er dort die Einlassungen des Apostels erläuternd aus: „[…] Gott ist nichts so sehr zuwider wie die Zeit; nicht allein die Zeit, er meint <vielmehr> auch ein <bloßes> Anhaften <an> der Zeit; er meint auch nicht allein ein Anhaften <an> der Zeit; er meint auch ein <bloßes> Berühren der Zeit; <und> nicht allein ein Berühren der Zeit, sondern auch einen <bloßen> Geruch und einen Duft nach Zeit, – wie da, wo ein Apfel gelegen hat, da bleibt ein Duft <zurück>; so versteh das Berühren von Zeit."[685] Der Weg zu Gott ist damit klarerweise der Weg der Abkehr von allem Zeitlichen. Die Potenz dazu ist zwar innerseelisch im Menschen grundgelegt in seinen obersten Seelenvermögen. Doch was ist die Bedingung der Möglichkeit, dass der Mensch dazu auch tatsächlich gelangt, was in ihm potentiell angelegt ist? Wo liegt der Schlüssel zur Aktuierung dieser Potenz?

Der transzendentale Horizont für den menschlichen Weg aus der Zeit in die Ewigkeit besteht in der paradigmatischen Vorgabe der Inkarnation Jesu Christi. Diese ist aber nicht allein ermöglichender Grund, sondern

---

682 DW 5, S. 472 Übersetzung von Josef Quint, vgl. das mittelhochdeutsche Original DW 5, S. 11,7f.
683 Haas, Meister Eckharts Auffassung von Zeit und Ewigkeit, S. 342.
684 DW 1, S. 523 Übersetzung von Josef Quint, vgl. das mittelhochdeutsche Original DW 1, S. 405, 1f.
685 DW 2, S. 721 Übersetzung von Josef Quint, vgl. das mittelhochdeutsche Original DW 2, S. 454,3ff.

auch gleichwesentlich der Modus der Verwirklichung dieses Weges. In das in Jesus Christus präfigurierte Geschehen der Sohnschaft soll der Mensch existentiell einbezogen werden. Sie soll ihm zur eigenen Lebensgestalt und Seinsform werden. Was oben von Meister Eckhart formal als Einbezug des Guten in die Güte formuliert wurde und was seinen Seinsgrund in der trinitarischen Sohnschaft und Relationalität von göttlichem Vater und ewigem Sohn hatte, findet in der Zeitauffassung des Dominikaners seine temporal gewendete Entsprechung. Die Inkarnation Jesu Christi bliebe für den Menschen irrelevant, wäre er nicht auch selbst existentiell darin einbezogen, wie Eckhart pointiert ausführt: „[...] wenig bedeutete es mir, daß das Wort für die Menschen Fleisch wurde in Christus, jener von mir verschiedenen Person, wenn er nicht auch in mir persönlich <Fleisch annähme>, damit auch ich Gottes Sohn wäre."[686] Eine rein modellhafte Bedeutung der Menschwerdung Jesu Christi, bei der dessen konkrete Geschichte und Menschheit im Grunde völlig irrelevant würden, ist vom spätmittelalterlichen Autor damit aber nicht gemeint. Alois Maria Haas führt dazu aus: „Das historisch einmalige Faktum der Menschwerdung ist hierbei nicht übergangen, sondern soll im Gegenteil in strengster Analogie als geistliche Wirklichkeit und lebendige Gegenwart des christlichen Daseins erinnert, intensiv nachvollzogen und ratifiziert werden. Die Vorbildlichkeit des Lebens Christi ist nach Eckhart – soll sie überhaupt wirksam sein – die innere und innerlichste Lebensform, der Lebensquell des Christen. Diese Tatsache – und nicht irgendeine ekstatische Überschreitung der Zeitgrenzen in eine immobile Ewigkeit nach der Regie des Gläubigen – ist Bedingung der Möglichkeit einer Transzendierung des Zeitaspekts."[687]

Diese innerste Lebensform erlangt der Mensch in Form der ‚abegescheidenheit'. Sie erschließt dem Menschen Zugang zur Ewigkeit, die Meister Eckhart mit Gal 4,4 als „Fülle der Zeit" versteht. Die Fülle besteht in der Inkarnation Jesu Christi, die in die Geschichte einbricht. Zugleich damit bricht die Ewigkeit in die Zeit ein: „[...] ‚Fülle der Zeit' [...] darin der Mensch gnadenhaft immer, je neu, nicht nur historisch einmalig, im Kern seines Wesens, im Seelengrund seinshaft betroffen ist. Denn die Inkarnation empfängt in solcher Schau zusätzlich eine ontologische Bestimmung: Wenn schon ‚Fülle der Zeit', d. h. Ewigkeitszeit herrscht, dann ist Erschaffung, d. h. Seinsspendung an die Geschöpfe, identisch mit der Inkarnation, in der die Geschöpfe auf überschwengliche Weise erlöst werden. Die Inkarnation

---

686 LW 3, S. 101, 14ff., n. 117.
687 Haas, Meister Eckharts Auffassung von Zeit und Ewigkeit, S. 342.

ist die vollgültige Weise, wie Gott in seiner Sohnesgeburt dem Menschen Sein spendet."[688] Auf den einzelnen Menschen bezogen kommt Eckhart in Predigt Nr. 4 auf Gal 4,4 zu sprechen. Das Ledigwerden von Zeit und Raum ist dabei die Bedingung, dass die Geburt des Sohnes stattfinden kann: „Ich sprach einst ebenhier: ‚Gott unser Herr sandte seinen Sohn in die Fülle der Zeit: – zu der Seele, wenn sie über alle Zeit hinausgeschritten ist. Wenn die Seele der Zeit und des Raumes ledig ist, so sendet der Vater seinen Sohn in die Seele."[689]

Es lässt sich resümieren: In der obersten seelischen Potenz ist der Mensch imstande, die Qualität von Zeit als in Vielheit und Hinfälligkeit Zerfließende zu überwinden und so Gott zu gleichen, worin Meister Eckhart die innerste Bestimmung des Menschen sieht. Dazu gelangt er in der Gleichgestaltung mit Jesus Christus, die ihm in der Geburt des Sohnes im obersten Seelenwipfel widerfährt. Der Weg des Menschen ist daher der Weg aus der Zeit in die Ewigkeit, der Weg vom Kreatürlichen zum Göttlichen. Nikolaus Largier kann daher zusammenfassend für das Zeitverständnis Meister Eckharts konstatieren: „In der Zeit zerfällt das Sein. In diesem Zerfall lebt der Mensch in seinem zeitlichen Dasein; aus diesem Zerfall hat er sich hinüberzuretten in die Ewigkeit. Auf diese kurze und handliche Formel könnte man zu bringen versucht sein, was sich bei der Eckhartlektüre als Grundstruktur seines Denkens einprägt."[690] Abkehr von der Zeit ist in Eckharts Optik gesichtet jedoch keine endgültige Weltflucht, sondern lösende und den Menschen freisetzende Transformation seines ehedem anhaftenden Weltbezugs. Abkehr von der Zeit erscheint so als Separation von allem Nicht-Göttlichen um der Heimkehr zu und der Einkehr in Gott willen.

Aus dem abgeschiedenen Lassen alles Zeitlichen um der Hinkehr zu Gott willen kommt dem Menschen schließlich das Zeitliche erneut zu. Er erhält es auf neue Weise, und zwar in einer transformierten Weise des Bezugs. Diese Weise ist die göttliche Relationalität zu allem Geschaffenen, in die der Mensch, so er zum Sohn geworden ist, einbezogen ist. Von solchen Menschen hören wir bei Meister Eckhart: „Dies kann man wahrheitsgemäß von einer jeden guten, tapferen Seele sagen, die da alle Dinge gelassen hat, und sie dort nimmt, wo sie ewig sind. Wer die Dinge lässt in der Ordnung ihrer Zufälligkeit, der besitzt sie dort, wo sie ein lauteres Sein und ewig

---

688 Ebd. S. 348.
689 DW 1, S. 445 Übersetzung von Josef Quint, vgl. das mittelhochdeutsche Original DW 1, S. 74.
690 Larigier, Zeit, Zeitlichkeit, Ewigkeit, S. 81.

sind."⁶⁹¹ Ein solcher Mensch wird wie die biblische Martha in Eckharts Predigt Nr. 86, „die – lebenserfahren und tüchtig – im Gewerbe der Zeit sich umtut, jene, die vom ‚Umkreis der Ewigkeit' her lebt und den paradox unaufhörlichen, augenblickshaften Durchbruch in die zeitlose Gottheit am ehesten geschenkt erhält."⁶⁹² Ein vollständiges Innesein in Gottes Ewigkeit als „Zuhause-Sein"⁶⁹³ ist der eschatologische Zielpunkt, auf den der Weg den Menschen aus der Zeit in die Ewigkeit führt. Hören wir zum Abschluss, was Meister Eckhart in der erwähnten Predigt 86 davon spricht. Er schlägt nahezu lyrische Töne an: „Lausche <denn> nun auf das Wunder! Welch wunderbares Stehen draußen wie drinnen, begreifen und umgriffen werden, schauen und zugleich das Geschaute selbst sein, halten und zugleich gehalten werden, das ist das Ziel, wo der Geist in Ruhe verharrt, der lieben Ewigkeit vereint."⁶⁹⁴ Anklänge an die Eschatologie Augustins⁶⁹⁵ werden hier unüberhörbar. Das gilt nicht allein hinsichtlich der Prädominanz des Schauens und hinsichtlich des Moments der endzeitlichen Ruhe, der auch in neuplatonischer Sicht bestimmend ist. Innere Nähe zum Kirchenlehrer zeigt sich überdies in Eckharts Tendenz zur Individualisierung und Enthistorisierung, sowie der Betonung der Geistigkeit des Geschehens.⁶⁹⁶ Parallelen zum spätantiken Kirchenlehrer sind auch erkennbar hinsichtlich des verinnerlichten Gottesbezugs als Qualität eschatologischen Seins, einer aus Schriftlektüre gewonnenen Hermeneutik, und in Eckharts Sicht des menschlichen Intellekts und innerseelischer Vorgänge insgesamt als genuine Orte der Gotteserfahrung. Was kann nun aus Eckharts Sicht auf

---

691 DW 1, S. 263 f.
692 Haas, Meister Eckharts Auffassung von Zeit und Ewigkeit, S. 355.
693 Ebd.
694 DW 3, S. 488, 4ff., Übersetzung nach EW II, S. 221.
695 Vgl. dazu Häring, Eschatologie, S. 540–547, besonders S. 540–544.
696 Vgl. dazu die Diktion Augustins im XXII. Buch vom Gottesstaat, wo er im 30. Kapitel von der ewigen Seligkeit spricht: „Danach wird Gott gleichsam am siebten Tag ruhen, indem er diesen siebten Tag, nämlich uns, ruhen lässt in sich. [...] Das siebte aber wird unser Sabbat sein, deren Ende kein Abend ist, sondern der Tag des Herrn, gleichsam der achte ewige, der durch Christi Auferstehung seine Weihe empfangen hat und die ewige Ruhe vorbildet, nicht nur des Geistes, sondern auch des Leibes! Dann werden wir stille sein und schauen, schauen und lieben, lieben und loben. Das ist's, was dereinst sein wird an jenem Ende ohne Ende. Denn welch anderes Ende gäbe es für uns, als heimzugelangen zu dem Reich, das kein Ende hat?". Aurelius Augustinus. Vom Gottesstaat (De civitate dei). Buch 11–22. Aus dem Lateinischen übertragen von Wilhelm Thimme. Eingeleitet und kommentiert von Carl Andresen, 4. Auflage, München 1998, S. 835.

Zeit für eine heutige zeitgenössische Klinikseelsorge an Wertvollem gewonnen werden? Dieser Frage widmet sich die erste temporale Orientierung im Rahmen der anvisierten Kairologie.

3.2.2 Zukunft als Einbrechen: Die Ankunft der Güte erhoffen

Die erste temporale Grundorientierung besteht darin, ein Verständnis von Zeit als *Einbrechen* in den Blick zu heben, das dem einzelnen Menschen zuinnerst widerfährt. Nach längerem Erwägen anderer möglicher Zugänge,[697] wie dieses Einbrechen der Güte dargestellt werden kann, hat sich der Verfasser dieser Studie für die untenstehende Variante entschieden. Sie schien ihm diejenige zu sein, die am ehesten der Qualität dessen zu entsprechen vermag, das unplanbar und von sich her einbricht. Die hier gewählte Darstellung nimmt direkt die von Eckhart in seiner Trostschrift ins Wort gehobene Perspektive ein. Es ist diejenige, bei der die Güte und der Gute in einer Relation dargestellt werden, in der sie einander *anschauen und in optischer Form begegnen*.

Das Einbrechen ist ein Zukommen der Güte an sich. Sie selbst ist es, die dem Guten, sofern er gut ist, zuinnerst zukommt und ins Auge blickt, wie Meister Eckhart zu Beginn seines Buchs der göttlichen Tröstung anführt. Sie ist nichts anderes als die pure Güte selbst, verfeinerte Liebe und Ausfluss göttlichen Wesens. Die von Eckhart formulierte ‚Hauchung' zwischen trinitarischem Vater und ewigem Sohn, sie wird zur außergöttlichen

---

[697] Mit der Wortwahl ‚Einbrechen' wird ein invasives Moment insinuiert, das auf die Überwindung eines gewissen Widerstands hinweist und auf das Eindringen in etwas Geschlossenes. Das ist mit Blick auf das Einbrechen von Güte auch insofern der Fall, als als die tendenziell zur Schließung neigende menschliche Synchronisierung von Zeit, auf die etwa Emmanuel Levinas betont hinweist, im Zuge der Ankunft von Güte aufgebrochen wird. Dieses Aufbrechen hat durchaus den Charakter einer energiegeladenen Invasion. Je geschlossener der menschliche Umgang mit Zeit ist, umso stärker ist dieser Kraftimpuls am Werke, um die Geschlossenheit überwinden zu können. Zu anders gearteten Weisen des Nahekommens göttlicher Gnade vgl. Körner, R.: Liebend ledig sein. Orientierung an Johannes vom Kreuz, in: GuL 64 (1991) S. 406–420, hier S. 408f.: „Johannes vom Kreuz spricht immer wieder von einem Vorgang in der menschlichen Seele, den er ‚contemplación' nennt und mit Worten beschreibt wie ‚liebevolles und friedliches Innewerden Gottes', ‚kraftspendende Berührung und Heimsuchung', ‚geheimes friedliches und liebevolles Einströmen Gottes, der die Seele mit dem Geist der Liebe in Brand setzt'." Diese Dimensionen spielen beim Einbruch der Güte ebenfalls eine Rolle, sollen aber im Folgenden nicht im Zentrum stehen.

„Überwallung" auf die Geschöpfe hin.[698] Davor kann der Mensch nur staunend zurückschrecken. Dass er bei sich, dessen als Ahnung gewahr werdend, Armut erlebt, ist keine falsche Selbstbescheidung. Es ist vielmehr Ausweis davon, dass tatsächlich die Güte erscheint. Sie ist es, die ihn an seine Kreatürlichkeit erinnert und zugleich mit unzerstörbarer Freude berührt. Diese Berührung kann der Gute, sofern er gut ist, nie wieder vergessen, auch wo sie flüchtig ist und gleichzeitig mit einem tiefen Empfinden für Transzendenz einhergeht. Mit diesen wenigen Sätzen kann im Kern benannt werden, was Güte als Einbruch positiv meint. Hören wir Meister Eckhart, was er in der Predigt Nr. 66[699] zu Mat. 25,21f. „Wohlan, geh ein, guter, getreuer Knecht, geh ein in die Freude deines Herrn, weil du getreu gewesen bist über Kleines, darum will ich dich setzen über alles mein Gut" ausführt: „Über all dieses Gut hinaus aber ist der Herr <selbst> noch ein anderes <weiteres> Gut und das ist doch dasselbe <Gut> und ist doch <wiederum> ein Etwas, das weder dies noch das und weder hier noch dort ist. [...] ‚Geh ein in die Freude deines Herrn', recht als habe er sagen wollen: ‚Geh heraus aus aller Freude, die geteilt ist und die, was sie ist, nicht aus sich selbst ist, die ungeteilte Freude, die, was sie ist, aus sich selbst und in sich selbst ist', und die ist nichts anderes als ‚die Freude des Herrn'. [...] ‚Die Freude des Herrn', <nun>, das ist der Herr selbst und nichts anderes. [...] Dass auch wir gut werden mögen und getreu, auf dass auch uns unser Herr eingehen heiße und ewig inne bleiben mit ihm und er mit uns, dazu helfe uns Gott! Amen."[700]

Dieses freudebringende Einbrechen kommt der Person von sich selbst her nahe ohne deren Zutun. Es liegt daher total außerhalb der Reichweite menschlicher Verfügungsgewalt, wenn der Mensch auch in Form von Hoffnung darauf ausgerichtet sein kann. Was im Widerfahrnis zukommt, bricht die vom Ich her konzipierten, auf das eigene Selbst hin synchronisierenden

---

698 Vgl. dazu Matsuzawa, H.: Die Relationsontologie bei Meister Eckhart (Augustinus – Werk und Wirkung, Bd. 7), Paderborn 2018, S. 57–82, hier S. 57: „Der vierte transzendentale Begriff, das ‚Gute', bezeichnet hinsichtlich der innergöttlichen Emmanation den Heiligen Geist, der vom Vater oder dem ‚Einen', sowie vom Sohn oder ‚dem Wahren' hervorgebracht wird und das Band oder die Liebe zwischen dem ‚Einen' und dem ‚Wahren' ausmacht. Zum anderen steht das ‚Gute' hinsichtlich der außergöttlichen Emanation für den Heiligen Geist, der in der Folge des Abstiegs aus dem Wahren in der Kraft des ‚Einen' bleibend entspringt, wobei es den Ursprung des ‚Überwallens' (ebullitio) nach außen bzw. den Ursprung der zeitlichen Hervorbringung der Geschöpfe ausmacht."
699 EW II, S. 10–21.
700 EW II, S. 21.

Zeitverständnisse und Planungen grundlegend und mit göttlicher Macht auf. Dabei öffnet sich ein neuer, nur zu erwartender, aber nicht herzustellender Zeitraum: eine neue Schöpfung aus Zeit. Zukunft als wesentlich unplanbare, ab extra zukommende Möglichkeit gelingenden Lebens tritt dabei dynamisch in das bisherige Zeiterleben ein. Sie ist in ihrer Finalität Hoffnung auf die *umfassende und universale* Ankunft der Güte. Deren erhoffte Präsenz ist der neue Lebensraum, der sich im betenden Geschehen bereits mit vitalisierender Kraft öffnet. Das Einbrechen wird so erfahren als Innesein des religiösen Verhältnisses, in dem der Mensch sich als Gegenüber einer göttlichen Instanz erfährt, von der er herkünftig ist und die Zukunft eröffnet. Was dem Menschen somit im Geschehen des Einbruchs widerfährt, ist inhaltlich genau das, was Meister Eckhart als Sohnwerdung und als Erfahrung von Ewigkeit in der Zeit in temporaler Hinsicht erläutert, wie oben dargelegt wurde. Die folgenden Ausführungen erläutern das angesprochene Einbrechen mit Blick auf die mit Seelsorge betrauten Personen weiter. Das erfolgt unter Einbezug einer religionspsychologischen Perspektive. Diese beleuchtet in genetischer Hinsicht den Weg, auf dem das menschliche Subjekt zu gereifter religiöser Identität gelangen kann. ‚Sohnwerdung' erscheint darin als Inbegriff der relational begründeten Identitätsentwicklung eines menschlichen Subjekts. Sie zeigt sich als Prozess in Raum und Zeit, nämlich in der je individuellen Biographie eines Menschen.

Es ist ein Verdienst des belgischen Priesters und Psychoanalytikers Antoine Vergote[701], das religiöse Verhältnis in anthropologischer Hinsicht

---

701 Das bei Eckhart auffällige Moment des Gebärens als per *se mütterliches* Moment der Relation der Güte gegenüber dem Guten, der doch bei Eckhart pointiert gegenüber dem göttlichen *Vater* als Sohn vorgestellt wird, lässt bei der Lektüre religionspsychologisches Interesse aufkommen. Grundlegende Fragen nach der menschlichen Individuation im Zusammenhang mit der Transposition von elterlichen Imagines ins religiöse Verhältnis kommen auf. Eckharts Diktion könnte unter Aufnahme der Position Vergotes gedeutet werden als Figuration der maternalen Elemente in ein Gottesbild, bei dem paternale und maternale Elemente gleichermaßen transformierend aufgenommen werden. Da diese transformierende Aufnahme elterlicher Merkmale in die Gottesvorstellungen nach Vergote kulturübergreifend aufweisbar ist, und somit eine anthropologisch ubiquitäre Leistung der Mentalisierung darstellt, ergäbe sich hier eine Basis, Eckharts originelle Position in einer breiter kommunikablen Weise und auf religionspsychologischer Basis zu erschließen. Umso interessanter erscheint dieser Gedankengang, als bei Vergote anthropologisch überkulturell aufweisbare Grundkonstanten ausdrücklich mit dem *trinitarischen Gottesbild christlicher Provenienz* und mit dem Thema der *Sohnwerdung* parallelisiert werden, das er vor dem Hintergrund der ödipalen Entwicklungsdynamik konturiert. Vgl.

in Parallele zu Stadien der menschlichen Entwicklung im Referenzkontext familiärer Konstellationen beschrieben zu haben. Das unternimmt er unter Aufnahme jener Konstellationen, wie sie von der psychoanalytischen Tradition ausgehend von Sigmund Freud konzipiert wurden.[702] Das Theologumenon der innertrinitarischen Sohnwerdung wird dabei vom belgischen Autor in Parallele gesehen zu Etappen am anthropologisch ubiquitär aufweisbaren Prozess der Individuation eines Menschen im Verhältnis zu dessen Eltern.[703] Näher besehen thematisiert Vergote dazu insbesondere die Rekonstellation des Verhältnisses zum Vater[704] im Verlaufe der mehrphasigen ödipalen Entwicklung in der Kindheit und Adoleszenz. Bei Vergote jedoch wird das Sujet unter Vermeidung der bei Freud einseitig das konflikthafte Moment betonenden Perspektive zum Thema.[705] Ohne

---

dazu Vergote, A.: Psychoanalysis, Phenomenological Anthropology and Religion, Leuven 1998, S. 221–239, sowie Vergote, A./Tamayo, A.: The Parental Figures and the Representation of God. A Psychological and Cross-Cultural Study, The Hague 1981, S. 48–71, sowie Vergote, A.: Psychologie religieuse, deuxième édition, Bruxelles 1966, S. 155ff. Im Folgenden wird die deutsche Übersetzung des letztgenannten Werkes zitiert: Vergote, A.: Religionspsychologie, Olten 1970, S. 262–325, sowie Vergote, A.: Religion und Psychologie, in: Schmitz, E.: Religionspsychologie. Eine Bestandsaufnahme des gegenwärtigen Forschungsstandes, Göttingen 1992, S. 1–24.

702 Vgl. dazu Vergote, Religionspsychologie, S. 236–245 zu Freuds Theorie und S. 269–284 zu Vergotes Konzept.

703 Susanne Heine zufolge „steht das konfliktreiche Werden der religiösen Persönlichkeit und ihres Glaubens im Zentrum von Vergotes Religionspsychologie [...]", wobei die „Korrelation von Elternsymbol und Gottesbeziehung" zum Thema werde. Der Autorin zufolge unterscheidet Vergote „drei Ebenen, die sich nicht voneinander trennen lassen: die unmittelbare Erfahrung mit den Eltern, die Vorstellungen, bzw. Bilder, die aus dem subjektiven Erleben der affektiven Bindung entstehen, und schließlich die symbolischen Vater- und Mutterfiguren, wie sie im weiteren Rahmen der symbolischen Ordnung verankert sind. [...] Es konnte bestätigt werden, dass die Gottesrepräsentation nicht erfunden, sondern unbewusst empfangen wird aus der Begegnung zwischen der religiösen Botschaft, der je eigenen psychologischen Persönlichkeit und den kulturellen Symbolen [...]." Heine, S.: Grundlagen der Religionspsychologie. Modelle und Methoden, Göttingen 2005, S. 251f.

704 Vgl. dazu Vergote, Religionspsychologie, S. 221–246.

705 Die mütterliche Dimension findet bei dem Autor ebenfalls Einbezug, soll hier aber nicht weiter verfolgt werden. Vgl. dazu den Abschnitt „Das religiöse Verlangen und das Muttersymbol" bei Vergote, Religionspsychologie, S. 194–220.

hier auf alle Details[706] und auf eine weiterführende Diskussion[707] des Ansatzes eingehen zu können, ist für die übergeordnete Fragestellung der Studie vor allem ein Sachverhalt beachtenswert. Er besteht darin, dass die menschlichen Verhaltensweisen, die am Ende dieser Individuationsphasen stehen, auch als wesentliche Folgeerscheinungen einer religiösen Subjektkonstitution beschrieben werden können. Was der belgische Autor ausführt, lässt auffällige Ähnlichkeit zu dem erkennen, was Meister Eckhart als *Konsequenzen der Sohnwerdung* und somit des *Gut- und Gerechtseins konturiert*.

Insbesondere eine gelöste, hinsichtlich der bedürfnisdominierten Ichreferenz gelockerte, in bewusster Entschiedenheit gelebte und freie Relationalität zu allem Begegnenden wird von Vergote dabei hervorgehoben. Diese entsteht Zug um Zug durch die infantilen und adoleszenten Frustrationen und Rebellionen hindurch, die infolge der unvermeidlichen Bedürfnisversagungen und Enttäuschungen regressiver Erwartungen aufkommen. Im Verlaufe dieser Transformationen kann eine Dynamik, die am regressiven Versorgtwerden und der Erfüllung von eigenen Wünschen orientiert ist, vom heranwachsenden Menschen immer mehr relativiert und auf Neues hin überwunden werden. Auf diesem inneren Weg erlangt das menschliche Subjekt eine personale Reife. Diese erlaubt, Alterität in Beziehungen zu akzeptieren und Verantwortung aufgrund angeeigneter und verinnerlichter Normen selbstbestimmt zu übernehmen. Die Disposition des heranwachsenden Subjekts weitet sich so vom Fokus auf das eigene Ich hin auf die soziale Dimension seines Seins. Vergote verbindet dieses Geschehen mit dem Topos der Sohnschaft, was nachstehend erläutert wird.

Dass Religionspsychologie mit dem Aufweis von obigen Strukturähnlichkeiten zwischen allgemein menschlicher Entwicklung und dem religiösen Verhältnis an eine Grenze gelangt, jenseits derer ihre Zuständigkeit für ausdrücklich religiöse Sachverhalte endet, wird vom Autor eigens betont.[708] Gleichwohl gelingt innerhalb des Aufgabengebiets der Aufweis von Merk-

---

706 Vgl. zum Konzept Vergotes auch Lecuit, J.-B.: Die Theologie der Beziehung zwischen Gott und Mensch im Lichte der Psychoanalyse, Teil I, in: Theologie der Gegenwart 55/1 (2012) S. 42–52, sowie ders.: Die Theologie der Beziehung zwischen Gott und Mensch im Lichte der Psychoanalyse, Teil II, in: Theologie der Gegenwart 56/1 (2013) S. 57–74.
707 Vgl. zu familiären Einflüssen auf die Gottesvorstellung Grom, B.: Religionspsychologie, München 2007, S. 165–172.
708 „Aber in Wirklichkeit überschreitet das, was man reife Religion nennt, die Ebene Psychologie, und zwar vor allem deshalb, weil deren Normen nicht ausreichen, – so

malen gereifter religiöser Identität, die einen Erwachsenen auszeichnen. Vergote benennt als dessen Merkmale explizit „die schöpferische Freiheit, die Öffnung zum Anderen in seiner Andersheit, die Versöhnung und Sohnschaft, die menschliche Solidarität, die Integration der Gottesbeziehung und des zeitlichen Engagements."[709] Unterbrechung der eigenen Intentionalität und von außen her zukommende neue Identitätsgewährung finden auf paradoxe Weise im Zuge des obigen genetischen Prozesses gleichzeitig statt. „Denn", so führt Vergote aus, „ein Gott, den viele Menschen als Ziel ihrer Strebungen, ihrer Bedürfnisse und ihrer Wünsche anbeten, ist zu menschlich, um wahrhaft ein Ganz-Anderer zu sein, und trotzdem zu absolut, um nur ein Abbild des Menschen zu sein. Obwohl Gott bereits in der Erfahrung der Welt anwesend ist, entzieht er sich dennoch und überlässt dem Menschen das volle Geheimnis seines Seins. Den Motivationen und Tendenzen, die auf ihn zielen, antwortet er mit Schweigen und löst nicht die Zweifel über Realität oder Illusion der religiösen Erfahrung. Dem Hoffen und Verlangen bietet er sich selbst als Heil an, öffnet ihm aber auch den Abgrund seiner Andersheit. Er offenbart dem Menschen seine Vaterschaft und fordert ihn auf, sich als Sohn zu erkennen. Und doch vollzieht sich diese Zustimmung zur göttlichen Vaterschaft nicht ohne Zweifel und Konflikte. Nicht bloß erscheint sie oft als Sammelpunkt aller Illusionen; sie selbst kann gar die mächtigsten und geheimsten Wünsche in Frage stellen. Und deswegen wird sie oft als Verneinung des Menschseins mißverstanden. Wenn der Mensch den verborgenen Sinn der göttlichen Vaterschaft entdecken will, muß er so einen grundlegenden Wandel [conversion] durchschreiten, der ihn bis zur Wurzel seines Seins und bis zum Grund seiner religiösen Strebungen selbst umgestaltet. So offenbart sich Gott dem Menschen, der zur Suche nach seinem Menschsein aufgebrochen ist und dabei doch auf den Anderen zu hören vermag – über alle Tendenzen und Wünsche, die auf ihn hindeuten, hinweg."[710] Was bei Meister Eckhart scheinbar prozesslos gedacht und als in einem ‚Nu' zufallend beschrieben wird, wenn er auf den Einbezug des Guten in die Güte zu sprechen kommt, erscheint in obiger genetischer Sicht als Prozess und Geschehen der phasenweisen Anverwandlung. Daher wurde es im Anliegen vorgestellt, Eckharts missverständliche Darstellung in ergänzender Weise zu weiten und in temporaler

---

wenig wie den normalen Menschen – den religiösen Menschen zu definieren." Vergote, Religionspsychologie, S. 386.
709 Ebd.
710 Ebd., S. 387.

Weise zu vertiefen. Die Prozesslosigkeit, die Eckhart aus seinem Denken in Kategorien der göttlichen Einheit ableitet, bei der Einheit nie als Teil oder Etappe nahekommen kann, sondern nur als Ganze und mit einem Male, dieses Konzept, in dem er auch Sohnwerdung versteht, kann unter entwicklungspsychologischer Perspektive in geweitetem Horizont verstanden werden.

Nach dem Blick auf entwicklungspsychologische Strukturanalogien, die dem Theologumenon der Sohnwerdung korrelieren, wendet sich das Interesse der Studie nun dem Geschehen des Einbrechens von Güte wieder unter temporaler Hinsicht zu. Damit kommt eine spezielle Armut zu Gesicht. Sie ist Meister Eckhart das Signum eines gottzugewandten Menschen, der sich in Abgeschiedenheit und Gehorsam Gott überlässt.[711] Diese Armut gewinnt temporale Gestalt, wo der Mensch seinen Verfügungsreichtum über seine disponible Zeit aufgibt und sich in den gewährenden Grund dieser Zeit gleichsam selbstvergessen hineinverliert. Wo das immer mehr Raum greift, da „muss" Gott, wie Meister Eckhart aus seinem metaphysisch begründeten Denken in seinen ‚Reden der Unterweisung' formulieren kann,[712] sogleich Einzug halten und den Menschen innerlich mit der Fülle *seines göttlichen Seins* beschenken. Da Gott, mit Eckhart gesprochen, nichts lieber gibt als große Gaben[713], da seine Natur daran hängt[714], und er in allem nichts lieber als sich selbst gibt, so wird der Mensch mit nichts anderem erfüllt als mit Gottes eigener Lebenskraft.[715] Sie ist es, die dem Menschen zukommt als

---

711 Vgl. dazu die Predigt Nr. 52 „Selig die Armen im Geiste, denn das Himmelreich ist ihrer" zu Mt 5,3, in: EW I, S. 551–563.

712 Vgl. dazu DW 5, S. 505: „Wo der Mensch in Gehorsam aus seinem Ich herausgeht und sich des Seinen entschlägt, ebenda muß Gott notgedrungen hinwiederum eingehen; denn wenn einer für sich selbst nichts will, für den muß Gott in gleicher Weise wollen, wie für sich selbst. [...] Was will er denn für mich, wenn ich nichts für mich will? Darin, wo ich von meinem Ich lasse, da muß er für mich notwendig alles das wollen, was er für sich selbst will, nicht weniger noch mehr, und in derselben Weise, mit der er für sich will. Und täte Gott das nicht, – bei der Wahrheit, die Gott ist, so wäre Gott nicht gerecht noch wäre er Gott, was <doch> sein natürliches Sein ist."

713 So Meister Eckhart in Predigt Nr. 4.: „Gott gibt nichts so gern wie *große* Gaben.", DW I, S. 442.

714 „Und ganz so steht es mit der Gnade und Gabe und Tugend: je größer sie sind, umso lieber gibt er sie; denn seine Natur hängt daran, daß er große Dinge gebe." DW I, S. 442.

715 In Predigt Nr. 4 kommt Eckhart auf Gottes Absicht zu sprechen, sich der Seele des Menschen zu geben: „Die Seele jedoch machte er sich so gleich und ebenbildlich, auf daß er sich der Seele geben könne; denn was er ihr sonst gäbe, das achtet sie für nichts. Gott muß sich mir selbst zu eigen geben, wie er sich selbst gehört, oder

Zukunft der Güte. Deren Wesen ist es, sich zu verströmen und mitzuteilen. Sie verursacht im derart beschenkten Menschen Dankbarkeit[716] und das Bestreben, dieser Gabe mit seiner ganzen Existenz zu antworten. Sie hinterlässt in ihm die Spur einer Ahnung von endgültiger Zukunft, die durch nichts relativiert werden kann. Um diese Qualität von Einbrechen geht es bei der kairologischen Konturierung einer güteaffinen Seelsorgepraxis. Sie ist die erste temporale Grundorientierung, die in allem Handeln der mit Seelsorge Betrauten virulent werden will.[717]

---

aber mir wird <überhaupt> nichts zuteil, und nichts sagt mir zu. Wer ihn so ganz empfangen will, der muß sich selbst ganz aufgeben und sich seiner selbst entäußert haben; so einer empfängt von Gott alles, was Gott hat, ganz gleich ebenso zu eigen, wie der es selbst hat und Unsere Frau und alle die, die im Himmelreiche sind: das gehört solchen ebenso gleich und ebenso eigen zu. Die so gleichmäßig sich entäußert und selbst aufgegeben haben, die werden auch Gleiches empfangen und nicht weniger." DW I, S. 444.

716 Auf Dankbarkeit und Freude als Konsequenzen einer empfangenen Gabe weist Giovanni Maio hin: „Gabe ist immer das Überfließende, ist immer Ausdruck einer Großzügigkeit. Eine Gabe ist nicht das, was man erwartet, nicht das, worauf man wartet, sondern das, was die Erwartung übersteigt, das, was sich unerwartet ereignet, dann ereignet, wenn eine Disposition vorher da ist. Das Ereignis der Gabe wird dann zum Tragenden, wenn es eben als das unerwartet Überraschende einfach entsteht und damit das übersteigt, worauf wir meinen, einen Anspruch zu haben. Dadurch, dass sie nicht einem Anspruch entspricht, wird die Gabe zur Quelle von Freude, zur Quelle von Dankbarkeit. Dankbarkeit statt Genugtuung; vielleicht ist das der zentrale Unterschied zwischen Gabe und Tausch." Maio, G.: Anerkennung durch die Gabe der Zuwendung. Warum das Eigentliche in der Medizin nicht gekauft werden kann, in: ders. (Hg.) Ethik der Gabe. Humane Medizin zwischen Leistungserbringung und Sorge um den Anderen, Freiburg 2014, S. 7–56, hier S. 25f.

717 Was hier als basale Haltungsdisposition der seelsorgenden Person mit Blick auf deren Umgang mit Zeit programmatisch ins Wort kam, wird in folgenden Abschnitten der Studie mit Blick auf onkologische PatientInnen erneut aufgenommen. Kam oben fokussiert die Seelsorgerin oder der Seelsorger als der Güte zugewandte Person in den Blick, so wird es bei der Besprechung der Begleitung trauernder KrebspatientInnen die erkrankte Person sein. Auch sie ist aus Gottes Richtung her eingeladen, die Ankunft der Güte zu erhoffen, deren Durchbruch im eigenen Leben zu gestatten, und die darin zukommende Kreativität ins Leben einzulassen – wo ihr das kräftemäßig möglich ist. Da kranken Menschen das jedoch oft nur noch sehr begrenzt gelingt, kommt im Zuge des Gedankengangs erneut die mit Seelsorge betraute Person ins Spiel. Deren Möglichkeiten der Proexistenz werden dabei in praktischer Hinsicht zum Thema, wo es um die seelsorgliche Verabschiedung von PatientInnen geht. Seelsorge erweist sich darin im klinischen Setting als raumeröffnende und raumschützende Größe, die kranken Menschen Hoffnungsrefugien zu erschließen

3.2.3 Zukunft als Durchbrechen: Für die Ankunft der Güte eintreten

Dem oben dargestellten Einbruch zukommender Zeit wohnt eine spezielle Potenz inne. Es ist eine menschliche Aktivität freisetzende Dynamik. Diese lädt dazu ein, *aktiv in das Einbruchswiderfahrnis einzutreten und das darin radikal Zukünftige aus innerer Entschiedenheit anzunehmen und mitzugestalten.* In der nur je individuell möglichen Antwort auf diese Einladung, die im aktiven Gestalten der zukünftigen und widerfahrenden Zeit nach außen hin im sozialen Raum der Welt und der anderen Menschen praktisch wird, besteht die zweite Grundorientierung. War in der ersten Grundorientierung ein nur radikal passiv zu erwartendes, wenn auch geschenkhaft zufallendes und der menschlichen Bitte um ihr Kommen geöffnetes Einbrechen von Zukunft Thema, so kommt hier Zukunft als Möglichkeitsraum des frei gewählten Eintretens und der Mitwirkung am Ankommen der Güte zu Gesicht. Diese Widmung ist jedoch nicht ein Engagement unter anderen. Gemeint ist das Weggeben seiner selbst in Form der eigenen Lebenszeit ohne die Aussicht der temporalen Rückvergütung. Die aus der ersten Grundorientierung gleichsam mit vielen Stunden gefüllten Hände werden in der zweiten Grundorientierung zu leeren und darin existenziell erneut ‚armen' Händen. Zeit wird darin als Ereignis des Durchbruchs aus dem Privaten hinein ins Zwischenmenschliche erfahren. Das heißt einschlussweise, Zeit erscheint als Einladung, sie im Raum des umfassend gedachten Politischen als Entfaltungsweise der Ankunft von Güte zu leben, sie als Gabe zu schenken.[718] Ein ehedem solipsistisch begründetes Denken und Zeiterleben, das um den Einzelnen und seine Sorgen und Anliegen kreist, erfährt im Zuge dessen eine grundlegende Innovation und dimensionale Weitung. Der Eckhartsche Gottesbezug, den er mit Blick auf den einzelnen Menschen ins Wort hebt, gelangt so zu einer Entfaltung seiner inhärierenden Kraft, die im Zwischenmenschlichen erst ganz die Fülle ihrer Möglichkeiten entfalten

---

und zu erhalten bemüht ist. Und sie wird als proexistent sichtbar, wo sie diese Refugien stellvertretend für den kranken Menschen offen hält und durchträgt, sobald es diesem nicht mehr möglich ist.

718 Vgl. zu den phänomenologisch aufweisbaren Facetten am Geschehen einer Gebung und der vielschichtigen Problematisierung dieses Geschehens in der modernen Philosophie Enders, M.: Vom Glück des Gebens. Phänomenologische und philosophische Überlegungen zum Akt des Gebens und zum Wesen der Gabe, in: Maio, Ethik der Gabe, S. 57–79, sowie die Beiträge in Gerl-Falkovitz, H.-B. (Hg.): Jean-Luc Marion. Studien zu seinem Werk, Dresden 2013.

kann.[719] Doch wie ist das soziale Moment an der Ankunft von Güte mit Zeit verbunden, und wo können dafür biblische Referenzorte gefunden werden? Ein geweiteter Blick, der das ‚Neue Denken' Franz Rosenzweigs und das Zeitverständnis des Johannesevangeliums einbezieht, lässt für diese Frage Weiterführendes zu Gesicht kommen. Diese Perspektivenweitung geschieht im Anliegen, dem Eckhartschen Impetus der Sohnwerdung im sozialen Kontext und unter Einbezug der für Eckhart bedeutsamen biblischen Dimension des vierten Evangeliums weiter nachzuspüren. Das anvisierte Ziel dabei ist, das geistliche Anliegen des spätmittelalterlichen Theologen einem Verständnis zugänglich zu machen, das die praktischen Implikationen des Eckhartschen erkennen und auf klinische Seelsorgepraxis bezogen zu sichten vermag. Im Zuge dessen mag zu Gesicht kommen, welcher Umgang mit Zeit den in die Güte Einbezogenen auszeichnet. Es ist jener Umgang des Verschenkens von Zeit, das auch die innerste Qualität der Güte ausmacht, die sich ihrerseits an den Guten verschenkt. Schenkend wird somit der Schenkende zum Sohn der sich schenkenden Güte und tritt in deren Wesensqualität existentiell ein.

Es war ein schwer neurologisch erkrankter Mensch, der schließlich an seinen Leiden schon mit 43 Jahren verstarb, der das oben angesprochene ‚neue Denken' wegbahnend ins Wort brachte. Eine spezielle Schreibmaschine für motorisch Eingeschränkte musste ihm im Jahre 1925 dazu dienen. Zu deren Gebrauch war er infolge fortschreitender Lähmungen am ganzen Körper gezwungen. Später war es dem derart Belasteten nur noch möglich, mittels der Augenlidbewegungen seiner Ehefrau zu bedeuten, welche Buchstaben sie für ihn schreiben solle. Was macht das neue Denken aus, das Franz Rosenzweig ins Wort fasste? Es macht eine neue Sensibilität aus für den Anderen, und deswegen für die Zeit und das Geschehen des Sprechens. Für klinische Seelsorgepraxis birgt es enormes Potential an Orientierung: „Im wirklichen Gespräch geschieht eben etwas; ich weiß nicht vorher, was mir der andere sagen wird, weil ich nämlich auch noch nicht einmal weiß, was ich selber sagen werde. Ja noch nicht einmal, ob ich überhaupt etwas sagen werde [...]. Der Denker weiß ja eben seine Gedanken im Voraus; daß er sie ‚ausspricht' ist nur eine Konzession an die Mangelhaftigkeit unserer, wie er es nennt, ‚Verständigungsmittel'; die nicht darin besteht, daß wir

---

719 Vgl. zur nach außend gewandten Dimension des Einbezugs in die Güte und somit dessen politischer Dimension Fröhling, E.: Der Gerechte werden. Meister Eckhart im Spiegel der Neuen Politischen Theologie, Ostfildern 2010.

Sprache, sondern daß wir Zeit brauchen."⁷²⁰ Wie Zeit und der andere zuinnerst zusammenhängen, das konturiert der Autor in den folgenden Sätzen seines Beitrags. Für eine zeitsensible Ausrichtung von KlinikseelsorgerInnen bergen sie Wertvolles: „Zeit brauchen heißt nichts vorweg nehmen können, alles abwarten müssen, mit dem Eigenen vom anderen abhängig sein. Das alles ist dem denkenden Denker völlig undenkbar, während es dem Sprachdenker einzig entspricht. Sprachdenker – denn natürlich ist auch das neue, das sprechende Denken ein Denken, so gut wie das alte, das denkende Denken nicht ohne inneres Sprechen geschah; der Unterschied zwischen altem und neuem, logischem und grammatischem Denken liegt nicht in laut und leise, sondern im Bedürfen des anderen und, was das selbe ist, im Ernstnehmen der Zeit [...]."⁷²¹

Eine bei Eckhart latent angelegte Tendenz zur Privatisierung und Verinnerlichung und darin aber zur Engführung des religiösen Verhältnisses wird geweitet, wo Rosenzweigs neues Denken zum spätmittelalterlichen Denken hinzutritt. Im Zuge solcher Perspektivenweitung vollzieht sich, was seinerzeit von Johann Baptist Metz als vorrangige Aufgabe seiner propagierten Neuen Politischen Theologie formuliert wurde: „Diese Entprivatisierung ist die primäre theologiekritische Aufgabe der politischen Theologie."⁷²² Der seelsorgliche Einbezug in die Güte wird somit nachstehend, gleichsam Meister Eckharts Gedankengang in neuen Horizonten sichtend und in neuem Kontext besprechend, in seiner öffentlichen und politischen Virulenz erhellt. Diese zeigt sich als dem seelsorglichen Subjekt im Einbruch der Güte zukommende Ermächtigung zu einer aktiven Handlungsbereitschaft. Diese ist die Bereitschaft zur *Gabe seiner Zeit*. Eine ab extra zukommende Befähigung zum Verschenken seiner sterblichen, begrenzten und zerrinnenden Lebenszeit ist der Kern der zweiten temporalen Orientierung einer der Güte gewidmeten Seelsorgepraxis. In dieser seelsorglichen Grundgeste wird die ausgestreckte, gewährende und hingebende Hand, die sorglos die Lebenszeit und darin sich selbst zum anderen Menschen ‚hinüberträgt', ein heilsames Gegenmodell zum spätmodernen Händeringen angesichts der fatalerweise immer knapper werdenden Zeit, die daher

---

720 Rosenzweig, F.: Das neue Denken. Eine nachträgliche Bemerkung zum „Stern der Erlösung", in: Der Morgen. Monatsschrift für Juden in Deutschland, Heft 4, 1925, S. 426–451, hier S. 440.
721 Rosenzweig, Das neue Denken, S. 440.
722 Metz, J. B.: Kirche und Welt im Lichte einer „Politischen Theologie", in: ders.: Zur Theologie der Welt, 2. Auflage, Mainz 1969, S. 99–116, hier S. 101.

schleunigst einzuholen ist und noch immer besser strategisch verplant und ausgenutzt werden muss.[723]

Doch kann gefragt werden: Ist solches Verstehen von Zeit als Gabe tatsächlich noch Teil dessen, was *Meister Eckhart* an der Schwelle zum 14. Jahrhundert mit Zeit verbindet? Ist also das obige Zeitverschenken wesentliches Moment an *der Sohnwerdung*, die doch Meister Eckharts zentrales Gravitationsfeld geistlichen Lebens ist? Falls das zuträfe, dann wäre die *Gabe von Zeit der temporal konfigurierte Modus,* bei dem der Mensch in seinem *innersten Kern christusförmig wird*. Genau das scheint dem Verfasser dieser Studie der Fall zu sein. Eine exegetische Perspektive wird untenstehend ergänzend eingenommen, um das in skizzenhafter und gedrängter Form aufzuweisen. Das christologische Modell der Proexistenz, wie es prominent im Johannesevangelium begegnet, wird dabei zum Thema. Sohnschaft als Hingabefähigkeit wird dort vor Augen gestellt. Mit dieser biblischen Referenz bleibt die anvisierte Untersuchung ganz in der Spur Meister Eckharts, der eine besondere Affinität zu diesem Evangelium erkennen lässt. Das beim Dominikaner in immer neuen Anläufen dargestellte jesuanische Sohn-Verhältnis gegenüber dem göttlichen Vater war dem spätmittelalterlichen Autor ja die biblische Ursprungsquelle, von der her seine metaphysisch formulierte Transzendentalienlehre des univoken Einbezugs des Guten in die Güte entworfen wurde (vgl. Abschnitt 2.1.4.). Dass dieser Sohnschaft wesentlich die Qualität eignet, sich stellvertretend im sozialen Raum für andere mit seiner Lebenszeit zu engagieren, das suchen untenstehende Einblicke in das johanneische Verstehen von Zeit aufzuweisen.

Das Verstehen von Zeit ist im Johannesevangelium[724] eindeutig von der Präsenz Jesu Christi her bestimmt.[725] Darin besteht eine klare Entsprechung zu Meister Eckharts ebenso eindeutig christologisch konzipiertem Zeitverstehen. Kunstvoll arrangiert überblenden sich beim vierten Evangelisten die Dimension des Präexistenten, des eschatologisch Zukünftigen und der heilerfüllten Gegenwart in der Person Jesu Christi. Die planvoll

---

723 Vgl. dazu ausführlich und die paradoxale Struktur zeitgenössischer Umgangsweisen mit Zeitknappheit illustrierend Rosa, Beschleunigung, S. 236–255.
724 Vgl. dazu Frey, J.: Die johanneische Eschatologie. Bd. III. Die eschatologische Verkündigung in den johanneischen Texten (WUNT, Bd. 117), Tübingen 2000, S. 463–488, sowie ders.: Die johanneische Eschatologie. Bd. II. Das johanneische Zeitverständnis (WUNT, Bd. 110), Heidelberg 1998, S. 286–298.
725 Rahmsdorf, O. L.: Zeit und Ethik im Johannesevangelium (WUNT, 2. Reihe, Bd. 488), Tübingen 2019, besonders S. 403–460.

verschränkten Erzählepisoden[726] stellen sowohl in den dargestellten Begegnungen der Akteure als auch im Resonanzraum, der sich zu den außenstehenden LeserInnen der Schrift hin aufbaut, mehrfach temporale Bezüge her.[727] Diese Bezüge stellen sowohl das damalige als auch das nunmehr in der Lektüre erfahrene Nahekommen der Gestalt Jesu Christi als die Fülle eschatologischen Heils vor. Für unsere obige Fragestellung, ob das Verschenken von Zeit in Proexistenz der Modus ist, wie Jesus sich als der göttliche Sohn erweist, kann eindeutig festgehalten werden, dass dem so ist. Jesus Christus erscheint im Zuge des Evangeliums nach Johannes eindrücklich als derjenige, der im Sich-Ausliefern und Weggeben für Andere Zeit als gefüllte und verdichtet zur Erfahrung bringt. Das kann im vierten Evangelium exemplarisch am Sujet der ‚Stunde' aufgewiesen werden.[728] Der Topos begegnet rahmend (Joh 3, Hochzeit zu Kana, und Joh 19, in Jesu Todesstunde) und auf andere Weise den Gesamttext durch assoziative Verweise verbindend.[729] Zeit als gefüllte erscheint so als Zeit des Durchbruchs in die proexistente Seinsweise der Stellvertretung für andere. Denn der Fluchtpunkt aller temporalen Bezüge im vierten Evangelium ist dem johanneischen Kerygma die Todesstunde Jesu. Sie vermag seine Herrlichkeit in paradoxer Weise unüberbietbar zu offenbaren, d. h. aus dem Verborgenen zur

---

726 Vgl. dazu Rahmsdorf, Zeit und Ethik, S. 198–401.
727 Dies geschieht u. a. durch überlegte Wahl von Zeitformen der Verben, durch temporale Vor- und Rückverweise im Gang der jeweiligen Erzählepisode und des Gesamttextes. Temporale Überblendungen werden im Text arrangiert im Anliegen einer „Horizontverschmelzung", vgl. dazu Frey, Die Johanneische Eschatologie, Bd. II, S. 247–268, sowie ebd. S. 153–246.
728 Vgl. dazu Frey, Die johanneische Eschatologie. II., S. 215 ff.
729 Vgl. dazu Nicklas, T.: Zeit, Zeitmodelle und Zeitdeutung im Alten und Neuen Testament, in: Appel, K./Dirscherl, E. (Hg.): Das Testament der Zeit. Die Apokalyptik und ihre gegenwärtige Rezeption (QD, Bd. 278), Freiburg 2016, S. 352–377, hier S. 361: „Entscheidend hierzu ist sicherlich das Motiv der ‚Stunde' bzw. der ‚Stunde Jesu', in der für den Glaubenden ‚Herrlichkeit' sichtbar wird, weil Gottes Wille und Gottes Wirken mit dem Willen und Wirken Jesu so sehr zu einer Einheit werden, dass im Handeln Jesu letztlich Gott zur Wirkung kommt. So erzählt auch das Johannesevangelium nicht einfach eine gleichmäßige Zeitstruktur, sondern hält an bestimmten ‚Stunden' – die natürlich nicht in erster Linie mit dem Maß von 60 Minuten zu messen sind – inne, in denen Jesusgeschichte sich als Geschichte Gottes mit der Welt zeigt. Diese Stunden wiederum stehen nicht einfach gleichwertig nebeneinander; vielmehr kulminieren sie in der entscheidenden ‚Stunde' der Verherrlichung und Erhöhung Christi, des Gotteswortes, gleichzeitig ein entscheidendes Gliederungssignal für den Text: Obwohl von der ‚Stunde' bereits vorher mehrfach die Rede war, lesen wir erst ab Kapitel 13, dass ‚Jesu wusste, dass seine Stunde gekommen war' (Joh 13,1)."

Erscheinung zu bringen.⁷³⁰ Die Zeitorientierungen aller anderen intertextuell auftretenden Akteure werden auf diesen Zielpunkt daraufhin unterbrochen und untergründig von dieser Gravitationsquelle angezogen. Wer daraufhin ausgerichtet lebt, bekommt Jesus Christus zu Gesicht, begegnet seiner Präsenz und gerät in die Spur und Nachfolgepraxis Jesu Christi. Mehr noch, er wird in dessen Phänomenalität existentiell eingestaltet und in dessen Seinsweise einbezogen. Jüngerschaft Jesu ist daher dem Evangelisten keine bloße sekundäre Nachahmung eines Beispiels, das historisch vergangen wäre. Vielmehr ist sie Einbezug in die bleibende Lebendigkeit des erhöhten Kyrios. Daher kann auch der johanneische Jesus die Bezogenheit der Jünger auf ihn in einem organischen Modell der bleibenden und innigen Verbundenheit ins Wort heben, wie das im Bild vom Weinstock und den Reben der Fall ist. Derart mit ihm verbunden, nehmen die JüngerInnen teil an der Proexistenz, die Jesus Christus selbst ist, und werden von Fruchtbarkeit durchwirkt. Daher ist stellvertretende Hingabe für andere die Weise, wie die Sohnschaft gegenüber Gott für Menschen zur Lebensrealität wird. Sie ist dann zugleich genuin eigene Identität und univok verstandener Einbezug in das Sein Jesu Christi. Als Durchbruch zu sozialer Verantwortung begriffene Zeit ist somit nicht etwas, das sekundär zur privaten Innerlichkeit des Gottesbezugs noch additiv hinzukäme. Sie ist dem entgegen gerade der Modus, wie dieser Bezug sich vollends auswirkt und lebensprägende Gestalt annimmt.⁷³¹ So ist für andere verausgabte Zeit die sozial entfaltete Vollgestalt der Sohnschaft, wie sie Jesu Sein zuinnerst ausmacht.

---

730 Vgl. dazu Theobald, M.: Theologie und Anthropologie. Fundamentaltheologische Aspekte des johanneischen Offenbarungsverständnisses, in: ZKTh 141 (2019) S. 44–63.

731 Vgl. dazu Rahmsdorf, Zeit und Ethik, S. 447: „Der Zeithorizont des JohEvs löst das Problem des Lebenszeitmangels [...], indem es eine alternative Ausrichtung des eigenen Lebens vorschlägt. Nicht das Gericht und die eigene Gerechtsprechung am letzten Tag dienen der Ethik des JohEvs als Motivationsgarant, sondern die Ausrichtung auf die Stunde der Kreuzesschande und Verherrlichung. Diese zeichnet sich durch Jesu liebende Hingabe seines eigenen Lebens, durch seine Beziehungstreue bis zum Abbruch aller Beziehungen hinein aus. Der Lebenszeitmangel wird dementsprechend nicht durch die Hoffnung auf zukünftige Retribution und Rechtfertigung der eigenen Taten und Handlungsentscheidungen bewältigt (eschatologische Gerichtsvorstellung), auch nicht durch die Teilhabe am Leben anderer kompensiert (Odo Marquard), sondern durch die Hingabe des eigenen Lebens für die Anderen und die darin enthaltene Lebensfülle aufgehoben. In der Verschwendung der eigenen Zeit für den Anderen entsteht eine neue Fülle der Zeit abseits linearer Zeitökonomisierung und kalkulierter Einsparungen der Uhrzeit."

Nach der Entfaltung der zweiten Grundorientierung als Durchbruch in die soziale Zeit der Hingabe für andere treten im weiteren Gang der Untersuchung kairologische Einzelorientierungen ins Zentrum des Interesses. Was oben in religionsphilosophischer Beleuchtung bei Franz Rosenzweig und im johanneischen Kerygma zum Vorschein kam, findet so weitere Konkretion auf Praxis hin.

3.2.4 Kairologische Fingerzeige in Handlungszusammenhängen

Den hier vorgestellten Einzelorientierungen geht es um eine zeitsensible Seelsorgepraxis in der Klinik, die der Präsenz von Güte Raum geben will. Dazu tritt erstens der *Umgang mit situativ widerfahrender Polychronie* in den Blick. Zweitens wird die Suche nach *Resonanzen in temporalen Zwischenräumen* thematisiert. Eine dritte Orientierung regt dazu an, *Worte aus dem Raum der ankommenden Güte heraus aufkommen zu lassen*.

Die Einzelorientierungen lassen im Ganzen ein lineares und dynamisches Verstehen von Zeit sichtbar werden. Dies jedoch ohne situativ-konstellative Momente[732] von Zeiterleben bei der Betrachtung auszublenden. In beiden Komponenten des Verstehens rückt Zukunft als je situativ sich schon präsentisch einstellende und als eschatologisch noch ausstehende Zeitgestalt gelingenden Lebens gleichermaßen in den Blick. In dieser Doppelpoligkeit wird derart verstandene gegenwartswache und zugleich eschatologisch ausgespannte Polychronie zum temporalen Signum einer der Güte gewidmeten Seelsorge in Kliniken. Die imperativisch formulierten Anregungen wollen dabei als Impuls verstanden werden, die soziale Handlungsebene mit temporaler Sensibilität zu betreten. Jedoch sind sie als Einladungen zu lesen, nicht als Instruktionen. Denn sie bauen darauf, dass die Güte von sich her solche Attraktion ausstrahlen wird, dass die SeelsorgerInnen von ihr her zu kreativer Aneignung inspiriert werden.

3.2.4.1 Beachte Polychronie in Begegnungen und schätze Geduld!

Pluralität von Lebensweisen ist zu einem zentralen Merkmal spätmodernen Daseins geworden. In gleichem Ausmaß ist mit einer Vielzahl von disparaten Zeitverständnissen der Menschen zu rechnen. Vorstellungen von schrumpfender oder im Gegenteil von sich ausdehnender Gegenwart

---

732 Vgl. dazu ausführlich Schüßler, Mit Gott neu beginnen, besonders S. 330–338.

werden im akademischen Diskurs vorgebracht. In diesem Kaleidoskop des möglichen Umgangs mit Zeit begegnet eine Variante gehäuft. Es ist der subjektiv erlebte Druck einer Vielzahl von ZeitgenossInnen, die eminent als knapp erlebte Zeit um jeden Preis effektiv zu nutzen. Somit gilt in der Spätmoderne als drängender Imperativ und zugleich als drohender Fluch: Zeit ist knapp! Nutze sie also effektiv! Als ernste Warnung gilt: Verliere sie nie! Spare sie ein, wo Du nur kannst! Zeit als allerknappstes Lebensmittel rückt in den bangen Blick. Mit Argusaugen wird darüber gewacht, dass die eigene Zeit ja von keinem geraubt wird. Allerlei Methoden dienen der Erhöhung der „Handlungsgeschwindigkeit" im Alltag.[733] Ziel dabei ist, am Ende möglichst noch viel Zeit für anderes übrig zu haben. Von diesem Stil abweichende Zeitverständnisse müssen zügig eliminiert werden, sobald sie einem in die Quere kommen. Denn sonst verliert der ohnehin schon stark tropfende Eimer mit zerrinnender Zeit am Ende noch mehr vom kostbaren Gut, bevor ein weiterer Tag allzu schnell vorüber ist. Was hier in etwas überspitzter Weise zur Darstellung kam, es prägt auch klinische Zeitverläufe mehr oder weniger stark. Ein Blick auf die seit Jahren kürzer werdenden Verweildauern der PatientInnen in der Klinik und auf den temporalen Dauerstress der Klinikangestellten kann das leicht belegen. Wie könnte angesichts dessen aus Meister Eckharts Theologie ein Fingerzeig für zeitsensibles Agieren in der Klinikseelsorge gewonnen werden?

Ein Moment der Gegenläufigkeit zu obigem Umgang mit Zeit wäre darin gegeben, zunächst die Vielzahl der Zeitigungsweisen von Menschen und ihren hoch individuellen Umgang mit Zeit überhaupt in Ruhe auch nur wahrzunehmen. Und zwar ohne anderes reflexartig als störend zu bewerten und sodann auf die eigene Linie bringen zu wollen. Wahrzunehmen wäre hier nicht allein die allzu oft schier übergangene Faktizität des jeweils anderen Umgangs mit Zeit. Es ginge auch darum, den anderen in seinem *gerade heute* praktizierten Umgang mit Zeit wirklich *verstehen* zu wollen. Um es alltagsnäher zu formulieren, wäre zu entdecken, warum ein anderer Mensch momentan gerade jetzt langsamer oder auch schneller sein will in der temporalen Ausrichtung. Dabei wäre dem Seelsorgepersonal viel Geduld zu wünschen im Umgang damit, wie andere auf die Uhr schauen und ihre Zeit quasi wie mit einem Metermaß abmessen und verplanen. Denn Geduld ist ein guter Gradmesser für die Hoffnung eines Menschen, die er in jeweiligen Situationen hegt.[734] Wo die Zukunft erfüllt ist mit Gutem, da macht

---

733 Vgl. dazu Rosa, Beschleunigung, S. 199–213.
734 Vgl. dazu aus exegetischer Perspektive Söding, T.: Die Trias Glaube, Hoffnung, Liebe

Geduld viel Sinn. Wo Zeit nicht als Habe, sondern als je neu zuströmende Gabe begriffen wird, dort kann die Angst gemildert werden, sie zu verlieren. Auch wäre Geduld ein gutes Kriterium in selbstkritischer Hinsicht. Zu fragen wäre, ob alles nach eigenem Gusto vonstattengehen muss, oder ob es auch tolerabel und Geduld wert ist, wenn Andere in abweichender Form mit Zeit umgehen, selbst wenn das eigene Pläne vielleicht schmerzlich zunichtemacht. Zudem kann Seelsorge sich in Form der Geduld auch darin üben, etwas mehr dem Unfertigen und Bruchstückhaften Raum zu geben. Wo eigene Anliegen nur teilweise zum Zuge kommen, weil die Zeit eben abgelaufen ist, da gab es in temporaler Hinsicht eben keinen situativen ‚Lebensraum' an dem Tag und dem Ort für etwas Ganzes und Abgerundetes. Eine Bereitschaft zu ganz konkreten Armut in Form der Einwilligung in die erlebbare Begrenztheit des Lebens, sprich hier der nur begrenzt erreichten Ziele in einem Zeit-Raum, kann viel von Zielerreichungszwängen abbauen. Die erste temporale Einzelorientierung lautet somit: Beachte Polychronie und habe Geduld! Beachte dabei auch die eigene Angst, etwas zu verlieren! Schätze Unfertiges! Wo das immer besser gelingt, dort entsteht in zweifacher Weise Raum für Neues. Der erste Raum der sich öffnet, besteht darin, dass andere mehr ‚temporale Luft' zum Atmen bekommen, wo ihre mitunter langsamere Gangart gestattet wird und nicht jedes Innehalten gleichsam mit der Dampfwalze der forcierten Agendabeschleunigung niedergewalzt wird. Geduld ist somit im Kleinen eine Weise der Förderung von Subjektwerdung, die ja nur je in immer neuen Zeit-Räumen zustande kommen kann, dafür aber auch je neu immer wieder von anderen her gewährt werden muss. Das zweite, das in Form von Geduld Raum greifen kann, ist die Chance, mehr vom Gegenüber zu erfahren. Je persönlicher Themen sind,

---

bei Paulus. Eine exegetische Studie (SBS, Bd. 150), Stuttgart 1992, S. 218: „Von der Hoffnung lernt christliche Spiritualität das Warten, die Geduld, die Gelassenheit, die Ausdauer und die Standfestigkeit, aber auch die Freude im Leiden, überhaupt Zuversicht und Fröhlichkeit. *Einerseits* kann sie jenen schier unverwüstlichen Optimismus durchschauen, der der sich zwar als Ausdruck genuin christlicher Freude gibt, aber nur aus mangelnder Fähigkeit zur Wahrnehmung von Unrecht und Schuld entsteht; *andererseits* kann sie die Verkrampfungen lösen, die nicht wenige Formen christlicher Frömmigkeit verzerren. Vor allem aber lernt sie das Sich-Ausstrecken nach jenem Heil, dessen Realisierung das Ende geschichtlicher Kontingenz voraussetzt." Vgl. zu Hoffnung bei Paulus insgesamt Nebe, G.: ‚Hoffnung' bei Paulus. Elpis und ihre Synomyme im Zusammenhang der Eschatologie (StUNT, Bd. 16), Göttingen 1985, besonders S. 169–174 „Hoffnung" bei Paulus (ein Fazit), sowie S. 174–179 zum Thema einer modernen „Theologie der Hoffnung" und „Philosophie der Hoffnung" im Lichte der paulinischen Theologie.

desto länger wäre darauf zu warten, bis ein Gesprächspartner sich zu äußern aufmacht. Bedürfen des anderen im Ernstnehmen der Zeit, also das von Rosenzweig angeregte Neue Denken, es würde darin konkret werden, im umfassend verstandenen Gespräch auf die Gestaltwerdung einer Antwort warten zu wollen und diese Diachronie allen zu erlauben. Geduld wäre somit ein Weg zu vertiefter Begegnung, was als Fingerzeig für eine der Güte gewidmete Seelsorgepraxis ernst zu nehmen wäre. Im Verlieren des eigenen Zeitfahrplans wird womöglich leichter gefunden, was seelsorglich von Bedeutung ist, als im Aufzwingen desselben gegenüber anderen. Das Risiko temporaler Armut zu wagen, es dürfte des Öfteren in obiger Weise sehr fruchtbar werden. Diese Armut ist allerdings kein Spaziergang im Rosengarten des duldsamen Abwartens, bis ohnehin alles gut ausgeht. Es bedarf vielmehr der echten Bereitschaft bei der seelsorgenden Person, die zur Verfügung stehende Eigenzeit auch tatsächlich aus den Händen zu geben, und zwar ohne die Garantie, dass Resonanzen aus dieser schenkenden Geste erwachsen.

3.2.4.2 Suche nach Resonanzbeziehungen zwischen Zeitläufen!

Diese Anregung lenkt den Blick der mit Seelsorge betrauten Person sowohl nach innen in die Tiefe ihrer Seele als auch nach außen ins soziale Interaktionsfeld. Auf beiden Ebenen gibt es Dischronien, Überlappungen, Umschichtungen von einem Zeitlauf in den anderen, sprich von einer Umgangsweise mit Zeit in eine andere. Andrängende und retardierende temporale Impulse ergeben ein vielstimmiges Gespräch. Sowohl intrapersonal als auch interpersonell ginge es darum, diese labilen, stets zur Änderung tendierenden Gestimmtheiten im Umgang mit Zeit interessiert zu beachten, um von dort aus Resonanzen zu andersartigen Gestimmtheiten in sich selbst oder bei anderen aufzunehmen. Unbewusst oder halbbewusst findet das schon fortlaufend statt. Wo solche Berührungen von divergenten Zeitigungsweisen aber zum ausdrücklichen Thema der Introspektion oder der sozialen Verständigung werden können, dort geschieht Wertvolles.[735] Wie nämlich die Güte von sich her in die Zeit einbricht, so brechen auch die obigen Resonanzen von sich her ins Erleben ein, sobald sie sich innerpsychisch oder im sozialen Begegnungsraum aufgebaut haben. Dabei können sie die Form von Spannungen annehmen, von wertgeleitetem Insistieren, aber auch von

---
735 Vgl. dazu Schulz von Thun, F.: Miteinander Reden: 3. Das „Innere Team" und situationsgerechte Kommunikation. Kommunikation, Person, Situation, 28. Auflage, Hamburg 2013.

bremsender Verlangsamung um der Verständigung willen, von schlichter Ruhe angesichts des Aufwallens und der Ungeduld anderer. In allem geht es um das Einbrechen einer jeweiligen Resonanz in ein vorhandenes anderes Zeitmodell, das jemand gerade praktiziert.

Mit Blick auf aktive Handlungsmöglichkeiten von SeelsorgerInnen kann eine Resonanzform auch das Durchbrechen in eine neue Form von Zeitverhältnis sein. Ein kritischer Impetus von Klinikseelsorge wird dabei sichtbar. Dies ist vor allem dort überlegenswert, wo ein Gesprächsteilnehmer versucht, seiner Einheitszeit alles davon Abweichenden unterzuordnen. In dem Falle würde sich eine seelsorgliche Resonanz dazu darin zeigen, *dieses Diktat zu durchbrechen*. Hier scheint im kleinsten Element des Umgangs mit Zeit, nämlich im Umgang mit der flüchtigen Situation und dem zu gestaltenden Augenblick, hindurch, was oben als Grundorientierungen des Einbrechens und des Durchbrechens für eine Kairologie güteaffiner Seelsorgepraxis formuliert wurde. Wie dort geht es auch hier darum, die einbrechende Zukunft der Güte zu gestatten und sie in aktiver Geste aneignend-mitwirkend raumgreifend werden zu lassen. Gegebenenfalls kann das auch gegen Widerstände geschehen. Besonders dort, wo es vom Anliegen motiviert ist, den legitimen Interessen anderer Akteuere Geltung zu verschaffen, zumal der schwächeren. Somit nimmt eine klinische Seelsorge aus der Präsenz der Güte die Akteure auch in Beschlag und kostet sie etwas.

3.2.4.3 Lass Worte aus dem Raum der ankommenden Güte heraus geboren werden!

Die letzte temporale Orientierung lädt zur Zuversicht ein, dass Worte aus dem Raum der ankommenden Güte heraus aufkommen werden. Diese Haltung vertraut darauf, dass sich im Lebensraum der Güte passende Worte bilden, die sich mit vitaler Kraft ‚zu Wort melden' wollen. Solche sprachliche Disposition ist Ausdruck einer quasi adventlichen Haltung. Darin lebt die mit klinischer Seelsorge betraute Person darauf hin, dass ein von Güte geprägtes Sprechen tatsächlich ‚zur Welt kommen' wird. Der Ort der ‚Geburt' ist dabei das in umfassenden Sinne verstandene Gespräch. Das findet sowohl innerpsychisch statt als auch nach außen gewendet. Das Gespräch ist die Weise der ‚wirklichen', nämlich der gesprochenen Sprache. Diese geschieht zwischenmenschlich immer nur als *Sprechen*, und zwar mit anderen und somit sozial und geschichtlich situiert. Im Rahmen dieser Studie ist es nicht möglich, die sprachphilosophische Problematik weiter zu entfalten. Es geht lediglich darum, einzelne Aspekte zu benennen, wie Klinikseelsorgende in zeitsensibler Weise ihre Präsenz mit Blick auf das zwischenmenschliche Sprechen gestalten können. Will man es in einem biblisch-bildlichen Vergleich ansprechen, dann wären Klinikseelsorgende in Analogie zu den Weisen aus dem Morgenland gleichsam immer neu ‚zeitachtsame Pilger'. Sie wären nämlich erwartungsvoll unterwegs zur Geburtsstätte, an der Worte aus der Güte heraus zu Welt kommen. Diese Stätte ist die menschliche Gesprächssituation, in der güteaffines Sprechen geboren wird.

Sprechen als Gespräch bedeutet zunächst *Hören*, das dem Zukommenden gewidmet ist und also Zuhören ist. Zuhören ist der zwischenmenschliche Raum, in den hinein die Rede vom Anderen her erst geschehen kann. Es wäre schon sehr viel, nur diesen Aspekt intensiv ernst zu nehmen. Das würde bedeuten, seelsorgliches Handeln in temporaler Hinsicht als responsives Geschehen zu konturieren. Seelsorge wäre dann ein Geschenen, das aus Hören auf den Anderen hervorgeht. In der Redewendung ‚ganz Ohr sein' wird ins Bild gehoben, dass solches Hören ein existentielles Engagement fordert. Zugleich drückt das Zeit brauchende Zuhören aus, das Gegenüber grundlegend anzuerkennen.[736] Zuhören bedeutet, jemandem gleichsam auf dem eigenen weißen Blatt aus Lebenszeit Raum zu gewähren, damit er dort seine Worte ins Gespräch bringen kann. Die Bereitschaft, es im Ernst und bewusst zu akzeptieren, dass dieser Raum dann auch bleibend verbraucht ist von der Rede des Anderen, ist unerlässlich. Ob dieses weiße Blatt, um im Bild zu bleiben, nur die Größe einer Briefmarke hat oder die eines Zeichenblocks, das bleibt dem Klinikseelsorgenden überlassen. Worte aus dem Raum der ankommenden Güte heraus zu erwarten, das würde dann im Bild gesprochen bedeuten, aus Zuversicht nicht sparsam zu sein mit dem Papier. Es würde heißen, Anderen innerhalb der Begegnung ein üppiges Zeitbudget bereit zu halten, in dem deren Rede im Gespräch auch Platz findet und sich artikulieren kann. Solcherart disponierte Klinikseelsorgenden wären unbesorgt bereit, Zeit zu gönnen wie aus Gottes unendlicher Fülle her, dass Rede aufkommen und sich in der dem Sprechenden möglichen Geschwindigkeit dann entfalten kann. Die seelsorgliche Haltung würde darin innere Gleichsinnigkeit erlangen zur gönnenden und gewährenden Seinsweise der

---

[736] Auf die vielschichtigen Überlegungen, die Emmanuel Levinas zu einer ethischen Sprache als basaler Form der Anerkenntnis des begegnenden Anderen anstellt, kann hier nur verwiesen werden. Fischer-Geboers, M: Freiheit der Sprache. Emmanuel Lévinas' Konzeption einer ethischen Sprache, in: Bodenheimer, A/Fischer-Geboers, M. (Hg.): Lesarten der Freiheit. Zur Deutung und Bedeutung von Emmanuel Lévinas' *Difficile Liberté*, Freiburg 2015, S. 241–268.

Güte, die über alle Zeit der Welt verfügt. Denn die Güte gewährt, gönnt und schenkt generös Leben, wo immer sie präsent wird. Wo das Hören der Klinikseelsorgenden aus diesem Raum her geschieht, dort darf darauf gehofft werden, dass die Ankunft der Güte sich auch wirklich vernehmbar machen wird im Gespräch.

Wie das Hören, so findet auch das eigene Sprechen im Raum der Güte statt. Was würde es in dieser Hinsicht heißen, sich zu wünschen, dass Worte aus dem Raum der ankommenden Güte heraus aufkommen? Es würde beispielsweise heißen, der Güte mit der ganzen Person innesein zu wollen vor einem eigenem Redebeitrag. Es würde bedeuten, dass Klinikseelsorgende immer wieder einen Augenblick halt machen, bevor sie sich zu Wort melden. Auf diese Weise könnten sie in sich Raum gewähren, damit gleichsam die ‚Geburtsdynamik' gütiger Worte sich entfalten kann. Sie wären dann dankbar und beschenkt, wenn die derart ‚von weit her' begonnene Rede die Teilnehmer der Konversation tatsächlich ins Gespräch führen und zur Verständigung beitragen würde. Am derartig konstruktiven Ausgang der eigenen Rede würden sie ein Moment von Gelingen erkennen wollen, das keinem der Gesprächsteilnehmer zuhanden ist, aber alle bereichert. Solche Weise von sprachlich zur Welt gekommener Präsenz von Klinikseelsorge dürften die daran Beteiligten als Fingerzeig dafür werten, dass sie selbst tatsächlich in diese Ankunft einbezogen waren, die sich zugleich damit unverfügbar gewährte.

Neben dem Hören und eigenen Sprechen ist noch ein weiteres Merkmal zu nennen, durch das die Bereitschaft erkennbar wird, Worte aus dem Raum der ankommenden Güte her aufkommen zu lassen. Worte kommen als Sätze zu Gehör und verklingen, nehmen also eine begrenzte Zeit in Anspruch, bevor sie dann als energetisierende Momente am Gespräch weiterwirken und erst dort in die Fülle ihres Seins gelangen. Sie können nicht festgehalten werden, sondern entfalten, sobald sie ausgesprochen sind, ihre eigene Dynamik im Referenzzusammenhang des Gesprächs. Mit dem gesprochenen Wort ist es daher wie mit einem frei gelassenen Vogel. Er kann danach nicht wieder eingefangen werden. Darin klingt das dritte Moment an, das neben Hören und eigenem Sprechen für eine der G Seelsorge bedeutsam ist. Dieses Moment ist die Bereitschaft dazu, dass das gesprochene Wort im Gespräch nie wieder so zum Sprechenden zurückkehren kann, wie es von ihm ausgegangen ist. Auf diese Weise lassen Seelsorgende zu, dass die aus der Güte geborenen Worte ihr Eigenleben entfalten können und auf eine Weise wirken, wie das Gespräch als polyzentrisches Ereignis es in diesem Moment erlaubt. In diesem Sinne wäre jedes echte und auf Gespräch bedachte Sprechen eine Reise, von der der Sprechende nicht weiß, wohin sie ihn führen wird und welche Entfaltungen sein gesprochenes Wort in Zukunft noch annehmen wird. Solches Sprechen wäre eines, das sich ganz auf den Anderen im Gespräch einlassen würde. Es wäre darin ein Sprechen, das seine Worte und darin seine Lebenszeit an den Raum des Gemeinsamen und Neuen freizugeben vermöchte. Franz Rosenzweig bringt etwas davon ins Wort: „Sprechen ist zeitgebunden, zeitgenährt; es kann und will diesen seinen Nährboden nicht verlassen; es weiß nicht im Voraus, wo es herauskommen wird; es lässt sich seine Stichworte vom anderen her geben."[737]

3.3 Onkologische PatientInnen seelsorglich begleiten im Raum der Güte

Was oben kriterilogisch und kairologisch entworfen wurde, wird in diesem Abschnitt der Studie mit Blick auf den Umgang mit einer Patientengruppe weiter konkretisiert. Wollte man es mit einem musikalischen Vergleich fassen, so geht es hier darum, dass das programmatisch konturierte Leitmotiv einer der Güte gewidmeten Seelsorge auch zur lebendigen Musik wird. Es soll in Raum und Zeit mit individuellen Menschen konkret zu Gehör kommen. In diesem Vergleich wären die seelsorglich wirkenden Personen gleichsam als musikalische Virtuosen anzusehen. Die von ihnen jeweils eingenommenen Haltungen wären gleichsam wie Instrumente, die zum Spielen bereit sind. Die Akteure können je nach persönlicher Anlage und an sie rührender Inspiration eigene habituelle ‚Kadenzen' mit dem Leitmotiv verbinden. Dabei wären sie gleichermaßen dazu gerufen, mit ihrer ganzen Person auf das Motiv zu *hören,* wie darauf zu *antworten*. Bei der Antwort wären vielleicht gerade die leisen Töne besonders gefragt, und auch sonst alles, was aus verinnerlichtem Hören auf das leitende Motiv der Güte herrührt. Um das konzertante Bild weiter zu entfalten, wäre vom Virtuosen dazu stets auch den anderen klinischen Professionen als MitspielerInnen Gehör zu schenken.[738] Denn diese nehmen ja ebenfalls gleichsam einen Platz im ‚Orchester' derer ein, die um die kranke Menschen Sorge tragen.

---

737 Rosenzweig, Das neue Denken, S. 439.
738 Vgl. dazu Charbonnier, R.: Die Zusammenarbeit der Seelsorge mit anderen Professionen im Krankenhaus, in: Hagen, T./Groß, N./Jacobs, W./Seidl, C. (Hg.): Seelsorge im Krankenhaus und Gesundheitswesen. Auftrag – Vernetzung – Perspektiven, Freiburg 2017, S. 161–168.

Sie spielen nicht weniger mit Können, Engagement und Liebe auf ihrem Instrument. Ihnen und ihrem qualifizierten Einsatz gilt im Folgenden zuerst das Augenmerk. Vor diesem Hintergrund wird anschließend der seelsorgliche Beitrag exemplarisch veranschaulicht. Dabei wird er als konzeptionell und strukturell wesentlich vernetzt erkennbar. Zugleich damit gewinnt das kooperative Grundanliegen der interprofessionell situierten aufnehmend-mitwirkenden Klinikseelsorge an Anschaulichkeit. Sie erscheint als ein konzertantes Geschehen, das mit anderen Interessierten nach gelingendem Zusammenspiel sucht. Denn: „Tragfähige Beziehungen zu den Mitarbeitenden in der Klinik sind in der Zusammenarbeit entscheidend, für ihr Gelingen wesentlich ist das gegenseitige Wissen um die jeweiligen Aufgaben und Kompetenzen."[739]

3.3.1 Multiprofessionelle Begleitung onkologischer PatientInnen

Die klinische Begleitung von Krebskranken in güteaffinem Anliegen tritt zunächst unter der Hinsicht der medizinische-pflegerischen und psychotherapeutischen Dimension kursorisch in den Blick. Durch diese fremdprofessionelle Perspektive kommt das umfangreiche Bedingungsgefüge der seelsorglichen Mitwirkung an der klinischen Begleitung onkologischer PatientInnen zu Gesicht. Der Wert einer konzertierten Abstimmung der einzelnen Maßnahmen in den onkologischen Akut- und Rehabilitationsphasen wird allgemein hervorgehoben. Die Integration der verschiedenen Interventionen in ein Gesamttherapiekonzept wird dabei eigens betont.[740] Im Rahmen dieser Studie ist eine ausführliche Darstellung der Beiträge obiger klinischer Professionen nicht erforderlich. Anliegen ist vielmehr, dass die Lektüre der Studie einen prägnanten Eindruck davon erlangt, in welchem hochkomplexen und arbeitsteiligen Setting sich klinische Seelsorge mit onkologischen PatientInnen bewegt.[741] Der spezifisch seelsorgliche Beitrag wird so als Teil an einem größeren Ganzen des klinisch dicht gedrängten

---

739 Schmohl, Onkologische Palliativpatienten im Krankenhaus, S. 48.
740 Vgl. dazu aus ärztlicher und psychotherapeutischer Sicht Ebell, H.: Hypnotherapie in der Psychoonkologie, in: Muffler, E.: Kommunikation in der Psychoonkologie. Der hypnosystemische Ansatz, Heidelberg 2015, S. 65–82, hier S. 69: „Onkologie ist interdisziplinär, und jedes Behandlungskonzept ist multimodal. Hypnotherapeutische Begleitung erfordert die Einbindung in ein Gesamttherapiekonzept."
741 Vgl. zur seelsorglichen Begleitung onkologischer PatientInnen, insbesondere PalliativpatientInnen Schmohl, C.: Onkologische Palliativpatienten im

Geschehens sichtbar. Dieses ist Tag und Nacht multiprofessionell im Gange. Informationen über die jeweilige aktuelle Tätigkeit der anderen klinischen Professionen können für die Seelsorge wertvolle Hinweise liefern, z. B. ob der erkrankte Mensch aktuell überhaupt Zeit und Kraft für Begegnungen hat. Voraussetzung dafür ist, dass ein Informationsaustausch von Seiten der Betroffenen erwünscht ist und gestattet wird im Sinne einer informierten Zustimmung.[742]

Der Einblick in die Aufgaben der genannten klinischen Professionen lässt einschlussweise die Schwere dieser früher oder später meist fortschreitend verlaufenden Erkrankung erkennen. Am immensen Umfang der diversen Interventionen seitens der klinischen Akteure zeigt sich das Ausmaß an Beanspruchung, dem der onkologisch erkrankte Mensch im klinischen Setting immer neu exponiert ist. Die unten zum Thema werdende Trauer der PatientInnen ist aus diesem Kontext heraus zu verstehen. Sie ist Ausdruck davon, sich an Überforderndes anpassen zu müssen. Denn die schockartig erlebte Diagnose „Krebs"[743] bedeutet perspektivisch für die Betroffenen vor allem, dass ihnen früher oder später zahlreiche medizinische Interventionen, vielfältige Einschränkungen, massive körperliche Beschwerden und in allem auch psychische Belastungen bevorstehen. In Deutschland betraf dies im Jahre 2014 alleine knapp eine halbe Million Personen mit neu diagnostizierte Krebserkrankungen, wobei Männer (ca. 249.000 Neuerkrankte) und Frauen (ca. 226.000 Neuerkrankte) in etwa gleich hohem Umfang erkrankten.[744] Die Lebenszeitwahrscheinlichkeit, bis zum Tode an Krebs zu erkranken, liegt in der Bevölkerung insgesamt bei beachtlichen ca. 50 %. Diese deswegen, weil die Wahrscheinlichkeit des Auftretens mit zunehmendem Lebensalter deutlich ansteigt, besonders bei Männern, sowie beim Vorliegen spezieller Risikofaktoren. Onkologische Erkrankungen gehören, besonders aus demographischen Gründen, daher zu den Erkrankungen, die künftig zunehmen werden. Beachtenswert ist zudem, dass Betroffene infolge der gestiegenen Therapieoptionen selbst bei fortgeschrittenen unheilbaren

---

Krankenhaus. Seelsorgliche und psychotherapeutische Begleitung (Münchner Reihe Palliativ Care, Bd. 12), Stuttgart 2015.

742 Vgl. dazu Reiser, Menschen mehr gerecht werden, S. 298.
743 Vgl. dazu aus der Perspektive der Betroffenen und Angehörigen Künzler, A./Manié, A./Schürer, C.: Diagnose-Schock: Krebs, Berlin 2012.
744 Vgl. dazu und zu den folgenden statistischen und epidemiologischen Daten Zentrum für Krebsregisterdaten/Gesellschaft der epidemiologischen Krebsregister in Deutschland e.V: Krebs in Deutschland für 2013/2014, Robert-Koch Institut, Berlin 2015, S. 18ff.

Stadien ein z. T. noch jahreslanges Leben im Zustand definitiv tödlicher Erkrankung als Palliativpatient/in führen werden. Auch dies führt zur Zunahme der Gesamtzahl von Krebserkrankten sowie dem Anteil derjenigen aus dieser Gruppe, die aktuell schwer betroffen sind, bzw. in einem palliativen Stadium erkrankt sind. Die aktuelle und in Zukunft weiter zunehmende Relevanz dieses schon bisher typischen klinischen Feldes für Seelsorge ist aus dem Dargelegten leicht zu ersehen.

Medizinisch betrachtet bezeichnet Krebs „bösartige Neubildungen (Neoplasien) als Folge eines unkontrollierten Zellwachstums", die in Hunderten von verschiedenen Formen vorkommen.[745] Die Malignität dieser Krankheit besteht darin, dass die Krebszellen die „Fähigkeit haben, in Nachbargewebe einzuwachsen und/oder über Blut und Lymphgefäße in entfernte Körperregionen zu streuen und dadurch Tochtergeschwülste (Metastasen) fernab des Entstehens zu verursachen, z. B. in Leber, Knochen oder Gehirn."[746] Infolge des Tumorgeschehens bilden sich im Organismus lokale und systemisch generalisierte Beschwerden verschiedenster Art aus. Diese werden aufwändig mit chemotherapeutischen, radiologischen, chirurgischen und immunologischen Interventionen der modernen Onkologie behandelt.[747] Alle verfügbaren Therapieformen der High-Tech-Medizin stellen schwere Eingriffe in den Körper dar. Sie sind stets mit Nebenwirkungen behaftet, die von den Krebspatienten im Vorfeld der Interventionen meist unterschätzt werden. Reziprok dazu werden kurative Chancen regelhaft überschätzt. Dies besonders, wenn das Tumorgeschehen im Organismus bei der Erstdiagnose bereits ein fortgeschrittenes Stadium erreicht hat. Gleiches gilt, wenn initial verordnete Chemotherapeutika oder andere Maßnahmen effektlos bleiben und stattdessen unter Therapie Tumorprogress stattfindet. Alle medizinischen Interventionen tangieren einen bereits schon vom Tumorgeschehen geschwächten Körper. In Summe ist der Patient/ die Patientin, zumal in fortgeschrittenen Stadien der Erkrankung, massiv von Belastungen verschiedenster Art beansprucht, die weit über Bereich des Körperlichen hinausgehen, dort aber besonders sichtbar in Erscheinung treten. Jede medizinische Begleitung ist daher gefordert, einen Grenzgang

---

745 Frickhofen, N.: Was ist Krebs? Tumorbiologie für Nichtonkologen, in: Alt-Epping, Bernd/Fuxius, Stefan/Wedding, Ulrich (Hg.): Onkologie für die Palliativmedizin, Göttingen 2015, S. 17–31, hier S. 18.
746 Frickhofen, Was ist Krebs?, S. 18.
747 Vgl. dazu Lordick, F.: Perspektiven in der Onkologie, in Alt-Epping, Bernd/Fuxius, Stefan/Wedding, Ulrich (Hg.): Onkologie für die Palliativmedizin, Göttingen 2015, S. 225–232.

zwischen verantwortlicher Fürsorge und Selbstbestimmung von Erkrankten zu unternehmen, zumal im Umgang mit palliativen Situationen.[748]

In *pflegerischer Perspektive* ergibt sich infolge der Erkrankung, ihrer Therapien und deren Nebenwirkungen eine ganze Reihe von anspruchsvollen Aufgaben bei der Begleitung der Betroffenen. Spezielle fachpflegerische Kenntnis ist erforderlich.[749] Für die Seelsorge ist beachtenswert, dass die onkologisch Erkrankten zeitlich gesehen häufiger und länger mit pflegerischem Personal in Kontakt sind als mit den sonstigen klinischen Professionen. Eine enge Kooperation mit der Fachpflege ist daher für die klinische Seelsorge sehr empfehlenswert, wie auch sonst mit den weiteren Professionen im Haus.[750] Dabei bleibt vorausgesetzt, dass sensiblen Fragen des Datenschutzes und Verschwiegenheitspflichten aller in der Klinik wirkenden Personen ausreichende Beachtung finden.[751] Insgesamt kann zuversichtlich stimmen, was eine Umfrage unter mehr als 230 Stationsleitungen Schweizer Kliniken ergab. Von dieser berichtet Simon Peng-Keller, der daraus zitiert „dass ‚Pflegende [...] mehrheitlich ein eher umfassendes Pflegeverständnis [...] haben, welches auch spirituelle/religiöse Bedürfnisse einschließt'. Das zeigt sich nicht nur an ihrer Bereitschaft, in bestimmten Situationen Seelsorgerinnen und Seelsorger beizuziehen, sondern ebenso dann, wenn sie selbst die Aufgabe übernehmen, Patientinnen und Patienten durch kritische Situationen zu begleiten. [...] Ich bin davon beeindruckt, mit welcher Ruhe und Selbstverständlichkeit erfahrene Pflegefachfrauen mit Sterbenden und ihren trauernden Angehörigen umzugehen wissen."[752] Klinische Seelsorge darf somit begründet darauf hoffen, dass Mitglieder des seit ei-

---

[748] Vgl. dazu Winkler, E. C./Maier, B. O: Zuerst einmal nicht schade, dann aber Fürsorge und Selbstbestimmung gewichten, in: Alt-Epping, Bernd/Fuxius, Stefan/Wedding, Ulrich (Hg.): Onkologie für die Palliativmedizin, Göttingen 2015, S. 151–161.

[749] Vgl. dazu Heise, B.: Die Rolle der onkologischen Fachpflege, in: Alt-Epping, Bernd/Fuxius, Stefan/Wedding, Ulrich (Hg.): Onkologie für die Palliativmedizin, Göttingen 2015, S. 180–193.

[750] Kammerer, T.: Krankenhausseelsorge heute: Offenheit – Professionalität – Zusammenarbeit, in: Deutsche Zeitschrift für Onkologie 49 (2017) 186–196.

[751] Ein Sachverhalt, der seit dem Jahre 2018 durch erweiterte Datenschutzregelungen auf europäischer Ebene weiter an Bedeutung gewonnen hat. Die starken Belastungen, denen das Pflegepersonals infolge Effizienzdruck und Personalknappheit ohnehin schon exponiert ist, sind im Bereich der Onkologie vermehrt gegeben. Seelsorgliche Begleitung kann sich daher bei vorhanden zeitlichen Ressourcen mit gutem Grund auch dem Klinikpersonal widmen.

[752] Peng-Keller, S.: Spiritualität im Kontext moderner Medizin, in: Belok, M./Länzlinger, U./Schmitt, H. (Hg.): Seelsorge in Palliativ Care, Zürich 2012, S. 87–97, hier S. 94.

niger Zeit neu benannte pflegerische Berufs der ‚GesundheitspflegerInnen'
zu ihren Sympathisanten gehören.

Zugleich mit dem tangierten Körper ist die *Psyche der Erkrankten* vom Krebsleiden massiv betroffen. Teilweise zeigen die Betroffenen im Verlauf der Erkrankung und deren Stadien sogar teil- oder vollumfänglich die Merkmale eines Psychotraumas.[753] Die klinische Arbeit der Psychoonkologie[754] widmet sich unter diesem Aspekt[755] und zahlreichen weiteren den Betroffenen. Einbezug erfahren auch deren Familienangehörigen sowie das relevante soziale Umfeld. Allein die Aufzählung einiger regelhaft tangierten Themenbereiche der Erkrankten und der damit gegebenen unterschiedlichen methodischer Zugänge lässt rasch erahnen, wie komplex die Beanspruchungen sind, denen sich onkologische PatientInnen gegenüber sehen. Typische Beschwerden sind: Schmerz, Angst, Trauer, Depression, Körperbildstörungen, chronische Erschöpfungszustände, seelischer Stress infolge somatischer und psychosomatischer Nebenwirkungen von Therapien (Übelkeit, Erbrechen, Parästhesien infolge der Nervenschädigung durch Chemotherapeutika, Hautveränderungen, Haarausfall usw.), um nur einige zu nennen. Finanzielle Probleme[756] infolge des Verlustes von Erwerbsarbeitsfähigkeit, Sorgen wegen der Begleichung von Schulden, z. B. für unlängst erworbene Immobilien, und anderes kommen zur körperlich-psycho-sozialen Beanspruchung obendrein hinzu. Ernste Sorgen um die

---

753 Vgl. dazu mit Blick auf die tiefenpsychologischen Aspekte Hirsch, M: Trauma (Analyse der Psyche und Psychotherapie, Bd. 1), Gießen 2011; mit Blick auf therapeutische Interventionen in der Klinik und deren bewährte Phasen Reddemann, L./Sachsse, U.: Traumazentrierte Psychotherapie. Theorie, Klinik und Praxis, Stuttgart 2004.
754 Vgl. zu verschiedenen psychoonkologischen Modellen und der Bedeutung für Seelsorge Schmohl, Onkologische Palliativpatienten im Krankenhaus, S. 34–47, sowie Zettel, Stefan: Psychoonkologie, in: Alt-Epping, Bernd/Fuxius, Stefan/Wedding, Ulrich (Hg.): Onkologie für die Palliativmedizin, Göttingen 2015, S. 195–213.
755 Was aus psychoonkologischer Sicht beim Erstgespräch beachtenswert ist, hat auch für die erste Begegnung mit klinischem Seelsorgepersonal Bedeutung: „Zum anderen muss auch ein Aspekt aus der Psychotraumatologie beachtet werden: Die Gefahr der Retraumatisierung. Bevor wir die Patienten ausführlich berichten lassen, sollten wir uns mit einer oberflächlichen Schilderung der Fakten begnügen, da wir noch nicht wissen, wie weit die Patienten durch das Erlebte traumatisiert werden. Sollte dies der Fall sein, riskieren wir durch eine ausführliche Schilderung ein erneutes Eintauchen in die traumatisierende Situation und möglicherweise eine erneute Traumatisierung." Weyland, P.: Psycho-onkologie – Das Erstgespräch und die weitere Begleitung, Stuttgart 2013, S. 9.
756 Vgl. dazu Schwarz/Singer, Einführung in die psychosoziale Onkologie, S. 181.

finanzielle Zukunft sind die am dritthäufigsten (!) genannte Belastung, die onkologische Patienten angeben. Ein weiteres Feld sind Paar- und Beziehungsprobleme[757], sowie Erziehungsprobleme bei erkrankten Kindern. Entsprechend vielfältig sind die psychoonkologischen (Krisen-) Interventionen, die meist integrativ den Umgang mit dem Körper[758], das komplexe psychische Erleben unter Einbezug ressourcenorientierten Vorgehens[759] zu verbinden suchen, und zwar im vorrangigen Anliegen der Unterstützung.[760]

Die kursorisch beleuchteten vielfältigen Aufgaben der klinischen Professionen geben einen Eindruck davon, in welchem Kontext die seelsorgliche Begegnung mit onkologischen Patienten im Akutkrankenhaus, aber auch der Tendenz nach in rehabilitativen Einrichtungen, situiert ist. Im atmosphärisch vielstimmigen Ensemble dieser Professionen[761] bringt Seelsorge ihre eigene Melodie zu Gehör, um das eingangs angeführten Beispiel einer konzertanten Aufführung erneut aufzunehmen. Welcher Ton ist von SeelsorgerInnen anzuschlagen, damit die Melodie einer der Güte gewidmeten Seelsorge auf gewinnende Weise anklingen kann? Der Bedeutung, die dem Erstkontakt mit den Betroffenen in diesem Sinne zukommt, wenden sich die folgenden Ausführungen zu.

3.3.2 Die seelsorgliche Erstbegegnung als Ort der Präsenz von Güte

Bevor ein Modus der seelsorglichen Kontaktaufnahme zum Thema wird, der Momenten von Diskretion und Interesse gleichermaßen Raum gewährt,

---

757 Vgl. dazu Jellouschek, H.: Trotzdem leben! Wenn ein Partner Krebs hat, Freiburg 2004.
758 Vgl. zu den komplexen Änderungen des Körpererlebens Schwarz, R./Singer, S.: Einführung psychosoziale Onkologie, München 2008, S. 166–180, sowie zum Einbezugs seelsorglicher Präsenz Goldbach-Bolz, G.: Körper- und ressourcenorientierte Seelsorge bei Frauen mit Brust- und Unterleibskrebs, in: WzM 69 (2016) S. 541–554.
759 Vgl. dazu Diegelmann, C./Isermann, M. (Hg.): Ressourcenorientierte Psychoonkologie: Psyche und Körper ermutigen, Stuttgart 2011.
760 Vgl. dazu Hack, C.: Psychoonkologie. Halten und Aushalten, in: Deutsches Ärzteblatt 103 (2006) Heft 6, S. 320–326.
761 Vgl. Einblick in das mitunter auch spannungsreiche Zusammenwirken der Seelsorge mit anderen klinischen Professionen im Palliativbereich gewährt Schmuck, V.: Das Orchester der Palliativversorgung. Chancen und Stolpersteine der Multiprofessionalität aus supervisorischer Sicht, in: Hagen, T./Groß, N./Jacobs, W./Seidl, C. (Hg.): Seelsorge im Krankenhaus und Gesundheitswesen. Auftrag – Vernetzung – Perspektiven, Freiburg 2017, S. 169–176.

gilt es die AdressatInnen in ihrer Vielfalt zu würdigen. Denn die Klassifizierung ‚Onkologische PatientInnen' umfasst Menschen mit sehr unterschiedlichen Lebenslagen. Bei der Frage nach der Erstbegegnung mit derart erkrankten Menschen ist daher zunächst zu fragen, in welchem momentanen Stadium der Erkrankung sie sich aktuell befinden. Deren gibt es verschiedene: „Menschen, die gerade über ihre ‚Krebs' Diagnose aufgeklärt wurden, die operiert werden, eine belastende Chemotherapie oder Strahlenbehandlung mitmachen, sowie Betroffene nach erfolgreich abgeschlossener medizinischer Behandlung sind zwar alles sogenannte Krebspatienten, aber in keiner Weise eine homogene Gruppe."[762] Dem entsprechend breit ist das Spektrum an Situationen, in der Klinikseelsorge bei Krebskranken erstmalig präsent wird. Die Spannweite reicht von sehr belastenden Momenten im zeitlichen Umfeld der histologisch noch ungesicherten Verdachtsdiagnose bis hin zu rituell-liturgischen Formen des Abschieds von PatientInnen, die letztlich an der Krankheit verstorben sind.[763] Wie können diese ersten Begegnungen seelsorglich so mitgeprägt werden, dass ihr Charakter als Ort der Präsenz von Güte erfahrbar wird? Warum ist die erste Begegnung seelsorglich besonders wichtig? Diesen Fragen widmen sich die nachstehenden Ausführungen. Dabei wird ausgehend von psychologischen Erkenntnissen zum Erstkontakt mit Erkrankten zur seelsorglichen Perspektive weiter fortgeschritten. Der psychologisch geschulte Blick und der seelsorgliche schließen sich dabei nicht aus. Es sind zwar zwei divergierende Optiken mit verschiedenen Anliegen, Fokussierungen und Heuristiken. Sie müssen sich aber keineswegs gegenseitig den Blick verstellen. Vielmehr kann die seelsorgliche Hinsicht von dem profitieren, was die andere klinische Profession auf geschulte Weise detailliert zu sehen vermag. Wenn dabei das empathische *Verstehenwollen* des erkrankten Gegenübers zum Anliegen wird, und das diagnostizierende und klassifizierende In-Augenschein-Nehmen für Interventionszwecke demgegenüber ganz zurück tritt, dann ist eine für Seelsorge gewinnende Perspektive erlangt. In dispositioneller Hinsicht hebt in dem Fall schon eine der Güte gewidmete Seelsorgepraxis an. Bei dieser geht es den hauptamtlichen Akteuren fundamental darum, sich mit dem Gegenüber zusammen gleichsam im Raum der Güte zu beheimaten.

Der ersten Begegnung mit erkrankten Menschen wird in der tiefenpsychologisch fundierten Therapieschule traditionell besondere Beachtung

---

762 Ebell, Hypnotherapie in der Psychoonkologie, S. 65.
763 Känzle, S./Schmid, U. /Seeger, C.: Bestattung, in: Palliative Care 2006 p. 273–285

geschenkt, insbesondere in der Psychoanalyse.[764] Auch in psychoonkologischer Perspektive kommt dem ersten Treffen hohe Bedeutung zu, und seine orientierende Qualität für weitere Begleitung wird eigens hervorgehoben.[765] Denn im Zeit- und Interaktionsraum der ersten Kontaktaufnahme sind wertvolle Hinweise für ein möglichst umfangreiches Verstehen des Gegenübers zu finden. So treten neben den objektiven Daten und der subjektiven Deutung des Gegenübers auch die szenischen Informationen[766] sowie die komplexen Aus- und Rückwirkungen zutrage, die die Begegnung beim Therapeuten und dem Gesprächs- und Interaktionspartner in der Begegnung und danach hervorrufen. Dabei ist die verbale Dimension[767] nur ein Aspekt an der leiblich-psychisch sich artikulierenden Begegnungsvielfalt, die den entstehenden intermediären Raum der zwei Personen betrifft. Die Dynamik der Begegnung wirkt sich, psychologisch betrachtet, auf beide Teilhabenden an der Begegnung gleichermaßen aus, ist aber keinem allein verfügbar und zuhanden. Was hier in psychologischer Optik kursorisch in den Blick kam, gilt es nun in seelsorglicher Perspektive zu sichten und im Zuge dessen auf das Proprium klinischer Seelsorgepräsenz hin zu spezifizieren. Seelsorge wird darin grundlegend als Geste konturiert, die aus der Präsenz der Güte heraus zu agieren und deren lebensraumschaffenden Impetus zu fördern sucht.

3.3.2.1 Der Blick im Rahmen der Erstbegegnung

In seelsorglicher Hinsicht verdient die Erstbegegnung betontes und interessiertes Augenmerk. Es legt sich ein waches Gespür für alle Gestimmtheiten nahe, die sich aus der visuellen und sonstigen Kreuzung von zwei Lebenswegen im Raum und Zeit ergeben. Die erste Begegnung kann, wie auch sonst im Leben, nicht wiederholt werden. Sie legt unweigerlich den Grundstein für die gesamte Dynamik, die sich zwischen der seelsorgenden Person und dem erkrankten Menschen in folgenden Begegnungen noch manifestieren kann. Auch wo es bei einem einmaligen Patientenkontakt bleibt, was angesichts der kurzen Verweildauern in Kliniken mit Therapien und Diagnostik, Erschöpfungsphasen, Kontakten den klinischen Professionen

---

764 Vgl. dazu Eckstaedt, A.: Die Kunst des Anfangs. Psychoanalytische Erstgespräche, Frankfurt 1991.
765 Vgl. dazu Weyland, P.: Psychoonkologie. Das Erstgespräch und die weitere Begleitung, Stuttgart 2013.
766 Vgl. dazu Argelander, H.: Das Erstinterview in der Psychotherapie, Darmstadt 1970.
767 Vgl. dazu Lai, G.: Die Worte des ersten Gesprächs, Bern 1978.

oder Verwandter usw. nicht immer zu verhindern ist, verdient der Beginn dieser ersten Begegnung Beachtung. Da es aber zu raumgreifend wäre, alle Aspekte der Erstbegegnung auf diese Weise beleuchten zu wollen, beschränkt sich die Darstellung auf den *optischen Aspekt der Begegnung*. Dies geschieht mit der Aussicht, dass sich an diesem Detail das Ganze des Gemeinten in verdichteter Form zeigen lässt. Orientierend für diesen Zugang war auch die mehrfach erwähnte Eckhartsche Wendung vom *sich anschauen* der Güte und des Guten im Buch der göttlichen Tröstung, was mithin die optische Dimension der personalen Qualität von Begegnung hervorhebt. Überdies war bestimmend für diesen Fokus, dass einige onkologische Patientinnen schon beim Erstkontakt nur noch eingeschränkt kommunikationsfähig sind, sprich sich nicht mehr oder kaum noch äußern können, was die Bedeutung der optischen Kontaktaufnahme erhöht. Ebenfalls gewinnt der Blickkontakt an Bedeutung, wo PatientInnen infolge ansteckender Erkrankungen (z. B. multiresistente Keime) nur mit Mundschutz und Hygienekleidung besucht werden können. Denn dann sieht der erkrankte Mensch fast nur noch die Augenpartie der BesucherInnen, die zudem ggf. gehalten sind, die Erkrankten nicht zu berühren.

Blickkontakt aufzunehmen ist eine der zentralen menschlichen Weisen der Beziehungsaufnahme, und zwar seit der Geburt an. In Anschauen eines Menschen werden in kürzester Zeit zentrale Beziehungsbotschaften gesendet. Es kommen bewusst und unbewusst innere Einstellungen dessen, der den Blick zukehrt, zum Ausdruck. Was ist nun bei der optischen Kontaktaufnahme mit onkologischen Patienten im Anliegen einer güteadressierten Seelsorge besonders von Bedeutung? Zwei Zugänge wollen etwas von dem frei legen, was einen gütigen Blick eines seelsorgenden Menschen besonders ausmachen könnte. Es ist zum einen das Moment der *vorbehaltlosen Anerkenntnis des Gegenübers*. Darin sucht der Schauende in die Qualität der Güte einzutreten und gewährt ihrer Dynamik in sich selbst Raum. Zweitens wenden sich die Überlegungen dem menschlichen *Gesicht zu als dem prominenten Ort, wo der Ruf in die Güte* vernehmbar wird. Das Anschauen wird im Zuge des zweiphasigen Gedankengangs als ein hörendes und im Kern als ein der Präsenz des anderen Menschen antwortendes Geschehnis beschrieben. Eine kursorische Bezugnahme auf religionsphilosophische Positionen von Emmanuel Levinas findet hierbei Eingang in die Darstellung. Sie erweisen das Gesicht oder Antlitz eines Menschen als Verweis auf einen unvordenklichen Anspruch, der klinisch Seelsorgenden angesichts des anderen Menschen zugleich unterbrechend und identitätsgewährend nahe kommt.

3.3.2.2 Der Blick als Instrument der Beschämung oder der Wertratifikation

Für die seelsorgliche Erstbegegnung kann die Kontaktaufnahme in Form von Blickkontakt kaum überschätzt werden. Das gilt besonders für onkologische PatientInnen. Bevor auch nur ein Wort der Begrüßung fällt, fallen hier oft schon die Würfel für die Frage, welche Richtung die Begegnung insgesamt einschlägt. Dabei wird seelsorglich erstens der Blick als Modus der Ratifikation von Wert zum Thema. Wie ein erkrankter Mensch es verarbeitet, von andere angeschaut zu werden, das hängt tiefgehend von bisherigen Erfahrungen ab, die er seit seiner Kindheit damit gemacht hat. Welchen Blick andere für ihn bis dato übrig hatten, wie man ihn beäugte, zumal in schwachen Phasen seiner Lebensgeschichte, für wen er überhaupt jemals der Blicke wert waren, all das wird hochvirulent. Ein kleiner Besuch in Patientenzimmern, in denen Randständige und Obdachlose auf onkologischen Stationen untergebracht sind, kann das Gemeinte rasch verdeutlichen. Dabei darf nicht vergessen werden, dass onkologisch Erkrankte zumeist auf die eine oder andere Art körperlich erkennbar gezeichnet sind. Unübersehbar wird das zumal dort, wo die Krankheit augenfällig erkennbar fortgeschritten ist. Alle Arten von therapeutischen Interventionen hinterlassen Spuren – und zwar im Inneren und im Äuperen. Letztere sind manchmal sogar großflächig, etwa wo Rekonstruktionen, Prothesen, postoperative Deckungen von Hautpartien und andere plastische Chirurgie stattfanden. Das verschärft die je schon anthropologisch gegebene Schamsensibilität bei diesen Menschen oft enorm. Zu den therapeutischen Maßnahmen hinzu sind noch Nebenwirkungen körperlicher und seelischer Ar zu verkraften. Das Genannte verunsichert die Betroffenen in Summe basal. Es tangiert ihr Körpererleben und somatisches Selbstkonzept meist sehr schmerzlich und erschöpft die Menschen zuinnerst. Manche PatientInnen spalten Teile ihre deformierten Körpers teilweise oder sogar dauerhaft unbewusst von ihrem Selbsterleben ab, um sich vor dem seelischen Zusammenbruch zu bewahren.[768] Vulnerabilität ist daher das erste Stichwort, das Seelsorge sehr ernst zu nehmen hat, wo sie onkologisch Erkrankten initial nahe kommt. Eine bei manchen onkologischen PatientInnen erhöhte Sensibilität für Nähe und Distanznahme in Begegnungen ist ebenfalls in Rechnung zu stellen. Dies gilt auch für diesbezüglich ansonsten weniger irritierbare Personen.[769] Das

---

768 Vgl. dazu Hirsch, M.: Körperdissoziation, Göttingen 2018, S. 33–39.
769 Für diese PatientInnen sind ambivalente Gestimmtheiten in Begegnungen typisch. Ebenso zeigen sich häufig spezifische Trauerreaktionsmuster, die

Benannte ist besonders dann von Belang, wenn die Seelsorgerin oder der Seelsorger von anderem Geschlecht und Alter ist, als die erkrankte Person, zumal wenn sie oder er jünger ist als der erkrankte Mensch.

Hier kommt dem schauenden Auge des anderen nun eine bedeutende Rolle zu. Nicht umsonst hat sich die Redewendung vom Wunsch vor Scham im Boden zu versinken, d. h. total unsichtbar zu werden, ausgebildet. Der Blick wird in dem Falle als Instrument der fatalen Beschämung und als zerstörend erfahren. Er wirkt invasiv und trifft die Person dessen, der oder die derart ins Blickfeld rückt, mitten im Kern. Optisch so berührt worden zu sein, das erschüttert den Selbstwert tiefgehend. Leider sind die Erfahrungsberichte von PatientInnen bisweilen nicht frei von derartiger ‚Inaugenscheinnahme' durch Andere, mitunter auch durch nahestehende Andere. Seelsorge ist dem entgegen eine wertvolle Möglichkeit eröffnet, in güteaffiner Weise präsent zu werden. Dies geschieht dort, wo der diskret interessierte Blick die Haltung ausdrückt, den angeschauten Menschen in seinem Wert zu bestätigen und seinen Status als Subjekt zu ratifizieren, gleichsam seine unberührbare Würde buchstäblich ‚in den Blick zu heben'. Solche interessierte Diskretion wird zur pastoralen Realität, wo der erkrankte Mensch gleichsam mit einem Mal und im augenblicklichen Angeschautwerden dessen inne wird, dass er oder sie ‚ein Ansehen' hat, das nicht verloren gehen kann. Das geschieht entweder sofort, wo sich Blicke treffen, oder es ist schon versäumt.

Hier kommt ein zentraler Aspekt einer der Güte gewidmeten Seelsorge in der Klinik buchstäblich ‚zu Gesicht'. Denn es wachsen im konkreten Blick einer Seelsorgerin oder eines Seelsorgers dessen erworbene innere Dispositionen mit dem situativen Kontext des begegnenden Menschen und der Qualität der Güte als von sich selbst her sich manifestierender Größe momenthaft zusammen. Auch menschliche Schwäche, eigene Erschöpfung der SeelsorgerInnen, menschliche Sympathie oder Antipathie, Affinitäten oder Aversionen gegenüber der äußeren Erscheinung des Erkrankten usw. spielen dabei eine Rolle. Was Meister Eckhart von der Güte anführt, die sich im Guten, sofern er gut ist, prozesslos und mit einem Male manifestiert, es gewinnt hier für klinische Seelsorgeakteure Anschaulichkeit. Dabei spielen die obige Responsivität von vorsituative Gestimmtheit des Seelsorgenden, der situativen Individualität der Begegnung und in allem und über es hinaus

---

Vermeidungsverhalten, Bagatellisierungen, und den Verlust von Emotionalität beinhalten können. Vgl. dazu Muller, R. T.: Wenn Patienten keine Nähe zulassen. Strategien für bindungsorientierte Traumatherapie, Stuttgart 2013, S. 102–116.

die Virulenz der Güte näher besehen eine dynamisierende Rolle, die nicht verfügend und bewerkstelligend geplant oder antizipiert werden kann. Der seelsorgliche Blick ist somit ein exemplarisches ‚Zwischenereignis' der Pastoral. Diskret-interessierte Anblicken ist als habituell und situativ konfiguriertes Ereignis im Raum der Präsenz von Güte eine Manifestation der ‚Erhöhung' und ‚Groß-Machung' eines Menschen. Sie gründet darin, dass sich die Güte im Guten, sofern er sich ihr adressiert, um es mit Meister Eckhart zu konturieren, nicht nur partiell, sondern *unvermittelt vollständig* zueignet. In der Kraft dieser Güte kann die seelsorgende Person im Zeitraum eines Augenblicks einen gütigen Blick erlangen. Sie ‚macht' ihn aber nie und könnte das auch nicht, sie lässt ihn vielmehr gerne geschehen und tritt in eine ihr von ab extra her zukommende Dynamik ein. Dies geschieht vorrangig und zuerst um willen *des vom Seelsorgenden Angeschauten. Doch auch dem Blickenden kommt im Zuge dessen etwas zu, das seine Identität begründet.* Letzterer wird in solcher optischen Responsivität, die vorgängig seiner Initiative vom exponierten und vulnerablen anderen her begründet ist, ebenso vor etwas gerettet und ins Subjektsein erhoben wie der Angeblickte. Denn im Getroffenwerden vom Gegenüber gelangt der Blickende an den Ort, wo er in die Verantwortung für die sterbliche Verfasstheit und soziale Angewiesenheit des Erkrankten gerufen wird. Der Augenblick der optischen Begegnung ist so der Ort, wo Verantwortung buchstäblich zur Welt kommt, wo sie als Antwortgeschehen ‚geboren' wird. Das oben in Grundzügen konturierte wird nachfolgend unter kursorischer Aufnahme der Beiträge von Emmanuel Levinas weiter ausgeführt.

3.3.2.3 Das Antlitz bei Emmanuel Levinas als Ort des Rufes in die Güte

Ein selektiver Einbezug von Momenten des religionsphilosophischen und phänomenologischen Schaffens von Emmanuel Levinas[770] kann für eine der Güte gewidmete Klinikseelsorge einen wertvollen Beitrag leisten. Hier wird dieser Beitrag mit Fokussierung auf die Erstbegegnung mit PatientInnen unter spezieller Hinsicht auf die *optische Dimension der Kontaktaufnahme* gesucht. Dieses Geschehen berührt unmittelbar das Zentrum, von

---

770 Vgl. dazu in verdichteter Form Casper, B.: Angesichts des Anderen. Emmanuel Levinas – Elemente seines Denkens, Paderborn 2009, sowie Stegmaier, W.: Emmanuel Levinas. Zur Einführung, 2., unveränderte Auflage, Hamburg 2013, sowie Taureck, B. H.F.: Emmanuel Levinas. Zur Einführung, 2. Überarbeitete Auflage, Hamburg 1997.

dem aus der Autor seinen Gedankengang entfaltet: „Emmanuel Levinas hat einen außerordentlich weitreichenden ethischen Ansatz auf eine schmale phänomenologische Basis gegründet, deren Mitte wiederum nicht mehr als die Erfahrung einer momentanen Irritation ist, der Irritation beim Blick in das bloße Gesicht eines anderen. Diese Irritation deutet er mit großem Nachdruck so, daß das Gesicht des anderen schweigend sagte ‚Du wirst nicht töten' (Tu ne tueras point, DEEH[771] 173, 198) oder ‚Du wirst keine Mord begehen' (Tu ne commettras pas de meurtre, TI[772] 173, 285) und stellt so den Übergang zur Ethik her."[773]

Eine *theologisch* interessierte Annäherung[774] an den Autor ist jedoch zunächst in doppelter Weise zur Vorsicht gerufen. Diese ist angebracht bezüglich einer inadäquaten Aneignung und reduktionistischen Theologisierung seines Denkens. Denn zum einen ist der aus dem litauischen Kaunas stammende Jude wesentlich und vornehmlich *philosophisch* zu verstehen.[775] Anliegen ist ihm, Ethik statt Ontologie als erste Philosophie zu begründen und fachspezifisch zu erinnern.[776] Zweitens entstammt der später in Frankreich lehrende Religionsphilosoph *jüdischer Tradition* und nicht christlicher. Jeder Versuch, etwas von seinen in eigentümlicher Sprache[777] und bisweilen abrupter Gedankenführung entworfenen Überlegungen in theologisches

---

771 Levinas, E.: En découvrant l'existence avec Husserl et Heidegger, Paris 1949.
772 Levinas, E.: Totalité et Infini. Essai sur l' extériorité. La Haye 1961.
773 Stegmaier, Emmanuel Levinas, S. 132.
774 Vgl. dazuWollzogen, C.: Zwischen Emphase und Verdacht: Wege und Umwege der deutschen Rezeption von Levinas, in: Philosophische Rundschau 43 (1995) S. 193–224.
775 „Levinas ist der gegenwärtig zeitgemäßeste unzeitgemäße Denker: Aus zwei Quellen schöpfend, der jüdischen Tradition und der Phänomenologie Husserls, ist er konsequent einen Denkweg gegangen, der die Existenzphilosophie Sartres hinterfragt und sich gegenwärtig mit dem berührt, was ‚Poststrukturalismus' genannt wird. Dabei ist Levinas weder Existenzphilosoph noch Poststrukturalist. Er ist etwas, was sich gegenseitig auszuschließen scheint: Er ist beides." Taureck, Emmanuel Levinas, S. 11.
776 Vgl. dazu Stegmaier, Emmanuel Levinas, S. 68–132.
777 Instruktiv ist hierzu, wie Werner Stegmaier den Autor charakterisiert: „Levinas spricht ganz anders (tout autrement) als die anderen. Mit ihm kam ein Ton in die Philosophie, den man zuvor nicht gehört hatte, ebenso befremdlich wie anziehend. Er kommt immer gleich zur Sache. Er gebraucht ohne Umschweife die anspruchsvollsten Begriffe der Philosophie, um die schlichtesten Phänomene zu verdeutlichien. Er stellt in kürzesten Anläufen die weitreichensten und herausforderndsten Fragen. Er hält sich nicht mit Philologie auf." Stegmaier, Levinas, S. 8.

Denken christlicher Provenienz zu überführen, hat daher auf gezogene Grenzen der Übertragbarkeit zu achten.[778]

Eingedenk dessen soll in knapper Form auf Elemente an der Bedeutung des Wortes *visage* eingegangen werden. Das Sujet vom Gesicht/Antlitz spielt im Werk des Autors eine bedeutende Rolle, wie oben schon angedeutet wurde. Werkgenetisch betrachtet wird es in verschiedenen Akzenten artikuliert, wobei in späteren Veröffentlichungen verstärkt Momente von *„Verleiblichung, Verweiblichung, Verzeitlichung"*[779] virulent werden. Aspekte, die in Summe wesentliche Akzente am Schaffen des Autors markieren und im Terminus visage zusammenfließen. Visage kann im ersten Verstehen zunächst mit Gesicht oder mit Antlitz übersetzt werden.[780] Der Begriff erlangt aber beim Autor eine darüber hinausreichende, facettenreiche Bedeutung. Er wird ihm unter anderem zur Chiffre für einer basalen Exponiertheit als anthropologischem Grundsignum.[781] Dieses wird an der nackten Haut ablesbar, wie Levinas in einem Gespräch bemerkt: „Diese Fähigkeit des Menschen, in seiner Einzigkeit, in der Demut seiner Blöße und Sterblichkeit, die Macht seines Aufrufs – Wort Gottes – meiner Verantwortung für ihn, meiner Erwählung als Einziger zu dieser Verantwortung, kann aus der Nacktheit eines von Rodin geformten Armes kommen."[782] Levinas geht es dabei um eine besondere Art von Bedeutung, wie Ludwig Wenzler hervorhebt: „Dabei ist es wesenhaft für das Antlitz, daß es ‚nackt' ist. Es wird nicht durch irgendeine Bedeutung bekleidet, die ihm von eine größeren Zusammenhang aus zukäme. Es bedeutet nur durch sich selbst. Das Antlitz als nacktes ist außerhalb jeder Ordnung. Es ist reines Elend, reine Sterblichkeit und Verwundbarkeit. Eben dadurch ist es ‚Flehen'."[783] Wo aus dem Gedankengang

---

778 „Für eine Interpretation von Lévinas Philosophie bedeutet dies einmal mehr ein Veto gegen das Klischee vom ‚religiösen Denker' ". Taureck, Emmanuel Levinas, S. 38.

779 Vgl. dazu Sandherr, S.: Das Antlitz des anderen als Anfrage und Aufgabe. Verantwortung und Subjektivität in der Philosophie Emmanuel Levinas'. Eine Skizze, in: Frisch-Oppermann, S. (Hg.): Das Antlitz des „Anderen". Emmanuel Levinas' Philosophie und Hermeneutik als Anfrage an Ethik, Theologie und interreligiösen Dialog (Loccumer Protokolle 54/99), Rehburg-Loccum 2000, S. 33–55, hier S. 34.

780 Vgl. Sandherr, Das Antlitz, S. 33.

781 Vgl. Ebd. S. 43, sowie Wenzler, L.: Das Antlitz, die Spur, die Zeit. Zeitlichkeit als Struktur und als Denkform des religiösen Verhältnisses nach Emmanuel Levinas, Freiburg 1986, besonders S. 168f.

782 Levinas, E.: Der andere, die Utopie und die Gerechtigkeit, in: ders.: Zwischen uns. Versuche über das Denken an den Anderen, München 1995, S. 265–278, hier S. 275.

783 Wenzler, L.: Einleitung, in: Levinas, E.: Humanismus des anderen Menschen. Übersetzt und mit einer Einleitung versehen von Ludwig Wenzler. Anmerkungen von

von Emmanuel Levinas für christliche Theologie eine Resonanz erwächst, die nicht das Fremde an dessen Gedankengang eliminieren und sein Denken vereinnahmend in Besitz nehmen will, dort kann auch für klinische Seelsorge Wertvolles buchstäblich *in den Blick* geraten.

Für Levinas ist das Antlitz die Gegebenheit, in Form dessen ein unbedingter Anspruch erscheint. Der Anspruch sprengt bei demjenigen, dem er nahe kommt, gewaltsame Weisen des Wirklichkeitsbezugs und des Umgangs mit Zeit auf.[784] Den Schauenden versetzt er in den Modus einer totalen Passivität, bei der der Schauende zum Angeschauten wird. „Passivität meint hier nicht Untätigkeit oder Antriebslosigkeit, sondern die Tatsache, daß angesichts des anderen Menschen das Bewusstsein seine erste Stelle verliert, seine Funktion als Initiator aller geistigen Bewegungen."[785] Denn gegenüber der Ankunft des Anspruchs kommt das Reagieren des Schauenden immer nachträglich und zu spät. Es ist ein Reagieren angesichts des schon längst Angegangenseins. Der aus radikaler Unzugänglichkeit gegenüber dem Ermächtigungsinteresse des selbstbezüglichen Subjekts herkommende Anspruch ist doppelt verfasst. Er ist Verbot und Gebot zugleich, wie oben bereits konstatierend im Zitat des Autors angeführt wurde. Er ist Tötungsverdikt und zugleich gebietende Forderung und Bitte um basalen Beistand. Was angesichts jedes Menschen an den jeweils Schauenden rühren will, es rührt umso mehr an ihn, als das Gegenüber unübersehbar bedürftig, vulnerabel und erkennbar sterblich erfahren wird. Umso stärker muss daher der ethische Imperativ gehört und ihm entsprochen werden. Was oben erwähnt wurde, gewinnt an Kontur, wenn der konkrete, einzelne Mensch ins Zentrum der Wahrnehmung gelangt. Levinas bemerkt in einem Gespräch: „Das Verhältnis zum Antlitz ist gleichzeitig das zu einem absolut Schwachen – zu dem, das absolut ausgesetzt, nackt und entblößt ist, es ist das Verhältnis zum Entblößtsein und folglich zu dem, der allein ist, und die höchste Vereinzelung erleiden kann, die man den Tod nennt; es gibt folglich im Antlitz des Anderen immer den Tod des Anderen, und so, Anstiftung zum Mord [...],

---

Theo de Boer. Mit einem Gespräch zwischen Emmanuel Levinas und Christoph von Wollzogen als Anhang „Intention, Ereignis und der Andere", Hamburg 1989, Seite VII–XXVII, hier S. XI.

784 „Was das Antlitz ‚bedeutet', das heißt: zu verstehen gibt, das spricht sich aus in der Bitte: du wirst mich nicht töten. Die Ohnmacht dieser Bitte hat jedoch den Rang eines Befehls: du *darfst* mich nicht töten. Diesen Befehl vernimmt aber nur ein Bewusstsein, das in seiner Gewaltsamkeit erschüttert ist, das befreit ist von dem Zwang, nur sich selbt durchzusetzen." Wenzler, Einleitung, S. XI.

785 Wenzler, Einleitung, S. XI.

die Versuchung, bis zum Letzten zu gehen [...], den Anderen vollkommen außer Acht zu lassen [...] – und gleichzeitig, und das ist das Paradoxe, ist das Antlitz auch das ‚Du wirst nicht töten'."[786] Im gleichen Gespräch ergänzt Levinas das Ausgeführte um den oben erwähnten Akzent eines *Gebotes*, der zum Tötungs*verbot* hinzu tritt: „Das Du-wirst-nicht-töten kann man auch noch weiter entfalten; es ist die Tatsache, daß ich den anderen nicht alleine sterben lassen kann."[787] Vor dem Hintergrund der grauenhaften Verobjektivierungen und Morde des NS-Regimes, dem auch nahe Verwandte des Autors zum Opfer fielen, wird die Insistenz und der korrektivische Impetus des jüdischen Religionsphilosophen verständlich.

Der wortlose aber ethisch unüberhörbare Ruf des Anspruchs, der Objektivierung verbietet und Solidarität gebietet angesichts des anderen Menschen, ist somit etwas, das den mit klinischer Seelsorge Betrauten unausweichlich nahekommt, wo sie ihrerseits Krebserkrankten nahe kommen. Daraus leitet sich in der Fluchtlinie des Levinaschen Denkens nicht nur der Imperativ ab, sich für kranke Menschen in der Klinik solidarisch zu engagieren. Darüber hinausgehend drängt der Anspruch in die Übernahme von Verantwortung, die ‚Einsetzung' (substitution)[788], und im Extremfall sogar die Aufgabe des eigenen Lebens für den anderen bedeutet.

Somit ist bei Levinas die intersubjektive Begegnung keine symetrische, sondern ganz im Gegenteil eine asymetrische, die allerdings im Moment der Gerechtigkeit moderierenden Einfluss erfährt.[789] Der andere Mensch wird mir, wo er sich im dyadischen Begegnungsraum zeigt, zum Ort des Geisel- oder Leibbürgeseins[790] um seinetwillen. Die Sorge um mich selbst, die normalerweise durchgängig mehr oder weniger alltagsprägend wirksam ist, kehrt sich um in die Sorge um den anderen Menschen. Eine Rückkehr in den status quo ante wird unmöglich. Wo der Schauende im Sehen von sich weg zu gehen vermag angesichts des Anderen, da gelangt der Schauende in die Spur der Herrlichkeit des Unendlichen, die Levinas mit Güte[791] in Beziehung

---

786 Levinas, E.: Zwischen uns. Versuche über das Denken an den anderen, aus dem Französischen übersetzt von Frank Miething, München 1995, S. 133.
787 Ebd.
788 Vgl. dazu Sandherr, S.: Die heimliche Geburt des Subjekts. Das Subjekt und sein Werden im Denken Emmanuel Levínas (Praktische Theologie heute, Bd. 34), Stuttgart 1998, S. 160–166.
789 Vgl. dazu Casper, Angesichts des Anderen, S. 85–96.
790 Ebd. S. 70–73.
791 Vgl. dazu die Habilitationsschrift von Wenzler, L.: Das Antlitz, die Spur, die Zeit. Zeitlichkeit als Struktur und als Denkform des religiösen Verhältnisses nach Emmanuel

bringt. Diese zeigt sich im Gedulden und im Dulden, wie der Autor in seinem ersten Hauptwerk „Totalität und Unendlichkeit" ausführt: „Im Gedulden durchbricht der Wille die Schale seines Egoismus und verlagert er gewissermaßen das Zentrum seiner Schwerkraft nach außerhalb seiner, um als Verlangen zu wollen und als Güte, die von nichts begrenzt wird."[792] Von romantischer Verklärung des anderen ist dieses Modell intersubjektiver Begegnung allerdings weit entfernt. Der derart angehende und mit ethischer Wucht verbietend-gebietende Andere ist gerade auch derjenige, der lästig, beschwerlich, mich störend ist. Er kann eine Last sein und wird es oft sein. Gleichwohl ist der Schauende durch den Kontakt in eine Nähe geraten, der er sich nicht wieder ohne Stellungnahme entziehen kann: „Dem Mich-Angehen des Anderen kann ich mich nicht verschließen. Ich bin immer schon in sein Schicksal involviert. Wohl kann ich mich weigern, das Bitten des Antlitzes zu erfüllen. Aber ich kann mich der Tatsache, daß ich angerufen und zum Antworten aufgefordert werde, nicht entziehen. Die Forderung lässt sich nicht ungeschehen machen, nicht zum Verschwinden bringen."[793]

Ausgehend vom oben Dargelegten richtet sich der Blick im Folgenden auf trauernde onkologische PatientInnen. Dies eingedenk dessen, dass die Betroffenen ihrerseits schon immer die Seelsorgenden ‚anschauen' – und zwar im Sinne von Emmanuel Levinas auf existentielle Weise und in Form ihrer basalen Vulnerabilität. Der weitere Gang der Untersuchung ist dabei zuversichtlich, dass eine der Güte zugewandte Seelsorge eine Weise sein könnte, diesem existentiellen Angeschautwerden zu entsprechen.

3.3.3 Trauerprozesse in der klinischen Praxis güteaffin (mit-)begleiten

Zur Besprechung der Trauerbegleitung onkologischer PatientInnen wird zunächst das komplexe Geschehen der Trauer in einigen wesentlichen Grundzügen skizziert. Dies ist kein Umweg zur Seelsorge, sondern weist direkt ins Zentrum der seelsorglichen Hermeneutik ein. Denn das aus differenziertem Sehen entstehende Würdigen und diskret-interessierte Verstehenwollen des trauernden Menschen ist bleibendes Anliegen von Trauerpastoral in

---

Levinas, Freiburg 1987, besonders S. 262–265 „Zeit als Geduld des Willes – Geduld als Güte".
792 Levinas, E.: Totalité et Infini. Essay sur l'exteriorité, Le Haye 1961 (Phaenomeonologica, 8), 7. Auflage 1980. Die Übersetzung der Stelle ist zitiert nach Wenzler, Das Antlitz, S. 26.
793 Wenzler, Einleitung, S. XII.

der Klinik. Das gilt ungeachtet der jeweiligen Kranheitsphase, in der die Trauer sich ereignet.

Trauer kommt vor diesem Hintergrund zunächst als hochindividueller Prozess der je persönlichen Adaption an Verlusterleben in den Blick. Anschließend werden biographische Vorerfahrungen und Verhaltensvorprägungen der Betroffenen in ihrer Bedeutung für das Trauern illustriert. Der Hinweis auf die genaue Bedeutung, die das Verlorene für die trauernde Person hat, und die Frage, wie der Ausdruck dieser Bedeutung und der Umgang damit gefördert werden können, leiten über zu einem konkreten Beispiel von seelsorglicher Begleitung in klinischer Praxis. In dieser interprofessionell orientierten und holistisch interessierten Sicht auf den Umgang mit Trauer wird auch konkret, was oben mit dem Konzept einer aufnehmend-mitwirkenden Pastoral angesprochen wurde. Dies ist die stetige Bezugnahme von Seelsorge auf Bestehendes, das aufnehmend angeeignet wird, um von da aus seelsorglich innovative Akzentsetzungen zu erfahren.

Das nachfolgend präsentierte Beispiel illustriert, wie ein biblischer Text für eine der Güte gewidmete Klinikseelsorge im Anliegen von Trauerbegleitung mit Krebserkrankten fruchtbar gemacht werden kann. Anregungen werde gegeben, wie die Erkrankten den ‚Zwischenraum' zwischen biblischer Heilsbotschaft und eigener Lebenserfahrung kreativ gestalten und sich dort gleichsam innerlich beheimaten können. Dem kranken Menschen wird auf diese Weise das in der Schriftstelle angelegte Potential an Hoffnung als Sinnangebot nahe gebracht. Zeitlich gesehen kann der Zwischenraum zwischen Diagnosestellung und dem Beginn von hochbelastenden Therapiesequenzen ein geeigneter Ort sein, ressourcenorientierte Verfahren mit seelsorglichem Anliegen einzubringen und den kranken Menschen ein entsprechendes Angebot vorzustellen.[794] Klinikseelsorge erscheint im Zuge dieser praktischen Entfaltung als subjektermächtigende und kreativitätsfördernde Präsenz. Diese greift auf biblische Referenzorte unter se-

---

794 Vorblickend auf das Praxisbeispiel kann skizziert werden: Den Erkrankten wird auf dem Wege von Imaginationen angeboten, sich in heilvollen, aber auch bedrohlich konturierten Bildern und imaginationsfördernden Metaphern des biblischen Textes wiederzufinden. Dabei können die PatientInnen auf dem Wege der inneren Vorstellung oder im äußeren graphisch gestaltend je eigenen Eintragungen und Modifikationen vorzunehmen. Aufnahme und selbstbestimmte Aneignung von Heilvollem kommen so gleichermaßen zu Gesicht. Darin spiegelt sich in der Umgangsweise des onkologischen Patienten, was für das der Güte zugewandte Seelsorgepersonal oben in habitueller Hinsicht aufgewiesen wurde. Dies ist die aus Präsenz der Güte frei gesetzte eigene *Kreativität*.

lektiver Aufnahme von Methoden anderer Professionen zurück, ohne dabei die eigenen theologischen und seelsorglichen Anliegen aus den Augen zu verlieren.

3.3.3.1 Trauer als individueller Anpassungsprozess an Verlusterlebnisse

Trauer kann verstanden werden als vielschichtiger, je in persönlicher Weise ablaufender Prozess der Anpassung an Verlusterlebnisse.[795] Hinsichtlich der Schwere der Trauer unterscheidet Chris Paul: „1. Nicht-erschwerte Trauer; 2. Erschwerte Trauer; 3. Traumatische Trauer; 4. Komplizierte Trauer (verlängerte Trauerstörung)".[796] Eine ähnliche Differenzierung stellt Ruthmarijke Smeding vor.[797] In ihrem Modell[798] werden angloamerikanische Forschungen aufgenommen und eine Einteilung in „normale, gefährdete und pathologische Trauerreaktionen" präsentiert.[799] Es ergibt sich somit ein Kontinuum, bei dem „die Übergänge zwischen normaler und psychopathologischer Trauer fließend" sind.[800] Thematisch kann der Verlust von verschiedenen Dimensionen her erlebt werden, so dass neben anderem der Verlust von Liebe, Sinn, Bindung, Identität oder sozialer Unterstützung betrauert

---

[795] Für die Klinikseelsorge instruktive Konzepte zum komplexen Ereignis des Trauergeschehens finden sich ausgehend von John Bowlby in der Folgezeit etwa bei William J. Worden, Chris Paul, Ruthmarijke Smeding, Kerstin Lammer und Roland Kachler, vgl. dazu die entsprechenden Titelangaben in den folgenden Zitaten dieser Studie. Insgesamt tendieren Veröffentlichungen jüngeren Datums dazu, stärker der *sozialen Dimension des Trauergeschehens* Beachtung zu schenken, eine *differenziertere Phasenstruktur* der Einzelmomente anzunehmen und die *Bedeutung der Beziehungsfortsetzung* zum Verlorenen grundlegend positiver zu sehen, als das etwa noch bei Sigmund Freud der Fall war. Freud sah in triebtheoretischer Perspektive die Ablösung vom Verlorenen und den anzustrebenden völligen Besetzungsabzug als zentral an: „Die Trauer hat eine ganz bestimmte psychische Aufgabe zu erledigen, sie soll die Erinnerungen und Erwartungen der Überlebenden von den Toten ablösen" (Gesammelte Werke, Bd. 10, Frankfurt am Main 1981).
[796] Paul, C.: Neue Wege in der Sterbe- und Trauerbegleitung – Hintergründe und Erfahrungsberichte für die Praxis, Gütersloh 2011, S. 71
[797] Smeding, R./Aubert, E.: Trauer und Trauerbegleitung in der Palliativmedizin, in: Aulbert, E./Zech, D. (Hg.): Lehrbuch der Palliativmedizin, Stuttgart 1997, S. 866–878.
[798] Vgl. zu weiteren Trauerkonzepten älteren und jüngeren Datums ebd. S. 867.
[799] Ebd. S. 869.
[800] Ebd. S. 868f.

wird.[801] Für seelsorgliches Agieren ist durchgängig zu beachten, ob beim erkrankten Gegenüber gefährdete oder direkt pathologische Trauerreaktionen statthaben. In dem Fall ist seelsorgliche Begleitung dazu gerufen, Momente von interessierter Diskretion mit sensibler Rücksichtnahme auf spezielle Reaktionsweisen des Gegenübers zu verbinden. Gleiches gilt für eine enge interdispziplinäre Abstimmung und Rollenklärung, wo andere Professionen zum Wohle des Patienten für ihn wirken. Ebenso sind haltgebende Qualitäten beim Seelsorgepersonal gefragt und eine aus Glaubensgründen erwachsende Zuversicht in die innere Finalität von Trauerreaktionen hin auf ein gelingendes Leben, auch wo einem Trauerprozess komplizierende oder ausdrücklich pathologische Momente innewohnen.

Was sich sukzessive bei Trauernden manifestiert, darauf geht Chris Paul ein.[802] So könen im Prozess mehrere Sequenzen auftreten, die in unterschiedlicher zeitlicher Abfolge je nach Betroffenem verschiedene Aufgaben an den trauernden Menschen herantragen. Eine in früheren Modellen linear phasentypologisch konzipierte Trauerreaktion, im Sinne einer mehr oder weniger stetig ablaufenden, und dabei geradlinig fortschreitenden Bewältigungsentfaltung tritt zurück, „diese Stufen- oder Phasenmodelle" wurden „weitgehend verlassen."[803] Sie wichen in der Folgezeit einem Verständnis von Trauer „ohne jede sequentielle oder lineare Vorstellung, die eine mehr nach Komponenten gegliederte Struktur des Trauerprozesses" postulierte. Dabei „können verschiedene Trauerreaktionen parallel nebeneinander oder sogar entgegengerichtet laufen, ohne dass eine zeitliche Abfolge festgelegt wird."[804] Smeding führt mit Blick auf Forschungen jüngeren Datums aus: „In jüngerer Zeit werden zielorientierte Modelle bevorzugt [...], in denen Ziele der Trauerarbeit formuliert werden [...]: Interessant ist, dass hier das

---

801 Vgl. dazu Lammer, K.: Trauer verstehen. Formen, Erklärungen, Hilfen, 4. Auflage, Berlin 2014, S. 3–70.

802 „Das übergeordnete Ziel der Trauerberatung besteht darin, Trauernden dabei zu helfen, den Verlust einer nahestehenden Person zu verarbeiten und sich an eine neue Realität ohne diese Person anzupassen. Um dies zu erreichen, beachtet man folgende, an den vier Traueraufgaben ausgerichtete Zielvorgaben: (1) die Realität des Verlustes verdeutlichen, (2) beim Umgang mit dem emotionalen und verhaltensbezogenen Schmerz helfen, (3) bei der Überwindung verschiedener Hindernisse bei der Neuanpassung unterstützend wirken und (4) die Betroffenen ermutigen, eine fortdauernde Bindung an die verstorbene Person zu entwickeln und zugleich in die Neuausrichtung des eigenen Lebens emotional zu investieren." (Worden, W. J.: Beratung und Therapie in Trauerfällen – Ein Handbuch, Bern 2011, S. 84).

803 Smeding, Trauer und Trauerbegleitung in der Palliativmedizin, S. 867.

804 Ebd. S. 867.

Weiterbestehen eines ‚Restgefühls' der Trauer – vergleichbar einem Leben nach einer Amputation – angenommen wird."[805]

Insgesamt gesehen ist der trauernde Mensch mit der Herausforderung konfrontiert, bedeutsame Verlusterfahrungen nach und nach in sein Leben zu integrieren, und sich in diesem Geschehen auf ein verändertes Leben und eine neue Beziehungsdefinition[806] zum Verlorenen hin auszurichten – so gut es jenem Menschen im jeweiligen Moment seines Lebens möglich ist. Somit ist das Kerngeschehen der Trauer zu begreifen als je eigene und vielschichtige Adaptionsvorgänge eines Menschen an subjektiv erlebte Erfahrungen von ‚Verlieren' und als die Suche nach individuellen Formen des ‚Bewahrens'. Welche Komponenten sind dabei wirksam und treten im Verlauf des Geschehens zutage? Worauf hat also eine seelsorglich akzentuierte Begegnung Rücksicht zu nehmen?

3.3.3.2 Biographische Erfahrungen und Verhaltensvoreinstellungen prägen den Trauerprozess

Sobald ein Mensch einen subjektiv bedeutsamen Verlust erleidet, werden stets alte, biographisch erlebte Erfahrungen von ‚Verlieren' und dabei erlernte Umgangsweisen berührt.[807] Zu Beginn des Trauergeschehens sind vor allem diese, dem Menschen schon vertrauten kognitiven, emotionalen und körperlichen Weisen der Verarbeitung bewusst und mehr noch unbewusst wirksam. Sie prägen die Art, wie ein Mensch trauert. So kann erklärt werden, wieso typische Trauerphänomene, wie Schock, Betäubung, Wut, Angst oder Panik, seelischer Schmerz, Ärger, Resignation oder Erschöpfung bei verschiedenen Menschen so unterschiedlich stark und zeitlich variabel auftreten. Es zeigt sich, dass kein Mensch so trauert wie der andere.

---

805 Ebd. S. 867.
806 Auf die Bedeutung der Beziehungsfortsetzung weist in systemischer Perspektive der Psychotherapeut und Theologe Roland Kachler hin: „Zusammenfassend lässt sich sagen, dass in der Tradition der libido- und bindungstheoretischen Ansätze mit den darauffolgenden Phasenmodellen die Trauer einseitig als Loslass- und Abschiedsemotion verstanden wird. So wird die Trauer zu einer ‚Negativ-Emotion'. Es wird nicht gesehen, dass die Trauer – wie alle Gefühle – in vieler Hinsicht eine kreative Kraft besitzt. Darüber hinaus hat sie einen Beziehungsaspekt, der sich nicht im Loslassen und Abschiednehmen erschöpft. In der Trauer geschieht immer auch Kommunikation und Beziehung mit (!) dem Verstorbenen – und das genau ist der Ansatzpunkt eines systemischen Verständnisses der Trauer." Kachler, R.: Hypnosystemische Trauerbegleitung – Ein Leidfaden für die Praxis, Heidelberg 2012, S. 37.
807 Vgl. Bowlby, J.: Verlust, Trauer und Depression, München 2006, S. 240ff.

Oder anders gesagt: *jede Trauer ist einmalig* und zwar hinsichtlich ihrer *Komponenten, ihrer Verlaufsintensität und zeitlichen Erstreckung.* Dabei ist das gesamte frühere Leben hoch bedeutsam für die Frage, wie ein Mensch je neu damit umgeht, wenn er oder sie etwas oder jemanden ‚verliert'. Vor allem die frühkindlichen Erfahrungen mit Trennung, insbesondere im Kontakt mit den relevanten Bezugspersonen (meist der Mutter), sind für die Frage instruktiv. Diese frühen Erfahrungen in ihrer jeweils hochindividuellen Ausprägung sind bedeutsam für die Frage, wie ein Betroffener damit umgehen wird, wenn er Menschen verliert, gesundheitliche Einbußen erleidet, keinen Sinn mehr im Leben findet usw.[808] Dabei sind die jeweiligen Bindungsmuster, die biographisch früh etabliert wurden, vororientierend für Anpassungsprozesse an das Erleben von Verlieren. Jeder Verlust ist somit ‚ein weiterer' in der je eigenen Verlustbiographie, die damit anfing, unvermeidlich vom primären Objekt, nämlich der versorgenden Mutter, zeitweise oder gänzlich getrennt zu sein im Verlauf der frühen Kindheit. Jedes neue Verlieren stellt davon Betroffene vor die Frage, *wie sie diesen Verlust deuten können und auch deuten wollen.*

Diese Erkenntnis ist sehr wichtig für die Frage, welchen Beitrag eine seelsorgliche Begleitung neben derjenigen anderer klinischer Professionen[809] leisten kann – und welche auch nicht. Vorblickend sei darauf hingewiesen, dass eine Begleitung mit ‚seelsorglichem' Akzent daran mitwirken könnte, dass Betroffene unvermeidliche Dimensionen von Verlust nach und nach etwas leichter akzeptieren können. Dies gelingt, wo ihnen neue, bisher unbekannte Integrations-, Bewahrungs- und Deutungsmöglichkeiten zuwachsen und/oder alte Möglichkeiten erneut lebendig werden. Auf dem Weg dorthin könnte es eine vorläufige Rollenzuschreibung an den/die BegleiterIn sein, dass er/sie diese Integrationsmöglichkeit stellvertretend für den Betroffenen vorwegnehmend für grundlegend möglich hält und (oft wortlos und unthematisch) in die Begegnung (mit)einbringt. So symbolisiert der Begleitende durch seine Präsenz, dass Trauern in seiner inneren Finalität und in seiner aktuellen Virulenz sinnvoll ist, dass dem Geschehen wertvolle Perspektiven innewohnen, und dass dieses Geschehen einer inneren Lebendigkeit im trauernden Menschen zu entsprechen sucht. Damit wird das Moment von Klage und Widerstand, von Aufbegehren gegen-

---

808 Ebd.
809 Vgl. zum ärztlichen Umgang mit Trauer Jürgens, Ute: Die Begegnung mit dem Tod: Sterben, Trauer, Tod – die alltägliche Begegnung, in: Deutsches Ärzteblatt 104 (2007) Sp. 2011–2012.

über bleibend als sinnlos Erlebtem nicht entwichtigt. Der Appell „Sinnlosigkeit aushalten!"[810] und das Vorschlagen von Sinnfindungspotentialen biblischer Provenienz schließen sich nicht aus. Sie können vielmehr als sich gegenseitig justierende und komplementäre Momente begriffen werden am Ganzen einer sensiblen Patientenbegleitung in seelsorglichem Anliegen.

3.3.3.3 Subjektive Bedeutung des Verlustes beachten und dessen Ausdruck fördern

Für die Begleitung trauernder Menschen ist wichtig, dass Intensität und Dauer der Trauer besonders davon abhängen, welche *subjektive Bedeutung der Verlust* für den Betroffenen hat. Der für Außenstehende gegebene objektive Schweregrad mit Blick auf das Verlorene ist also weniger bedeutsam als die subjektive Bedeutung für den Betroffenen. Es kann daher ein und dieselbe gesundheitliche Einbuße[811] von zwei Menschen in völlig anderer Weise erlebt und verarbeitet werden. Um den Trauerprozess adäquat zu erfassen, ist es für die begleitende Person daher sehr wichtig zu erfahren, *was genau betrauert wird vom Betroffenen*.[812] Es ist darauf zu achten: welche Hoffnungen, welche sehnsuchtsvollen Wünsche ans Leben sind dem Trauernden verloren gegangen? Welche Erwartungen, welches Selbstbild und welche Weltsicht sind mit dem Verlorenen verbunden worden? Der Begleitende darf da-

---

810 Auf die Bedeutung des bleibend Unintegrierbaren weist Karle, Sinnlosigkeit aushalten, S. 19–33 hin. Der von der Autorin mit Nachdruck eingebrachte Standpunkt verdient Beachtung und wird vom Verfasser dieser Studie weitgehend geteilt. Es ist aber zu fragen, ob die innere Finalität des Aushaltens und der Klage, die biblisch etwa im Duktus der Psalmen die Möglichkeit vorstellt, von Klage zum Vertrauen und gar bis hin zum Gotteslob hindurch zu gelangen, nicht auch der Sehnsucht klagender Menschen nahe kommt, zu gelingendem Leben zurückzufinden. Wo eine vorschnelle Versöhnung und ‚Aufhebung' von Klage vermieden wird, dort kann die Freilegung von biblischen Hoffnungquellen gerade eine Weise sein, klagenden Menschen gerecht zu werden. Dass solches nicht am erschreckend sinnlos Erlebten vorbei, sondern höchstens durch dieses Erleben hindurch geschehen kann, ist eine seelsorgliche Erkenntnis, die sich auf biblische Referenz stützen kann, zumal auf Leben und Geschick Jesu Christi.
811 Damit zusammen hängen kann eine ganze Reihe von daraus resultierenden, weiteren Verlusten. Zu denken ist etwa das Abgebenmüssen eines Haustieres, einer Arbeitsstelle, den Verlust eines Lebenspartners, einer Wohnung, eines sozialen Netzes von Menschen usw. Hier zeigt sich, dass der Verlust der körperlichen Erkrankung nur ein Segment ist an einem umfassenderen Verlieren, das es seelsorglich möglichst umfassend zu registrieren gilt.
812 Vgl. Znoj, H.: Komplizierte Trauer, Göttingen 2004, S. 4

von ausgehen, dass erfahrungsgemäß für Trauernde entlastend ist, wenn sie äußern können, was sie genau betrauern.[813] Es treten häufig in der Darstellung (z. B. der sprachlichen durch Erzählen) bedeutsame Bilder und ausdrucksstarke Formulierungen auf, die mit bestimmten Erlebnisqualitäten verbunden sind. Diese gilt es achtsam zu registrieren, weil sie einen Kontakt mit dem inneren Erleben des Trauernden ermöglichen und zugleich auf der Bildebene vorsprachliches Erleben mitführen, das in kindliche Erlebensweisen zurückreicht. Dabei ist zu beachten, dass nicht vorschnell vom Begleitenden geäußert wird, er ‚verstehe alles', was der trauernde Mensch von seinem seelischen Erleben versucht mitzuteilen. Denn es ist höchstens eine teilweise einfühlende Annäherung daran möglich, nicht jedoch eine völlige Übereinstimmung des innerseelischen Erlebens. Von daher ist es ratsam, mit Beiträgen wie ‚*Ich verstehe es!*', oder ‚*Das kenne ich auch!*' nicht leichtfertig zu hantieren. Zumal dort, wo Phasen der Sprachlosigkeit herrschen und es einem leidenden Menschen buchstäblich die ‚Sprache verschlägt', ist das sehr zu beachten. Diese Diskretion bei gleichzeitigem gezeigtem Interesse, bei der die seelsorgende Person wahr macht, dass sie etwas grundlegend Fremdem gegenübertritt, hat für den Trauernden eine wichtige Bedeutung. Wo er sieht und erlebt, dass es möglich ist, vielschichtige innere Erlebensweisen nicht vorschnell auf den Begriff bringen zu müssen, da wird der trauernde Mensch ermutigt, sich selber gegenüber achtsam und geduldig zu sein. Er wird wortlos eingeladen, Fremdes, Irritierendes, Neues bei sich selbst überhaupt zuzulassen. Dass über diese Alteritätssensibilität keinesfalls das beständig zugewandte Bezogensein auf den kranken Menschen verloren gehen darf, ist ebenso zu erwähnen. Andernfalls würde sich das Gegenüber alleine gelassen vorkommen. Die Isolation vom normalen Leben durch das Kranksein würde im zwischenmenschlichen Kontakt zur Seelsorge noch vermehrt. Demgegenüber wären vom Seelsorgepersonal diverse Formen von Bezogenheit bewusst und dezent zu kultivieren, ob verbal oder nonverbal.[814]

---

813 Vgl. Znoj, Komplizierte Trauer, S. 4.

814 Vgl. dazu aus psychotherapeutischer Perspektive den Gedanken des ‚Pacing' als haltgebendes Einnehmen von Gleichförmigkeit in verbaler und nonverbaler Weise, veranschaulicht bei Benaguid, G.: Die Bedeutung nonverbaler Aspekte der Kontaktaufnahme, in: Muffler, E.: Kommunikation in der Psychoonkologie. Der hypnosystemische Ansatz, Heidelberg 2015, S. 57–64, hier S. 61–63. Wo Seelsorge um eine sensible *seelsorgliche* Gesprächsführung bemüht ist, kann sie von den fachfremden Erkenntnissen und Methoden lernen. Wo sie über dieses Lerninteresse allerdings ihr Proprium aus den Augen verliert, nutzen auch die fremdprofessionellen Zugänge zum Patientenkontakt nichts.

3.3.3.4 Der Einbezug biblischer Texte: Jes 35,15ff. als praktisches Beispiel

Eine der Güte gewidmete Seelsorge will dazu beitragen, trauernden Menschen einen Zugang zur Erfahrung der Güte zu erschließen. Dabei können biblische Texte und deren bildreiche Sprache eine wertvolle Bedeutung erlangen. Der nachstehend beschriebene Umgang mit einem alttestamentlichen Text geht aus klinischer Praxis hervor. Er illustriert, wie Heilige Schrift und konkrete Erfahrungswelt eines schwer erkrankten Menschen in ein Resonanzgeschehen kommen können. In dieses spezielle Begegnungsgeschehen war der Verfasser dieser Studie selbst einbezogen. Die Krankheitsphase nach histologisch gesicherter Krebsdiagnose vor dem Beginn einer umfangreichen Chemotherapie war der biographische ‚Zwischenraum', in dem die Bibelperikope Wertvolles bewirken konnte. Als hermeneutischer Hintergrund waren dabei einzelne psychotherapeutische Erkenntnisse aus der hypnosystemischen[815] Trauerbegleitung[816] und aus dem katathymem Bilderleben[817] *in seel-*

---

[815] Zum Anliegen der von Gunther Schmidt konzipierten hypnosystemischen Therapie und Beratung ders.: Einführung in die hypnosystemische Therapie und Beratung, 8. Auflage, Heidelberg 2018, S. 7. Der Facharzt für psychosomatische Medizin und Psychotherpaie führt aus: „Den Begriff hypnosystemisch habe ich um das Jahr 1980 vorgeschlagen, um ein Modell zu charakterisieren, das versucht, systemische Ansätze für Therapie und Beratung [...] mit den Modellen der kompetenzaktivierenden Erickson'schen Hypno- und Psychotherapie zu einem konsistenten Integrationskonzept auszubauen (welches auch hilfreiche Aspekte aus anderen Ansätzen mit einbezieht, die mit diesem Konzept kompatibel sind und sie bereichern, z.B. aus Psychodrama, Körpertherapien u.a.)."

[816] Vgl. Kachler, Hypnosystemische Trauerbegleitung, sowie Meyer, S.: Trauer und Verlust – Abschied von einer selbstverständlichen Gesundheit, in: Muffler, E. (Hg.): Kommunikation in der Psychoonkologie, Heidelberg 2015, S. 170–179, sowie Thomaßen, D.: Phasen- und funktionsspezifische hypnotherapeutische Strategien bei der Behandlung und Begleitung von Tumorpatienten, in: Muffler, E. (Hg.): Kommunikation in der Psychoonkologie, Heidelberg 2015, S. 96–108.

[817] Die katathym imaginative Psychtherapie ist ein psychodynamisches Therapieverfahren, das von H. Leuner entwickelt wurde. Der Umgang mit Tagträumen steht dabei im Zentrum. Vgl. zum Konzept des Verfahrens Wilke, E.: Katathym-imaginative Psychotherapie (KiP): „Katathymes Bilderleben", Stuttgart 2011, S. 11–18, hier S. 3: „Der Mensch kann fantasiegetragene Imaginationen entfalten, wie sie nicht nur als Nachttraum, sondern auch als Tagfantasien bekannt sind. Durch seine Refexionsfähigkeit, u.a. aber durch seine Imaginationsfähigkeit vermag sich der Mensch immer wieder von neuem aus sich heraus zu entwerfen und sich in einem subtilen dialektischen Prozess gegenüberzutreten. Aufgrund der empirischen Beobachtungen der fantasiegetragenen Imaginationen haben sich eine Reihe von Regeln und

sorglichem Anliegen mit einem biblischen Text verbunden worden. Dabei war ein *seelsorglich-supportives Anliegen* maßgeblich. Es ging darum, ergänzend zu und abgestimmt mit den stattfindenden therapeutischen Interventionen der psychologischen Fachkräfte einen demgegenüber fremdprofessionellen Beitrag für die Trauerbegleitung zu leisten. Ziel der *interdisziplinären Kooperation* war dabei, der Patientin auf eine Weise zu begegnen, dass deren Ressourcen zur Bewältigung des Belastungsniveaus gestärkt werden. Das darüber hinausgehende fachspezifische *seelsorgliche Ziel* bestand darin, das *Hoffnungspotential biblischer Textzeugnisse für onkologisch Erkrankte zu erschließen*[818] *und darin die Zukunft der Güte Gottes anschaulich werden zu lassen.* Dem Verfasser dieser Studie blieb dabei im Blick, „dass es sich bei der Psychotherapie, bzw. Psychoonkologie (oder besser Onkopsychologie) und Seelsorge um zwei unterschiedliche Sprachwelten handelt", und „dass es an Grenzen regelmäßig zu Sprachproblemen kommt."[819] Gleichwohl kann bei reflektiertem Vorgehen eine gewinnende Kooperation möglich werden.

Das Erleben vieler onkologischer PatientInnen, dass auf bedrohliche Weise ihre bisherige Welt untergeht und sich ihre ganze Lebenslandschaft in eine Todeszone zu verwandeln droht, wird hier zur Ausgangsbasis des seelsorglichen Angebots biblischer Metaphern von Vitalität. Was die seelsorgende Person meist schon absehen kann, aber von den Betroffenen nahezu stets ausgeblendet wird, ist die schmerzliche Aussicht, dass auf den Menschen schwere Belastungen zukommen werden, die dem Bild der vormals verödeten Wüstenlandschaft im Textbeispiel sehr nahe kommen können. Insofern sind beide Bildwelten, die bedrohliche und die heilvolle, Teil der gegenwärtigen und künftigen Lebenserfahrung des erkrankten Menschen. Welche bildhaften Anschauungsformen tauchen dabei auf? Wie können sie in gewinnbringender Weise in die Begegnung mit kranken Menschen aufgenommen werden?

---

    häufigen Abläufen herauskristallisiert. Sie gehorchen den Primärvorgängen nach Freud („magisches Denken"). Vom Therapeuten sinnvoll genutzt, können die Imaginationen den therapeutischen Prozess mithilfe nichtinterpetierender Interventionen fördern." Geeignet ist das Verfahren u. a. auch für „die Gruppe schlichter Menschen mit eingeschränkter Verbalisierungsfähigkeit, die bislang in Introspektion ungeübt sind." Ebd. S. 6. Letzteres kann eine seelsorgliche Mitwirkung im Sinne der Option für Schwächere und in der Klinik Randständige begründen.

818 Vgl. zur Bedeutung der Dimension Hoffnung für onkologisch Erkrankte Rittweger, J.: Hoffnung als existentielle Frage im seelsorglichen und psychotherapeutischen Handeln am Beispiel onkologischer Patienten in der Strahlentherapie, Leipzig 2007.

819 Schmohl, Onkologische Palliativpatienten im Krankenhaus, S. 50.

3.3.3.5 Der Text: Jes 35,1–10 als Metapher gottverdankten neuen Lebens

In Jes 35,15ff.[820] kommt bildreich zur Darstellung, wie göttliche Initiative eine umwälzende Neuschaffung von Lebensverhältnissen heraufführt. Angesprochen sind „Herzverscheuchte", wie Martin Buber und Franz Rosenzweig anschaulich aus dem Hebräischen übertragen (vgl. Jes 35,4).[821] Die Schriftstelle stellt eine aufblühende Wüstenlandschaft vor Augen. Sie illustriert, wie Gottes Initiative bei basal Beeinträchtigten grundlegende Innovationen heraufführt. Dies geschieht im Äußeren in Form von Chiffren heilsamer Erschaffung eines Weges, unvermuteter Bewässerung und dem Schutz vor wilden Tieren. Die wundersamen, buchstäblich wegbahnenden und umfassend raumgreifenden Transformationen in der äußeren Natur und in den vorgestellten Personen (Blinde, Taube, Lahme, Geschwächte und Verzagte) stehen der bisherigen Realität diametral entgegen. Der sich in Parallele zum Aufblühen der Flora und dem Sprudeln der Wasser einstellende Überschwang an Jubel bei den Beeinträchtigten illustriert in raumgreifendem Crescendo die staunenswert hereinbrechende Vitalität, die die gesamte Szenerie zuinnerst kennzeichnet. Das obige facettenreiche und wundersame Zum-Leben-Kommen geht einher mit der Präsenz von Gottes Herrlichkeit. Seine Herrlichkeit, „SEIN Ehrenschein"[822] kommt in allem nahe. So stellt die Perikope eine komprimierte und ins bildhafte verdichtete Hoffnungsbotschaft vor Augen. In ihr werden das Gewicht und die

---

820 Vgl. dazu in exegetischerr Hinsicht Beuken, Willem A. M.: Jesaja 28–39 (HThKAT), unter Mitwirkung und in Übersetzung aus dem Niederländischen von Andreas Spans, Freiburg 2010, S. 326–352. Eine eingehendere exegetische Besprechung muss hier zurückgestellt werden, um dem übergeordneten Gedankengang der Studie weiter zu folgen. Für unsere Frage nach der Präsenz von Güte ist beachtenswert, dass Jes 35,1–11 als Teil des Abschnitts Jes 28–35 anzusehen ist, in dem Heils- und Unheilsansagen verschränkt sind. Verbindend ist dort das Motiv des Aufrufs zum Vertrauen auf den Gott Israels. Daran entscheiden sich Heil und Unheil. Das schon ankommende Heil in Jes 34ff. verweist im Zusammenhang des gesamten Prophetenbuches schon auf das Kerygma Deuterojesajas voraus, bzw. steht in Parallele dazu. In diesem größeren Kontext ist obige Schriftstelle zu situieren.

821 So übertragen Martin Buber und Franz Rosenzweig die obige Stelle aus dem Jesajabuch, in der Einheitsübersetzung ist von „Verzagten" die Rede. Vgl. Die Schrift, Verdeutscht von Martin Buber gemeinsam mit Franz Rosenzweig, 3, Bücher der Kündung, 8. Auflage der neubearbeiteten Auflage von 1958, Stuttgart 1992.

822 Vgl. dazu die Übertragung von Buber/Rosenzweig: „Sie werden SEINEN Ehrenschein sehen, die Herrlichkeit unsere Gottes."

‚Wucht'[823] göttlicher Geschichtsmacht augenfällig, die den Aufruf zum Jubel begründen. Wie könnte dieses in satten Farben gezeichnete Heilsprospekt Menschen erschlossen werden, die an Krebs erkrankt sind?

Die Tiefenwirksamkeit der Kontaktaufnahme mit inneren Bildern, die heilvolle Orte und Landschaft präsentieren, sowie entsprechender Imaginationen, ist in der Psychotherapie eindrucksvoll belegt.[824] In Anlehnung an diese Erfahrungswerte wird exemplarisch skizziert, welche Möglichkeiten der Einbezug biblischer Metaphern für die *seelsorgliche* Begleitung Trauernder in onkologischem Setting haben kann. Wenn auch nicht jeder und jede Erkrankte von solch einem Zugang profitieren kann, so hat er für diejenigen, denen es entspricht, einen hohen Wert. Die Perikope aus dem Buch Jesaja lautet:[825]

„Jubeln werden die Wüste und das trockene Land, jauchzen wird die Steppe/ und blühen wie die Lilie. Sie wird prächtig blühen/und sie wird jauchzen, ja jauchzen und frohlocken. Die Herrlichkeit des Libanon wurde ihr gegeben/, die Pracht des Karmel und der Ebene Scharon. Sie werden die Herrlichkeit des HERRN sehen, die Pracht unseres Gottes. Stärkt die erschlafften Hände/ und festigt die wankenden Knie! Sagt den Verzagten: Seid stark, fürchtet euch nicht! Seht, euer Gott! Die Rache kommt, die Vergeltung Gottes! Er selbst kommt und wird euch retten. Dann werden die Augen der Blinden aufgetan / auch die Ohren der Tauben werden geöffnet. Dann springt der Lahme wie ein Hirsch /und die Zunge des Stummen frohlockt, denn in der Wüste sind Wasser hervorgetreten und Flüsse in der Steppe. Der glühende Sand wird zum Teich/ und das durstige Land zu sprudelnden Wassern. Auf der Aue, wo sich Schakale lagern,/wird das Gras zu Schilfrohr und Papyrus. Dort wird es eine Straße, den Weg geben;/ man nennt ihn den Heiligen Weg. Kein Unreiner wird auf ihm einherziehen;/er gehört dem, der auf dem Weg geht,/und die Toren werden nicht abirren. Es wird dort keinen Löwen geben,/kein Raubtier zieht auf ihm herauf, keine einziges ist dort zu finden,/sondern Erlöste werden ihn gehen. Die vom HERRN Befreiten kehren zurück/und kommen zum Zion mit Frohlocken. Ewige

---

823 Vgl. dazu Weimar, P.: Artikel „Herrlichkeit Gottes. I. Altes Testament", in: LThK, 3. Auflage, Bd. 5, Freiburg 1996, Sp. 21–23.

824 Vgl. Reddemann, L./Schulz-Kindermann, F.: Endlich leben: Krebs und die Suche nach Sinn, in: Schulz-Kindermann, F.: Psychoonkologie. Grundlagen und therapeutische Praxis, Weinheim 2013, S. 360–370; Reddemann, L.: Imagination als heilsame Kraft – Zur Behandlung von Traumafolgestörungen mit ressourcenorientieren Verfahren, Stuttgart 2001, S. 28ff. und S. 166ff.

825 Textfassung zitiert nach der Einheitsübersetzung der Bibel 2016.

Freude ruht auf ihren Häuptern, / Jubel und Freude stellen sich ein, / Kummer und Seufzen entfliehen."[826]

Welche Möglichkeiten gibt es, diesen Text mit einem trauernden Menschen achtsam in Berührung zu bringen? Nachfolgende Anregungen wollen dafür eine Hilfe anbieten. Dabei ist zu beachten, dass zuvor überlegt werden sollte, ob dieser Text für den jeweils konkreten Menschen passend ist, oder ob eher ein anderer ausgewählt werden sollte. Grundsätzlich jedoch sind Texte mit zahlreichen allgemein positiv besetzten Bildarrangements unbedenklich verwendbar, da sie ja eine gestufte Identifikation mit den präsentierten Bilder erlauben und niemanden ‚zwingen'. In jedem Fall sollten Widerstände im Geschehen der Begegnung nicht leichtfertig übergangen werden, sondern auf ihren Sinn hin erkundet werden. Es ist beim Betroffenen nachzuspüren, ob sich in der Reserve schon ein vertiefter Kontakt zeigt oder eher ein Anhaltspunkt dafür, dass es einfach keine Passung gibt zwischen *diesem Text*, *diesem Trauernden* und dem *aktuellen Zeitpunkt*.

---

826 Um das Moment der Interpretation zu illustrieren, das jedweder Übertragung biblischer Texte innewohnt, wird die Schriftstelle ergänzend in der Fassung von Buber / Rosenzweig zitiert. Dem heutigen Ohr antiquiert tönende Wendungen und kraftvolle Wortarrangements begegnen in der Übertragung gleichermaßen: „Jauchzen sollen Wüste und Öde, / frohlocken soll die Steppe, / erblühn gleich dem Narzisslein, / blütenreich soll sie erblühn, / frohlocken soll sie, / ach, ein Frohmut und Jubel gar! / Der Ehrenschein des Libanon wird ihr gegeben, / Die Herrlichkeit des Karmel und des Saron, / die werden SEINEN Ehrenschein sehen, / die Herrlichkeit unseres Gottes. // Erschlaffte Hände stärket, festiget wankende Knie, sprecht zu den Herzverscheuchten: Seid stark, / fürchtet euch nimmer, / da: euer Gott, / Ahndung kommt, / das von Gott Gereifte, / er selbst kommt / und befreit euch! // Dann werden Augen von Blinden erhellt, eröffnet Ohren von Tauben, dann springt wie ein Hirsch der Lahme, die Zunge des Stummen jubelt. / Wasser brechen ja in der Wüste hervor / und Bäche in der Steppe, / der Samumsand wird zum Weiher, / das Durstige zu Wassersprudeln, / ein Viehlager in der Schakale Heimat, / ein Gehöft für Rohr und Schilf. // Eine Dammstraße wird dort sein, ein Weg, / Weg der Heilung wird er gerufen, / nicht kann auf dem ein Makliger wandern. / Selber ER geht ihnen den Weg voran, daß auch Toren sich nicht verlaufen. / Nicht wird dort ein Löwe sein, / reißendem Tier ist er unersteigbar, / nichts wird dort gefunden. // Gehen werden ihn die Erlösten: / die von IHM Abgegoltnen kehren zurück, / Sie kommen nach Zion mit Jubel, / Weltzeit-Freude ist um ihr Haupt, / sie erlangen Wonne und Freude, / Gram und Seufzen müssen entfliehen."

3.3.3.6 Gestufte Annäherung und individuelle Auseinandersetzung fördern

Der Vorteil eines Textes, der mit zahlreichen und noch dazu disparaten bildhaften Vorstellungen ausgestattet ist, besteht darin, dass er eine gestufte Identifikation von Seiten des Hörers/Lesers ermöglicht und gestattet. Wo das Leben der PatientInnen von Disparatem und bisweilen Paradoxalem geprägt ist, kann ein Text schneller Resonanz finden, der ebenfalls zweierlei Welten in ein Bild versammelt. Unwillkürlich beginnt der vom Text gleichsam in innere Schwingung versetzte Mensch, sich die Textdetails in unvertauschbarer Weise in der Ausprägung vorzustellen, die seine Vorerfahrungen ihm nahe legen. Er sieht in seiner Vorstellungskraft beim Lesen oder Hören von Jes 35,1ff. eine Lilie in der Landschaft Palästinas so, wie sie ihm oder ihr momentan entspricht und in den Sinn kommen will. Ebenso weckt solch ein Text bei Hören oder Lesen im Zuge der Vitalisierung von kreativen und phantasievollen Imaginationskräften auch weitere Assoziationen beim Leser bzw. Hörer. Das ist von großer Bedeutung für die gestufte Aneignung des biblischen Textes und des darin Bedeuteten. Denn anders als bei einer an definierten Begriffen orientierten Gesprächsbegegnung ist hier die Gefahr nicht gegeben, dass der Leser/Hörer zu einer eindeutigen Stellungnahme gedrängt wird, dem im Gespräch Begegnenden entweder durch Zustimmung oder Ablehnung logisch ratifizierend oder abweisend zu antworten. Derartige ‚Bildkommunikationen' erlauben demgegenüber höhere Freiheitsgrade und mehrstufige, ggf. auch paradoxale und hoch ambivalente Annäherungen. Sie stellen eine Form von mehrdimensionaler Metaphernkommunikation par excellence dar. Darin verhalten sich die Metaphern wie Kunstwerke, die sich dem Betrachter mit dem Akzent anbieten, ein Assoziationsgeflecht entstehen zu lassen, bei dem der Betrachter eine selbstbestimmte Nähe oder Distanz zum Kunstwerk immer neu modifizieren kann.

Konkret und mit Blick auf das Textbeispiel könnte der trauernde Mensch angeregt werden, sich innerhalb der biblischen ‚Landschaft' seinen je eigenen Ort zu suchen. So könnte er sich imaginativ an den Bach setzten, auf dem Weg gehen, zu Blüten hingehen, usw. Dem vom Erkrankten eingeschlagenen Weg folgend, könnte angeregt werden, an diesem Bildort mit allen Sinnen[827] zu vernehmen, was der Ort birgt. Das können Gerüche und Farben der Pflanzen sein, Töne der fließenden Gewässer, Geschmäcker von unvermutet Gefundenem, wie Obst oder frischem Wasser. Es kann dazu eingeladen werden,

---

827 Vgl. dazu die Übersicht bei Ebnell, Hypnotherapie, S. 74.

die Oberflächenbeschaffenheit der Pflanzen imaginativ zu erfühlen, kühlendes Wasser zu schmecken, den Weg unter den Füßen zu spüren, sein Steigen oder Abfallen zu bemerken usw. Positiv erlebte Imaginationen und Einfühlungen können gezielt verstärkt und entsprechende Erlebnisqualitäten innerpsychisch befestigt werden im Sinne einer Verankerung.[828] Dieser gefestigte ‚Standort' im biblischen Text könnte sodann zum Ausgangsort werden, sich von dort aus alle Einzelheiten wie in einem Kinofilm anzuschauen, ggf. den Ort zu alternieren, zeitweise zu verlassen und anschließend zurückzukehren usw. Wichtig an dieser Beheimatung im biblischen Bildarrangement ist, dem kranken Menschen eine assoziative Einfühlung in die präsentierte Bilderwelt zu ermöglichen und insgesamt einen kreativen und Selbstwirksamkeit fördernden Umgang zu unterstützen. Vorblickend sei zur Bedeutung dieses Zugangs festgehalten: Wenn zu späterer Zeit beim erkrankten Menschen zum Beispiel aufgrund von Chemotherapien die Mundschleimhaut stark gereizt und empfindsam geworden ist, dann kann die befestigte Erinnerung an das kühle Wasser aus der Imagination zur Stütze werden, die den beschwerlich gewordenen Weg durch die Krankheit zu erleichtern imstande ist. Die innerpsychisch auf methodische Weise buchstäblich befestigte Oase an sinnlich erfreulichen Impressionen kann dann von den Betroffenen immer neu aufgesucht werden und Erleichterung bringen. Je härter die Beschwerden der Krankheit werden, umso rettender sind dann die kleinen, imaginantiv etablierten Refugien heilvollen Lebens, die immer aufs Neue betreten werden können. Auch wo nur einzelne Momente am obigen Einwohnen in den Text gelingen, dort ist erstens schon eine erleichternde Erfahrung gemacht worden, die zweitens vielleicht später erneut von Bedeutung sein kann. Nicht die Menge der gemachten Erfahrungen mit dem Schrifttext ist relevant, sondern die Qualität, mit der das geschieht.

3.3.3.7 Die Integration eigener Erfahrungen in die biblisch greifbare Szenerie

Nach diesem einfühlenden Zugang zum biblischen Bildarrangement könnte ein weiterer wichtiger Schritt angeregt werden. Dabei geht es darum, eigene Erfahrungen und Stimmungen verschiedenster Couleur im Bild entweder aufzusuchen oder diese dem Bild additiv selbst einzuschreiben. Denkbar wäre z. B. dass im Bild zwischen Trauerorten (wie der Wüste) und Sehnsuchtsorten

---

828 Vgl. dazu Muffler, E.: Grundlagen hypnosystemischer Kommunikation und ihre Anwendung in der Psychoonkologie, in: dies. (Hg.): Kommunikation in der Psychoonkologie. Der hypnosystemische Ansatz, Heidelberg 2015, S. 33–56, hier S. 41.

(wie dem Ufer der fließenden Bäche oder dem Ort blühender Blumen) aktiv hin und her gewechselt wird. Von einem Standort aus kann dann die übrige Szenerie aus dieser Perspektive betrachtet werden. So entsteht an einem imaginierten Ort das, was aus Sicht der jüngeren Trauerforschung für den Betroffenen eine große Hilfe ist: zwischen subjektiv angenehmen und unangenehmen seelischen Erlebnisweisen hin und her wechseln zu können, ohne in Dichotomie verharren zu müssen. Vor allem die Fähigkeit, zeitnah zu den leidvollen Erfahrungen immer neu auch positive[829] machen zu können und Sehnsuchtsperspektiven zu wecken, sei es auch nur flüchtig und en miniature, ist dabei ein sehr wichtiges Ziel. Auch in Verdünnung und kleinster Form ist der seelische Gewinn an Freiheitsgraden und Entspannung für Trauernde nicht zu unterschätzen. Allein schon der Effekt, dass sich die Wahrnehmung auf mehrere Erlebensbereiche und nicht nur die belastenden Trauererfahrungen richtet, ist sehr hilfreich und wird als Entlastung erlebt. Vor allem, wenn aus Momenten der Entspannung heraus, die aufgrund der positiv erlebten Imagination entstehen konnte, der innere Blick auf Belastendes gerichtet wird. Hinsichtlich der Physiologie der Hirnaktivität geschieht dabei eine umfassendere Integration von Erlebnisqualitäten. Dies ist dann der Fall, wenn aus einem positiv erlebten Moment die Bedeutung eines aversiv erlebten erinnert wird. Insbesondere gilt das von sehr aversiv erlebten Inhalten, die sonst u. U. nicht in vollem Sinne Teil eines biographischen Gedächtnisses werden können, d. h. isolierend oder bei schweren Fällen dissoziierend abgewehrt werden müssen. Bei der Begleitung obiger Imaginationen ist darauf zu achten, dass der oder die Trauernde zu nichts gezwungen wird. Auch sind stark wertende Kommentare eher ungünstig, wo sie nicht Momente am interessierten Begleiten des betroffenen Menschen sind. Denn wo der innere Prozess um seiner selbst willen Beachtung erfährt, dort können die unbewussten seelischen Prozesse des Trauernden sich in einem Freiheitsraum auf der imaginativen Bildebene zu Wort melden und so einer weiteren Gestaltung zugänglich werden. Wo alles in der Imagination da sein darf, da kann auch alles in den kreativen Prozess der Imagination Eingang finden. Wo aber gleichsam die Schere der Bewertung Facetten abschneidet, wird vielleicht für den jeweiligen Gesprächspartner Wichtiges eliminiert oder der Prozess blockiert. An diesem Punkt der Trauerbegleitung ist allerdings auch anzumerken, dass die seelsorgliche Begleitung nur dann auf einen gewinnbringenden Beitrag hoffen darf, wenn sie nicht unversehens in den Versuch gerät, partiell eine psychotherapeutische Rolle einzunehmen, die ihr nicht zukommt. Daher ist eine

---

829 Vgl. Znoj, H.: Komplizierte Trauer, Göttingen 2004, S. 61.

Rollenklärung und -beschränkung eine immer neu zu leistende Aufgabe im Zuge der Begleitung. Als praktikabel erweist sich in diesem Zusammenhang, den erkrankten Mensch darauf hinzuweisen, dass für ihn sehr Schwieriges im Erleben von psychotherapeutischem Personal der Klinik gut begleitet werden kann, und es bei der Seelsorge darum geht, Überforderungen zu vermeiden.

3.3.3.8 Hoffnungsüberschuss und kreatives Bewohnen eines Zwischenraums

Was unterscheidet nun diesen biblischen Text von einem beliebigen anderen Text, der ansprechende Naturphänomene vor Augen stellt und hoffnungsvolle menschliche Regungen veranschaulicht? Wäre ein Abschnitt aus niveauvoller Prosaliteratur oder ein lyrisches Werk nicht im Grunde dasselbe? Hier werden sich nun die Geister scheiden und der jeweilige (Glaubens-) Standpunkt darüber entscheiden, welcher ‚Mehrwert' im biblischen Text nahe tritt. Wird der Vokabel „Gott" kein außerpsychischer Realitätsgehalt zugesprochen, dann sind die Texte der Bibel immerhin wertvoll im Sinne von Resonanzflächen für die innerseelischen Ressourcen unbekannter Herkunft, auf die PatientInnen zurückgreifen können und dabei von professioneller Seite Unterstützung erfahren. Über diese Hermeneutik hinausgehend, gewinnt ein christliches Verständnis dem Text jedoch noch weitere, wesentliche Qualitäten ab. Welche wären das?

In einer gläubigen Sicht ist der biblische Text ein überkommenes, im Nahekommen wirksames Zeugnis für das heilvolle Wirken Gottes zugunsten konkreter Menschen an einem konkreten geschichtlichen Ort. Sich im Kontakt mit dem Text daran zu erinnern, das birgt er einen ‚Hoffnungsüberschuss', den er jedem heutigen Hören oder Lesen zu gewähren imstande ist. Voraussetzung dafür ist, er oder sie rezipiert die Bibelperikope mit Ohren und Augen, die Gottes Wirken nicht allein in der Vergangenheit situieren, sondern eine Sehnsucht danach bei sich finden wollen, dass auch die Gegenwart und alles Kommende von seiner schöpferischen Macht affiziert sein möge. Wo diese Auffassung auch nur in Partikelgröße aufzukeimen beginnt, dort birgt der Abschnitt aus dem Prophetenbuch in doppelter Hinsicht einen ‚Zwischenraum', der für den Trauernden hoch bedeutsam werden kann. Dieser Raum öffnet sich zum einen zwischen der *damaligen* biblischen Situation und der *heutigen* des Lesers bzw. Hörers. Er provoziert beim heutigen Adressaten eine je eigene Reaktion. Sie kann bestehen in sehnsuchtsvoller Hoffnung, resignativer Enttäuschung oder in Ärger und Wut über die eigene Situation, die so arg abweicht von den schönen Bildern der Bibel – oder die

Reaktion besteht in allem zusammen und dem einen im anderen. In jedem Fall entsteht eine kreative, dynamische Diskrepanz, die bestenfalls Sehnsucht und Hoffnung auf heilvolles Leben wachrüttelt oder zumindest ein momentanes Erleben von ‚wie schön wäre es doch, wenn auch ich ...' ermöglicht. In jedem Fall wäre der Trauernde so in Kontakt mit seiner eigenen genuinen Hoffnungskraft gekommen, und sei es auch nur für einen flüchtigen Moment oder im Modus der erschöpften, flüchtigen und vielleicht schmerzlichen Sehnsucht. Manchmal könnte ein Seufzen Kranker Bücher füllen, wenn es Kraft fände, weiter zu Wort zu kommen.

Ein zweiter Zwischenraum für den erkrankten Menschen sei abschließend benannt. Die imaginative Aneignung und buchstäbliche ‚Einwohnung' im biblischen Bildarrangement erlaubt es dem Trauernden, das biblische Bildgeschehen noch weiter auf sich zu beziehen. Er kann nämlich seine ‚Bildwohnung'[830] nun selbst kreativ weiter ausdifferenzieren und z. B. andere Elemente (Pflanzen, Menschen, Tiere, Lebensorte) integrieren. So wird er gleichsam zum kreativen Künstler in eigener Sache, der an der biblischen Collage imaginativ oder auch äußerlich in Form von ausgeschnittenen und aufgeklebten Fotos, Bildern usw. weitergestaltet. So kann ein trauernder Mensch imaginativ in beachtlichem Umfang selbsttätig wirksam werden. Dies tut er stets, wenn er gestaltend vorwegnimmt, wohin ihn seine Sehnsucht führen will. Wäre es verkehrt, in dieser zum Leben erweckten Sehnsucht[831] einen besonderen ‚Trauerbegleiter' am Werke zu sehen, der nie ei-

---

830 Vgl. die Anregung von Luise Reddemann, wie Trauernde mit Hilfe imaginativer Übungen leichteren Zugang zum ‚Wohnort' ihrer Trauer erlangen können: „Man kann sich das weiter oben bereits einmal erwähnte Haus vorstellen, in dem jedes Gefühl ein eigenes Zimmer hat. Und dort erhält die Trauer das ihr gebührende Zimmer. Vielleicht sollte es besonders liebevoll ausgestaltet werden, damit man sich wohl fühlt, wenn man der Trauer einen Besuch abstattet. Gerade weil viele Menschen vor der Trauer Angst haben, kann es wichtig sein, dass sie die Trauer besuchen, nicht umgekehrt. Vielleicht geht es zunächst erst in der Therapie und erst nach und nach auch alleine. Auch die Verzweiflung und alle anderen Gefühle, die zum Trauerprozess gehören, können eine Gestalt und einen Raum bekommen. Die schwierigen Gefühle können zunächst erst einmal von der Türschwelle aus angeschaut werden, man muss nicht sofort in das Zimmer hinein gehen." Reddemann, L.: Imagination als heilsame Kraft – Zur Behandlung von Traumafolgestörungen mit ressourcenorientierten Verfahren, Stuttgart 2008, S. 167.

831 Auf die große Bedeutung der Sehnsucht im Umgang mit Trauernden weist Verena Kast hin. Als Anregung für Trauernde formuliert die Psychoanalytikerin: „ganz praktisch: suchen Sie Ihre Leidenschaften, finden Sie heraus, wo sie leidenschaftlich sind, oder es gerne sein möchten. Lassen Sie die Leidenschaften zu, die sie haben – kümmern Sie sich nicht so sehr um höhere oder niedere Ziele. Lassen Sie sich

gens in sichtbare Erscheinung tritt, aber stets orientierendes Geleit gibt und der manchmal ganz unverhofft Kraft zuströmen lässt? Dann würde gelten, was Manfred Belok ins Wort bringt: „Somit müssen Menschen nicht alles von sich oder der Annahme durch eine Therapeutin bzw. einen Therapeuten oder durch eine Seelsorgerin bzw. einen Seelsorger erhoffen, sondern dürfen ihre Hoffnung auf Gott setzen. Dies bewahrt die Seelsorgenden wie ihr jeweiliges Gegenüber vor wechselseitiger Über-Erwartung und Über-Forderung."[832] Allen Trauernden sei dieses Weggeleit ‚von ganz oben' sehr gewünscht. Denn wer wollte es Trauernden nicht wünschen, dass ihnen zur Erfahrung wird, was das biblische Wort abschließend als von Gott her zukünftig verheißt. Eine besondere Ankunft und Gestimmtheit drängen sich dabei ins überlieferte Wort der Heiligen Schrift: ‚Kummer und Seufzer entfliehen, Wonne und Freude stellen sich ein'. Die dargelegten Überlegungen zur einer der Güte adressierten Trauerbegleitung wollen Menschen auf dem Weg zu diesem biblisch konturierten Ziel unterstützen. Das konzeptionell und methodisch Dargelegte ist offen für Ergänzungen und vertieften Weiterführungen.

3.3.4 Die seelsorgliche Verabschiedung als Ort der Hoffnung?

Wie die ersten Momente der Begegnung in ihrer Bedeutung kaum überschätzt werden können, so auch die letzten, in denen die Dimension von Verabschiedung auf je individuelle Art Raum greift. Wie beim Beginn, so ist auch im Gewahrwerden des Endes einer Zusammenkunft eine atmosphärische Verdichtung buchstäblich ‚im Raum'. Vielleicht könnte man, in zeitsensiblem Verstehen, sogar sagen, dass die atmosphärische Verdichtung selbst der kairologisch qualifizierte Raum ist, der sich öffnet. Diese Verdichtung

---

ergreifen von dem, was Sie ergreifen möchte, zunächst vielleicht einfach von der Sehnsucht nach intensiverem Leben, von der Sehnsucht nach einer breit ausgefächerten Emotionalität. Lebensleidenschaft hat viel mit dem Sinnlichen und dem Sinnhaften zu tun, mit unserem Körper, der Natur, die wir immer auch sind, und mit der wir ab und zu schlecht umgehen. [...] Lebensleidenschaft hat aber auch zu tun mit dem Geistigen – mit dem Ergriffensein von etwas, das über uns hinausgeht. Letztlich ist wohl Lebensleidenschaft eine leidenschaftliche Liebe zum Leben, wie es ist, und wie wir es jeweils spüren und erleben, und nicht wie wir meinen, dass es sein sollte." Kast, V.: Sich einlassen und loslassen. Neue Lebensmöglichkeiten bei Trauer und Trennung, Freiburg 2010, S. 156.

832 Belok, M.: Die Spital- und Klinikseelsorge als Gesprächsseelsorge in einer religionspluralen Gesellschaft, in: Belok, M./Länzlinger, U./Schmitt, H. (Hg.): Seelsorge in Palliativ Care, Zürich 2012, S. 99–114, hier S. 112.

selbst ist gleichsam, wo man dieses Bild verwenden will, die temporale Stätte abschließender Einkehr, die sich am Ende des Begegnungsweges zum Eintritt anbietet. Was birgt dieser zugleich flüchtige, wie auch sich den Beteiligten gönnende und verweilend anwesende Raum?

Was er birgt, ist nicht vorwegnehmend zu sagen. Es erweist sich erst im Zuge des Betretens, und das heißt auf dem Weg durch alle einzelnen Momente der sich zutragenden Begegnung, die in ihrem inneren Verlauf und Wandel bis zum letzten Moment in all ihren Facetten das anbahnt, was sich schließlich den Beteiligten als gemeinsamer und unvertauschbar *ihr gewordener* Raum öffnet. Dabei treffen zwei Initiativen und zwei Passivitäten unabsehbar und unablässig aufeinander, die das Geschehen der seelsorglichen Verabschiedung als Antwortgeschehen erkennen lassen. Dabei sind die fragende und die antwortende Person, die bedürftige und die gewährende Person in einem unabsehbaren Rollentausch je verschieden und im Wechsel begriffen. Die folgenden Überlegungen umkreisen dieses Begebnis gleichsam interessiert, ohne es abschließend in ein Wissen einholen zu wollen. Sie widerstehen der Tendenz, aus der Erkundung seelsorgliche Regieanweisungen ableiten zu sollen, wie die Verabschiedung am gewinnbringendsten zu bewerkstelligen wäre. In diesem Habhaftwerdenwollen wäre die Begegnung gerade am Scheitern. Vielmehr ist die seelsorgliche Verabschiedung, hier in deutlicher Parallele zur Erstbegegnung, ein Ort, an dem sich seelsorgliche Armut und entschiedene Hoffnungsdisposition gleichermaßen in ihrer von Güte erwirkten Kraft erweisen. In beiden wird die Dimension der Transzendenz virulent, da arm sein und hoffen beide auf ein extra nos gerichtet sind, das zum Identitätspol des darin gleichsam radikal ‚außer sich' geratenen seelsorglichen Subjekts wird. Wo sich das einstellt, gewinnt eine der Güte gewidmete Klinikseelsorge Raum und erlangt Präsenz. Was zeigt sich in der Entfaltung dieser Präsenz? Den letzten Momenten der Verabschiedung Augenmerk schenkend, soll das beleuchtet werden. Dabei wandert der interessierte Blick der Betrachtung zunächst auf die Verabschiedung von umfassend oder weitgehend kommunikationsfähigen PatientInnen. Ein zweiter Blick gilt der Verabschiedung von eingeschränkt kommunikationsfähigen Personen, wie sie beispielsweise auf der Intensivstation begegnen, wo die Betroffenen intubiert, analgetisiert oder sediert sind. Einschränkungen können sich auch ergeben infolge der Todesnähe aufgrund der Verschlechterung des Allgmeinzustandes. Bei aller deutlichen Verschiedenheit der BegegungsparterInnen, mit denen sich Verabschiedung zuträgt, zeigt sich doch ein roter Faden, der mit Blick auf die inneren Einstellungen der seelsorgenden Person aufgewiesen werden soll.

3.3.4.1 Verabschiedung zwischen SeelsorgerIn und vollumfänglich kommunikationsfähigen Erkrankten

Wo es der seelsorgenden Person gelingt, ohne Eile den nahegekommenen Abschied voneinander und das Ende der Zusammenkunft im Gespräch zu benennen, und zwar ohne sich damit schon im Grunde direkt zu verabschieden, dort gelangt die Begegnung in einen bedeutsamen Raum. In ihm kann der erkrankte Mensch, wo er noch kommunikationsfähig ist, zum Weichensteller werden, der die Form der Verabschiedung wählt. Die Art, wie die seelsorgende Person den erkrankten Menschen dazu einlädt, die Form auszuwählen, verdient besondere Beachtung. Wenn es der SeelsorgerIn aus einer inneren Disposition heraus möglich wird, bei der diejenige Form am meisten geschätzt wird, die dem erkrankten Menschen jetzt am meisten entspricht, dort ist *fragend* von der SeelsorgerIn zugleich eine bestimmte *Antwort von ihr ergangen*. Es ist die Antwort auf die wortlose Frage des kranken Menschen, ob er oder sie, so wie er oder sie ist, *überhaupt* Raum beanspruchen darf mit den jeweiligen Anliegen und Bedürfnissen. Diese grundlegende Frage wurde während der ganzen Begegnung von der erkrankten Person wortlos immer aufs Neue gestellt. War die seelsorgende Person dafür ebenso grundlegend hellhörig und antwortbereit, dann fließt diese Antwortbereitschaft auch in ihre eigene *Frage* ein, welche Form des Abschieds denn gewünscht wird. Ob die Form eines gewöhnlichen Adieu-Sagens mit guten Wünschen gewählt wird, ob die eines Gebetes oder einer im ausdrücklichen Sinne religiösen Geste bis hin zu einem liturgischen Ritual, was auch immer, es hängt keineswegs nur vom erkrankten Menschen ab. Die je situative Bereitschaft zur radikalen Armut und die je momenthaft zufallende Hoffnungsdisposition der KlinikseelsorgerIn spielt dabei eine genau so große Rolle. Wo die SeelsorgerIn arm ist an raumgreifender Initiative und Bescheidwissen über das nun bestimmt Richtige und gleichzeitig reich an der Zuversicht, dass das vom erkrankten Menschen *jetzt* Gewollte Wertvolles für die ganze Begegnung bedeutet, dort ist die Aussicht am höchsten, dass sich der derart zwischenmenschlich öffnende Raum im Modus der Verabschiedung paradoxerweise ‚unendlich' füllen wird. Dieses Moment des Unendlichen im Endlichen des Abschieds ist der Referenzpunkt, an dem die seelsorgliche Verabschiedung das berührt, was Meister Eckhart von Zeit und Ewigkeit ins Wort bringt. Die Hoffnung der SeelsorgerIn, dass es im Ganzen mit uns beiden, und das heißt mit unserer Sterblichkeit und unserem Tod, gut ausgehen wird, sie ist nur soviel wert wie deren Konkretion, nämlich die Hoffnung, dass es auch *jetzt* in *dieser Stunde* mit uns *schon im Ganzen gut ausgehen* wird. Seelsorgliche Armut in obigem Sinne ist in dieser Fluchtlinie besehen schon eine Weise, des eigenen Todes eingedenk zu sein, der als finale Qualität allen Abschieds untergründig mitschwingt.

Gemeinsames Beten oder im Auftrag des Patienten nur von der SeelsorgerIn gewünschtes, kann eine Form der Verabschiedung sein. In ihr wird zum mindesten das ins Wort gehoben oder in Stille latreutisch dem Mehr-als-Menschenlichen hingehalten, was beide Begegnungspartner zuinnerst anthropologisch ausmacht und worin sie sich gleichen. Gemeinsames gelangt somit zuerst und stets ins Wort oder Schweigen, und zwar unhintergehbar, selbst wo nur eine Person nach außen hin vernehmbar ins Ereignis des Betens eintritt. Das Gemeinsame ist, um mit Bernhard Welte eine sensible Diktion zu wählen, dass beide Personen aus einer „verschwiegenen Herkunft" stammen, sich in einer sich gönnenden Weile von Augenblicken wiederfinden, und einer für beide gleichermaßen offenen wie Sehnsucht nach gutem Ausgehen weckenden „unbekannte Hinkunft" entgegen gehen.[833] Wo dieses Gemeinsame am Verfügtsein in den Fluß der Zeit schweigend, ins Wort kommend, oder in rituell-liturgischer Geste zum Gebet wird, dort erfüllt sich die oben bildhaft angesprochene Kapelle des verdichteten Abschiedsraumes zweier Menschen mit einem besonderen An-Denken. Dieses ist eine geistliche Bewegung, die an die beide übersteigende aber zugleich Zukunft begründende Dimension ‚Gott' rührt. „Die Sammlung des Schweigens ist aber mehr als Sammlung bloß der inneren und äußeren Welt. Es ist die abgründige Weite der Unendlichkeit des Geheimnisses, das alles trägt und alles gewährt und auf alles wartet."[834] Ob dem An-Denken eine von ab extra nahekommende Antwort widerfährt, ob für beide oder auch nur für einen, es liegt nicht mehr in den Händen der sich voneinander Verabschiedenden. Die Antwort kann aber erhofft und in Form der Sehnsucht danach betend in gewisser Weise schon berührt werden.

3.3.4.2 Die Verabschiedung im Kontakt mit eingeschränkt Kommunikationsfähigen

Ein zweiter Blick richtet sich auf die Verabschiedung von eingeschränkt kommunikationsfähigen Menschen. Die darin Eingeschränkten können zeitlebens, seit längerem oder auch kurzfristig, unter Umständen auch erst

---

833 Welte, B.: Religionsphilosophie, Freiburg 1978, S. 92.
834 Welte, Religionsphilosophie, S. 238.

innerhalb der Begegnung diese Fähigkeiten umfänglich oder gänzlich einbüßen. Die Einbuße muss dabei nicht rein erschöpfungsbedingter Natur sein. Sie kann auch passager oder dauerhaft psychisch bedingt sein. Zu denken ist hier an Menschen, die psychische Erkrankungen und daher überdauernd kommunikative Einschränkungen aufweisen. Einschränkungen können auch aus momentaner Überforderung herrühren, weil Gefühle diverser Art dem kranken Menschen einfach mit einem Schlag zu viel werden. Was bereits für die Gruppe der in vollem Umfang Kommunikationsfähigen benannt wurde, gilt in identischer Weise für diese spezielle Form des Abschieds. Doch ist weiteres zu beachten, damit eine der Güte zugewandte Form seelsorglicher Verabschiedung präsent werden kann.

So sind mit klinischer Seelsorge Betraute in diesen Situationen noch weiter dazu eingeladen, ihre Haltungen und Einstellungen in diese Momente einfließen zu lassen. Die augenfällige Asymetrie zwischen der vitalen, unter Umständen auch noch jungen und gesunden SeelsorgerIn und des buchstäblich hinfälligen, unter Umständen in sich gekehrten, überforderten oder verwirrten kranken Menschen im Bett verlangen nach einer Akkommodation des an Lebenskräften reichen und erhöhten Menschen hin zum Begegnungspartner, der davon weniger hat. Wo diese Akkomodation in entschiedener Bereitschaft geschieht, in die kenotische Grundgeste Jesu Christi einzutreten, die biblisch stets eine *Erhöhung* der Begegnungspartner heraufzuführen bestrebt und imstande war, dort kann die *Absenkung* aller Begegnunsmodi gleichsam auf Augenhöhe hin zum geschwächten Gegenüber besonders von Wert sein. Dabei ist die SeelsorgerIn in hoch verdichteter Weise zu all dem gerufen, was oben ins Wort kam an Grund- und Einzelorientierungen. Es sei erinnert an die Hinkehr zur Güte und zur Bereitschaft zur kooperativ-aufnehmenden Mitwirkung an dem, was sich kontextuell manifestiert, an Offenheit für den Einbruch geschenkter Zeit und an Bereitschaft, sich für die Ankunft der Zeit als Zukunft radikal zu investieren und sozial zu exponieren, also seine eigene sterbliche, endliche Zeit in Stellvertretung hinzugeben. All das findet habituellen Eingang in die Verabschiedung von Patientinnen und Patienten, die eingeschränkt kommunikationsfähig sind. Was ist dort aber neu und anders im Verhältnis zu obigem Kommunikationsgeschehen?

Zunächst ist die deutlich geringere bis gänzlich fehlende soziale Resonanz für die seelsorgende Person eine wichtige Bedingung. Denn es kann durchaus sein, dass der erkrankte Mensch keinerlei sichtbare Reaktionen mehr erkennen lässt. Das heißt zwar nicht, dass keinerlei basale Interaktion der zwei Menschen im Raum mehr stattfinden würde, was eindrücklich aus

Erfahrungen im seelsorglichen Umgang mit PatientInnen unter intensivmedizinischer Betreuung belegt ist. Allerdings ist doch zu konstatieren, dass die Seelsorgepräsenz angesichts der eingeschränkten bis ausfallenden Resonanzen zu erhöhter Selbstreflexion und gleichzeitig zu einem grenzwahrenden und die Autonomie des Anderen stellvertretend schützenden Umgang gerufen ist. Je weniger der kranke Mensch das selbst noch kann, desto stärker ist die Seelsorge gerufen, diesen Part als erstes zu übernehmen. Darin wäre sie der Güte gewidmet, insofern diese stets raumgewährend und identitätszueignend präsent wird, was hier die Integrität der körperlichen Intimsphäre und des Schutzes vor vereinnahmenden Kontakten bedeutet. Nur wo das beachtet wird, können weitere Haltungen und Einstellungen seelsorglicher Präsenz ihren Wert für die Verabschiedung beitragen.

Die für wenig erfahrene Seelsorgekräfte bisweilen unangenehme oder bedrückende Stille im Raum, die zwar von technischen Geräuschen der Maschinen und Überwachungsgeräte unterbrochen wird, aber sich dadurch quasi fast noch stärker vernehmbar macht, sie ruft die seelsorgende Person dazu, sich danach zu fragen, was momentan ihre Rolle angesichts des kranken Menschen sein kann. Eine Antwort darauf wird dort am besten möglich, wo es sich für das Mitglied des Seelsorgeteams in solchen Momenten fügt, dass es in Abgeschiedenheit hineingelangt von Aktionismus, Ablenkungen und Resignation aller Art. Ein von allem Wollen und Meinen freies Innesein, ein gefülltes Harren, mithin eine schlichte Reihe von Augenblicken basaler Armut, das ist damit gemeint. Aus dieser gefüllten Stille der Armut ist vom mit Seelsorge Betrauten dann intuitiv zu entscheiden, welche Form von Abschied jetzt gerade ‚dran' ist. Das Kriterium dafür ist die Qualität von Selbstkongruenz, das Seelsorgende bei der dann stattfindenden Wahl der Weise von Verabschiedung in sich vernehmen. Denn was beim einen kranken Menschen, der sich nicht äußern kann, das Richtige sein kann, das kann beim anderen unpassend sein. Mangels sozialer Resonanz ist daher die seelsorgende Person zu fürsorglichem Agieren an Stelle des eingeschränkt Kommunikationsfähigen Menschen gerufen. Dies ist die erste Weise, wie Seelsorge in die bergende und haltende Qualität der Güte eintritt.

Eine weitere Weise, in diese Qualität einzutreten, ist die ausdrückliche im Gebet vollzogene Fürbitte für den betroffenen Menschen, zumal im Umfeld des Todes oder gar direkt in hora mortis. Wo der bittende Einbezug des total passiven Kranken in das größere des Gottesbezugs geschieht, da ist der derart qualifizierte Zeitraum ein intermediärer Raum. Diese Pastoral im Zwischenraum geschieht nicht mehr allein zwischen zwei Menschen in einem Krankenzimmer der Klinik, sondern zwischen diesen und Gott, sowie unter Einbezug all jener, die im umfassend verstandenen Raum der Kirche betend diesseits und jenseits der Todesschwelle gottverbunden sind. Wo dieses polyresonante Zwischenraumphänomen des Betens entgegen dem technischen Sog der sterilen und mitunter betriebigen Atmosphäre moderner (Intensiv-)Stationen geschieht, kommt Seelsorge in ihr Eigenes. Dieses ist die gelebte, angesichts des Todes gewagte kontrafaktische Hoffnung für den vital gefährdeten Menschen. Beten als der Güte zugewandte Weise der Verabschiedung zu leben, und zwar dort, wo das Leben labil am seidenen Faden hängt, heißt Hoffnung zur spirituellen Praxis werden lassen. Diese ist eine kontrafaktische Hoffnung, die nicht innerweltlichen Anhalt mehr hat, sondern auf Gott als den Kommenden hofft.

Wie im Markusevangelium die Träger einen Gelähmten auf einer Bahre (griechisch *klinae*, von dem das Wort ‚Klinik' herstammt) durch das abgedeckte Dach zu Jesus hinablassen (Mk 2,1–12), so tragen auch betenden Hände einen Menschen zu Gott hin. Was dabei im Gebet geschieht, hören wir in einer Predigt von Johannes Tauler. Der von Meister Eckhart stark beeinflusste, etwas jüngere Mitbruder im Dominikanerorden des späten Mittelalters bringt darin eine Weise für andere zu beten ins Wort, bei dem Danken und Fürbitten zusammenfließen. Der Blick der SeelsorgerIn, der oben schon bei der Erstbegegnung mit onkologisch Erkrankten zum Thema wurde, erlangt hier erneut Bedeutung. Der Betende, so Tauler, „[…] fordere Himmel und Erde und alle Geschöpfe auf, ihm danken zu helfen, denn das kann er alleine nicht in angemessener Weise. Und in diesen Dank beziehe er mit ein mit einem reinen Blick die ganze Christenheit, Lebende und Tote und besonders die, für die er beten will. Und im Namen all dieser erhebe er seinen Sinn in innerem liebevollem Verlangen zu Gott, sie alle mit einem reinen Blick umfassend, und bringe vor Gott seine besondere Liebe zu dem Leben und Leiden unseres Herrn Jesus Christus. Dies geschehe mit einem einzigen Blick, wie wenn man tausend Menschen mit einem Blick übersieht. Und dieses Hinkehren des Geistes zu Gott soll man oft und oft wiederholen, einen Augenblick lang, immer wieder, und mit all dem in Gott zurückfließen, mit seiner Wirksamkeit, seiner Vernunft und tätigen Liebe."[835]

Wo Kranke derart im Gebet zu Gott hin getragen werden, dort kann es sein, dass sich bei der seelsorgenden Person Frieden einstellt, der von weit her stammt. Betendes Abschiednehmen in der Klinik als Weise der

---

835 Johannes Tauler. Predigten. Band II. Vollständige Ausgabe. Übertragen und herausgegeben von Georg Hoffmann. Einführung von Alois M. Haas, Einsiedeln 2011, S. 366–376, hier S. 374f.

Sohnschaft von Güte steht unter der Verheißung dieser besonderen Zukunft von Frieden. Auf ihn kommt der Apostel Paulus im Brief an Gemeinde in Philippi (Phil 4,5-7) zu sprechen: „Eure Güte werde allen Menschen bekannt. Der Herr ist nahe. Sorgt euch um nichts, sondern bringt in jeder Lage betend und flehend Eure Bitten mit Dank vor Gott. Und der Friede Gottes, der alles Verstehen übersteigt, wird eure Herzen und eure Gedanken in der Gemeinschaft mit Christus Jesus bewahren." Wo dieser Friede sich einstellt, dort ist es wie mit Zweigen, die sich bewegen, nachdem der Wind an sie gerührt hat.

3.4 Ausblick: Erweiterte Möglichkeiten einer güteaffinen Seelsorgepraxis in kirchlichen Krankenhäusern

Den Abschluss der vorliegenden Studie bildet ein Ausblick auf Seelsorge in Kliniken und Einrichtungen der stationären Patientenversorgung, die in Trägerschaft von Bistümern, Ordensgemeinschaften oder von diesen gegründeten Stiftungen oder anderen Rechtsformen geführt werden. Organisatorisch sind diese Einrichtungen abgesehen von ihren großen rechtlich eigenständigen Trägergemeinschaften in der Regel im Deutschen Evangelischen Krankenhausverband ev. (DEKV) organisiert oder im Katholischen Krankenhausverband Deutschlands e. V.[836]

Diese Einrichtungen der Gesundheitsfürsorge gehören zur größeren Gruppe der sogenannten 755 „freigemeinnützigen" Institutionen, die insgesamt circa ein Drittel (36,6%) der im Jahre 2010 in Deutschland vorhandenen 2064 Kliniken umfassten. Während die bisherige Verteilung, nach der in obigem Jahr 630 Kliniken in kommunaler Trägerschaft waren und 679 Kliniken in privater, sich in Richtung auf eine zunehmende private und abnehmende kommunale Trägerschaft wandelt, bleibt die Zahl der freigemeinnützig getragenen Kliniken etwa gleich.[837] Auch in Zukunft werden solche Einrichtungen also eine Rolle in der hiesigen Kliniklandschaft spielen. Dafür förderlich ist, dass diese Häuser im Durchschnitt relativ gut mit liquiden Mitteln und mit Eigenkapital ausgestattet sind.[838]

---

836 Vgl. dazu Baumann/Eurich, Konfessionelle Krankenhäuser; S. 14f.
837 Baumann/Eurich, Konfessionelle Krankenhäuser, S. 14.
838 Vgl. dazu Penter, V.: Zukünftige Potentiale im konfessionellen Krankenhaus, in: Baumann/Eurich, Konfessionelle Krankenhäuser, S. 141–152.

Die vorliegende Studie wendet sich interessiert den beachtlich erweiterten Möglichkeiten zu, die einer der Güte adressierten christlichen Seelsorgepraxis mit kooperativem Interesse in obigen Einrichtungen eröffnet sind. Diese Möglichkeiten sind im Ganzen gesehen erheblich.[839] Sie können ein intrinsisch motiviertes Wirken der mit Seelsorge betrauten Personen begründen. Besonders hilfreich erweist sich, wenn diese bereit sind, sich auf verbindliche Kooperationsformen (hinsichtlich Erreichbarkeit, Abwesenheitsregelungen, Teilnahmeverpflichtungen an Teamsitzungen usw.), für alle geltende Standards und ein prozessorientiertes Arbeiten einzulassen.[840] Ein insgesamt zuversichtlicher Impetus, der schon mehrfach in der vorliegenden Studie für die Zukunft von Klinikseelsorge angeklungen ist, findet mit Blick auf Kliniken in kirchlicher Trägerschaft mehrere Anhaltspunkte. Es fällt daher nicht schwer, zukunftsträchtige Perspektiven christlicher Seelsorge in kirchlichen Häusern zu skizzieren, die einer systematischen Ergänzung und vertiefenden Weiterführung offen stehen.

Gerade angesichts dessen, dass bisweilen auch die obigen Einrichtungen aus ökonomischen Gründen den Fortbestand von professionalisierter christlicher Kinikseelsorge auf dem Prüfstand stellen,[841] gilt es deren Mehrwert zu erinnern. Das oben entworfene Modell einer „kooperativen Klinikseelsorge" findet hier wertvolle Entfaltungsmöglichkeiten. Zunächst gilt das Augenmerk dem erweiterten Potential der Klinikseelsorge in obigen Einrichtungen, bevor der Beitrag skizziert wird, den diese Form von elaborierter und erkennbar professionalisierter Klinikseelsorge auch für Seelsorgepräsenz in Häusern anderer Trägerschaft leisten könnte. Es sei die

---

839 Vgl. dazu exemplarisch die Erfahrungswerte der in Österreich ansässigen Vinzenz-Gruppe, die über ein jahrelang elaboriertes Konzept des Einbezugs von christlicher Seelsorge in klinische Abläufe verfügt. Die Gruppe betreibt mit über 6500 Mitarbeitern mehrere Kliniken und andere Einrichtungen der stationären Patientenfürsorge. Genese, Konzept und praktischer Umsetzung des professionalisierten Einbezugs von Seelsorge in Abstimmung mit diözesanen Verantwortungsträgern konturiert Kienast, Rainer: Strukturelle Einbindung der Seelsorge in das System Krankenhaus. Wege der Vinzenz Gruppe, in: Fischer, M. (Hg.): Relevanz in neuer Vielfalt. Perspektiven für eine Krankenhausseelsorge der Zukunft, Rheinbach 2018, S. 87–112.

840 Vgl. dazu Kienast, Strukturelle Einbindung der Seelsorge, S. 87f.

841 Vgl. dazu und zum ganzen Themenbereich der Seelsorge in konfessionellen Krankenhäusern Nauer, D.: Spiritual Care statt Seelsorge, Stuttgart 2015, S. 195–205, besonders 195 sowie dies.: Christliche Krankenhausseelsorge? Unentbehrlich für katholische Krankenhäuser!, in: Heimbach-Steins, M./Schüller, T./Wolf, J. (Hg.): Katholische Krankenhäuser – herausgeforderte Identität, Paderborn 2017, S. 291–308.

Hoffnung geäußert, dass sich in konfessionell getragenen Einrichtungen ein Potential klinischer Seelsorgepräsenz entfalten lässt, das (durchaus in Parallele zur seinerzeit innovativen monastischen Armen- und Krankenfürsorge der Antike und des Mittelalters!) gesamtgesellschaftliche Impulse auszusenden vermag. Und zwar in dem Sinne, dass klinische Seelsorge einen wichtigen Beitrag leistet hin auf eine qualitativ hochstehenden Gesundheitsfürsorge für Kranke und deren Umfeld, und dabei eigene Motive inhaltlich prägnant auszuweisen vermag.

Eine gleichermaßen *konfessionell rückgebundene* und dabei *wesentlich auf Kooperationen ausgerichtete Klinikseelsorge* findet in Einrichtungen, die von kirchlichen Trägern betrieben werden, in der Regel förderliche Rahmenbedingungen. Dazu gehört zunächst, dass die seelsorglichen Akteure von Seiten des Trägers und auch von Seiten der Mitarbeiterschaft zumindest mit einer *basalen Gleichsinnigkeit hinsichtlich der weltanschaulichen*[842] *Grundausrichtung* und entsprechender Unternehmensziele rechnen dürfen. Darin liegt ein bedeutender Unterschied zu anders orientierten Trägern: „Der Unterschied ist der Horizont, in dem die Seelsorge arbeitet. Sie darf die Gewissheit haben, gewissermaßen ‚im eigenen Feld' unterwegs zu sein. [...] Ein christliches Krankenhaus muss ein Ort sein, an dem Menschen etwas von der umfassenden Sorge von Menschen für Menschen erfahren. Dieser Sorge ist eine der Grundvollzüge von Kirche: Caritas."[843]

Desweiteren ist in solchen Einrichtungen eine *kooperativ-konstruktive Mitwirkung der Klinikseelsorge an organisationalen Prozessen* auf diversen Ebenen wesentlich leichter einzubringen, als das meistens in Einrichtungen mit anderer Trägerschaft möglich ist. Was SeelsorgerInnen in Kliniken mit kommunalem oder privatem Träger erst an Kraft investieren müssen,

---

842 Es wird hier die bewusst deskriptive und inhaltlich offene Bezeichnung der „Weltanschauung" gewählt. Dies geschieht im Anliegen, terminologisch der heterogenen Vielfalt der religiösen Dispositionen von KlinikmitarbeiterInnen zu entsprechen. Diese sind, wie die SeelsorgerInnen auch, Teil der spätmodernen Gesellschaft und ihrer religiös-spirituellen Grundtendenzen, die im einleitenden Teil dieser Studie skizziert wurden. Dabei lassen sich als Merkmale u. a. biographische Fragmentierung, Dispersion des Religiösen und kombinatorisch erzeugte, hoch individualisierte religiöse Ausrichtungen der einzelnen erkennen. Vor diesem Hintergrund ist die Bezeichnung ‚Weltanschauung' klinikintern initial breiter kommunikabel und kann in einem zweiten Schritt inhaltlich weiter gefüllt werden.

843 Berg, P.: Krankenhausseelsorge. Aus dem Blick eines christlichen Trägers, in: Hagen, T./Groß, N./Jakobs, W./Seidl, C. (Hg.): Seelsorge im Krankenhaus und Gesundheitswesen. Auftrag – Vernetzung – Perspektiven, Freiburg 2017, S. 122–128, hier S. 122f.

um überhaupt an systemisch generierten Prozessen teilweise mitzuwirken, können sie in kirchlich getragenen Häusern direkt an Energie in die entsprechenden Prozesse einfließen lassen. Dass an der Schnittstelle zur Geschäftsleitung für die Seelsorge thematische Fußangeln vorhanden sein können, ist ernst zu nehmen. Der Einbezug von Seelsorgenden in leitende organisationale Ebenen insgesamt will gut überlegt werden, jedenfalls sind Gefährdungen in Rechnung zu stellen, dass Rollenverunklärungen aufkommen. Denn die Ziele von Geschäftsleitung und klinischer Seelsorge können nicht völlig deckungsgleich sein. Das schließt aber überlegte und moderierte Mitwirkungen der Seelsorge auch auf dieser Ebene nicht aus. Dabei ist etwa zu denken an *Beiträge zur Leitbildentwicklung,* die mit fachtheologischer und berufspraktischer Expertise eingebrachte werden können. Seelsorge kann sich ebenfalls einbringen bei der *Begleitung von MitarbeiterInnen der Klinik, bei der überlegten Vernetzung mit externen Dienstleistern (Caritas, Diakonie, SAPV usw.) und kirchlichen Organisationen und bei der Anbahnung und Pflege von Kontakten mit lokalen Gemeinden.* Den professionalisierten klinischen Seelsorgekräften durch Aus- und Fortbildungen erwachsenen Fertigkeiten (*skills*), Haltungen (*habits*) und Wissensbestände (*knowledge*) können wertvolle Beiträge in obigen Gebieten der Mitwirkung leisten. Um es in nuce an einem Beispiel etwas zu vertiefen, sei die Begleitung von MitarbeiterInnen der Klinik schlaglichtartig in den Blick gerückt. So können Klinikseelsorgende dem Klinikpersonal unterstützend und begleitend in Fragen der individuell gesuchten und je neu zu entscheidenden Wertorientierung ihrer alltäglichen Arbeit zur Seite zu stehen. Auch in das Berufsleben hineinragende Lebenskrisen, Trauerphasen infolge von familiären Verlusten, sowie das Interesse an einer Vertiefung des eigenen Berufsethos bieten ungezwungen Anlass zum methodisch überlegten Einbezug der Seelsorge. Dabei sind seelsorglich erworbene Potentiale, etwa zur phänomenologischen Deskription, geistlich-theologischer Reflexion und kreativ-ermächtigender Intervention (z. B. in Anlehnung an systemisch-therapeutische Skalierungen, Verschreibungen von Wahrnehmungsmustern usw.), nur Beispiel für ein weites Feld an förderlichen und dabei diskreten Entfaltungsfeldern klinischer Seelsorge im Kontakt mit dem Personal. Dass dabei Spannungsfelder betreten werden, in denen ggf. Loyalitätskonflikte der Seelsorgenden gegenüber dem Träger oder den Angestellten entstehen können, sowie heikle Fragen der Verschwiegenheit und Parteilichkeit aufkommen können, darf jedoch nicht ungesagt bleiben. Ebenso vermehrt sich das Zeitbudget des Seelsorgepersonals nicht schon dadurch, dass der Träger christlichen Ausrichtungen zugeneigt ist. Die im Alltag spürbaren Grenzen einer systemischen Mitwirkung wollen beachtet, ehrlich kommuniziert und nach außen und innen transparent gemacht werden. Wo die limitierte Kapazität seelsorglicher Mitwirkung an systemischen Prozessen und der Mitarbeiterbegleitung jedoch zugelassen werden, wird es möglich, das unter den gegebenen Bedingungen dann auch wirklich Mögliche gewinnbringend und vor allem kontinuierlich zu realisieren.[844]

In größeren Häusern kirchlicher Trägerschaft kann *systematische Aufgabenteilung*, etwa im Sinne einer personalen Delegation einzelner MitarbeiterInnen für Patientenseelsorge, für MitarbeiterInnenseelsorge und für Leitungsaufgaben ein wertvolles Instrument sein, Potentiale von Seelsorgepersonal effektiv einzusetzen, zu professionalisieren und Überforderungen strukturell schon im Vorhinein zu vermeiden.[845] Wo in einem entsprechenden Leitbild einer Klinik die Seelsorge nicht zu einem Accessoir ohne reale alltägliche Substanz wird, sondern zur praktikablen Facon einer wertorientierten christlichen Ausrichtung der Institution, dort wäre Wertvolles gewonnen. Praktische Beispiele dafür sind vorhanden und aus den Zitaten ersichtlich, die wichtige Erfahrungswerte einer prozessorientierten Entfaltung kooperativer Klinikseelsorge mit hochgradiger Einbindung in die Arbeit sämtlicher klinischer Professionen und Beiträgen zur Organisationsentwicklung des gesamten Hauses erkennen lassen.

Günstige Rahmenbedingungen für seelsorgliches Wirken in obigen Einrichtungen bietet auch die *erleichterte Vernetzung mit gegenüber der Klinik externen Orten gelebter Glaubenspraxis und den dort engagierten Christen*. Dieser Kontakt zu christlichen Vergemeinschaftungen wird künftig auch aus Sicht der Träger an Bedeutung gewinnen: „Dort, wo die Vernetzung besteht, ist sie unbedingt zu stärken. Die Grenzen zwischen der Seelsorge in der Pfarrei und im Krankenhaus können, wo sie bestehen, nicht auf Dauer bleiben. Sie sind weder theologisch sinnvoll, noch können wir sie uns angesichts der kirchlichen Entwicklung leisten."[846] Nicht nur die geprägten Orte kirchlicher Vergemeinschaftung, die Pfarreien, spielen dabei eine Rolle, sondern auch neu aufkommende Orte. Diese Keimlinge neuer Kirchlichkeit werden künftig weit über das aktuell verfasste Feld von gemeindlicher und verbandlicher Caritas sowie der bisher üblichen Formen von Gemeindepastoral hinaus zu sprossen beginnen. Hier sei nur an die

---

844 Vgl. Kosta, U.: Identität katholischer Krankenhäuser und die Realität des Gesundheitssystems, in: Heimbach-Steins, M./Schüller, T./Wolf, J. (Hg.): Katholische Krankenhäuser – herausgeforderte Identität, Paderborn 2017, S. 229–245.
845 Vgl. Kienast, Strukturelle Einbindung, S. 88–91.
846 Berg, Krankenhausseelsorge, S. 125.

erst am Beginn stehenden Initiativen gedacht, wie etwa Formen von „liquid church"[847] und weiteren innovativ-expeditiven Aufbruchsbewegungen, wie z. B. die „Fresh expressions of Church"[848] oder die Überlegungen zur Klinik als pastoralem „Andersort"[849]. Wo euphorische Erwartungen an diese Aufbruchsbewegungen vermieden werden, können diese ihre besondere Fähigkeit, lokal und personal begrenzt Menschen niederschwellig anzusprechen, zum Zuge kommen. Diese Bewegungen dürfen in kirchlichen Häusern auf erhöhte Durchlässigkeit für entsprechende Versuche der Kontaktnahme mit diakonischem und martyrologischem Impetus hoffen. Die unter Klinikseelsorgenden schon jetzt prädominante Berufsgruppe der PastoralreferentInnen könnte hier in prophetisch-kritischer und experimenteller Weise gleichermaßen wertvolle Beiträge leisten. Dabei geht es um „das pastorale Abenteuer, mit den Menschen des jeweiligen kirchlichen Ortes eine eigenständige lokale Theologie zu entwickeln, aus dem jeweiligen Kontext heraus und auf ihn hin. Ortsbezogen und ohne Fußnoten, bodennah und erfahrungssatt. Auf einem Wochenendseminar für Pfarrgemeinderäte ebenso wie am Krankenbett in der Universitätsklinik. [...] Die wichtigste martyrale Kompetenz aller kirchlichen Berufsgruppen ist die ‚mystagogische' Fähigkeit, entsprechende kontextuelle Praxistheologie vor Ort entwickeln zu können."[850] Wäre es nicht eine reizvolle Aufgabe für Klinikseelsorgende daran mitzuwirken, wo es sich konkret in einer Klinik freigemeinnütziger Trägerschaft christlicher Provenienz künftig anbietet? Im Zuge dessen könnten auch kleinere Projekte, passagere Initiativen und einmaliges Engagement, auch etwa von Klinikpersonal, sehr von Wert sein. „Transversalität" im Sinne eines Brückenschlags zwischen differenten Lebens- und Glaubenswelten[851] wäre dann im Kleinen möglich. Projektfähig zu werden, das schlagen auch Bernd Heller und Thomas Schmidt vor, die Überlegun-

---

847 Vgl. dazu De Groot, K.: The Church in liquid modernity. A sociologicial and theological exploration of al liquid church, in: International Journal for the Study of the Christian Church 6 (2006) S. 91–103.
848 Vgl. dazu Müller, S.: Fresh Expressions of Church. Ekklesiologische Beobachtungen und Interpretationen einer neuen kirchlichen Bewegung, Zürich 2016.
849 Tiefensee, E.: Krankenhäuser als „andere" pastorale Orte, in: Hagen, T./Groß, N./Jakobs, W./Seidl, C. (Hg.): Seelsorge im Krankenhaus und Gesundheitswesen. Auftrag – Vernetzung – Perspektiven, Freiburg 2017, S. 94–109.
850 Bauer, C.: Propheten des Volkes Gottes? Pastoralreferentinnen und Pastoralreferenten im Rahmen der Drei-Ämter-Lehre, in: Felder, M/Schwaratzki, J. (Hg.): Glaubwürdigkeit der Kirche – Würde der Glaubenden, Freiburg 2012, S. 109–122, hier S. 121f.
851 Vgl. dazu Widl, M: Das Volk Gottes auf dem Weg durch die Postmoderne. Eine kleine Pastoraltheologie, Ostfildern 2018, S. 23–32.

gen anstellen zu prophetischer Seelsorge in kirchlichen Krankenhäusern: „Jedes Seelsorgeteam sollte stärker in Projekten denken und sich selbstkritisch ein innovatives und professionell gemanagtes Projekt leisten, mit Hilfe dessen ein wichtiges Anliegen der Seelsorge mit anderen AkteurInnen aufgenommen und zeichenhaft verwirklicht wird."[852]

Was die tradierte *liturgische und darüber hinaus in weiteren Sinne innovativ-rituelle Artikulation seelsorglicher Präsenz* betrifft, bieten Häuser in kirchlicher Trägerschaft ebenfalls umfangreicher und leichter Entfaltungsspielraum für seelsorgliches Engagement, was anderen Kliniken so nicht möglich ist. Dabei darf im doppelten Sinne davon gesprochen werden, dass derlei Initiativen leichter ‚Raum' erhalten. Sowohl ideell als auch materiell darf die Seelsorge dankenswerterweise darauf hoffen, dass sich weitergehende Spielräume eröffnen, die andernorts verwehrt sind. Zu denken ist hier konkret beispielsweise an die sinnenhaft-symbolische Entfaltung von *Abschiedsritualen am Sterbebett* von Patienten, die *konzeptionelle und praktische Gestaltung von Abschiedsräumen* für Verstorbene verschiedenen Alters, an den *Einbezug von Personal bei Jahrstagsfeiern Verstorbener (Patienten und MitarbeiterInnen)*, an die *Standards bei Aufbahrung und Abholung* von Verstorbenen, an den *Beitrag der Seelsorge bei Bestattungen* (z. B. Frühverstorbene), an den Einbezug liturgischer Gestaltungen und ritueller Arrangements bei *Feiern im Jahreskreis* (z. B. Adventsbräuche, Weihnachtsfeiern, Totensonntag, Jahresendandachten, Auszeiten in der Fastenzeit[853] usw.). Was diese und andere praktikable Beispiele[854] erkennen lassen, ist die Chance, dass Seelsorge in diesen institutionellen Räumen auf Offenheit hoffen darf, wenn sie ihr genuin und ausdrücklich christliches Kolorit der Bezogenheit auf kranke Menschen sowie auf alle, die sich um sie professionell bemühen, zum Zuge kommen lässt. Wo Klinikseelsorge solcherart Farbe bekennt, kollidiert das keineswegs mit der Bereitschaft von Seelsor-

---

852 Heller, A./Schmidt, T.: Weder Lückenbüßerin noch Identitätsstifterin! Prophetische Seelsorge in kirchlichen Krankenhäusern, in: Diakonia 46 (2015) S. 249–256, hier S. 256.

853 Vgl. dazu die Erfahrungswerte in den Einrichtungen der Franzikus-Stiftung in Münster. Goedereis, K.: Orte gelebter Caritas. Bedeutung und Stellenwert der Krankenhausseelsorge, in: Fischer, M.: Relevanz in neuer Vielfalt. Perspektiven für eine Krankenhausseelsorge der Zukunft (Mauritzer Schriften, Bd. 6), Rheinbach 2018, S. 27–36, hier 31.

854 Vgl. auch die Beispiel der in der Vincent-Gruppe kultivierten Beiträge der klinischen Seelsorge zu jahreszeitlichen Feiern, incl. einem Kirchenjahrkalender für das Personal, siehe dazu Kienast, Strukturelle Einbindung der Seelsorge, S. 101.

gepersonal zur achtsamen Rücknahme von explizit formierten Artikulationen christlicher Couleur, wo es von Seiten der PatientInnen angebracht erscheint. Sei es, weil es diese überfordert, biographisch irritiert (z. B. infolge früherer negativer Erfahrungen mit geprägten Ritualen wie Beichte usw.) oder auf andere Weise negativ berühren würde. Hilfreich kann hier eine dreifache Unterscheidung sein, wie sich die sensible Kontaktaufnahme mit PatientInnen in einer Klinik kirchlicher Trägerschaft weltanschaulich konturiert und zugleich adressatenorientiert erweist. Diese drei Aspekte sind Momente einer Grundbewegung, in der „Abholen der menschlichen Befindlichkeit, ein Heben der spirituellen Bedürfnisse und Ressourcen, das in ein traditionelles Ritual münden kann" je nach Gegenüber Gestalt annehmen kann. Dabei ist eine allen klinischen Akteuren aus christlichem Selbstverständnis der Institution heraus vorgegebene Aufgabe der „human care"[855] zugewiesen, sowie darüber hinaus auch eine „spiritual Care"[856] und schließlich eine „pastoral Care", wobei letztere vornehmlich vom Seelsorgepersonal wahrgenommen wird und u. a. die erwähnten Frömmigkeitsformen umfassen kann, wo sie gewünscht werden.[857] Was hier für die Patienten ausformuliert wird, gilt in ähnlicher Weise auch für das Klinikpersonal.

Insgesamt gesehen sind einer klinischen Seelsorgepräsenz, der *systematisches Interesse an Kooperation als konstitutives Moment an ihrem Auftrag* wichtig ist, in obigen Einrichtungen der Gesundheitsfürsorge weite Entfaltungsmöglichkeiten eröffnet. Diese erlauben es, die dem Projekt der Kranken-HAUS-seelsorge an sich stets inhärierenden Potentiale so zu entfalten, dass der Wert von Klinikseelsorge auch über den Bereich der direkten Kontakte mit den Kranken und deren An- und Zugehörigen allererst sichtbar und in seiner Bedeutung erkennbar wird. Klinikseelsorge kann somit in kirchlichen Häusern leichter zu dem werden, das es vom Wesen her an sich

---

855 So definiert etwa die Vincenz-Gruppe für alle Mitarbeiter einen basalen Care-Auftrag mit biblischer Begründung, der in ihr Leitbild Eingang gefunden hat: „Den Auftrag leiten wir von dem Jesuswort ab: ‚Ich war krank, und ihr habt mich besucht …' (Mt 25,36). Hier steht dezidiert nicht: ‚Ich war katholisch, ich war gläubig, bin regelmäßig zum Gottesdienst gegangen, bin nicht geschieden und halte alle Gebote der Kirche ein …'. Somit sehen wir den primären Auftrag, den kranken Menschen zu besuchen und sich um den Menschen, wie es ihm in seiner Krankheit geht, zu kümmern." Kienast, Strukturelle Einbindung, S. 84.
856 Hier geht es mit copingbetontem Akzent „um die Kunst, spirituelle Bedürfnisse der Patienten zu entdecken und spirituelle Ressourcen zu wecken.". Kienast, Strukturelle Einbindung, S. 84.
857 Kienast, Strukturelle Einbindung, S. 95f.

überall sein könnte, der Kontext es mancherorts jedoch kaum erlaubt. In jedem Fall kann Gelingendes aus dem Bereich kirchlicher Kliniken als Inspirationsquelle für eine partielle Aneignung auch andernorts angesehen werden.

Zugleich kann in diesen Einrichtungen auch möglich sein, ein *Modell kooperativ konzipierter Klinikseelsorge zu entwerfen und praktisch werden zu lassen, das zwei Überakzentuierungen vermeidet,* die in Kliniken privater und kommunaler Trägerschaft eher entstehen können. Der erste Überakzent in der Ausrichtung kann in einer Tendenz und Affinität klinischer Seelsorge zur *Totalidentifikation* mit innovativen Prozessen im Gesundheitswesen beschrieben werden. Dabei gerät das Proprium christlicher Seelsorge sukzessive in den Hintergrund, und besagte „Voll-Integration" eliminiert ihre inhaltliche Eigenständigkeit und mitunter disparate Zielsetzung gegenüber Zielhierarchien der Institution.[858] In kirchlichen Häusern ist diese Gefahr deswegen zumindest reduziert, weil erstens vom Leitbild her bereits christlich begründete Motive und sozialethische Implikate wenigstens auf der Konzeptebene gesetzt sind, die klinischer Seelsorge der Grundintention nach nicht zuwiderlaufen und von daher ein Konturverlust bei der Kooperation zumindest gemindert ist. Zweitens ist in obigen Institutionen auch ein höheres Maß an Akzeptanz und Verständnis zu erwarten, wenn Seelsorge sich als *nur selektiv partizipierend* präsentiert und bei einzelnen Initiativen seine Mitwirkung unterlässt. Denn wo bereits auf mehreren Ebenen in einer Klinik an Initiativen erfolgreich und gewinnbringend für alle Beteiligten teilgenommen wird, dort fällt es Klinikseelsorge leichter ggf. immer wieder einzelne Mitwirkungsmöglichkeiten nicht zu wählen, ohne deswegen schon als randständig angesehen zu werden. Wo Klinikseelsorge systematisch und kontinuierlich kooperiert, kann das auch selektiv ausgesetzt werden, ohne einen Reputationsschaden zu erleiden.

Der Gefahr zu einem zweiten Überakzent klinischer Seelsorgepräsenz scheint in kirchlichen Häusern ebenso deutlich reduziert zu sein. Dieser ist die *Tendenz zur schleichenden Abschottung von klinischen Prozessen und einer bisweilen unthematisch praktizierten Reduktion von Seelsorge auf isolierte, wenn auch wertvolle Patientenbegegnungen.* Im Extrem wären die Seelsorgenden bei dieser zweiten Fehlausrichtung dann *nur noch* Akteure der *Kranken*seelsorge, die den Bezug zum relevanten Kontext Klinik und den dort wirkenden Akteuren verloren hätte. Dieser Gefahr kann ein Haus in kirchlicher Trägerschaft leichter wehren, als das kommunale Häuser oder

---

858 Vgl. dazu Nauer, Spiritual Care statt Seelsorge, S. 157.

Einrichtungen privater Trägerschaft zu leisten vermögen, die von ihrem Konzept her keine spontane Anschlussfähigkeit und Einladung für weltanschaulich konturierte Seelsorgeangebote mitbringen können. In Anbetracht dessen, dass dem klinischen Seelsorgepersonal der Bezug zum System (ggf. passager) etwa aus Gründen der Unerfahrenheit, der biographischen Erschöpfung oder der anderweitig geschwächten Kooperationsressourcen schwer fallen kann, werden die diesbezüglichen Vorzüge der Situierung von Klinikseelsorge in konfessionellen Häusern ersichtlich. Sie laden Klinikseelsorge gleichsam per se zur Kooperation ein und verhindern so latente Rückzugstendenzen bei den Akteuren. Insgesamt also gute Aussichten für klinische Seelsorge in obigen Krankenhäusern. Das gilt auch dann, wenn zutreffend ist, dass eine kirchliche Trägerschaft genauso von den verschärften ökonomischen Rahmenbedingungen geprägt ist, wie die übrigen Einrichtungen der stationären Patientenfürsorge.

Möglicherweise könnte das Potential einer aufnehmend-mitwirkenden Klinikseelsorge, das sich in Häusern kirchlicher Trägerschaft entfaltet, auch für Häuser in anders gearteter Trägerschaft inspirierendes Potential bergen. Zu denken ist an die Art und Weise, wie Klinikseelsorge in kirchlichen Häusern überlegt und selektiv an organisationalen Prozessen mitwirkt oder sich in Leitbildfortschreibungen mit Expertise einbringt. Zu denken ist auch an Formen von Mitarbeiterbegleitung, bei der über das Ziel der Erhaltung und Förderung der Funktionalität hinaus der ganze Mensch im Blick bleibt. Zu denken ist auch an eine Klinikseelsorge, die gleichermaßen Interesse an wertorientiertem Agieren und interprofessioneller Kooperationsfähigkeit an den Tag legt, weil dies in kirchlichen Häusern vom Träger systematisch gefördert wird. Diese Beispiele für das inspirierende Potential von Klinikseelsorge in kirchlichen Häusern zeigen den Wert, den diese pastorale Praxis auch über den Raum der kirchlichen Trägerschaft hinaus haben kann. Sich in Kliniken kirchlicher Trägerschaft seelsorglich zu engagieren, das dürfte allemal sehr lohnend sein, und zwar für die PatientInnen, für die Einrichtung, für das Seelsorgepersonal, aber auch für andere Häuser als anschauliches Beispiel. Daher sei mit Zuversicht dafür geworben!

4 Zusammenfassung

4.1 Rückschau auf den Gedankengang der Untersuchung, Zusammenfassung und Ertrag der Studie

Die vorliegende Studie suchte die Frage zu beantworten, ob der bei Meister Eckhart begegnende Einbezug des Guten in die Güte für eine theologische Begründung und praktische Entfaltung klinischer Seelsorgepraxis fruchtbar gemacht werden kann. Nachstehend wird der Gang der Untersuchung zusammenfassend rekapituliert. Dem schließt sich eine Sicherung des Ertrags an, wie er im Zuge der Freilegung kontextueller Faktoren (Teil 1.), der systematischen Erschließung der Eckhartschen Theologie (Teil 2.), sowie der praktischen Entfaltung für klinische Seelsorgepräsenz (Teil 3.) erzielt werden konnte.

Der einleitende Teil der Studie verortete das Vorhaben in verschiedenen Kontexten. In einem ersten Schritt wurde zunächst die fachinterne Diskussion über Materialobjekt und Methoden der praktischen Theologie aufgegriffen, um von dort aus eine Ortsbestimmung des eigenen Ansatzes im Rahmen pastoraltheologischer und sodann klinikseelsorglicher Konzeptbildungen vorzunehmen. Ein geschichtlicher Rückblick auf Genese und aktuelle Modelle von Klinikseelsorge leitete im Anschluss daran über zur Besprechung von Referenzzusammenhängen, in denen Klinikseelsorgende stehen. Dazu wurde auf die kirchliche Bezogenheit dieser Personen eingegangen, auf die kooperative Grundausrichtung, die systemische Einbindung in die Klinik, eine vorrangige Optionalität für Leidende und deren Angehörige, sowie auf die Verortung von Klinikseelsorgenden in Lebenszusammenhängen, die von spätmodernen Entwicklungen geprägt sind. Dem folgte eine Erläuterung des Resonanzkonzepts bei Hartmut Rosa und dem Modell von Seelsorge im Zwischenraum, wie es bei Michael Klessmann begegnet. Auf dieser Basis ging es darum, die Notwendigkeit einer tugendethischen Integration einzuführen und zu begründen. Die Begriffe Haltung und Einstellung wurden dazu vorgestellt und definiert. Dies geschah mit dem Anliegen, an späterer Stelle der Studie den Ertrag der systematischen Sichtung auf eine begriffliche Weise ins Gespräch bringen zu können, die einem Verstehen breiterer Kreise zugänglich wäre und eine inhaltliche Füllung tugendethischer Art erlauben würde.

Der zweite Hauptteil wandte sich der systematischen Erschließung der Relation zwischen dem Guten und der Güte bei Meister Eckhart zu. Der

Gang der Untersuchung war bestrebt, die metaphysisch-theologisch formulierten Positionen des Dominikaners aus seinem spätmittelalterlichen Kontext heraus freizulegen. Dazu wurde Meister Eckhart zunächst in seiner geistlichen Gestalt konturiert, bevor seine Intellekttheorie und seine Ontologisierung der Ethik zur Besprechung kamen. Auf dieser Basis konnte die Studie die Eckhartsche Rede vom Guten und der Güte an Textbeispielen untersuchen, um von dort aus zum Topos der Abgeschiedenheit vorzudringen. Diese wurde als Modus des Einbezugs in die Güte aufgewiesen. Eine Zusammenfassung und kritische Würdigung der Eckhartschen Topoi bereitete den Übergang zur praktischen Entfaltung vor. Dazu wurde eine tugendethische Integration des bei Eckhart inhaltlich Aufgewiesenen versucht. Vermittels dieser Integration sollte möglich werden, die Eckhartsche Theologie in praktischem Anliegen auf die Haltungen und Einstellungen der Klinikseelsorgenden zu beziehen. Bei der anvisierten tugendethischen Integration waren zwei weitere Anliegen handlungsleitend. Sie geschah erstens mit dem Ziel, dem entworfenen Modell des Einbezugs in die Güte terminologisch und praktologisch eine breite Kommunikabilität und Anschlussfähigkeit bei klinisch tätigen AkteurInnen zu gewährleisten. Dies sowohl mit Blick auf das Klinikpersonal als auch mit Blick auf die Akzeptanz des Modells bei Klinikseelsorgenden. Die tugendethische Integration wurde zweitens auch mit Blick auf die Erkrankten und deren Zugehörige zum Thema. Die Grenzen dieser Personen beachtend, kam zur Darstellung, inwiefern auch PatientInnen und deren soziales Umfeld die Einladung zu einem ‚guten Leben' in tugendethischer Perspektive angeboten ist.

Der dritte Teil der Studie untersuchte, wie Eckharts Positionen im Rahmen einer Kriterilogie und Kairologie güteaffiner Seelsorgepraxis in Kliniken fruchtbar gemacht werden könnte. Dazu wurde in beiden Zugängen eine zweistufige Betrachtung vorgenommen. Der Aufweis von Grundorientierungen erfolgte dabei zuerst. Dem schlossen sich jeweils Einzelorientierungen an. Letzere waren bestrebt, bei Eckhart bisweilen zu verzeichnende Mindergewichtungen der Dimensionen sozialen Handelns, der Prozesshaftigkeit menschlichen Seins und der Sozialität menschlicher Praxis durch den Einbezug anderer Perspektiven inhaltlich zu weiten im Sinne einer komplementären Ergänzung. Zugleich dienten die Einzelorientierungen dazu, die Praktikabilität eines der Güte zugewandten Seelsorgeverständnisses zu illustrieren. Dieser Fluchtlinie weiter folgend, gelangte die Studie zur Besprechung der seelsorglichen Begleitung onkologischer PatientInnen. Dabei galt das Interesse der Erstbegegnung unter besonderer Beachtung der optischen Form von Kontaktaufnahme, bevor ein praktisches Beispiel von Trauerbegleitung die praktische Dimension pastoralen Wirkens zu entfalten suchte. Die Verabschiedung von obigen PatientInnen wurde als Zeitraum dargestellt, in dem eine der Güte zugewandte Seelsorgepraxis in verdichteter Form zur Präsenz gelangen kann. Ausführungen zu den erweiterten Möglichkeiten einer solchen Seelsorgepräsenz in freigemeinnützigen Häusern kirchlicher Trägerschaft bildeten den ausblickenden Abschluss des praxisorientierten dritten Hauptteils der vorliegenden Studie.

Als Ertrag der Studie kann zusammenfassend Folgendes festgehalten werden. Im Zuge der Freilegung und Aneignung der spätmittelalterlichen Theologie Meister Eckharts für zeitgenössische Pastoral mit kranken Menschen zeigte sich, dass sein mystagogisch inspirierter Impetus sowohl auf der Ebene der Haltungen als auch der Handlungen für Seelsorgepersonal wertvolle Anregungen bereit hält. Diese erweisen sich interpersonell sowohl in der Einzelseelsorge als auch in Teamsituationen als instruktiv und inspirierend. Indem Meister Eckhart die den Menschen in seinem Sein und Wirken freisetzende Potenz der göttliche Güte philosophisch und theologisch zu konturieren imstande ist, stellt er ein Modell vor Augen, in dem Gott und der Gute einander buchstäblich anschauen, also in einem personalen Verhältnis stehen. Die menschliche Hinordnung auf die Güte wird von dieser fortlaufend getragen und erhalten. Die Bezogenheit erweist sich als Moment an einer identitäts- und seinszueignende Relation, in die der Mensch von Gott geführt wird. Modell dieser Bezogenheit ist die innertrinitarisch begründete Sohnschaft Jesu Christi. In dessen Inkarnation ist dem Menschen die Rückkehr zu Gott ermöglicht. Diese Rückkehr vermag der Mensch in seinen obersten Seelenvermögen von Gottes Gnade ermöglicht zu vollziehen. Im Zuge dessen bewegt sich der Mensch hin auf Abgeschiedenheit von allem Kreatürlichen und daher auch von allem Zeitverhafteten. Dieser geistliche Weg ist für den Dominikaner die Weise, wie der Mensch in die Sohnschaft Jesu Christi einbezogen wird. In diesen Geschehenszusammenhang eingelassen und eingestaltet, kann die klinisch seelsorgende Person ihre Dispositionen und Handlungen als Momente am Einbezug in die alles fundierende und orientierende Güte begreifen und aus diesem Innesein heraus tugendhaft wirken. Seelsorge in der Klinik wird darin zum einen als Aufnahme des der Güte Innewohnenden begriffen. Zum anderen sind die hauptamtlich mit Seelsorge Betrauten im Zuge dieser Rezeptivität in Freiheit und unter Freisetzung ihrer eigenen Kreativität in die geschichtlich verfasste Gestaltwerdung der Präsenz von Güte aktiv einbezogen. Eine aufnehmend-mitwirkende Klinikseelsorge, die auf den anderen Menschen hin sensibilisiert ist, die in Form des Betens und im äußeren Wirken für ihn Sorge trägt, erweist sich als konkordant mit den geistig-geistlichen Anliegen Meister Eckharts. Solche Seelsorge ist von der ankommenden Präsenz von Güte her energetisiert. Sie kann als praktische Entfaltung einer Theologie der Hoffnung angesehen werden, die theozentrisch fundiert ist. Nachstehend kommen weitere Aspekte dessen, was oben in seinem größeren Zusammenhang zur Darstellung kam, noch detaillierter zu Gesicht.

Im Einzelnen betrachtet traten in kriteriologischer Sichtung die *Umkehr in den Raum der Güte* und die *Bereitschaft zum aufnehmend-mitwirkenden Einbezug* in die Präsenz von Güte als wesentliche Grundorientierungen für seelsorgliches Handeln zutrage. In kairologisch motivierter Sichtung von Handlungszusammenhängen konnten ebenfalls zwei Grundorientierungen formuliert werden. Diese sind der *Einbruch von Güte* in das Leben von Seelsorgenden und der aus dieser Dynamik freigesetzte Impuls zum selbstverantworteten *Durchbruch in eine Zeitgestaltung, die sich anderen zu widmen vermag*. Beide temporalen Grundorientierungen erscheinen als praktische Weisen der Entfaltung einer Seelsorge, die aus dem ankommenden Zeitraum der Präsenz von Güte heraus zu wirken bemüht ist.

Mit Blick auf die gewonnenen Einzelorientierungen erwies sich der selektive und modifizierte Einbezug betont handlungsorientierter Heuristiken pragmatistischer Provenienz als hilfreich. Diese erlaubten es, die tendenzielle Abschwächung der Handlungsdimension im Konzept Meister Eckharts bei der Suche nach Kriterien für seelsorgliches Handeln in Kliniken auszugleichen. Dieser Ausgleich ist im Sinne einer dynamischen Balance zu verstehen, die Überakzente in der konzeptionellen Ausrichtung zu vermeiden sucht. Bei den kairologischen Einzelorientierungen erlaubte der Einbezug weitender Perspektiven ebenfalls eine verbesserte Adaptionsmöglichkeit des Eckartschen Entwurfs für klinische Seelsorgepraxis. So wurde der für Eckharts Relationsverständnis des Guten gegenüber der Güte zentrale Begriff der Sohnschaft in zweifacher Weise einer perspektivisch geweiteten Besprechung zugeführt. Dabei wurde der Eckhartsche Topos entwicklungspsychologisch unter kursorischer Aufnahme von Positionen Antoine Vergotes als religiöser Prozess erhellt, der Parallelen zur ubiquitär aufweisbaren menschlichen Identitätsentwicklung im Kontext familiärer Konstellationen erkennen lässt. Die kairologische Dimension dessen, was Meister Eckhart mit dem Topos der Sohnschaft anspricht, wurde unter Einbezug von Studien zum Zeitverständnis im Johannesevangelium in erweiterter Optik gesichtet. Im Zuge dessen zeigte sich, dass die jesuanische Hingabe für die sozial anderen in der Stunde des Kreuzestodes den inhaltlichen Kern der Sohnschaft ausmacht, auf den hin alle Zeitorientierungen im

Johannesevangelium hin konzipiert und horizontverschmelzend orientiert sind. Sohnschaft als Inbegriff des Einzugs in die Güte kam so in johanneischer Perspektive und in kairologischer Hinsicht als Weise zu Gesicht, Zeit als Möglichkeit des Sich-Verschenkens für andere zu verstehen. Was sich bisher als Ertrag der Untersuchung ergab, wurde weiter auf seelsorgliche Praxis hin konkretisiert. Dazu traten onkologisch Erkrankte ins Blickfeld.

Die Seelsorge mit onkologischen PatientInnen konnte von Meister Eckhart ebenfalls inspirierende Impulse erhalten. Die Erstbegegnung mit diesen Menschen wurde als Weise erkennbar, Erkrankten in Form des Anschauens gleichsam ‚ein Ansehen' zu geben und darin güteaffin zu wirken. Die selektive Aufnahme von Positionen Emmanuel Levinas' bezüglich dessen, was angesichts eines menschlichen Gesichts nahekommen will, erwies sich als instruktiv und geeignet, die bei Eckhart begegnende Fokussierung auf das Anschauen der Güte und des Guten praxisnah zu besprechen. Der Einbezug von Jes 35,1–11 in die Patientenbegegnung veranschaulichte als praktisches Beispiel sowohl das interdisziplinäre Kooperationsinteresse einer der Güte gewidmeten Seelsorge als auch die Hoffnung erschließende Kraft biblischer Texte. Der überlegte Einbezug fremdprofessioneller Erkenntnisse in Form der Aufnahme von einzelnen Konzeptbildungen und praktischen Vorgehensweisen psychotherapeutischer Provenienz zeigte exemplarisch das interdisziplinäre Interesse einer aufnehmend-mitwirkenden Klinikseelsorge. Die Verabschiedung von erkrankten Menschen erwies sich abschließend als Ort, an dem die im Gang der Studie herausgearbeiteten Haltungs- und Handlungsdispositionen klinischer Seelsorgeakteure in verdichteter Weise ihre Bedeutung zeigten. Verschiedene Möglichkeiten der Seelsorge, stellvertretend für den erkrankten Menschen zu wirken, zumal in hora mortis, kamen dabei zu Gesicht. Seelsorge aus der Präsenz der Güte heraus wurde so als gleichermaßen gottgetragene wie zu eigenem Engagement eingeladene Weise von pastoraler Praxis erkennbar.

Obige Seelsorgepraxis findet in Kliniken mit kirchlicher oder kirchennaher Trägerschaft erweiterte Entfaltungsmöglichkeiten. Dies nicht allein wegen der basalen Gleichsinnigkeit hinsichtlich der weltanschaulichen Grundausrichtung von Träger und Seelsorgepersonal. In solchen Häusern besteht auch die Chance, an Leitbildfortschreibungen und anderen organisationalen Prozessen in für alle Beteiligten gewinnbringender Weise mitzuwirken, ohne dabei die seelsorgliche Rolle zu verlassen. Gute Ausgangsbedingungen findet Klinikseelsorge auch für das Ziel der Vernetzung mit externen Kooperationspartnern und für Formen von Mitarbeiterbegleitung, bei denen über die Erhöhung von Funktionalität hinaus weitere Ziele verfolgt werden. Dazu gehören etwa Sinndeutungspotentiale für die eigene Arbeit aus dem individuell geprägten Glauben heraus und Unterstützung bei der Frage, wie ein Umgang mit Beanspruchungen konstruktiv und selbstkongruent gestaltet werden kann. Wertvolle Entfaltungsmöglichkeiten für eine aufnehmend-mitwirkende Klinikseelsorge können sich auch ergeben hinsichtlich innovativer Formen von liturgischer Patientenbegleitung und der seelsorglichen Aufnahme von sich neu formierenden Formen kirchlicher Vergemeinschaftung (vgl. Liquid Church). Das gilt auch für projektorientiertes Arbeiten, ggf. unter Einbezug von Klinikpersonal. Es ist möglich, dass obige Entfaltungsweisen klinischer Seelsorge auch für Häuser in anders gearteter Trägerschaft inspirierendes Potential bergen. Dies ist besonders dann der Fall, wenn klinische Seelsorgepraxis in kirchlichen Häusern als gleichermaßen wertgeleitet, adressatenorientiert, interprofessionell und innovationsfreudig in Erscheinung tritt.

4.2 Prioritätensetzungen der Studie und Ausblick auf weiterführende Forschung

Die vorliegende Studie war vom zentralen Anliegen geleitet, Denken und Frömmigkeit Meister Eckharts für klinische Seelsorgepraxis fruchtbar zu machen. Der Lektüre sollte in thematisch überschaubarem Raum möglich werden, die Relevanz zentraler Aspekte eines spätmittelalterlichen Seelsorgekonzepts monastischer Provenienz für heutige Theorie und Praxis klinischer Seelsorge zu entdecken.

Der konzeptionellen Aufbau der Untersuchung und die daraus resultierenden Durchführung waren aus diesem Grunde von Prioritätensetzungen und Grenzen geprägt. So habe ich mir bei der Gedankenführung mit Blick auf die anvisierte ggf. auch kursorische Lesbarkeit der Studie weiträumigere Besprechungen wiederholt versagt und einige Querverweise und differenzierte Detailerkundungen bewusst zurückgestellt. An einigen Stellen wurden eingehendere Problematisierungen der facettenreichen Philosophie und Theologie Meister Eckharts unterlassen. Die damit einhergehenden Fokussierungen führten zu jeweils begrenzten Aussageabsichten in den einzelnen Kapiteln. Dies wurde um Willen der inhaltlichen Übersichtlichkeit und der entschieden zielorientieren Gedankenführung hin auf eine seelsorgliche Handlungstheorie in Kauf genommen. Nachstehend wird exemplarisch auf einige dieser Grenzen der Studie hingewiesen. Damit verbunden wird jeweils ein Ausblick auf weitere Forschungsmöglichkeiten, die sich an den Grenzziehungen eröffnen könnten. Diese Möglichkeiten scheinen aussichtsreich, weiterführende Erkundungen dürften interessante Aspekte zutage fördern und gewinnbringend sein.

Der in der Studie anvisierte Gedankengang einer zunächst systematisch-theologischen Erschließung zentraler Aspekte im Denken und Glauben Meister Eckharts, die im Anschluss daran im Zuge einer tugendethischen Transposition hin auf eine seelsorgliche Handlungstheorie und -praxis entfaltet wurden, war eine konzeptionelle Grundsatzentscheidung. Alternativ dazu wäre etwa eine betont intra- und intertextuelle Erkundung des schriftlichen Werkes Meister Eckharts denkbar gewesen, bei der gezielte homiletische, begriffsgeschichtliche, literaturwissenschaftliche und mediävistische Vorgehensweisen sehr interessante Perspektiven hätten erwarten lassen. Zu denken wäre hier nur etwa an ideen- und mentalitätsgeschichtliche sowie semiotische Erkenntnisse. Desgleichen dürften sich bei solchem Vorgehen wertvolle Einblicke in die Art und Weise ergeben, wie Meister Eckhart vorfindliche Sujets und inhaltliche Topoi rezipiert, und wie und wo sich diese Aufnahmen werkimmanent auswirken. Eine Sichtung der Verwendung einzelner Begriffe, deren Vorkommen aus den Registern der Gesamtausgabe entnommen werden kann, dürfte interessante Entwicklungen zutage treten lassen, die bei Meister Eckhart stattgefunden haben dürften. Ohne diese Option hier weiter vertiefen zu können, sei auf eine Facette am möglichen Gedankengang hingewiesen, der für weitere Forschungen eine ertragreiche Perspektive darstellen könnte. So wäre interessant zu erkunden, wie der Begriffe der *Güte* bei Meister Eckhart in Beziehung steht zu anderen Termini, die sowohl biblisch als auch frömmigkeitsgeschichtlich im gleichen Themenfeld situiert sind. Zu denken wäre hier an die Termini *Caritas, Agape* sowie an den anvisierten Inhalt und den Kontext von Eckharts Verwendung des Wortes ‚Liebe'. Der genaue sematische Gehalt der genannten Termini könnte vor dem Hintergrund einer Synopse von Begriffen mit ählichem inhaltichen Kolorit an Kontur gewinnen. Das dürfte eine noch schärfere Sicht auf Eckharts geistliche Gestalt und deren Genese erlauben.

Eine weitere Grenze der Studie besteht darin, dass bisweilen weiträumigere Besprechungen einzelner Facetten am Gedankengang mit Bedacht zurück gestellt wurden, um den Gedankengang stringent, übersichtlich und zielführend auf praktische Theologie hin zu führen. Was dabei nicht ins Wort kommen konnte, kann hier nicht nachgeholt werden. Weiterführenden Bemühungen stünden aber an einigen Schaltstellen der Studie einige Optionen offen, die nachstehend noch angeführt werden sollen. So wäre beim Überstieg vom systematisch-theologischen Teil zum praktisch-theologischen

Teil eine eingehendere Besprechung der damit verbundenen transformierenden Fortschreibung des Gedankengangs noch denkbar gewesen. Eine konzeptionell weiter angelegte Begründung der tugendethisch konzipierten Transposition der Eckhartschen pastoralen Theorie und Praxis hin auf ein seelsorgliches Handlungsfeld wäre in diesem Sinne vielversprechend. Interessierte poimenische Studien könnten auf diesem Wege nicht nur anhand eines konkreten Autors die komplementäre Struktur deduktiver und induktiver Begründungsfiguren aufweisen, sondern auch einen Betrag dazu leisten, wie historisch auch weiter von der Gegenwart entfernte Glaubensgestalten für heutige Glaubenspraxis und Pastoral authentisch zu Wort kommen können.

Wertvolle Beiträge zur Selbstvergewisserung der Theologie und ihrer vielfältigen Bezogenheit auf philosophisches Denken stünden in Aussicht, wo in weiterführender Forschung Eckharts originelles Verständnis von Metaphysik in den Blick käme und insbesondere seine Verschränkung von Theologie, Philosophie und praktischem Handeln. Entgegen einer postmodernen (inzwischen zwar bereits selbstreflexiv gewordenen) Vorstellung von totaler Inhomogenität von Vernunftarten, sowie der Vorstellung eines prizipiellen und basalen Scheiterns der Verständigung zwischen disparaten Diskursformen und -konfigurationen (J.-F. Lyotard), könnten von Eckhart her womöglich inspirierende Impulse gewonnen werden, zumindest nach Berührungspunkten und Überbrückungen verschiedener Diskursarten Ausschau zu halten, wie sie gegenwärtig etwa im Konzept einer transversalen Vernunft (Wolfgang Welsch) artikuliert werden. Eckharts spätmittelalterliches Denken dabei nicht in überspannter Form verheutigen zu wollen, sondern geduldig und irritationsbereit der inneren Virulenz seiner Weltsicht auch für gegenwärtiges In-der-Welt-sein auf die Spur kommen zu wollen, dies könnte für weitergehende Forschungsanstrengungen ein lohnendes Ziel darstellen.

5 Literaturverzeichnis

Textausgaben zu Meister Eckhart:

Kritische Gesamtausgabe

Die Lateinischen Werke:

Meister Eckhart. Die deutschen und lateinischen Werke. Herausgegeben im Auftrag der Deutschen Forschungsgemeinschaft. Die Lateinischen Werke. Erster Band. Magistri Echardi Prologis Expositio libri Genesis. Magistrie Echardi Liber parabolorum Genesis. Herausgegeben und übersetzt von Konrad Weiß, Stuttgart 1964 (Abkürzung LW I).

Meister Eckhart. Die deutschen und lateinischen Werke. Herausgegeben im Auftrag der Deutschen Forschungsgemeinschaft. Die Lateinischen Werke. Zweiter Band. Magistir Echardi. Expositio libri Exodi. Herausgegeben und übersetzt von Konrad Weiß. Magistri Echardi Sermones et lectiones super Ecclesiastici c. 24, 23–31. Herausgegeben und übersetzt von Josef Koch u. Herbert Fischer. Magistri Echardi Expositio libri Sapientiae. Herausgegeben und übersetzt von Josef Koch und Herbert Fischer, Stuttgart 1954 ff. (Abkürzung LW II).

Meister Eckhart. Die deutschen und lateinischen Werke. Herausgegeben im Auftrag der Deutschen Forschungsgemeinschaft. Die Lateinischen Werke. Dritter Band. Magistri Echardi Expositio Sancti Evangelii secundum Johannem. Herausgegeben und übersetzt von Josef Koch, Stuttgart 1936 ff. (Abkürzung LW III).

Meister Eckhart. Die deutschen und lateinischen Werke. Herausgegeben im Auftrag der Deutschen Forschungsgemeinschaft. Die Lateinischen Werke. Vierter Band. Magistri Echardi Sermones. Herausgegeben und übersetzt von Ernst Benz, Bruno Decker und Josef Koch, Stuttgart 1956 (Abkürzung LW IV).

Meister Eckhart. Die deutschen und lateinischen Werke. Herausgegeben im Auftrag der Deutschen Forschungsgemeinschaft. Die Lateinischen Werke. Fünfter Band. Magistri Echardi Collatio in Libros Sententiarum. Herausgegeben und übersetzt von Josef Koch. Magistri Echardi Quaestiones Parisienses. Herausgegeben und übersetzt von B. Geyer. Magistri Echardi Sermo di beati Augustini Parisius habitus. Herausgegeben und übersetzt von B. Geyer. Magistri Echardi Tractatus super Oratione Dominica. Herausgegeben von Seeberg. Magistri Echardi Sermo Paschalis a. 1294 Parisius habitus. Herausgegeben und übersetzt von Loris Sturlese. Acta Eckhardia.

Herausgegeben und kommentiert von Loris Sturlese, Stuttgart 1936ff. (Abkürzung LW V).

Die Deutschen Werke:

Meister Eckhart. Die deutschen und lateinischen Werke. Herausgegeben im Auftrag der Deutschen Forschungsgemeinschaft. Die Deutschen Werke. Herausgegeben und übersetzt von Josef Quint. Meister Eckharts Predigten. Erster Band. Stuttgart 1958 (Abkürzung DW I).

Meister Eckhart. Die deutschen und lateinischen Werke. Herausgegeben im Auftrag der Deutschen Forschungsgemeinschaft. Die Deutschen Werke. Herausgegeben und übersetzt von Josef Quint. Meister Eckharts Predigten. Zweiter Band, Stuttgart 1971 (Abkürzung DW II).

Meister Eckhart. Die deutschen und lateinischen Werke. Herausgegeben im Auftrag der Deutschen Forschungsgemeinschaft. Die Deutschen Werke. Herausgegeben und übersetzt von Josef Quint. Meister Eckharts Predigten. Dritter Band, Stuttgart 1976 (Abkürzung DW III).

Meister Eckhart. Die deutschen und lateinischen Werke. Herausgegeben im Auftrag der Deutschen Forschungsgemeinschaft. Die Deutschen Werke. Herausgegeben und übersetzt von Josef Quint. Meister Eckharts Predigten. Vierter Band, Stuttgart 2003 (Abkürzung DW IV).

Meister Eckhart. Die deutschen und lateinischen Werke. Herausgegeben im Auftrag der Deutschen Forschungsgemeinschaft. Die Deutschen Werke. Herausgegeben und übersetzt von Josef Quint. Fünfter Band. Meister Eckharts Traktate, Stuttgart 1963 (Abkürzung DW V).

Weitere Werkausgaben:

Meister Eckhart. Predigten. Werke I. Texte und Übersetzungen von Josef Quint. Herausgegeben und kommentiert von Nikolaus Largier, Frankfurt 2008 (Abkürzung EW I).

Meister Eckhart. Predigten und Traktate. Werke II. Texte und Übersetzungen von Ernst Benz, Karl Christ, Bruno Decker, Heribert Fischer, Bernhard Geyer, Josef Koch, Josef Quint, Kondrad Weiß und Albert Zimmermann. Herausgegeben und kommentiert von Nikolaus Largier, Frankfurt 2008 (Abkürzung EW II).

Weitere Literatur:

Aertsen, Jan A.: The Medieval Doctrine of the Transcendentals – The current State of Research, in: Bulletin de Philosophie médiévale 33 (1991) S. 130–147.

Aertsen, Jan A.: Gibt es eine mittelalterliche Philosophie?, in: Philosophisches Jahrbuch 102 (1995) S. 174–175.

Aertsen, Jan A.: Medieval Philosophy and The Transcendentals. The case of Thomas Aquinas, Leiden 1996.

Aertsen, Jan A.: Die Bedeutung der Transzendentalbegriffe für das Denken Meister Eckharts, in: Meister-Eckhart-Jahrbuch, Bd. 5, Stuttgart 2012, S. 27–40.

Albert, Karl: Meister Eckharts These vom Sein. Untersuchungen zur Metaphysik des Seins, Kastellaun 1976.

Argelander, Hermann: Das Erstinterview in der Psychotherapie, Darmstadt 1970.

Aurelius Augustinus. Vom Gottesstaat (De civitate die). Buch 11–22. Aus dem Lateinischen übertragen von Wilhelm Thimme. Eingeleitet und kommentiert von Carl Andresen, 4. Auflage, München 1998.

Beierwaltes, Werner: Platonismus im Christentum. Einleitung, in: Ders.: Platonismus im Christentum, 3., erweiterte Auflage, Frankfurt 2014.

Beierwaltes, Werner: „Und daz Ein machet uns saelic". Meister Eckharts Begriff des Einen und der Einung, in: Ders.: Platonismus im Christentum, 3. erweiterte Auflage, Frankfurt 2014, S. 100–129.

Bauer, Christian: Indianer Jones in der Spätmoderne? Umrisse einer Pastoraltheologie der kreativen Differenz, in: Lebendige Seelsorge 62 (1/2011) S. 30–35.

Bauer, Christian: Propheten des Volkes Gottes? Pastoralreferentinnen und Pastoralreferenten im Rahmen der Drei-Ämter-Lehre, in: Felder, M./Schwaratzki, J. (Hg.): Glaubwürdigkeit der Kirche – Würde der Glaubenden, Freiburg 2012, S. 109–122.

Bauer, Christian: Differenzen der Spätmoderne. Praktische Theologie vor den Herausforderungen der Gegenwart, in: Gärtner, S./Kläden, S./Spielberg, B. (Hg.): Praktische Theologie in der Spätmoderne. Herausforderungen und Entdeckungen, Studien zur Theologie und Praxis der Seelsorge, Bd. 89, Würzburg 2014, S. 29–49.

Bauer, Christian: Christliche Zeitgenossenschaft? Pastoraltheologie in den Abenteuern der Spätmoderne, in: JPT 20 (2016) S. 4–25.

Bauer, Christian: Konstellative Pastoraltheologie. Erkundungen zwischen Diskursarchiven und Praxisfeldern, (Praktische Theologie heute, Bd. 146) Stuttgart 2017.

Bauer, Christian: Spuren in die Pastoraltheologie von morgen: Frische Ideen, nicht nur für den pastoralen Strukturwandel, in: Anzeiger für die Seelsorge (2017) S. 18–21.

Baumann, Klaus: Kirche und ihre Krankenpastoral vor neuen (?) Aufgaben. Krankenpastoral als Teil der Rückkehr der Kirche in die Diakonie, in: Erzbischöfliches Seelsorgeamt Freiburg (Hg.): „Ohne die Kranken ist die Kirche nicht heil". Krankenpastoral (Impulse für die Pastoral 2012, Sonderausgabe), Freiburg 2012, S. 20–26.

Baumann, Klaus: Gebet in schwerer Krankheit und Spiritual Care. Zwischen Sinnsuche, Klage und Akzeptanz des Unverständlichen, in: Peng-Keller, S. (Hg.): Gebet als Resonanzereignis. Annäherungen im Horizont von Spiritual Care (Theologische Anstöße, Bd. 7), Göttingen 2017, S. 143–158.

Belok, Manfred: Die Spital- und Klinikseelsorge als Gesprächsseelsorge in einer religionspluralen Gesellschaft, in: Belok, M./Länzlinger, U./Schmitt, H. (Hg.): Seelsorge in Palliativ Care, Zürich 2012, S. 99–114.

Bendel-Maidl, Lydia/Frick, Eckhart: Kenotische Gastfreundschaft. Christliche Krankenhausseelsorge in einer religiös pluralen Gesellschaft, in. Fischer, M. (Hg.): Relevanz in neuer Vielfalt. Perspektiven für eine Krankenhausseelsorge der Zukunft, Rheinbach 2018, S. 37–54.

Beuken, Willem A. M.: Jesaja 28–39 (HThKAT), unter Mitwirkung und in Übersetzung aus dem Niederländischen von Andreas Spans, Freiburg 2010.

Blasberg-Kuhnke, Martina/Könemann, Judith: Praktische Theologie als Handlungswissenschaft, in: PThI 35 (2015) S. 27–33.

Bowlby, John: Verlust, Trauer und Depression, München 2006.

Boshof, Emil: Armenfürsorge im Frühmittelalter: Xenodochium, matricula, hospitale pauperum, in: VSWG 71 (1984) S. 153–174.

Brachtendorf, Johannes: Meister Eckhart (1260–1328) und die neuplatonische Transformation Augustins, in: Fischer, Norbert (Hg.): Augustinus. Spuren und Spiegelungen seines Denkens, Bd. 1, Von den Anfängen bis zur Reformation, Hamburg 2009, S. 157–176.

Bucher, Rainer: Die Theologie im Volk Gottes. Die Pastoral theologischen Handelns in postmodernen Zeiten, in: ders. (Hg.): Theologie in den Kontrasten der Zukunft. Perspektiven des theologischen Diskurses, Graz 2001, S. 13–39.

Büchner, C.: Was heißt *lûter niht*? Meister Eckharts Schöpfungsverständnis im Rahmen seines Denkens der Einheit Gottes, in: Meister-Eckhart-Jahrbuch 1 (2007) S. 111–123.

Bühlmann, Walter: Bestehen – nicht verstehen. Persönliche Erfahrungen eines Krebskranken, in: Faber, E.-M. (Hg.).: Warum? Der Glaube vor dem Leiden (Schriftenreihe der Theologischen Hochschule Chur, Bd. 2), Zürich 2003, S. 67–82.

Casper, Bernhard: Die Determination der Freiheit, in: Forum Schulstiftung 12 (2018), Heft 4, S. 7–17.

Casper, Bernhard: Angesichts des Anderen. Emmanuel Levinas – Elemente seines Denkens, Paderborn 2009.

Charbonnier, Ralph: Die Zusammenarbeit der Seelsorge mit anderen Professionen im Krankenhaus, in: Hagen, T./Groß, N./Jacobs, W./Seidl, C. (Hg.): Seelsorge im Krankenhaus und Gesundheitswesen. Auftrag – Vernetzung – Perspektiven, Freiburg 2017, S. 161–168.

Dalferth, Imgolf U.: Hoffnung, Berlin 2016.

De Groot, Kees: The Church in liquid modernity. A sociological and theological exploration of al liquid church, in: International Journal for the Study of the Christian Church 6 (2006) S. 91–103.

Delgado, Mariano: Mystagogische Seelsorge aus dem Geist der Mystik und die Weitergabe des Glaubens, in: Felder, M./Schwaratzki, J. (Hg.): Glaubwürdigkeit der Kirche. Würde der Glaubenden, Freiburg 2012, S. 184–198.

Diegelmann, Christa/Isermann, Margaret (Hg.): Ressourcenorientierte Psychoonkologie: Psyche und Körper ermutigen, Stuttgart 2011.

Dinzelbacher, Peter: Körper und Frömmigkeit in der mittelalterlichen Mentalitätsgeschichte, Paderborn 2007.

Ebell, Hansjörg: Hypnotherapie in der Psychoonkologie, in: Muffler, E.: Kommunikation in der Psychoonkologie. Der hypnosystemische Ansatz, Heidelberg 2015, S. 65–82.

Ebertz, Michael: Erosion der (katholischen) Kirche: Altes flicken oder Neues wagen?, in: Becker, P./Diewald, U. (Hg.): Die Zukunft von Religion und Kirche in Deutschland. Perspektiven und Prognosen, Freiburg 2014, S. 29–47.

Ebertz, Michael: Das pastorale Tabu. Was wird aus den Gemeinden unterhalb der Großpfarrei-Ebene?, in: Herder Korrespondenz spezial (2019) S. 9–13.

Eckstaedt, Anita: Die Kunst des Anfangs. Psychoanalytische Erstgespräche, Frankfurt 1991.

Emlein, Günther: Das Sinnsystem Seelsorge. Eine Studie zur Frage: Wer tut was, wenn man sagt, dass man sich um die Seele sorgt? Göttingen 2017.

Enders, Markus: Die Reden der Unterweisung: Eine Lehre vom richtigen Leben durch einen guten und vollkommenen Willen, in: Jakobi, Klaus (Hg.): Meister Eckhart: Lebenssituationen – Redesituationen, Berlin 1997, S. 69–92.

Enders, Markus: Die Heilige Schrift – Das Wort der Wahrheit. Meister Eckharts Verständnis der Bibel als eines bildhaften Ausdrucks des göttlichen Wissens, in: Meister-Eckhart-Jahrbuch, Bd. 5, Stuttgart 2012, S. 55–98.

Enders, Markus: Vom Glück des Gebens. Phänomenologische und philosophische Überlegungen zum Akt des Gebens und zum Wesen der Gabe, in:

Maio, G.: Ethik der Gabe. Humane Medizin zwischen Leistungserbringung und Sorge um den Anderen, Freiburg 2014, S. 57–79.

Enders, Markus: Abgeschiedenheit – Der Weg ins dunkle Licht der Gottheit. Zu Bernhard Weltes Deutung der Metaphysik und Mystik Meister Eckharts, in: Ders. (Hg.): Meister Eckhart und Bernhard Welte. Meister Eckhart als Inspirationsquelle für Bernhard Welte und für die Gegenwart, (Heinrich-Seuse-Forum, Bd. 4 /2015), Münster 2015, S. 5–30.

Faber, Eva-Maria: Du neigst Dich mir zu und machst mich groß. Zur Theologie von Gnade und Rechtfertigung, Kevelaer 2005.

Feiter, Reinhard: Antwortendes Handeln. Praktische Theologie als kontextuelle Theologie – Ein Vorschlag zu ihrer Bestimmung in Anknüpfung an Bernhard Waldenfels' Theorie der Responsivität, Münster 2002.

Feiter, Reinhard: Trösten – oder: Die Kunst, nicht trösten können zu wollen, in: PThI 26 (2006) S. 149–160.

Feiter, Reinhard: Einführung in die Pastoraltheologie, in: Sajak, C. (Hg.): Praktische Theologie (Theologie studieren im modularisierten Studiengang, Modul 4), Opole 2008, S. 15–63.

Feiter, Reinhard: Von anderswoher sprechen und handeln. Überlegungen zum Praxisbegriff Praktischer Theologie, in: Salzburger Theologische Zeitschrift 21 (2017) S. 177–185.

Feiter, Reinhard: Die örtlichen Gemeinden von Poitiers – Reflexion zu ihrer Reflexion, in: Feiter, R./Müller, H. (Hg.): Was wird jetzt aus uns, Herr Bischof? Ermutigende Erfahrungen der Gemeindebildung in Poitiers, 4. Auflage, Stuttgart 2011, S. 149–166.

Feiter, Reinhard: Von der pastoraltheologischen Engführung zur pastoraltheologischen Zuspitzung der Praktischen Theologie, in: Göllner, Reinhard (Hg.): „Es ist so schwer, den falschen Weg zu meiden". Bilanz und Perspektiven der theologischen Disziplinen (Theologie im Kontakt 12), Münster 2004, 261–286.

Feiter, Reinhard: Lesarten – Ansätze einer praktisch-theologischen Hermeneutik, in: Först, Johannes/Schöttler, Heinz-Günther (Hg.): Einführung in die Theologie der Pastoral. Ein Lehrbuch für Studierende, Lehrer und kirchliche Mitarbeiter (Lehr- und Studienbücher zur Theologie 7), Münster 2012, 12–46.

Feiter, Reinhard: Wann ist Praxis pastoral — und was lässt sich aus ihr für die Pastoral lernen?, in: Feeser-Lichterfeld/Sander, Kai G. (Hg.): Studium trifft Beruf. Praxisphasen und Praxisbezüge aus Sicht einer angewandten Theologie (Bildung und Pastoral 6), Ostfildern 2019, 97–108.

Filipovic, Alexander: Pragmatistische Grundlegung Christlicher Sozialethik?, in: Ethik und Gesellschaft. Ökumenische Zeitschrift für Sozialethik, 2015, Heft 1, S. 1–25.

Fischer, Heribert: Meister Eckhart, Freiburg 1974.

Fischer, Michael: Zwischen der eigenen Professionalität und einem anspruchsvollen Ehrenamt in der Krankenhausseelsorge, in: Lebendige Seelsorge 70 (2019) S. 214–223.

Fischer, Michael: Ehrenamtliche in der Krankenhausseelsorge, 2. Auflage, Freiburg 2018.

Fischer, Michael: Integrale Krankenhausseelsorge. Trägheit taugt nicht zur Verwirklichung des Auftrags, in: Ders.: (Hg.): Relevanz in neuer Vielfalt. Perspektiven für eine Krankenhausseelsorge der Zukunft, Rheinbach 2018, S. 175–192.

Fischer, Michael: Seelsorge in einem konfessionellen Krankenhaus – das Ganze ins Spiel bringen, in: Roser, T. (Hg.): Handbuch der Klinikseelsorge, 5., überarbeitete und erweiterte Auflage, Göttingen 2019, S. 104–115.

Fischer, Michael: Zwischen der eigenen Professionalität und einem anspruchsvollen Ehrenamt in der Krankenhausseelsorge, in: Lebendige Seelsorge 70 (3/2019) S. 214–223.

Flasch, Kurt: Procedere ut imago. Das Hervorgehen des Intellekts aus seinem göttlichen Grund bei Meister Dietrich, Meister Eckhart und Berthold von Moosburg, in: Ruh, K.: Abendländische Mystik im Mittelalter: Symposion Kloster Engelberg 1984, Stuttgart 1986, S. 125–134.

Flasch, Kurt: Meister Eckhart. Versuch ihn aus dem mystischen Strom zu retten, in: Koslowski, P. (Hg.): Gnosis und Mystik in der Geschichte der Philosophie, Zürich 1988, S. 94–119.

Flasch, Kurt: Meister Eckhart. Philosoph des Christentums, München 2010.

Foucault, Michel: Archäologie des Wissens. Übersetzt von U. Köppen, Frankfurt 1981.

Foster, Michael N.: Gadamers's Hermeneutics: A Critical Appraisal, in: Dottori, R. (Hg.): 50 Jahre *Wahrheit und Methode*. Beiträge im Anschluss an H.-G. Gadamers Hauptwerk, Zürich 2012, S. 47–61.

Frey, Jörg: Die Johanneische Eschatologie. Bd. II. Das johanneische Zeitverständnis (WUNT, Bd. 110), Tübingen 1998.

Frey, Jörg: Die Johanneische Eschatologie. Bd. III. Die eschatologische Verkündigung in den johanneischen Texten (WUNT, Bd. 117), Tübingen 2000.

Frick, Eckhart/Roser, Traugott (Hrsg.): Spiritualität und Medizin. Gemeinsame Sorge für den kranken Menschen, 2., aktualisierte Auflage, Stuttgart 2011.

Frickhofen, Norbert: Was ist Krebs? Tumorbiologie für Nichtonkologen, in: Alt-Epping, Bernd/Fuxius, Stefan/Wedding, Ulrich (Hg.): Onkologie für die Palliativmedizin, Göttingen 2015, S. 17–31.

Friedrichs, Lutz: „Die Dinge singen hör ich so gern". Hartmut Rosas Soziologie der Resonanz in praktisch-theologischer Perspektive, in: Pastoraltheologie 107 (2018) S. 371–382.

Frings, Willi: Humor in der Psychoanalyse. Eine Einführung in die Möglichkeiten humorvoller Intervention, Stuttgart 1996.

Fritzen, Wolfgang: Spätmoderne als entfaltete und reflexive Moderne. Zur Angemessenheit und Füllung einer Zeitansage, in: Gärtner, S./Kläden, S./Spielberg, B. (Hg.): Praktische Theologie in der Spätmoderne. Herausforderungen und Entdeckungen, Studien zur Theologie und Praxis der Seelsorge, Bd. 89, Würzburg 2014, S. 17–28.

Fröhling, Edward: Der Gerechte werden. Meister Eckhart im Spiegel der Neuen Politischen Theologie, Ostfildern 2010.

Fuchs, Otmar/Widl, Maria (Hg.): Ein Haus der Hoffnung. Festschrift für Rolf Zerfaß, Düsseldorf 1999.

Gabriel, Karl: Christentum zwischen Tradition und Postmoderne (QD, Bd. 141), 7. Auflage, Freiburg 2000.

Gabriel, Karl: Alte Probleme und neue Herausforderungen, in: Becker, P./Diewald, U.: Die Zukunft von Religion und Kirche in Deutschland, Freiburg 2014, S. 13–28.

Gallagher, Shaun: How the Body Shapes the Mind, New York 2005.

Gärter, Stefan/Mette, Norbert: Unübersichtlichkeit als Charakteristikum der pastoraltheologischen Landschaft. Acht Thesen und eine Vorbemerkung zum Selbstverständnis der Disziplin, in: PThI 35 (2015) S. 35–40.

Gärtner, Stefan: Die Zeitpraktiken der Spätmoderne und ihre paradoxen Folgen für die Pastoral, in: Kläden, T./Schüßler, M. (Hg.): Zu schnell für Gott? Theologische Kontroversen zu Beschleunigung und Resonanz (Quaestiones Disputatae, Bd. 286), Freiburg 2016, S. 186–201.

Gerl-Falkovitz, Hanna-Barbara (Hg.): Jean-Luc Marion. Studien zu seinem Werk, Dresden 2013.

Giebel, Astrid: Seelsorge mit Mitarbeiterinnen und Mitarbeitern, in: Roser, T. (Hg.): Handbuch der Krankenhausseelsorge, 5., überarbeitete und erweiterte Auflage, Göttingen 2019, S. 301–312.

Godereis, Klaus: Orte gelebter Caritas. Bedeutung und Stellenwert der Krankenhausseelsorge, in: Fischer, M. (Hg.): Relevanz in neuer Vielfalt. Perspektiven für eine Krankenhausseelsorge der Zukunft, Rheinbach 2018, S. 27–36.

Goldbach-Bolz, Gundula: Körper- und ressourcenorientierte Seelsorge bei Frauen mit Brust- und Unterleibskrebs, in: WzM 69 (2016) S. 541–554.

Goris, Wouter: Eckharts Entwurf des Opus Tripartitum und seine Adressaten, in: Jakobi, Klaus: Meister Eckhart: Lebenssituationen – Redesituationen, Berlin 1997, S. 379–391.

Goris, Wouter: Einheit als Prinzip und Ziel. Versuch über die Einheitsmetaphysik des Opus tripartitum Meister Eckharts (Studien und Texte zur Geistesgeschichte des Mittelalters, Bd. 59), Leiden 1997.

Gratz, M./Reber, J.: Seelsorge und Spiritual Care als Angebot und Beitrag zur Unternehmenskultur, in: Roser, T. (Hg.): Handbuch der Klinikseelsorge, 5., überarbeitete und erweiterte Auflage, Göttingen 2019, S. 313–334.

Grethlein, Christian: Katholische Pastoraltheologie – überwältigend vielfältig und merkwürdig konfessionell, in: PThI 35 (2015) S. 129–135.

Greshake, Gisbert: Geschenkte Freiheit. Einführung in die Gnadenlehre, Neuausgabe, Freiburg 1992.

Grieser, Jürgen: Triangulierung, Gießen 2015.

Grom, Bernhard: Religionspsychologie, München 2007.

Grözinger, Albrecht: Praktische Theologie und Ästhetik. Ein Beitrag zur Grundlegung der praktischen Theologie, München 1987.

Grözinger, Albrecht: Praktische Theologie als Kunst der Wahrnehmung, Gütersloh 1995.

Haart, Dorothee: Die Rolle der Seelsorge im Wirtschaftsunternehmen Krankenhaus, in: Roser, T. (Hg.): Handbuch der Klinikseelsorge, 5., überarbeitete und erweiterte Auflage, Göttingen 2019, S. 92–103.

Haas, Alois M./Binotto, Thomas: Meister Eckhart – Der Gottsucher. Aus der Ewigkeit ins Jetzt, Freiburg 2013.

Hack, Christa: Psychoonkologie. Halten und Aushalten, in: Deutsches Ärzteblatt 103 (2006) Heft 6, S. 320–326.

Halík, Tomás: Nicht ohne Hoffnung. Glaube im postoptimistischen Zeitalter, Freiburg 2014.

Halík, Tomás: Zur Situation des Christentums in Europa heute. Zwischen Skylla und Charybdis, in: HerKorr 73 (8/2019) S. 22–26.

Haslinger, Herbert: Praktische Theologie. Bd. 1. Grundlegungen, Paderborn 2015.

Hauptabteilung Seelsorge im Bischöflichen Generalvikariat Münster (Hg.): Brücken bauen. Kooperative seelsorgliche Begleitung, Münster 2014.

Heidegger, Martin: Sein und Zeit, 15. Auflage, Tübingen 1979.

Martin Heidegger. Gesamtausgabe. 1. Abt. Bd. 7. Vorträge und Aufsätze, herausgegeben von F.-W. Herrmann, Frankfurt 2000.

Heine, Susanne: Grundlagen der Religionspsychologie, Göttingen 2005.

Heise, Bärbel: Die Rolle der onkologischen Fachpflege, in: Alt-Epping, Bernd/Fuxius, Stefan/Wedding, Ulrich (Hg.): Onkologie für die Palliativmedizin, Göttingen 2015, S. 180–193.

Helge, Christian/Schulz, Peter: Resonanzen und Dissonanzen. Hartmut Rosas kritische Theorie in der Diskussion, Bielefeld 2017.

Heller, Andreas/Schmidt, Thomas: Weder Lückenbüßerin noch Identitätsstifterin! Prophetische Seelsorge in kirchlichen Krankenhäusern, in: Diakonia 46 (2015) S. 249–256.
Heller, B./Heller, A.: Spiritualität und Spiritual Care. Orientierungen und Impulse, 2., ergänzte Auflage, 2018.
Hirsch, Matthias: Trauma (Analyse der Psyche und Psychotherapie, Bd. 1), Gießen 2011.
Hirsch, Matthias: Körperdissoziation, Göttingen 2018.
Hof, Hans: Scintilla Animae. Eine Studie zu einem Grundbegriff in Meister Eckharts Philosophie mit besonderer Berücksichtigung des Verhältnisses der Eckhartschen Philosophie zur neuplatonischen und thomistischen Anschauung (Inauguraldissertation), Lund 1952.
Hofäcker, S./Brems, M.: Evangelische Krankenhausseelsorge. Gegenwart und Perspektiven, in: Diakonia 46 (2015) S. 277–279.
Hofmaier, Johann: Johann Michael Sailer, in: Möller, C. (Hg.): Geschichte der Seelsorge in Einzelportraits Bd. 2, S. 371–385.
Honnefelder, Ludger: Der zweite Anfang der Metaphysik. Voraussetzungen, Ansätze und Folgen der Wiederbegründung der Metaphysik im 13./14. Jahrhundert, in: Beckmann, J. P. (Hg.): Philosophie im Mittelalter. Entwicklungslinien und Paradigmen, Hamburg 1987, S. 165–187.
Huth, Martin: Responsive Phänomenologie. Ein Gang durch die Philosophie von Bernhard Waldenfels, Frankfurt 2008.
Hurth, Elisabeth: Gesundheit im Digitalzeitalter. Doktor Google und der Serienarzt, in: HerKorr 73 (7/2019) S. 37–39.
Imbach, Ruedi: Deus est intelligere. Das Verständnis von Sein und Denken in seiner Bedeutung für das Gottesverständnis bei Thomas von Aquin und in den Pariser Quaestionen Meister Eckharts, Freiburg (Schweiz), 1976.
Jeggle-Merz, Birgit: Rituelles Gebet in Todesnähe, in: Peng-Keller, S. (Hg.): Gebet als Resonanzereignis. Annäherungen im Horizont von Spiritual Care, Göttingen 2017, S. 207–228.
Jellouschek, Hans: Trotzdem leben! Wenn ein Partner Krebs hat, Freiburg 2004.
Joas, Hans: Die Kreativität des Handelns, 1. Auflage, Frankfurt 1996.
Joas, Hans: Sakralität der Person. Eine neue Genalogie der Menschenrechte, Berlin 2015.
Joas, Hans: Pragmatismus und Gesellschaftstheorie, 3. Auflage, Frankfurt 2016.
Joas, Hans: Prophetie und Prognose – Wie reden wir über die Zukunft der Religion?, in: Krieger, W./Findl-Ludescher, A. (Hg.): Freiheit * Glück * Leben*. Säkularität und pastorales Handeln, Linz 2019, S. 9–22.

Johannes Tauler. Predigten. Band II. Vollständige Ausgabe. Übertragen und herausgegeben von Georg Hoffmann. Einführung von Alois M. Haas, Einsiedeln 2011.

Kachler, Roland: Hypnosystemische Trauerbegleitung – Ein Leidfaden für die Praxis, Heidelberg 2012.

Kapust, Antje: Einleitung: Responsive Philosophie – Darlegung einiger Grundzüge, in: Busch, K. /Därmann, I./Kapust, A. (Hg.): Philosophie der Responsivität. Festschrift für Bernhard Waldenfels, München 2007, S. 15–36.

Karle, Isolde: Sinnlosigkeit aushalten! Ein Plädoyer gegen die Spiritualisierung von Krankheit, in: WzM 60 (2008/1) S. 19–33.

Karle, Isolde: Perspektiven der Krankenhausseelsorge. Eine Auseinandersetzung mit dem Konzept des Spiritual Care, in: WzM 62 (2010) S. 537–555.

Karle, Isolde: Professionalität und Ehrenamt: Herausforderungen und Perspektiven, in: PThI 32 (2012) S. 11–25.

Kaspers-Elekes, K./Palm, L.: Ökumenische Zusammenarbeit im Spital, in: Roser, T. (Hg.): Handbuch der Krankenhausseelsorge, 5. Überarbeitete und erweiterte Auflage, Göttingen 2019, S. 402–412.

Kast, Verena: Sich einlassen und loslassen. Neue Lebensmöglichkeiten bei Trauer und Trennung, Freiburg 2010.

Kast, Verena: Humor in der tiefenpsychologischen Psychotherapie, in: Wild, B. (Hg.): Humor in Psychiatrie und Psychotherapie: Neurobiologie – Methoden – Praxis, Stuttgart 2016, S. 110–120.

Kehl, Medard: Die Kirche. Eine katholische Ekklesiologie, 4. Auflage, Würzburg 2001.

Kern, Udo: Ich „ist die Bezeugung eines Seienden". Meister Eckharts theoontologische Wertung des Ich, in: Aertsen, Jan A./Speer, Andreas (Hg.): Individuum und Idividualität im Mittelalter (Miscellanea Mediaevalia. Veröffentlichungen des Thomas-Instituts der Universität zu Köln, herausgegeben von Jan A. Aertsen, Bd. 24), Berlin 1996, S. 612–621.

Kern, Udo: Der Gang der Vernunft bei Meister Eckhart (Rostocker Theologische Studien, Bd. 25), Berlin 2012.

Kienast, Rainer: Strukturelle Einbindung der Seelsorge in das System Krankenhaus. Wege der Vinzenz Gruppe, in: Fischer, M. (Hg.): Relevanz in neuer Vielfalt. Perspektiven für eine Krankenhausseelsorge der Zukunft, Rheinbach 2018, S. 87–112.

Kim, Mi-Won: Grundlegung der Werte in der Lebenswelt der Menschen. Studien zum Pflichtbewusstsein und zur Wertethik, Marburg 2000.

Kläden, Tobias.: Hartmut Rosa als Gesprächspartner für die Theologie, in: Pastoraltheologie 107 (2018) S. 394–400.

Kläden, Tobias/Schüßler, Michael (Hg.): Zu schnell für Gott? Theologische Kontroversen zu Beschleunigung und Resonanz (Quaestiones Disputatae, Bd. 286), Freiburg 2016.

Klessmann, M.: Zukunftsfähige Seelsorge im Krankenhaus?, in: Diakonia 46 (2015) S. 257–263.

Kobusch, Theo: Person und Subjektivität: Die Metaphysik der Freiheit und der moderne Subjektivitätsgedanke, in: Fetz, Rento Luzius/Hagenbüchle, Roland /Schulz, Peter (Hg.): Geschichte und Vorgeschichte der modernen Subjektivität, Bd. 2, Berlin 1998, S. 743–762.

Kobusch, Theo: Transzendenz und Transzendentalien, in: Meister-Eckhart-Jahrbuch Bd. 5, Stuttgart 2012, S. 41–54.

Koch, Josef: Zur Analogielehre Meister Eckharts, in: ders.: Kleine Schriften, Erster Band (Storia e Letteratura. Raccolta di Studi e Testi, Bd. 127), Roma 1973, S. 367–397.

Koch, Josef: Meister Eckhart. Versuch eines Gesamtbildes, in: ders.: Kleine Schriften (Storia e Letteratura. Raccolta di Studi e Testi, Bd. 127), Roma 1973, S. 211–213.

Kosta, Ulrike: Identität katholischer Krankenhäuser und die Realität des Gesundheitssystems, in: Heimbach-Steins, M./Schüller, T./Wolf, J. (Hg.): Katholische Krankenhäuser – herausgeforderte Identität, Paderborn 2017, S. 229–245.

König, Karl: Abwehrmechanismen, 2. Auflage, Göttingen 1997.

Köppl, Susann: Haltung – Einstellung – Selbst(organisation), ein Differenzierungsversuch, in: in: Kurbacher, F. A./Wüschner, P. (Hg.): Was ist Haltung? Begriffsbestimmung, Positionen, Anschlüsse, Würzburg 2016, S. 163–177.

Körner, Reinhard: Liebend ledig sein. Orientierung an Johannes vom Kreuz, in: GuL 64 (1991) S. 406–420.

Kraus, Georg: Die Kirche. Gemeinschaft des Heils. Ekklesiologie im Geiste des Zweiten Vatikanischen Konzils, Regensburg 2012.

Krause, Jens-Uwe: Witwen und Waisen im Römischen Reich, Bd. 1, Stuttgart 1994.

Kreutzer, Ansgar: Politische Theologie für heute. Aktualisierungen und Konkretionen eines theologischen Programms, Freiburg 2017.

Kurbacher, Frauke A.: Interpersonalität zwischen Autonomie und Fragilität – Grundzüge einer Philosophie der Haltung, in: Kurbacher, F. A./Wüschner, P. (Hg.): Was ist Haltung? Begriffsbestimmung, Positionen, Anschlüsse, Würzburg 2016, S. 145–162.

Kurbacher, Frauke A.: Zwischen Personen. Eine Philosophie der Haltung, Würzburg 2017.

Kuzmicki, Tadeusz: Umkehr und Grundentscheidung: Die moraltheologische optio fundamentalis im neueren ökumenischen Gespräch (Studien zu Spiritualität und Seelsorge, Bd. 6), Regensburg 2015.

Künzler, Alfred/Manié, Stefan./Schürer, Carmen: Diagnose-Schock: Krebs, Berlin 2012.

Lai, Gianpaolo: Die Worte des ersten Gesprächs, Bern 1978.

Langer, Otto: Meister Eckhart und sein Publikum am Oberrhein. Zur Anwendung rezeptionsästhetischer Ansätze in der Meister-Eckhart-Forschung, in: Jakobi, Klaus (Hg.): Meister Eckhart: Lebenssituationen – Redesituationen, Berlin 1997, S. 175–192.

Largier, Nikolaus: Zeit, Zeitlichkeit, Ewigkeit. Ein Aufriss des Zeitproblems bei Dietrich von Freiberg und Meister Eckhart (Deutsche Literatur von den Anfängen bis 1700, Bd. 8), Berlin 1989.

Largier, Nikolaus: Intellekttheorie, Hermeneutik und Allegorie: Subjekt und Subjektivität bei Meister Eckhart, in: Fetz, Rento Luzius/Hagenbüchle, Roland/Schulz, Peter (Hg.): Geschichte und Vorgeschichte der modernen Subjektivität, Bd. 1, Berlin 1998, S. 460–486.

Largier, Nikolaus: Theologie, Philosophie und Mystik bei Meister Eckhart, in: J. A. Aertsen/Speer, A. (Hg.): Was ist Philosophie im Mittelalter? Akten des X. Internationalen Kongresses für mittelalterliche Philosophie der Sociéte Internationale pour l'Etude de la Philosophie Médiévale 25. bis 30. August 1997 in Erfurt, Berlin 1998, S. 704–711.

Laube, M.: „Eine bessere Welt ist möglich". Theologische Überlegungen zur Resonanztheorie Hartmut Rosas, in: Pastoraltheologie 107 (2018) S. 356–370.

Laumer, August: Spiritual Care. Chance oder evolutionärer Ersatz für die christliche Klinikseelsorge?, in: Wege zum Menschen 70 (2008) S. 153–164.

Laumer, August: Pastoraltheologie. Eine Einführung in ihre Grundlagen, Regensburg 2015.

Lammer, Kerstin: Trauer verstehen. Formen, Erklärungen, Hilfen, 4. Auflage, Berlin 2014.

Leicuit, Jean-Baptist: Die Theologie der Beziehung zwischen Gott und Mensch im Lichte der Psychoanalyse, Teil I, in: Theologie der Gegenwart 55/1 (2012) S. 42–52.

Leicuit, Jean-Baptist: Die Theologie der Beziehung zwischen Gott und Mensch im Lichte der Psychoanalyse, Teil II, in: Theologie der Gegenwart 56/1 (2013) S. 57–74.

Leget, Carlos: Spiritual Care als Zukunft der Seelsorge! Ein Plädoyer aus niederländischer Perspektive, in: Diakonia 46 (2015) S. 225–231.

Leimgruber, Ute /Lohausen, Michael: Reinhard Feiter, in: Gärtner, S./ Kläden, S./Spielberg, B. (Hg.): Praktische Theologie in der Spätmoderne. Herausforderungen und Entdeckungen, Studien zur Theologie und Praxis der Seelsorge, Bd. 89, Würzburg 2014, S. 253–265.

Levinas, Emmanuel: En découvrant l'existence avec Husserl et Heidegger, Paris 1949.

Levinas, Emmanuel: Totalité et Infini. Essay sur l'exteriorité, Le Haye 1961.

Liebisch, Burkhard: Von der Phänomenologie der Offenheit zur Ethik der Verwundbarkeit: Merleau-Ponty und Levinas auf den Spuren einer An-Archie der Subjektivität, in: Fetz, Rento Luzius/Hagenbüchle, Roland/Schulz, Peter (Hg.): Geschichte und Vorgeschichte der modernen Subjektivität, Bd. 2, Berlin 1998, S. 1249–127.

Lohausen, Michael: Ist die Pastoraltheologie eine unhistorische Wissenschaft?, in: ZPTh 38 (2018) S. 123–133.

Lordick, Florian: Perspektiven in der Onkologie, in Alt-Epping, Bernd/Fuxius, Stefan/Wedding, Ulrich (Hg.): Onkologie für die Palliativmedizin, Göttingen 2015, S. 225–232.

Maio, Giovanni: Anerkennung durch die Gabe der Zuwendung. Warum das Eigentliche in der Medizin nicht gekauft werden kann, in: Ders. (Hg.): Freiburg 2014, S. 7–56.

Maio, Giovanni: Understanding the Patient. An Ethical Approach to Medical Care, Freiburg 2018.

Manstetten, Rainer: Esse est Deus. Meister Eckharts christologische Versöhnung von Philosophie und Religion und ihre Ursprünge in der Tradition des Abendlandes, Freiburg 1993.

Matsuzawa, Hiroki: Die Relationsontologie bei Meister Eckhart (Augustinus-Werk und Wirkung, Bd. 7), Paderborn 2018.

Menke, Karl-Heinz: Das Kriterium des Christseins. Grundriss der Gnadenlehre, Regensburg 2003.

Merkens, Martin/Beisenkötter, Donatus: Am Krankenbett nicht zu unterscheiden? Seelsorgliche Begleitung im Krankenhaus durch Haupt- und Ehrenamtliche, in: Fischer, M.: Relevanz in neuer Vielfalt. Perspektiven für eine Krankenhausseelsorge der Zukunft (Mauritzer Schriften 6), Rheinbach 2019, S. 129–151.

Metz, Johann Baptist: Kirche und Welt im Lichte einer „Politischen Theologie", in: ders.: Zur Theologie der Welt, 2. Auflage, Mainz 1969, S. 99–116.

Metz, Johann Baptist: Glaube in Geschichte und Gesellschaft. Studien zu einer praktischen Fundamentaltheologie, 5. Auflage, Mainz 1992.

Meyer, Silvia: Trauer und Verlust – Abschied von einer selbstverständlichen Gesundheit, in: Muffler, E. (Hg.): Kommunikation in der Psychoonkologie, Heidelberg 2015, S. 170–179.

Mieth, Dietmar: Meister Eckharts Ethik und Sozialtheologie, in: Böhmke, W. (Hg.): Meister Eckhart heute, Karlsruhe 1980, S. 46.

Mieth, Dietmar: Die theologische Transposition der Tugendethik bei Meister Eckhart, in: Ruh, K.: Abendländische Mystik im Mittelalter: Symposion Kloster Engelberg 1984, Stuttgart 1986, S. 63–79.

Mieth, Dietmar: Meister Eckhart. Einheit im Sein und Wirken (Textauswahl), München 1986.

Mieth, Dietmar: Meister Eckhart – Mystik und Lebenskunst, Düsseldorf 2004.

Mojsisch, Burkhard: Meister Eckhart. Analogie, Univozität und Einheit, Hamburg 1983.

Mojsisch, B.: „Dynamik der Vernunft" bei Dietrich von Freiberg und Meister Eckart, in: Ruh, K. (Hg.): Abendländische Mystik im Mittelalter. Symposion Kloster Engelberg 1984, Stuttgart 1986, S. 135–144.

Mojsisch, Burckhard: Meister Eckharts Theorie der geistigen Vollkommenheiten. Mit possibilitätsphilosophischen Reflexionen, in: Pickavé, Martin (Hg.): Die Logik des Transzendentalen. Festschrift für Jan A. Aertsen (Veröffentlichungen des Thomas-Instituts der Universität zu Köln, herausgegeben von Jan A. Aertsen, Bd. 30), Berlin 2003, S. 511–524.

Moltmann, Jürgen: Theologie der Hoffnung damals und heute, in: Bogoslovska smotra 79 (2009) S. 207–223.

Muffler, Elvira: Grundlagen hypnosystemischer Kommunikation und ihre Anwendung in der Psychoonkologie, in: dies. (Hg.): Kommunikation in der Psychoonkologie. Der hypnosystemische Ansatz, Heidelberg 2015, S. 33–56.

Müller, Sabrina: Fresh Expressions of Church. Ekklesiologische Beobachtungen und Interpretationen einer neuen kirchlichen Bewegung, Zürich 2016.

Nassehi, Armin: Spiritualität. Ein soziologischer Versuch, in: Frick, E./Roser, T. (Hrsg.): Spiritualität und Medizin. Gemeinsame Sorge für den kranken Menschen, 2. Aktualisierte Auflage, Stuttgart 2011, S. 35–44.

Nassehi, Armin: Vertraute Fremde. Eine Apologie der Weltfremdheit, in: Kursbuch 185, Hamburg 2016, S. 137–154.

Nassehi, Armin: „Den Unterschied deutlich machen". Ein Gespräch mit dem Münchner Soziologen Armin Nassehi, in: HerKorr 73 (2019) S. 447–451.

Nauer, Doris: Spiritual Care statt Seelsorge? Stuttgart 2015.

Nauer, Doris: Krankenhausseelsorge vor neuen Herausforderungen, in: Diakonia 46 (2015) S. 218–224.

Nauer, Doris: Christliche Krankenhausseelsorge? Unentbehrlich für katholische Krankenhäuser!, in: Heimbach-Steins, M./Schüller, T./Wolf, J. (Hg.): Katholische Krankenhäuser – herausgeforderte Identität, Paderborn 2017, S. 291–308.

Nebe, Georg: ‚Hoffnung' bei Paulus. Elpis und ihre Synomyme im Zusammenhang der Eschatologie (Studien zur Umwelt des Neuen Testaments, Bd. 16), Göttingen 1985.

Nicklas, Tobias: Zeit, Zeitmodelle und Zeitdeutung im Alten und Neuen Testament, in: Appel, K./Dirscherl, E. (Hg.): Das Testament der Zeit. Die Apokalyptik und ihre gegenwärtige Rezeption (QD, Bd. 278), Freiburg 2016, S. 352–377.

Nocke, Franz-Josef.: Hoffnung über den Tod hinaus. Diskussionen und Wandlungen in der neueren Eschatologie, in: Kläden, T. (Hg.): Worauf es wirklich ankommt. Interdisziplinäre Zugänge zur Eschatologie (QD, Bd. 265), Freiburg 2014, S. 204–222.

Nolte, R.: *Pietas* und *Pauperes*. Klösterliche Armen-, Kranken- und Irrenpflege im 18. und frühen 19. Jahrhundert, Köln 1996.

Nussbaum, Martha C.: Menschliches Tun und soziale Gerechtigkeit. Zur Verteidigung des aristotelischen Essentialismus, in: Steinfath, H. (Hg.): Was ist ein gutes Leben?, 1. Auflage, Frankfurt 1998, S. 196–234.

Oehler, Klaus: Einleitung, in: Ders. (Hg.): William James. Pragmatismus. Ein neuer Name für einige alte Wege des Denkens, Berlin 2000, S. 1–16.

Oehler, Klaus: Zur Ersten Vorlesung: Die pragmatistische Konzeption von Philosophie, in: Ders. (Hg.): William James. Pragmatismus. Ein neuer Name für einige alte Wege des Denkens, Berlin 2000, S. 17–33.

Paul, Chris: Neue Wege in der Sterbe- und Trauerbegleitung – Hintergründe und Erfahrungsberichte für die Praxis, Gütersloh 2011.

Paul, Theo: Die heilende Kraft des Glaubens. Situation und Entwicklung der Krankenhausseelsorge, in: Fischer, M. (Hg.).: Relevanz in neuer Vielfalt. Perspektiven für eine Krankenhausseelsorge der Zukunft, Rheinbach 2018, S. 15–26.

Peng-Keller, Simon: Spiritualität im Kontext moderner Medizin, in: Belok, M./Länzlinger, U./Schmitt, H. (Hg.): Seelsorge in Palliativ Care, Zürich 2012, S. 87–97.

Peng-Keller, Simon: Spiritual Care als theologische Herausforderung. Eine Ortsbestimmung, in: Theologische Literaturzeitung 140 (2015) S. 454–467.

Peng-Keller, Simon: Professionelle Klinikseelsorge im Horizont interprofessioneller Spiritual Care, in: Pastoraltheologie 108 (2017) 412–421.

Peng-Keller, Simon: Krankenhausseelsorge. Spezialisierte Spiritual Care im Horizont des christlichen Heilungsauftrags, in: Fischer, M. (Hg.): Relevanz in neuer Vielfalt. Perspektiven für eine Krankenhausseelsorge der Zukunft, Rheinbach 2018, S. 55–68.

Peng-Keller, Simon: Zum Verständnis von Spiritual Care und Krankenhausseelsorge. Christlicher Heilungsauftrag, in: HerKorr 72 (2018) S. 36–38.

Peng-Keller, Simon: Gesundheit und Heilung – anthropologische Leitkonzepte und der christliche Heilungsauftrag, in: Roser, T. (Hg.): Handbuch der Krankenhausseelsorge, 5., überarbeitete und erweiterte Auflage, Göttingen 2019, S. 54–64.

Peters, Christian Helge./Schulz, Peter: Einleitung: Entwicklungslinien des Resonanzbegriffs im Werk Hartmut Rosas, in: Peter, C. H./Schulz, P.: Resonanzen und Dissonanzen. Hartmut Rosas kritische Theorie in der Diskussion, Bielefeld 2017, S. 9–26.

Pickel, Gert: Konfessionslose – Das Residual des Christentums oder Stütze des neuen Atheismus?, in: Zeitschrift für Religionspädagogik 12 (2013) S. 12–31.

Pockrandt, Bruno: Zwischen Befunden und Befinden. Krankenhauswelten im Fragment, Frankfurt 2008.

Pulheim, Peter: Qualifizierte Krankenhausseelsorge. Theologische Orientierungen der Krankenhausseelsorge, in: Krankendienst 76 (2003) S. 33–42.

Rahmsdorf, Olivia L.: Zeit und Ethik im Johannesevangelium (WUNT, 2. Reihe, Bd. 488), Tübingen 2019.

Rahner, Hugo: Symbole der Kirche. Die Ekklesiologie der Väter, Salzburg 1964.

Rahner, Karl: Die praktische Theologie im Ganzen der theologischen Disziplinen, in: ders.: Schriften zur Theologie, Bd. 8, Einsiedeln 1967, S. 133–149.

Rahner, Karl: Erfahrung des Heiligen Geistes, in: ders.: Schriften zur Theologie, Bd. 13: Gott und Offenbarung, Zürich 1978, S. 226–251.

Reckwitz, Andreas: Anthony Giddens, in: Kaesler, D.: Klassiker der Soziologie. Bd. II. Von Talcott Parsons bis Anthony Giddens, 5.,überarbeitete, aktualisierte und erweiterte Auflage, München 2007, S. 311–337.

Reddemann, Luise: Imagination als heilsame Kraft – Zur Behandlung von Traumafolgestörungen mit ressourcenorientierten Verfahren, Stuttgart 2001.

Reddemann, Luise/Sachsse, Ulrich: Traumazentrierte Psychotherapie. Theorie, Klinik und Praxis, Stuttgart 2004.

Reddemann, Luise./Schulz-Kindermann, F.: Endlich leben: Krebs und die Suche nach Sinn, in: Schulz-Kindermann, F.: Psychoonkologie. Grundlagen und therapeutische Praxis, Weinheim 2013, S. 360–370.

Reiser, Franz: Menschen mehr gerecht werden. Zur Religiosität bzw. Spiritualität von Patientinnen und Patienten in Psychiatrie und Psychotherapie (Studien zur Theologie und Praxis der Caritas und Sozialen Pastoral, Bd. 33), Würzburg 2018.

Richter, Harald: Ehrenamtliche Krankenhausseelsorge, in: Roser, T. (Hg.): Handbuch der Krankenhausseelsorge, 5., überarbeitete und erweiterte Auflage, Göttingen 2018, S. 444–453.

Rosa, Hartmut: Beschleunigung. Die Veränderung der Zeitstrukturen in der Moderne, Frankfurt 2005.

Rosa, Hartmut: Kritik der Zeitverhältnisse. Beschleunigung und Entfremdung als Schlüsselbegriffe der Sozialkritik, in: Jaeggi, R./Wesche, T. (Hg.): Was ist Kritik?, Frankfurt 2009, S. 23–54.

Rosa, Hartmut: Resonanzen. Eine Soziologie der Weltbeziehungen, 3. Auflage, Berlin 2018.

Rosenstock, Roland: „Etwas, das nicht ist doch nicht nur nicht ist". Konturen einer resonanzsensiblen Theologie im Gespräch mit Hartmut Rosa, in: Pastoraltheologie 107 (2018) S. 401-407.

Rosenzweig, Franz: Das neue Denken. Eine nachträgliche Bemerkung zum „Stern der Erlösung", in: Der Morgen. Monatsschrift für Juden in Deutschland, Heft 4, 1925, S. 426-451.

Roser, Traugott: Spiritual Care. Ethische, organisationale und spirituelle Aspekte der Krankenhausseelsorge, Stuttgart 2007.

Roser, Traugott: Transformation in Raum und Zeit – Seelsorge als verändernde Kraft im Gesundheitswesen, in: Pastoraltheologie 106 (2017) S. 434-448.

Roser, Traugott: Spiritual Care. Der Beitrag von Seelsorge zum Gesundheitswesen (Münchner Reihe Palliativ Care, Bd. 3), 2., erweiterte und aktualisierte Auflage, Stuttgart 2017.

Roser, Traugott: Könnte es von Bedeutung sein, in der Seelsorge von Gott zu reden? Gedanken zur Gottesrede in der Seelsorge, in: WzM 70 (2018) S. 132-147.

Ruh, Kurt: Geschichte der Abendländischen Mystik. Bd. Die Grundlegung durch die Kirchenväter und die Mönchstheologie des 12. Jahrhunderts, München 1990.

Ruh, Kurt: Predigt 4: „Omne datum optimum", in: Steer, G./Sturlese, L. (Hg.): Lectura Eckhardi. Predigten Meister Eckharts von Fachgelehrten gelesen und gedeutet, Stuttgart 1998, S. 1-24.

Ruh, Kurt: Meister Eckhart. Theologe – Prediger – Mystiker, 3. Auflage, München 2018.

Sajak, Clauß Peter: Christlichen Handeln in Verantwortung für die Welt (Theologie studieren, Modul 12), Paderborn 2015.

Sandbothe, Mike: Die Verzeitlichung der Zeit. Grundtendenzen der modernen Zeitdebatte in Philosophie und Wissenschaft, Darmstadt 1998.

Sandherr, Susanne: Die heimliche Geburt des Subjekts. Das Subjekt und sein Werden im Denken Emmanuel Levínas (Praktische Theologie heute, Bd. 34), Stuttgart 1998.

Sandherr, Susanne: Das Antlitz des anderen als Anfrage und Aufgabe. Verantwortung und Subjektivität in der Philosophie Emmanuel Levinas'. Eine Skizze, in: Frisch-Oppermann, S. (Hg.): Das Antlitz des „Anderen". Emmanuel Levinas' Philosophie und Hermeneutik als Anfrage an Ethik, Theologie und interreligiösen Dialog (Loccumer Protokolle 54/99), Rehburg-Loccum 2000, S. 33-55.

Sandherr, Susanne: Spiritualität und die Heiligkeit des – anderen – Menschen. Ein Gedanken-Gang mit Emmanuel Lévinas und Hans Joas, in: Frick, E./Maidl, L. (Hg.): Spirituelle Erfahrung in philosophischer Perspektive (Studies in Spiritual Care, Vol. 6), Berlin 2019, S. 99–114.

Sandkühler, Hans Jörg/Giedrys, Richard/Vorwerg, Manfred: Artikel „Einstellung/Einstellung, propositionale", in: Sandkühler, Hans Jörg: Enzyklopädie Philosophie, Bd. 1, Hamburg 1999, S. 474–480.

Schipperges, H.: Die Kranken im Mittelalter, 2. Auflage, München 1990.

Schlüter, Martina: Netzwerkarbeit – Seelsorge zwischen Krankenhaus und Gemeinde, in: Roser, T. (Hg.): Handbuch der Krankenhausseelsorge, 5., überarbeitete und erweiterte Auflage, Göttingen 2019, S. 499–511.

Schmidt, Gunther: Einführung in die hypnosystemische Therapie und Beratung, 8. Auflage, Heidelberg 2018.

Schmohl, Corinna: Onkologische Palliativpatienten im Krankenhaus. Seelsorgliche und psychotherapeutische Begleitung (Münchner Reihe Palliativ Care, Bd. 12), Stuttgart 2015.

Schmuck, Volkmar: Das Orchester der Palliativversorgung. Chancen und Stolpersteine der Multiprofessionalität aus supervisorischer Sicht, in: Hagen, T./Groß, N./Jacobs, W./Seidl, C. (Hg.): Seelsorge im Krankenhaus und Gesundheitswesen. Auftrag – Vernetzung – Perspektiven, Freiburg 2017, S. 169–176.

Schneider-Harpprecht, Christoph: Ressourcen und Entwicklungsmöglichkeiten im Berufsfeld der Krankenhausseelsorge, in: ders. (Hg.): Zukunftsperspektiven für Seelsorge und Beratung, Neukirchen-Vlyn 2000, S. 201–213.

Schneider-Harpprecht, Christoph: Das Profil der Seelsorge im Unternehmen Krankenhaus, in: ders./Alwinn, S.: Psychosoziale Dienste und Seelsorge im Krankenhaus. Eine neue Perspektive der Alltagsethik, Göttingen 2005, 150–174.

Schneider-Harpprecht, Christoph: Psychosoziale Dienste und Seelsorge als vierte Säule im Krankenhaus, in: ders./Alwinn, S.: Psychosoziale Dienste und Seelsorge im Krankenhaus. Eine neue Perspektive der Alltagsethik, Göttingen 2005, 223–245.

Schockenhoff, Eberhard: Bonum hominis. Die anthropologischen und theologischen Grundlagen der Tugendethik bei Thomas des Thomas von Aquin, Mainz 1987.

Schockenhoff, Eberhard: Grundlegung der Ethik. Ein theologischer Entwurf, 2. Auflage, Freiburg 2014.

Schockenhoff, Eberhard: Stilformen der philosophischen Ethik, in: Sajak, C. P.: Christlichen Handeln in Verantwortung für die Welt (Theologie studieren, Modul 12), Paderborn 2015, S. 33–63.

Schönenberger, Rolf: Die Transformation des klassischen Seinsverständnisses. Studien zur Vorgeschichte des neuzeitlichen Seinsbegriffs im Mittelalter (Quellen und Studien zur Philosophie, Bd. 21), Berlin 1986.

Schönenberger, Rolf: Secundum rationem esse. Zur Ontologisierung der Ethik bei Meister Eckhart, in: Löw, Reinhard: Oikaiosis. Festschrift für Robert Spaemann, Weinheim 1987, S. 253-272.

Schönberger, Rolf: Artikel „Tugend, II. Mittelalter", in: Historisches Wörterbuch der Philosophie, Bd. 10, Darmstadt 1998, Sp. 1548-1554.

Schönberger, Rolf: Artikel „Teilhabe", in: Historisches Wörterbuch der Philosophie, Bd. 10, Sp. 961-969, Darmstadt 1998.

Schubert, Klaus/Spree, Axel: Einleitung, in: dies. (Hg.): William James. Pragmatismus. Ein neuer Name für einige alte Wege des Denkens, Hamburg 2012, S. VII-XXIV.

Schulz von Thun, Friedemann: Miteinander Reden: 3. Das „Innere Team" und situationsgerechte Kommunikation. Kommunikation, Person, Situation, 28. Auflage, Hamburg 2013.

Schüßler, Michael: Beschleunigungsapokalyptik und Resonanzutopien. Eine theologische Kritik der Zeit- und Sozialphilosophie Hartmut Rosas, in: Kläden, T./Schüßler, M. (Hg.): Zu schnell für Gott? Theologische Kontroversen zu Beschleunigung und Resonanz (Quaestiones Disputatae, Bd. 286), Freiburg 2016, S. 153-185.

Schüßler, Michael: Mit Gott neu beginnen. Die Zeitdimension von Theologie und Pastoral in ereignisbasierter Gesellschaft (QD, Bd. 286) Stuttgart 2013.

Schwarz, Reinhold/Singer, Susanne: Einführung psychosoziale Onkologie, München 2008.

Schweitzer, Friedrich: Überholen ohne einzuholen? Ökumene als Reflexionsdefizit praktisch-theologischer Wissenschaft, in: Nauer, D./Bucher, R./Weber, F. (Hg.): Praktische Theologie. Bestandsaufnahme und Zukunftsperspektiven. Otmar Fuchs zum 60. Geburtstag, Stuttgart 2005, S. 231-237.

Seibert, Christoph: Religion im Denken von William James (Religion in Philosophy and Theology, Bd. 40), Tübingen 2009.

Seiler, Roger: Mittelalterliche Medizin und Probleme der Jenseitsvorsorge, in Gesellschaft für das Schweizerischer Landesmuseum (Hg.): Himmel, Hölle, Fegfeuer. Das Jenseits im Mittelalter, Zürich 1994, S. 117.124.

Seip, Jörg: Der weiße Raum. Prolegomena einer ästhetischen Pastoraltheologie, (PThK, Bd. 21), Freiburg 2009.

Seip, Jörg: (Ex-)Kommunikation oder Was bringt die Dekonstruktion? Für ein kommende Pastoraltheologie, in: Lebendige Seelsorge 62 (2011) S. 11-16.

Seip, Jörg: Pastorale Räume denken. Einführung in einen Theologiewechsel, in: Althaus, R. (Hg.): In verbo autem tuo, Domine. Auf Dein Wort hin, Herr.

Festschrift für Erzbischof Heinz-Josef Becker zur Vollendung seines 70. Lebensjahres (Paderborner Theologische Studien, Bd. 58), Paderborn 2018, S. 255–286.

Sekretariat der Deutschen Bischofskonferenz (Hg.): „Ich war krank und ihr habt mich besucht". Ein Impulspapier zur Sorge der Kirche um die Kranken (Die Deutschen Bischöfe, Pastoralkommission, Nr. 46), Bonn 2018.

Sellmann, Matthias: Eine „Pastoral der Passung". Pragmatismus als Herausforderung einer gegenwartsfähigen Pastoral(theologie), in: Lebendige Seelsorge 62 (1/2011) S. 2–10.

Sellmann, Matthias: Pastoraltheologie als „Angewandte Pastoralforschung". Thesen zur Wissenschaftstheorie der Praktischen Theologie, in: PThI 35 (2015) S. 105–116.

Sellschopp, Almuth: Ziele psychosozialer Intervention, in: Aulbert, E./Zech, D. (Hg.): Lehrbuch der Palliativmedizin, Stuttgart 1997, S. 723–730.

Söding, Thomas: Die Trias Glaube, Hoffnung, Liebe bei Paulus. Eine exegetische Studie (Stuttgarter Bibelstudien, Bd. 150), Stuttgart 1992.

Strittmatter, Gerhard: Einbeziehung der Familie in die Krankenbetreuung und begleitende Familientherapie, in: Aulbert, E./Zech, D. (Hg.): Lehrbuch der Palliativmedizin, Stuttgart 1997, S. 800–829.

Smeding, Ruthmarijke: Trauer erschließen. Eine Tafel der Gezeiten, München 2005.

Steer, Georg/Sturlese, Loris (Hg.): Lectura Eckhardi, Predigten Meister Eckharts, von Fachgelehrten gelesen und gedeutet, Bd. 1, Stuttgart 1998.

Steer, Georg/Sturlese, Loris (Hg.): Lectura Eckhardi, Predigten Meister Eckharts, von Fachgelehrten gelesen und gedeutet Bd. 2, Stuttgart 2003.

Stegmaier, Werner: Emmanuel Levinas. Zur Einführung, 2., unveränderte Auflage, Hamburg 2013.

Stemmer, P.: Artikel „Tugend. I. Antike", in: Historisches Wörterbuch der Philosophie, Bd. 10, Darmstadt 1998, Sp. 1532–1548.

Streib, Heinz/Keller, Barbara: Was bedeutet Spiritualität? Befunde, Analysen und Fallstudien aus Deutschland, Göttingen 2015.

Sturlese, Loris: Meister Eckhart. Ein Portrait, Regensburg 1993.

Sturlese, Loris: Studi sulle fonti de Meister Eckhart, Aschendorff 2008.

Subrack, Josef: Das wahre Wort der Ewigkeit. Die Mystik Meister Eckharts, Kevelaer 2014.

Sudbrack, Josef: Meister Eckhart, in: Möller, C. (Hg.): Geschichte der Seelsorge in Einzelportraits, Bd. 1, Göttingen 1994, S. 287–304.

Taureck, Bernhard H. F.: Emmanuel Levinas. Zur Einführung, 2. Überarbeitete Auflage, Hamburg 1997.

Theobald, Michael: Theologie und Anthropologie. Fundamentaltheologische Aspekte des johanneischen Offenbarungsverständnisses, in: ZKTh 141 (2019) S. 44–63.

Theobald, Christoph: Christentum als Stil. Für ein zeitgemäßes Glaubensverständnis in Europa, Freiburg 2018.

Thomaßen, Dorothea: Phasen- und funktionsspezifische hypnotherapeutische Strategien bei der Behandlung und Begleitung von Tumorpatienten, in: Muffler, E. (Hg.): Kommunikation in der Psychoonkologie, Heidelberg 2015, S. 96–108.

Tiefensee, Eberhard: Krankenhäuser als „andere" pastorale Orte, in: Hagen, T./Groß, N./Jakobs, W./Seidl, C. (Hg.): Seelsorge im Krankenhaus und Gesundheitswesen. Auftrag – Vernetzung – Perspektiven, Freiburg 2017, S. 94–109.

Trawöger, Sybille: Ästhetik des Performativen und Kontemplation, Paderborn 2019.

Tsai, Wei-Ding: Die ontologische Wende der Hermeneutik. Heidegger und Gadamer, Frankfurt 2013.

Ullmann, Harald/Wilke, Eberhard: Handbuch Katathym Imaginative Psychotherapie, Bern 2012.

Varella, Francisco/Thomson, Evan/Rosch, Eleanor: The Embodied Mind. Cognitive Science and Human Experience, Cambridge 1991.

Vedder, B.: Tradition als Grenze und Möglichkeit der Übertragung. Über die hermeneutische Bedeutung der Metapher, in: Arnswald, U./Kertscher, J./Roska-Hardy, L (Hg.): Hermeneutik und die Grenzen der Sprache. Hermeneutik, Sprachphilosophie, Anthropologie, Heidelberg 2012, S. 75–89.

Vergote, Antoine: Psychologie religieuse, deuxième édition, Bruxelles 1966.

Vergote, Antoine: Religionspsychologie, Olten 1970.

Vergote, Antoine/Tamayo, Alvaro: The Parental Figures and the Representation of God. A Psychological and Cross-Cultural Study, The Hague 1981.

Vergote, Antoine: Religion und Psychologie, in: Schmitz, E.: Religionspsychologie. Eine Bestandsaufnahme des gegenwärtigen Forschungsstandes, Göttingen 1992, S. 1–24.

Vergote, Antoine: Psychoanalysis, Pheonmenological Anthropology and Religion, Leuven 1998.

Waldenfels, Bernhard: Topographie des Fremden. Studien zu einer Phänomenologie des Fremden 1, Frankfurt 1997.

Weiher, Winfried: Sinn und Teilhabe. Das Grundthema der abendländischen Geistesentwicklung (Salzburger Studien zur Philosophie, in Verbindung mit dem Philosophischen Institut Salzburg herausgegeben von Viktor Warnach, Bd. 7), München 1970.

Welte, Bernhard: Meister Eckhart. Gedanken zu seinen Gedanken, Freiburg 1992.

Wendel, Saskia: Das entbildete Ich als Bild Gottes, in: Valentin, Joachim/Wendel, Saskia (Hg.): Unbedingtes Verstehen?! Fundamentaltheologie zwischen Erstphilosophie und Hermeneutik, Regensburg 2001, S. 145–160.

Wendel, Saskia: Artikel „Nominalismus", in: Franz, Albert/Baum, Wolfgang/Kreutzer, Karsten (Hg.): Lexikon philosophischer Grundbegriffe der Theologie, Freiburg 2003, S. 296f.

Wendel, Saskia: Der Seele Grund. Die Gottesfrage in der christlichen Mystik, in: Franz, A /Maaß, C. (Hg.): Diesseits des Schweigens. Heute von Gott sprechen (QD, Bd. 249), Freiburg 2011, S. 159–176,.

Wendel, Saskia: „Die Einheit der Praktischen Theologie in der Vielheit ihrer Stimmen", in: PThI 35 (2015) S. 117–127.

Wendlinger, Anastasia: Speaking of God in Thomas Aquinas and Meister Eckhart: beyond analogy, New York 2014.

Wenzler, Ludwig: Das Antlitz, die Spur, die Zeit. Zeitlichkeit als Struktur und als Denkform des religiösen Verhältnisses nach Emmanuel Levinas, Freiburg 1986.

Wenzler, Ludwig: Einleitung, in: Levinas, E.: Humanismus des anderen Menschen. Übersetzt und mit einer Einleitung versehen von Ludwig Wenzler. Anmerkungen von Theo de Boer. Mit einem Gespräch zwischen Emmanuel Levinas und Christoph von Wollzogen als Anhang „Intention, Ereignis und der Andere", Hamburg 1989, Seite VII–XXVII.

Wilke, Eberhard: Katathym-imaginative Psychotherapie (KiP): „Katathymes Bilderleben", Stuttgart 2011.

Wetz, Franz Josef: Wie das Subjekt sein Ende überlebt: Die Rückkehr des Individuums in Foucaults und Rortys Spätwerk, in: Fetz, Rento Luzius/Hagenbüchle, Roland/Schulz, Peter (Hg.): Geschichte und Vorgeschichte der modernen Subjektivität, Bd. 2, Berlin 1998, S. 1277–1290.

Weyland, Peter: Psychoonkologie. Das Erstgespräch und die weitere Begleitung, Stuttgart 2013.

Widl, Maria: Das Volk Gottes auf dem Weg durch die Postmodern. Eine kleine Pastoraltheologie, Ostfildern 2018.

Wild, Thomas: Ambivalenzsensibilität als Grundhaltung seelsorglicher Begleitung in krankheitsbedingten Krisen, in: WzM 71 (5/2019) S. 370–382.

Winkelmann, Friedhelm: Geschichte des frühen Christentums, München 1996.

Winkler, Eva C./Maier, Bernd Oliver: Zuerst einmal nicht schade, dann aber Fürsorge und Selbstbestimmung gewichten, in: Alt-Epping, Bernd/Fuxius, Stefan/Wedding, Ulrich (Hg.): Onkologie für die Palliativmedizin, Göttingen 2015, S. 151–161.

Winkler, Norbert: Meister Eckhart zur Einführung, 2. Auflage, Hamburg 2011.
Witte, Sonja: In Liebe gebor(g)en: Heilsversprechen der Resonanz als Symptom für das Unbehagen in der Kultur. Psychoanalytisch-kulturtheoretische Anmerkungen zu Hartmut Rosas Soziologie der Weltbeziehungen, in: Peter, C. H./Schulz, P.: Resonanzen und Dissonanzen. Hartmut Rosas kritische Theorie in der Diskussion, Bielefeld 2017, S. 291–307.
Wollbold, Andreas: Kirche als Wahlheimat. Beitrag zu einer Antwort auf die Zeichen der Zeit (SThPS, Bd. 32), Würzburg 1998.
Wollbold, Andreas: Von der Linie zum Fleck. Pastoraltheologie als Hilfe zur Entscheidungsfindung, in: ZKTh 121 (1999) S. 177–191.
Wollbold, Andreas: „Nuestro modo de procedere". Wege zu einem pastoralen Stil, in: TThZ 113 (2004) S. 276–292.
Wollbold, Andreas: Handbuch der Gemeindepastoral, Regensburg 2004.
Wollbold, Andreas: Kontemplative Pastoral, in: MThZ (2005) S. 134–147.
Wollzogen, Christoph: Zwischen Emphase und Verdacht: Wege und Umwege der deutschen Rezeption von Levinas, in: Philosophische Rundschau 43 (1995) S. 193–224.
Worden, William .J.: Beratung und Therapie in Trauerfällen – Ein Handbuch, Bern 2011.
Zentrum für Krebsregisterdaten/Gesellschaft der epidemiologischen Krebsregister in Deutschland e.V: Krebs in Deutschland für 2013/2014, Robert-Koch Institut, Berlin 2015.
Zettel, Stefan: Psychoonkologie, in: Alt-Epping, Bernd/Fuxius, Stefan/Wedding, Ulrich (Hg.): Onkologie für die Palliativmedizin, Göttingen 2015, S. 195–213.
Zimmerli, Walther/Sandbothe, Mike (Hg.): Klassiker der modernen Zeitphilosophie, 2., erweiterte Auflage, Darmstadt 2007.
Zimmermann, Ruben: Einführung: Bildersprache verstehen oder: Die offene Sinndynamik der Sprachbilder, in: Ders. (Hg.): Bildersprache verstehen: Zur Hermeneutik der Metapher und anderer bildlicher Sprachformen, München 2000, S. 13–54.
Znoj, Hansjörg: Komplizierte Trauer, Göttingen 2004.

Danksagung

Die vorliegende Studie ist eine geringfügig überarbeitete Fassung meiner Habilitationsschrift. Mit diesem Beitrag habe ich mich im Juli 2021 an der Theologischen Fakultät der Albert-Ludwigs-Universität Freiburg habilitiert. Die Veröffentlichung der Studie gibt mir Gelegenheit vielen herzlich zu danken. Wertschätzende Begleitung und hilfreicher Unterstützung haben einen Raum geschaffen, in dem das wissenschaftliche Projekt gelingen konnte. Prof. Dr. Bernhard Spielberg (Lehrstuhlinhaber für Pastoraltheologie) danke ich für das Erstgutachtens, Prof. Dr. Klaus Baumann (Lehrstuhlinhaber für Caritaswissenschaft und Christliche Sozialarbeit) für das Zweitgutachten. Beide Fachvertreter haben mich darin bestärkt, ein ambitioniertes Projekt zu wagen und innovative Gedankengänge nicht zu scheuen. Das hat dem Vorhaben Aufwind verliehen. Bei beiden Fachvertretern konnte ich in Forschung und Lehre eine menschenfreundliche Theologie erleben, bei der die Tradition der Kirche, die postmoderne Lebenswelt und das Wissen von Bezugswissenschaften gleichermaßen Beachtung erfahren. Den Herausgebern der Reihe „Studien zur Theologie und Praxis der Seelsorge", Prof. em. Dr. Garhammer (Würzburg), Prof.in. Dr. Ute Leimgruber (Regensburg), Prof. Dr. Johannes Pock (Wien) sowie Prof. Dr. Bernhard Spielberg, danke ich für die Aufnahme in die wissenschaftliche Buchreihe des Würzburger Echter Verlags. Dem Lektor Heribert Handwerk und den Mitarbeitern des Verlags danke ich für die Begleitung. Druckkostenzuschüsse der Erzbischof Hermann Stiftung aus Freiburg haben die Veröffentlichung finanziell gefördert. Dafür und für die ideelle Unterstützung, die sich darin bekundet, sei der Stiftung gedankt.

Besonderer Dank gilt allen kranken und in vielfältiger Weise beschwerten Menschen, die ich in meiner bisherigen Berufsbiographie als kirchlicher Mitarbeiter treffen durfte. Sie sind auf existentielle Weise KoautorInnen der Studie. Gleiches gilt von allen, die sich in klinischen oder diakonischen Handlungsfeldern für diese Menschen und mit ihnen engagieren. Das geschieht oft mit einer staunenswerten und ansteckenden Fähigkeit, Bedrängten liebevoll nahe zu kommen. Meine Habilitationsschrift ist eine praktisch-theologische Studie auch in dem Sinne, dass sie wesentlich aus dem stetigen Kontakt mit beiden Personengruppen heraus entstanden ist. Zwar trägt die Veröffentlichung nach außen hin nur meinen Namen. Aber auf der Ebene der existentiell bedeutsamen

Mitwirkung wären viele zu nennen, die zum Gelingen der Studie beigetragen haben. Dass ebenso vielen bei der Lektüre ermutigende Anregungen begegnen, das wünsche ich allen, die das Buch interessiert aufschlagen.

Freiburg im Breisgau, am Fest Allerheiligen 2021

Christoph Heizler